车主的实用宝典

肖合钧 编著

河南科学技术出版社
·郑州·

内容提要

本书主要内容包括发动机与底盘、操作与要领、开车与安全、买新车与买卖旧车、用车与养车、开车与省油、汽车技术名词术语解释等，其中共200多道问答题，并配有大量示图，以一问一答的形式对汽车有关知识进行全面、系统的讲解。车主朋友既可依序阅读全书，也可带着问题查阅，以解决所遇到的各种实际问题。

图书在版编目（CIP）数据

车主的实用宝典/肖合钧编著．—郑州：河南科学技术出版社，2014.6
ISBN 978-7-5349-6879-2

Ⅰ.①车…　Ⅱ.①肖…　Ⅲ.①汽车-基本知识　Ⅳ.①U46

中国版本图书馆CIP数据核字（2014）第070338号

出版发行：河南科学技术出版社
地　　址：郑州市经五路66号　邮编：450002
电　　话：（0371）65737028　65788613
网　　址：www.hnstp.cn
策划编辑：孙　彤
责任编辑：崔军英
责任校对：梁　平
封面设计：张　伟
责任印制：张　巍
印　　刷：郑州文华印务有限公司
经　　销：全国新华书店
幅面尺寸：140mm×202mm　印张：14　　字数：348千字
版　　次：2014年6月第1版　2014年6月第1次印刷
定　　价：35.00元

编者简介

肖合钧，现年 57 岁，在郑州轻工业学校汽车队工作。从事汽车修理、驾驶及车辆管理工作 40 年。热爱本职工作，坚持学习业务知识，阅读和收集了大量汽车方面的书籍资料。在长期的工作经历中积累了丰富的驾驶、维修经验和理论知识。安全行车 300 多万公里，曾多次被评为“安全驾驶标兵”“节油模范”“先进工作者”等荣誉称号，2001 年以总分第一名的成绩考取了省直机关首批驾驶员技师资格证。在《汽车与安全》《大河报·大河车》上发表过多篇关于汽车驾驶、维修技术方面的文章。

前 言

近年来，家用汽车数量快速增长，驾驶汽车已经由以往专业人士从事的工作变成了个人应当具备的一项基本生活技能，随之而来的是想了解汽车的人也越来越多，有很多人向我请教该如何选择新车或二手车、如何使用和保养汽车的问题。经常与同事和车友们在一起交流和探讨汽车方面的知识，激发了我写这本书的想法。平时阅读和收集了大量汽车方面的书籍和资料，也为写这本书奠定了基础。在同事和车友们的鼓励下，从 2009 年开始写作《车主的实用宝典》，历经 4 年寒暑，经过多次修改，终于于 2013 年完成了本书的写作。

随着汽车的普及，大量的新手走出驾校，他们在驾校学到的只是最基础的知识和基本的操作，远远不能满足日后实际驾驶需要。为此，本书编写从新手驾车角度出发，结合作者 40 年来的安全驾驶经验及参考大量书籍和技术文献，将复杂的汽车专业知识简单化、通俗化，使读者在轻松休闲的阅读中快速提高驾驶技能。

本书的特点是把复杂的汽车专业知识和实用的安全驾驶技巧，以一问一答的方式，用通俗易懂的大众语言，结合示意图进行详细讲解。内容全面，文字简练，十分适合广大汽车驾驶者阅读。书中没有晦涩的术语，也没有烦琐的理论，讲的全是准车主、新车主和老车主面临的迫切需要了解和解决的问题，从购车到用车再到养车的

一系列实际问题，都能在本书中找到答案。

本书在编写过程中，得到了本单位领导、同事及同行专家的关心、支持和指导；参阅了大量的专业书籍、技术文献和插图，吸收了许多专家、学者的研究成果，在此一并向原作者表示衷心的感谢。同时还要特别感谢我的爱人栾婉惠，是她将我手稿中的每一字每一图用电脑打印、制作出来，使此书得以付梓。

由于本人水平有限，书中难免有不妥之处和差错，敬请广大读者批评指正。

编著者

2013 年 10 月于郑州

第一章　发动机与底盘

第一节　发动机机械常识

汽车由哪些部分组成，各起什么作用

汽车构造非常复杂，大约由16 000个零部件组成。它涉及钢铁、石油、化工、电子、纺织、橡胶等许多行业，也代表着一个国家的工业水平。

目前的汽车型号繁多，用途和构造各异，但总体结构基本上由四大部分组成：发动机、底盘、车身、电气设备，如图1－1所示。

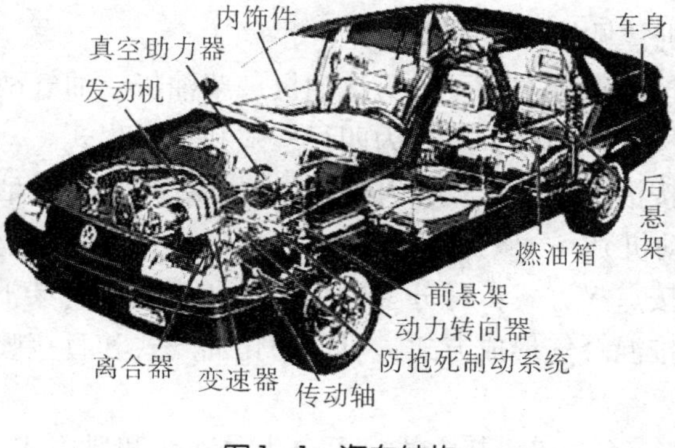

图1－1　汽车结构

（1）发动机：汽车的动力装置，其作用是燃料在气缸内燃烧，产生大量热能，推动活塞下行，使曲轴连杆机构运转，由曲轴后端的飞轮将动力传至底盘

传动系统，驱动汽车行驶。

（2）底盘：用来支撑车身，并将发动机发出的动力按照需要传给驱动车轮，保证汽车能正常行驶。

（3）车身：驾车人工作的地方，也是乘运旅客或装载货物的地方。一般轿车包括车头、车身和尾厢；载货车包括车头、驾驶室和车厢（平头车只有车头和车厢），而客车一般只有一个整体车身。

（4）电气设备：由电源、发动机的启动系统、点火系统（汽油机）、汽车的灯光、信号和仪表等设备组成。汽车上的所有用电都由发电机和蓄电池提供。

汽车发动机有哪几种类型

为使汽车工作平稳且有较高的效率，通常在汽车上采用多缸发动机，如4缸、6缸、8缸、12缸等。目前，汽车发动机多采用往复活塞式、多缸、直列、水冷、四行程电子控制燃油喷射式汽油机或柴油机。

发动机常见的分类方式有：

（1）按燃料种类：可分为汽油机、柴油机、油气两用机。

（2）按工作循环：可分为四行程式和二行程式。

（3）按活塞运动方式：可分为往复活塞式和旋转活塞式（三角活塞发动机）。

（4）按点火方式：可分为电火花式和压燃式（柴油机）。

（5）按混合气形成方式：可分为化油气式和直接喷射式（电喷机）。

（6）按冷却方式：可分为水冷式和风冷式。

（7）按气缸排列方式：可分为直列式、V形式和对置式，如图1－2所示。

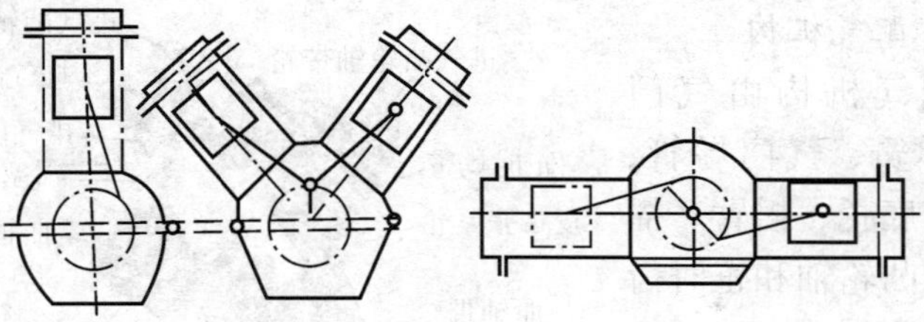

图1－2　多缸发动机气缸排列形式

发动机由哪些机构组成、各起什么作用

发动机由机体、曲柄连杆机构、配气机构、燃料供给系统、点火系统、润滑系统、冷却系统、启动系统组成。

1. 机体

机体由气缸盖、气缸垫、气缸体、气缸套和油底壳等组成。

机体是发动机各个机构和系统的安装基础，而它本身的许多部分又是各机构、系统的组成部分；气缸盖和缸套的内壁共同组成燃烧室的一部分，所以是承受高温、高压的重要机件。

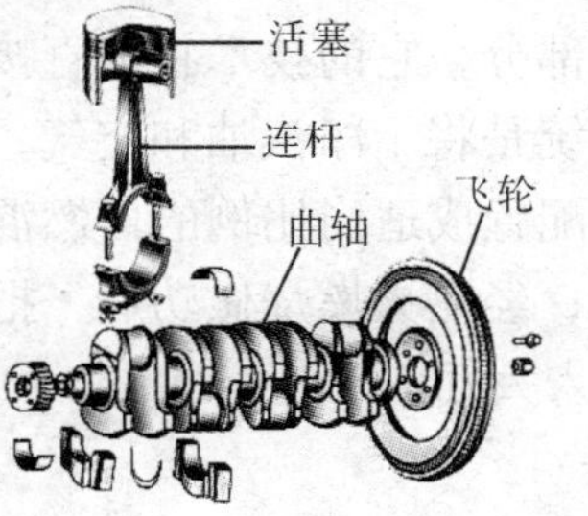

图1－3　曲柄连杆机构

2. 曲柄连杆机构

曲柄连杆机构由活塞、活塞环、活塞销、连杆、曲轴和飞轮等组成，如图1－3所示。

曲柄连杆机构是发动机借以产生并传递动力的机构，通过它，把活塞直线往复运动转变为曲轴旋转运动而输出动力。

3. 配气机构

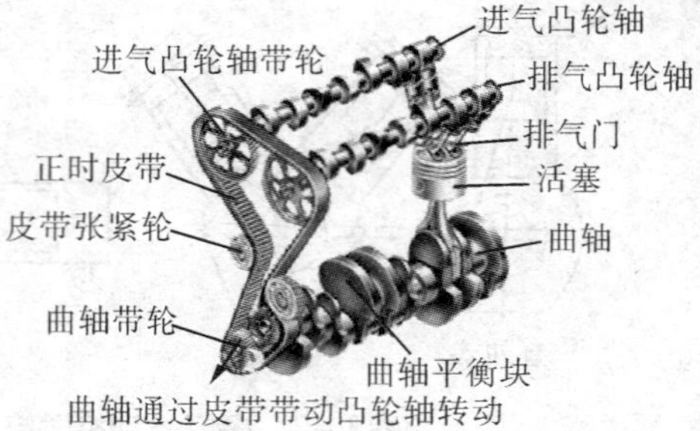

图1-4 配气机构示意

配气机构由气门、气门弹簧、气门导管、推杆、底托、摇臂、摇臂轴、凸轮轴和正时齿轮等组成，如图1-4所示。

配气机构是控制发动机进气和排气的机构。按照发动机各工作顺序和每一缸工作循环要求，定时开启和关闭进、排气门，使可燃混合气（汽油机）或新鲜空气（柴油机）准时充入气缸，经过压缩、做功，将气缸中燃烧后产生的废气及时排出。

4. 燃料供给系统

燃料供给系统由油箱、汽油泵、汽油滤清器、空气滤清器、化油器或喷油器、进气歧管、排气管、消音器等组成（柴油机包括喷油泵、喷油器；电喷发动机还包括电脑、蓄压器、油压调节器、空气流量计、氧传感器等）。

燃料供给系统是发动机重要组成部分，它的技术状态直接关系到汽车的动力性和经济性。供给系统是将干净汽油和空气，根据发动机不同工作情况的需要，随时配置成适当比例的可燃混合气，按一定数量均匀地供给各个气缸；经点火燃烧做功后，把燃烧产生的废气经过排气管、消声器排入大气。

5. 点火系统

点火系统由蓄电池、发电机、点火开关、点火线圈、分电器、电子点火器、高压线和火花塞等组成（电喷发动机还包括电脑、无触点电子点火或直接点火装置及各种传感器等）。

点火系统是将蓄电池或发电机的低压电转变成高

压电，并保证准时在火花塞电极间产生电火花，按照发动机各缸点火次序，在一定时刻供给火花塞以能量足够的高压电，使火花塞两极间产生强电火花，点燃被压缩的混合气，从而使发动机做功。

6. 润滑系统

润滑系统由机油泵、限压阀、机油滤清器、机油散热器、油道和集滤器等组成，如图 1－5 所示。

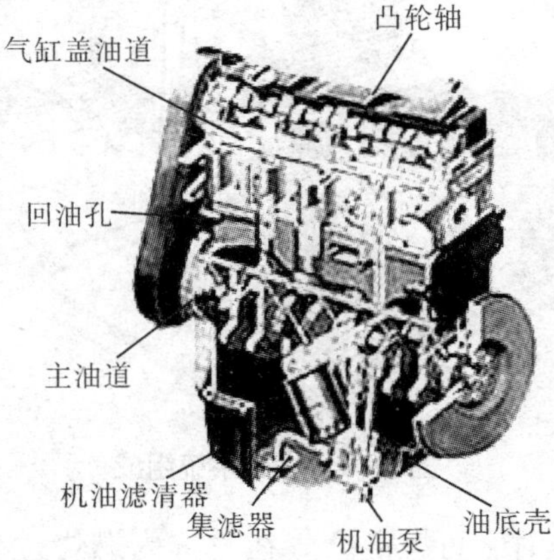

图1－5　润滑系统结构

发动机工作时，机件相互运动，如果各个运动件之间直接摩擦，阻力会很大，这不仅增大发动机内部功率消耗，而且由于摩擦产生大量热，可能使某些机件表面熔化，致使发动机无法运转。因此，必须对相互运动的表面加以润滑，使金属表面隔层油膜，以减小摩擦阻力，提高动力，减轻机械磨损，延长发动机使用寿命。

润滑系统是通过机油泵将油底壳内的机油以一定压力经过滤清器、油道将干净机油输送到各运动机件摩擦表面，形成油膜润滑；流动机油还可以冷却和清洗摩擦表面去除杂质。而且，气缸壁和活塞环上的油膜还能提高气缸的密封性。

7. 冷却系统

冷却系统由散热器（水箱）、风扇、水泵、节温器、水套、水管、水温传感器和水温表等组成，如图 1－6 所示。

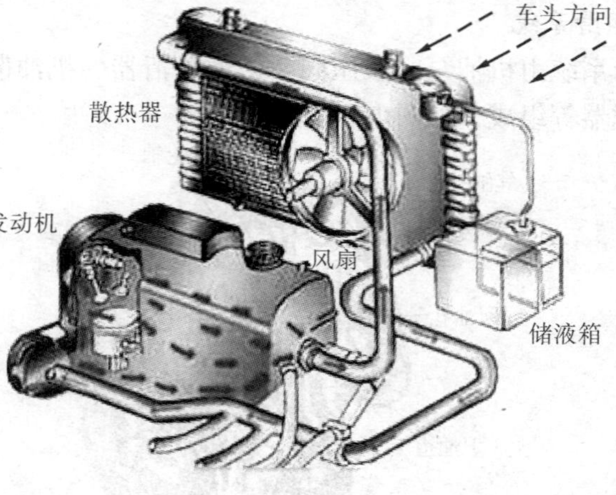

图1－6　冷却系统组成

发动机工作时，可燃混合气在气缸内燃烧过程中，气体温度可达到 1800～2000 ℃。直接与高温气体接触的机件（如缸壁、缸盖、活塞、气门等），若不及时加以冷却，运动中将可能因受热膨胀过多而破坏正常间隙或因高温使机油失去润滑能力而卡死；各机件也因高温导致其机械强度降低甚至损坏。因此，必须对这些在高温条件下工作的机件加以冷却。

冷却系统是在水泵强制作用下使冷却水循环流动，将高温机件上的热量带走并冷却，通过水箱散热片和风扇将冷却水中的热量散发到大气中，保证发动机在最适宜的温度下工作（一般为 90～95 ℃）。发动机冷却必须适度，若水温过高，会使气缸充气量减少、功率下降。若水温过低，会影响混合气进一步蒸发和气化，由于混合气与冷缸壁接触，使其中原已雾化的燃油又凝结，混合气不能充分

燃烧，不仅增加油耗，也同样会使功率下降。

8. *启动系统*

启动系统由蓄电池、点火开关或启动按钮、启动机、电磁开关和导线等组成。

发动机不能由静止状态自行转入工作，必须先用外力转动发动机曲轴，使气缸内吸入可燃混合气并燃烧膨胀，工作循环才能自动进行。

启动系统的作用就是通过启动机，使曲轴由静止状态开始转动到发动机自动地进入怠速运转状态。

汽车发动机起什么作用、是怎样工作的

汽车的动力来自发动机，现在汽车所用的发动机主要是内燃机。其特点是燃料在气缸内部燃烧，使所产生的热能转变为机械能，发出动力并通过传动机构驱动车轮转动，使汽车得到行驶的动力，如图 1－7 所示。

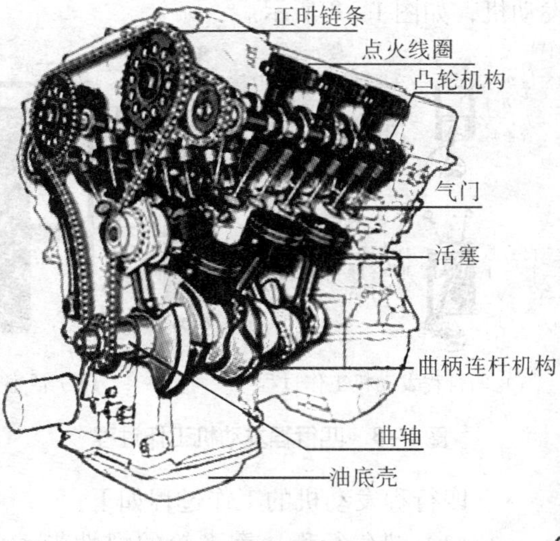

图1－7　发动机结构

过去的汽车大多采用化油器式发动机，它是通过化油器使汽油和空气混合后被吸入发动机气缸，再用电火花点燃，产生热能做功。由于这种发动机油耗高、效率低、污染大，已被淘汰。取而代之的是使汽油直接喷射到气缸内（或喷射到进气歧管内）和吸入气缸的空气混合，再用电火花使它燃烧而产生动力的汽油直接喷射式发动机。

柴油发动机，一般是通过高压喷油泵（高压共轨），喷油器将柴油直接喷入发动机燃烧室和早已吸入气缸内并被压缩后的空气混合，在高压高温条件下自燃而产生热能使发动机工作。

四行程发动机是怎样工作的

汽车上大多采用往复活塞式发动机，并且绝大多数都是四行程发动机，而二行程发动机一般多在摩托车上采用。在气缸内进行的每一次将热能转化为机械能，这样一系列连续过程称为发动机的工作循环。凡活塞往复四个行程而完成一个工作循环的，叫作四行程发动机，如图 1 - 8 所示。

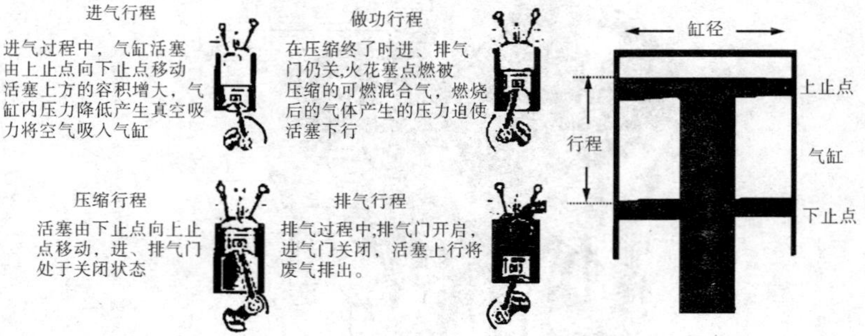

（a）四行程发动机工作过程　　（b）活塞运行示意

图1-8　四行程发动机工作过程

四行程发动机的工作过程如下：

（1）进气行程：靠飞轮的惯性带动曲轴通过连

杆带动活塞，由上止点向下止点运行，曲轴转动180°，此时进气门开启、排气门关闭，气缸内部形成真空，混合气或纯空气被吸入气缸。

（2）压缩行程：活塞从下止点向上止点运行，进气门、排气门均关闭，活塞对吸入气缸内的混合气或纯空气进行压缩，使其温度和压力不断升高，一般汽油机温度可达300～400 ℃，压力达到6～10 kg/cm^2 以上；柴油机的温度可达500～700 ℃，压力达到35～45 kg/cm^2，此时曲轴又转动180°。

（3）做功行程：压缩行程结束，进气门、排气门仍保持关闭，当活塞到达上止点时，火花塞跳火点燃混合气；如果是缸内直喷发动机或柴油机，此时喷油器喷油、雾状的燃油在高温和高压下被电火花点燃（柴油会迅速自燃），使气缸内的气体膨胀压力急剧升高（汽油机压力高达30～50 kg/cm^2、温度高达2000～2700 ℃；柴油机压力高达60～100 kg/cm^2、温度高达1800～2000 ℃），推动活塞向下止点运行，使曲轴加速旋转180°做功。

（4）排气行程：做功行程将要结束时，进气门仍关闭，排气门逐渐打开，曲轴推动活塞由下止点向上止点运行，将燃烧后的废气从排气门排出，经排气歧管和消声器排至大气中，曲轴又转了180°。

从上述四个工作行程中可以看出，在每个行程中曲轴均转过180°，四个行程共转过720°，进、排气门各开闭一次，而在四个行程中，只有做功行程产生动力，其他三个行程都是做功的辅助行程。

什么是电控汽油喷射发动机

汽油喷射形式分为机械式和电子控制式两种。机械式汽油喷射装置是一种以机械液力控制的喷射技术，早在20世纪30年代就应用在飞机发动机上，20

世纪50年代开始应用在德国奔驰300BL轿车发动机上。随着电子工业的快速发展，集成电路的出现使复杂的电子技术能在发动机上得到应用，一种更好的汽油喷射装置——电子控制汽油喷射技术也就应运而生，如图1-9所示。

图1-9　电喷发动机实物

电喷发动机是在老式发动机的基础上对点火系统及燃油供给系统进行了技术改造，实施电子控制，使其成为一种新型电控汽油喷射发动机，简称电喷机。目前电喷机尽管形式多样，但它们的控制原理基本相同，都是以电子控制单元（ECU）为控制核心；以传感器信号和发动机转速为控制基础；以喷油为控制对象。电子控制单元起“中枢神经”的作用，它存储了发动机各种运行工况下的最佳喷油持续时间，指令喷油器将一定量的燃油喷入进气歧管或气缸内。而传感器像人的五官，专门感受温度、混合气浓度、空气流量和曲轴转速等数值，并将信号传递给电子控制单元，保证发动机在各种工况下获得最佳的混合气浓度，以满足发动机动力性、经济性和排放等。

电喷发动机由哪些系统组成，各起什么作用

一般电喷发动机都由三个系统组成：空气供给系统、燃油供给系统和电子控制系统，如图1-10所示。

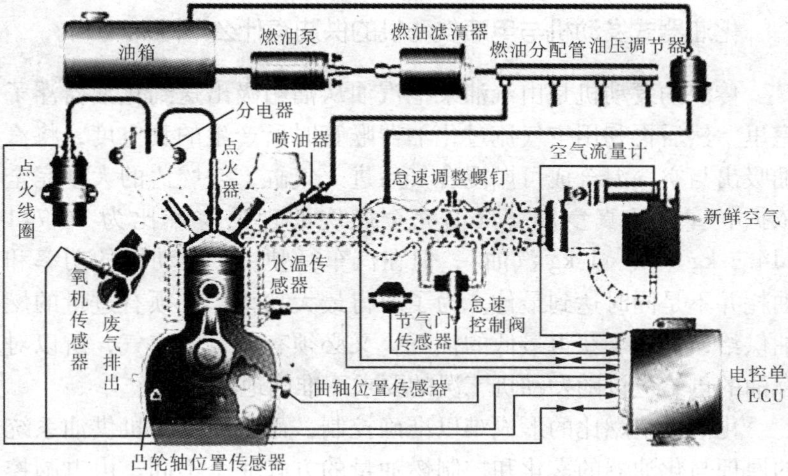

图1－10　电喷点火供油系统

（1）空气供给系统：它的作用是向发动机提供与负荷相适应的清洁空气，同时测量和控制进入气缸的空气量，使它们在系统中与喷油器喷出的汽油形成空燃比，达到符合要求的可燃混合气。

（2）燃油供给系统：它的作用是用电动汽油泵向喷油器提供足够压力的汽油，喷油器根据来自电脑的控制信号，向进气歧管内或气缸内喷射定量的汽油。

（3）电子控制系统：它的作用是根据发动机的工况，如进气量，节气门位置、曲轴位置及转速、冷却液温度、排气成分等信息，以及汽车运行状况如车速、负荷等信息，通过各传感器转换成为相应的电信号并输送给电脑，电脑对这些电信号进行分析、判断、比较、计算等处理，得出最佳控制方案并向各有关执行元件发出控制指令，控制最佳的空燃比和点火时刻，使得发动机在各种工况下都处于最佳工作状态。电控系统电脑还具有故障自诊功能。

化油器式发动机与电喷发动机的供油有什么不同

传统的发动机是由汽油泵把汽油从油箱吸出送到化油器浮子室里，然后再利用空气流过化油器喉管时所产生的真空度，将汽油吸出与空气混合成可燃混合气后进入气缸，空燃比的大小完全依据喉管处的真空度。汽油完全燃烧的理论空燃比为 14.7∶1（14.7 kg 空气，1 kg 汽油），但在汽车行驶中，发动机的功率和油耗并不是同时达到最佳。为了取得最大功率，必须有过量的燃油供给，而为了获得最低的油耗，又必须有过量的空气，所以对燃油的供给应该随发动机工况的要求而准确地计量。

化油器空燃比的形成难以准确控制，而电喷发动机供油系统的原理与化油器的雾化和控制燃油量的方式完全不同。由电脑控制的汽油喷射系统，则是用传感器来感应发动机的进气量，然后将信号送入电脑，电脑则根据发动机的进气量来准确控制燃油喷射量，从而使汽车获得最佳空燃比。

传统点火与电控点火有什么不同

传统点火正时是由机械控制和真空控制点火提前角；点火信号的触发有的是由白金触点来控制，有些也用霍耳传感器或磁电传感器来控制。因这种点火系统的点火时间不精确，故障多、维护率高，不能满足现代汽车的要求，取而代之的是电控点火系统，电控点火正时是由电脑来控制。电脑接收发动机转速和负荷等信号后，由点火单元来控制点火时间，而分电盘中的分火头仅作为分配点火之用，或根本就不用分电盘，而采用独立高压线圈直接点火，如图 1－11 所示。这种点火方式不仅取消了分电器，也取消了连接火花塞的高压线，点火线圈与火花塞直接对接，使电火花更强。

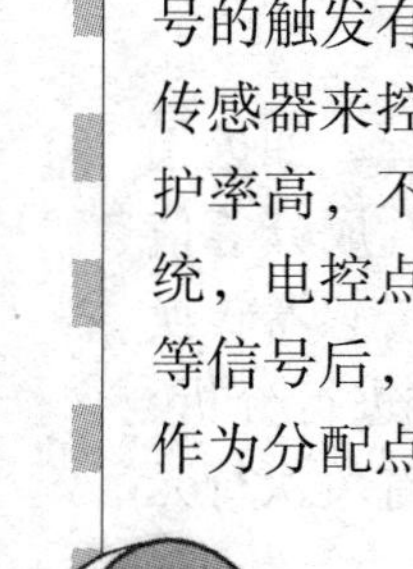

电控点火与传统点火相比，它的点火能量大、点

火时间控制精确、可靠性更高、耐久性更强。发动机在任何工况下电控点火系统均可保证最佳的点火提前角，使进入气缸中的混合气得到充分燃烧，既节省了燃油，又增大了动力，同时也减少了排气污染。

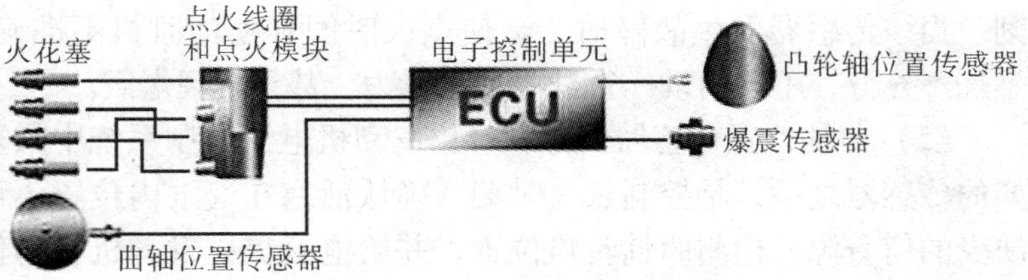

图1－11 电控点火系统示意

发动机各传感器起什么作用

（1）空气流量传感器（MAPS）：也称空气流量计。其作用是将吸入的空气量转换成电信号输入给发动机电脑（ECU），它是电脑确定发动机基本喷油量的重要信号之一。当空气流量计发生故障时会出现发动机启动困难，加速不良，怠速不稳等现象。

（2）进气压力传感器（MAPS）：其作用是在发动机工作时，测量进气歧管内的绝对压力和环境大气之间的差值，并将其转变成电信号输入电脑，确定发动机的进气量，从而控制喷油量。当进气压力传感器发生故障时，会出现怠速不稳、油耗增加、冒黑烟等现象。

（3）节气门位置传感器（TPS）：安装在节气门主轴或电子油门踏板轴上，控制判断怠速、行驶及全开工况。其作用是将节气门打开的角度变化转换成电信号输送给电脑，以便在节气门不同开度时控制喷油量和减速断油等。当该传感器发生故障时，会出现发动机动力性变差、加速缓慢、怠速不稳、易熄火等现象。

（4）凸轮轴位置传感器（CPS）：是采集配气凸轮轴的位置信号，并输入电脑，以便电脑识别哪个缸活塞正处在压缩行程状态中，从而进行顺序喷油控制、点火时刻控制和爆燃控制。此外，凸轮轴位置信号还用于发动机启动时识别出第一次点火时刻。当该传感器发生故障时，会使点火时间和喷油时机不准确，燃烧不充分，不易启动，行驶中加速无力，甚至出现爆震。

（5）曲轴位置传感器（CKPS）：发动机电子控制系统中最重要的传感器之一，是控制点火时刻，确认活塞在气缸内位置不可缺少的信号源。检测曲轴转角位置，并给电脑提供发动机转速信号和曲轴转角信号。当该传感器本身或线路不良时，会出现发动机启动困难，甚至不能启动，容易熄火，加速不畅，怠速不稳等现象。

（6）氧传感器（O_2S）：是根据大气与排气中氧浓度差而产生电动势的一种电池，它能感知混合气浓度。发动机工作过程中，氧传感器向电脑输入排气中含氧量的电信号，使其随时修正喷油量，确保可燃混合气的空燃比始终稳定在理论空燃比附近。当氧传感器发生故障时，电脑就不能准确控制喷油量，发动机会出现工作不稳定、加速不良、动力下降、混合气燃烧不完等现象。

（7）爆震传感器（KS）：其作用是不损失发动机的功率而又不产生爆震。在发动机的缸体上安装了爆震传感器，检测发动机的爆震情况，当电脑发现爆震信号后，立即将点火时间推迟，以避免爆震的发生。当该传感器发生故障时，在负载加油时会听到发动机爆震声也就是敲缸声响，而且水温升高，功率下降，油耗增加。

（8）进气温度传感器（IATS）：是根据发动机的工作温度和进气温度的变化，所产生的电信号输入电脑，以调节喷油量或冷启动喷油器的加喷时间和点火

时间的补偿修正。当该传感器发生故障时，会造成冷车不易启动、怠速不稳、加速不良、油耗增高等现象。

（9）水温传感器（ECTS）：就是将发动机冷却水的温度转变为电信号输入电脑，根据发动机温度条件的变化，准确控制喷油时间的长短，以调整混合气的最佳浓度。当该传感器发生故障时，会出现冷车启动困难、热车易熄火、怠速不稳、动力不足现象。

汽油喷射系统有哪些优点

（1）提高发动机功率：汽油喷射系统没有化油器的喉管，进气管路短而粗，使进气阻力明显减小，并可以充分利用进气惯性，增加进气量。由于经电脑精确计算后向发动机提供最佳的空燃比，所以燃烧迅速、完全和及时。一般比老式发动机功率可提高8%～15%，油耗可降低8%～10%。

（2）提高加速性能：由于电脑运算速度极快，它可以根据传感器输入的发动机转速或负荷信号，迅速做出反应，准确地提供符合各种工况要求的可燃混合气，因而怠速、加速和过渡性能都很好。一般由零加速至100 km/h的时间比老式发动机缩短10%以上。

（3）提高冷启动性能：在机械汽油喷射系统中设有补充空气阀和冷启动喷嘴，能向气缸提供符合启动要求的混合气。补充空气阀具有化油器快怠速功能，冷启动后能迅速暖机。对于电脑控制汽油喷射系统，已没有冷启动喷嘴和补充气阀，而采用电磁式喷油嘴，直接由电脑控制喷油量，从而获得冷启动时的最佳空燃比。

（4）降低排放污染：电脑控制汽油喷射系统，可根据发动机工况及时提供恰到好处的混合气，使其燃烧更彻底，因而大大提高了排气净化率。在发动机

急减速时，具有断油功能，节省燃油并使废气中的污染物显著降低。

电控柴油机有哪些优点

（1）改善低温启动：电子控制系统能够以最佳的程序替代驾车人进行那种麻烦的启动操作，使柴油机低温启动更容易。

（2）降低氮氧化物和烟度的排放：采用电控技术，可精确地将喷油控制在不冒烟界限的适当范围内，同时根据发动机工况调节喷油时刻，从而有效抑制排放。

（3）提高发动机运转稳定性：柴油机电控系统，无论负荷怎样变化，都能保证发动机怠速工况下以最低的转速稳定运转，有利于提高燃油经济性。

（4）提高发动机的动力性和经济性：柴油机控制系统中，电脑根据各传感器信号精确计算喷油量和喷油正时，从而提高发动机的动力性和经济性。

（5）控制涡轮增压：采用电子控制技术，可以对增压装置进行精确控制，有效提高动力性。

（6）适应性广：只要改变电脑的控制程序和数据，一种喷油泵就能广泛用在各种柴油机上，而且燃油喷射控制可与调速器控制、怠速控制等各种控制系统进行组合实现集中控制，有利于缩短柴油机电控系统开发周期，并降低成本，从而扩大柴油机电控系统的应用范围。

第二节　底盘机械常识

汽车底盘由哪些系统组成、各起什么作用

底盘由传动系统、行驶系统、转向系统和制动系

统四大部分组成，如图 1 – 12 所示。

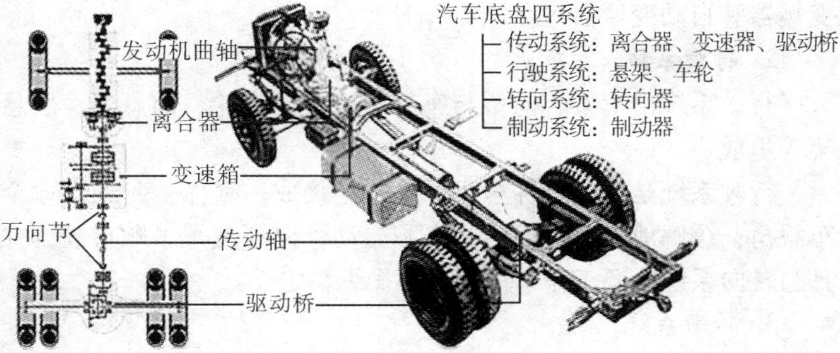

（a）货车底盘结构

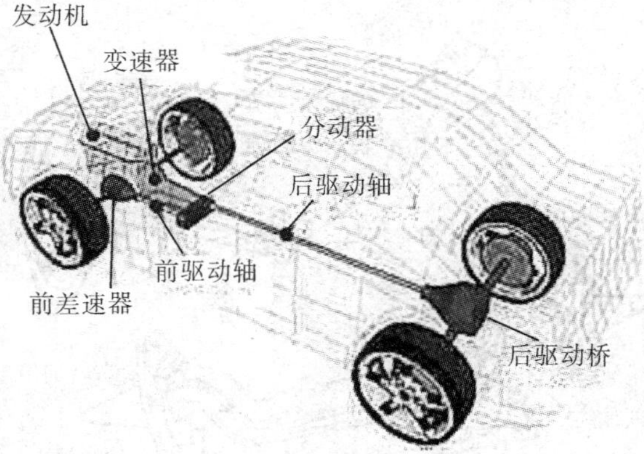

（b）轿车底盘结构（四轮驱动）

图 1 – 12　底盘结构

1. 传动系统

传动系统由离合器、变速器、万向节、传动轴和驱动桥等组成。

传动系统是将发动机发出的动力按需要传给驱动轮，用以降低发动机输出的转速，增大扭矩，保证汽车平稳起步、前进和后退。传动方式分为机械式传动、液力式传动和液力机械式传动，液力机械式传动还包括液力变矩器和自动变速器等。

2. 行驶系统

行驶系统由车架、前桥与车轮、后桥与车轮、前悬架、后悬架等组成。

行驶系统是将汽车各总成、部件连接成一整体，起到支撑全车载荷；缓解地面对车辆的冲击和振动，保证汽车平顺行驶，并且与转向系统协调工作，保证汽车操纵稳定性。

3. 转向系统

转向系统由转向器、转向臂、直拉杆、横拉杆和转向节等组成，如图 1 – 13 所示。

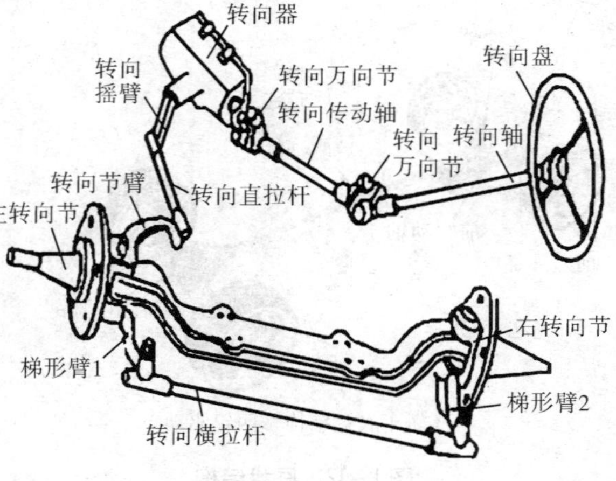

图 1 – 13　机械转向示意

转向系统是保证汽车能够按照驾车人需要的方向行驶，有机械转向、动力转向和电控动力转向。机械转向是以驾车人的体力为动力源；动力转向是以发动机输出的部分机械能为动力，将机械能转为液压能，再将液压能转为机械能。动力转向还包括油泵、油管、动力

缸、转向控制阀等。

液压动力转向结构紧凑、尺寸小、操作省力、灵敏度高、使用寿命长，有一定的吸振能力，提高了舒适性和安全性。因此，目前广泛应用于各类汽车中。

4. 制动系统

制动系统制动方式有气压式、液压式、气液综合式。气压式由空压机、储气筒、气压调解器、制动控制阀、制动管路、制动气室、车轮制动器等组成；液压式由制动主缸（刹车总泵）、制动轮缸（刹车分泵）、真空助力器、制动管路、车轮制动器（毂式、盘式）等组成，如图 1－14 所示。

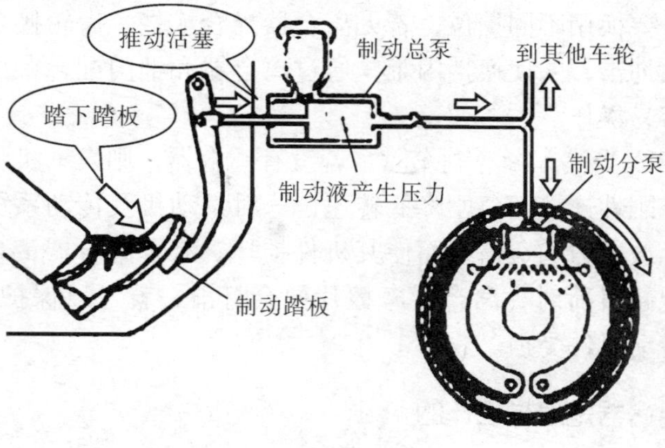

图1－14 制动系统示意

制动系统是根据需要使汽车迅速减速或在最短的距离内停车，以及保证汽车在坡道上停放可靠，不会自动滑溜。制动系统至少要有两套彼此独立的制动装置，即行车制动（脚刹）、驻车制动（手刹）。有些汽车还装有紧急制动装置、安全制动装置、发动机排气制动装置和制动力调节装置等。

离合器起什么作用

离合器位于发动机与变速器之间，汽车从启动到行使的整个过程中经常需要使用离合器，它的作用是使发动机与变速器能逐渐接合和彻底分离，以传递或切断发动机向变速器输入的动力。其具体作用如下：

（1）保证汽车平稳起步：起步时，如果发动机与变速器之间没有离合器，而是刚性连接，则变速器一挂上挡，汽车将因突然接受动力而猛向前冲，发动机因负荷突然变大而立即熄火。

（2）使换挡操作平顺：为了适应不断变化的行驶条件，变速器经常要换用不同挡位，若无离合器配合换挡，齿轮接合时会产生很大冲击，并使换挡困难，通过离合器和油门配合，可使换挡变得容易操作。

（3）当汽车紧急刹车时：若没有离合器，则发动机将因和传动系统刚性连接而急剧降低转速，这对发动机及传动系统造成超过其承载能力的负荷，而使其机件损坏。有了离合器，当传动系统出现超负荷时，离合器摩擦片便会打滑，就可以保护发动机，防止传动机件受损。

离合器是怎样工作的

离合器按照工作原理可分为摩擦式离合器、液力离合器和电磁离合器等几种形式。其中摩擦式离合器因结构简单，动力传递损失小，而被广泛应用在各种类型的汽车上，它由主动部分、从动部分、压紧装置和操纵机构等组成，如图 1－15 所示。

离合器工作原理如下：

（1）离合器结合：离合器踏板处于自由状态时，摩擦盘在压紧弹簧作用下，压紧在飞轮端面。发动机工作时，飞轮旋转，靠离合器摩擦片与飞轮端面之间

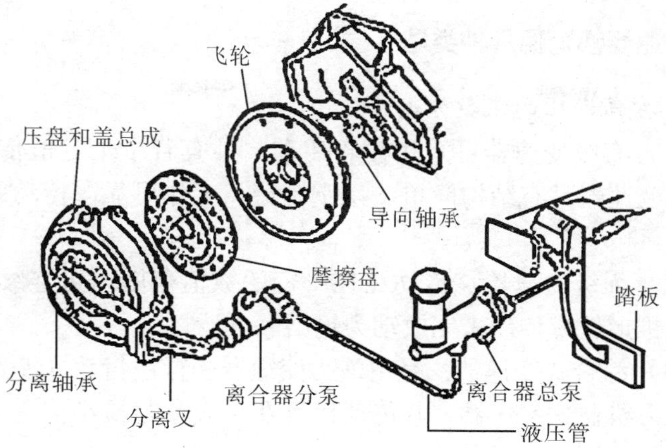

图1－15 离合器结构

的摩擦力，将动力传给变速器。

（2）离合器分离：踏下离合器踏板，通过操纵机构、分离轴承克服压紧弹簧使摩擦盘后移，摩擦盘与飞轮端面出现间隙，切断发动机动力传递。

（3）平稳起步：踩下离合器踏板，切断发动机动力，挂上挡后，缓慢松开踏板，在压紧弹簧作用下，摩擦盘逐渐与飞轮端面接触压紧，将动力由小到大传到变速器至车轮，达到平稳起步。

（4）配合换挡：踩下离合器踏板，切断发动机动力，变速器齿轮不再传递转矩，容易退出原挡位，也容易挂上新挡位。

（5）过载保护：当汽车紧急刹车时，传动系统将产生很大的力矩，并通过传动轴作用在离合器摩擦盘上，超出摩擦盘所能传递的最大转矩，则摩擦盘打滑，避免了传动系统与发动机产生扭转，保护了机件。

变速器都有哪几种类型

1. 按传动比的级数分类

（1）有级变速器：采用齿轮传动，具有若干个定值传动比。齿轮式变速器具有结构简单、易于制造、工作可靠、传动效率高等优点。

（2）无级变速器：传动比在一定的数值范围内可连续变化，多采用锥形轮带传动来完成动力输出。

（3）综合式变速器：是由液力变矩器和行星齿轮式变速器组成的液力机械式变速器，其传动比可在最大值与最小值之间的几个间断的范围内做无级变化。

2. 按变速器操纵方式分类

（1）强制操纵式变速器：即手动变速器，是通过驾车人操纵变速杆来选定传递挡位，并直接操纵变速器的挡位变换。

（2）半自动操纵式变速器：一般是通过驾车人用手操纵换挡手柄选定挡位，同时导通换挡机构的控制系统，使换挡机构自动进行换挡。

（3）自动操纵式变速器：简称自动变速器。其在某一传动比范围内，由变速器的自动控制系统根据发动机的负荷和车速的变化情况自动地选定挡位，并进行挡位变换，即自动地改变传动比。

3. 按变速器传动方式分类

（1）普通齿轮式变速器：由多对齿轮传动组成。

（2）液力机械变速器：由液力变矩器和有级机械式变速器组成。

变速器起什么作用

变速器装在发动机飞轮壳上，其动力输入轴通过离合器与飞轮相连，输出轴则通过传动机构将动力传递给车轮。其作用如下：

（1）根据汽车的行驶条件，变换变速器的不同挡位，使发动机传给驱动轮的转速和扭矩也相应地改变，使汽车获得所需要的牵引力和车速。

（2）在发动机曲轴旋转方向不变的条件下，改变传动的旋转方向，实现汽车的前进或后退。

（3）利用空挡切断发动机向传动系统中的动力传递，空挡时发动机能够启动和怠速运转，并满足汽车暂时停车和滑行的需要。

（4）作为动力输出装置，根据需要可将动力传递给其他机构，如四驱车的分动器，自卸车的油泵等。

手动变速器是怎样工作的

各种汽车由于用途和性能的不同，所采用变速器的结构各有特点，但它们的结构原理基本相同，通常都是包括变速传动机构和变速操纵机构两大部分，如图 1－16 所示。

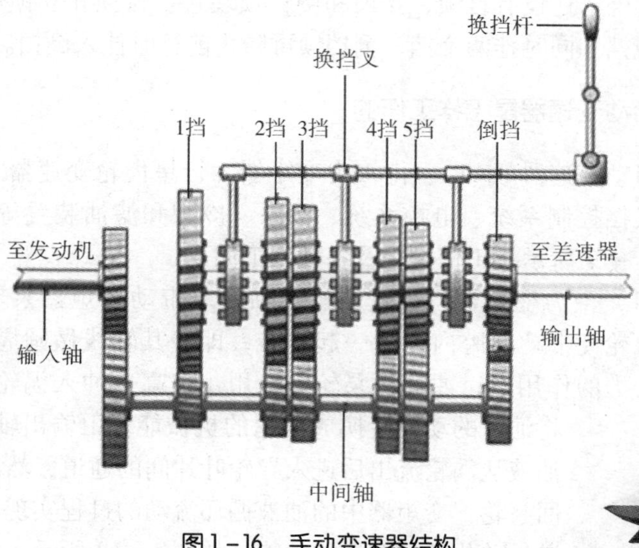

图 1－16　手动变速器结构

(1) 变速传动机构：一般大多采用平行轴式，有两轴式和三轴式，都是利用齿轮传动的规律，设置若干个齿轮，通过互相搭配而选择不同的传动比，以满足汽车对不同牵引力的需要。一对齿轮数不同的齿轮啮合传动时可以变速变矩，小齿轮作为主动轮，大齿轮为从动轮，为减速传动；反之，为加速传动。

另外，在过去的手动变速器中，由于没有安装同步器，使得换挡十分困难，还容易引起变速齿轮打齿和噪声问题，因为各变速齿轮的转速不同。而现在的汽车变速器中都安装了同步器，实现换挡时齿轮的转速同步。可使接合套与待啮合的齿圈迅速同步，缩短了换挡时间，防止了在同步前啮合而产生对接合齿的冲击。

(2) 变速操纵机构：是用来改变啮合齿轮的搭配，以达到换挡的目的。驾车人通过操作换挡手柄使挡杆另一端带动拨叉和滑动的换挡齿轮前后轴向移动，使相对应的齿轮啮合，实现加挡或减挡。操纵机构除了由换挡杆、拨叉轴和拨叉等组成一套换挡传动装置外，还设有自锁、互锁和倒挡锁装置。自锁和互锁可防止自动脱挡和同时挂两个挡，倒挡锁可防止前行时挂入倒挡。

自动变速器是怎样工作的

自动变速器（AT）：由液力变矩器、行星齿轮变速器、液压自动换挡控制系统、电控系统、油泵、冷却和滤油装置等组成，如图 1－17 所示。工作过程及各种分工如下：

(1) 液力变矩器：当发动机曲轴后端带动变矩器泵轮旋转时，泵轮便带动其腔内油液一起旋转，即绕其轴线做圆周运动，在离心力的作用下，油液从泵轮外缘甩出，高速冲入涡轮转动，将油液的动能转换成涡轮的机械能，由输出轴输出。油液从涡轮流出后进入导轮叶片间的通道，然后又流回泵轮，变矩器中的油液循环流动的过程实现动力传递，并代替离合器的功能，如图 1－18 所示。

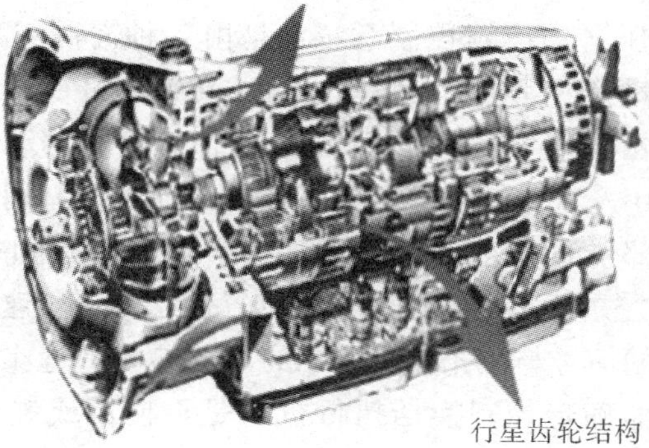

图1－17　自动变速器实物

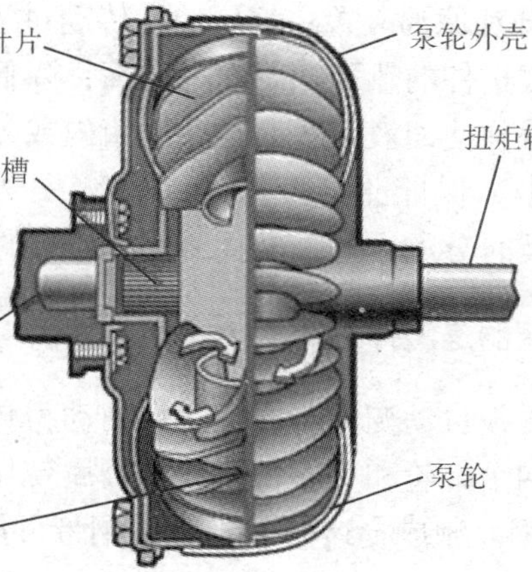

图1－18　液力变矩器结构

（2）行星齿轮变速器：行星齿轮可绕自己的轴线回转（自转），又可随着行星架一起绕其固定轴线旋转（公转）。若三机件均自由转动，则行星齿轮结构不能够传递动力。将其中一个基本构件强制固定不动或使其运动受到一定的约束，再将另外两个构件中的一个作

为主动件，另一个作为从动件，即可实现动力传递。

（3）液压自动换挡控制系统：是由各种滑阀组成的控制系统。汽车在行驶过程中，根据发动机的转速、负荷、路况及驾车人意图的需要，通过液阀控制液压，使离合器和制动器在一定的条件下起作用，从而使行星齿轮系统自动地换挡。同时，它还保证变速器各部位的润滑，使变速器得到可靠的散热和冷却。

（4）电控系统：电脑将节气门位置传感器、车速传感器和控制开关输入的信号与预先存储器中的换挡参数进行比较计算或逻辑判断，从而确定控制换挡执行机构是否换挡或锁止液力变矩器。电控系统包括变矩器锁止电磁阀、换挡电磁阀、停车挡锁止电磁阀、停车挡和空挡启动开关等。

（5）冷却和滤油装置：液压油在传动过程中，因冲击和摩擦生热，又吸收机件的热量，使油温升高，降低了传动效率和润滑能力，因而必须使油液用冷油器在水箱内或外部与冷却液或空气进行热量交换，保证油温为 80 ~ 90 ℃。另外，工作中产生的金属杂质也应及时分离，这是由滤油器来完成的。

无级变速器是怎样工作的

机械式无级自动变速器（CVT）的动力传递方式是以金属带式为主，由两个带轮和金属带组成，金属带用多层钼合金薄钢带串上 V 形的钢片制成。这种 V 形金属钢带可承受很大的拉力和侧向压力，钢带装在工作半径可变的带轮上，带轮由两块呈八字形的轮壁组成，两片轮壁中间的凹槽形成一个 V 形，其中一边的带轮壁由液压控制机构操纵。工作时，通过主动轮与从动轮的可动盘做轴向移动来改变主动轮、从动轮锥面与 V 形传动钢带之间的啮合工作半径，从而实现传动比的变化，如图 1－19 所示。

无级变速器主要由电磁离合器控制系统、变速控

制系统和液压控制系统组成。

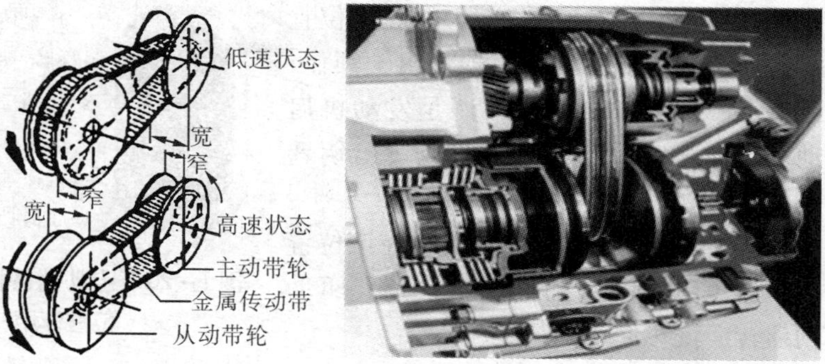

（a）金属传动带工作　　（b）无级变速实物

图 1－19　机械式无级自动变速器

（1）电磁离合器：是当汽车起步、变速或停车时，由电脑控制离合器的接合与分离。

（2）变速控制：是采用液压系统控制传动机构，即通过主动带轮和从动带轮 V 形槽宽度的变化，来控制带轮锥面盘的轴向位置。

（3）液压控制：是根据发动机转速、油门位置及传动比等信号来控制供给主动轮、从动轮液压室的油压，调整液压室液压分别由变速控制阀和压力调节阀来完成。

CVT 是无级自动变速器的英文缩写，意思是连续可变传动，没有明确挡位。由于 CVT 没有了自动挡变速器的变速齿轮，也就没有了换挡过程带来的顿挫感，变速更顺畅平稳，动力传递也没有损失，而且重量轻、体积小、零件少，与 AT 相比具有较高的运行效率，油耗也低。美中不足的是，传动的钢带能够承受的力矩有限，在较陡的坡道上起步时可能会出现溜车。

自动挡各挡位起什么作用

一般自动挡车有 6 个手动操作位置，如图 1－20

所示。其各挡位置的作用是：

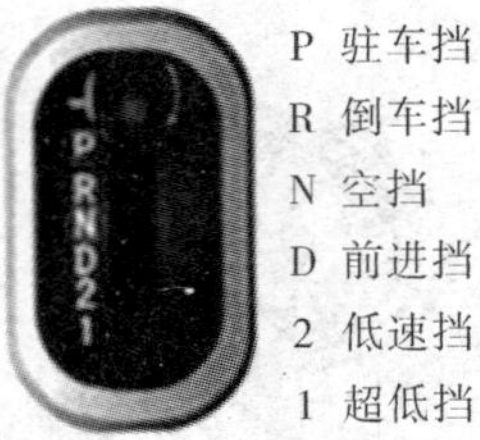

图1－20 自动挡各挡位置作用

（1）P位（驻车挡）：手柄在该位置时，停车锁止机构将变速器输出轴锁住，使汽车不能移动。此外，还是发动机启动、熄火、长时间怠速停车或拔出钥匙时的挡位。

（2）R位（倒车挡）：手柄在该位置时，液压系统的倒挡油路被接通，驱动轴反转，汽车便可倒行。

（3）N位（空挡）：手柄在该位置时，行星齿轮系统空转，不能输出动力。是汽车在短暂停车、启动、移动或拖车时可选用的挡位。

（4）D位（前进挡）：手柄在该位置时相当于手动挡的1～5挡（5挡变速器），手动挡是靠手进行换挡，而自动挡的D挡可以在1挡至最高挡之间完全自动切换。因为电脑会根据油门开度信号和车速信号，通过液压控制系统接通相应的前进挡油路，随着行驶条件的变化，自动升挡或降挡。

（5）2位（低速挡）：手柄在该位置时，相当于手动挡的2挡，液压控制系统只能接通前进挡中的1～2挡油路，是低速行驶或使汽车获得发动机制动的挡位。

（6）1位或L位（超低速挡）：手柄在该位置时，相当于手动挡的1挡，自动变速器被固定在1挡上不换挡，这是需要发动机更强动力或制动时的挡位。

这里，与自动挡相关的其他一些标志介绍如下：

·E（经济模式）：按下此钮，升挡或降挡都较快，可节省燃油。

·S（运动模式）：按下此钮，发动机转速和转矩输出保持较高状态，升挡晚与降挡早，比较费油。

·OD（超速挡）：按下此钮，传动轴转速大于发动机输出轴转速，在高速行驶时更省油。

·＊（雪地模式）：在雪地上起步时使用，它可以使汽车2挡直接起步，转矩输出较小，防止打滑。

·M（手动模式）：“＋”表示手动加挡，“－”表示手动减挡。这个手动模式不是真正的手动挡，它只是“手动模式”而已，其动力传递仍是自动挡方式，不像手动挡齿轮传递动力那样直接。虽然是用手换挡，但在汽车电脑预定程序的许可之下才可以进行，这与纯手动挡有较大差别。

·CCS（定速巡航）：开启定速巡航后，可以在40 km/h以上选择任何车速稳定行驶。这种定速巡航系统，不仅有助于改善驾驶舒适性，缓解右脚疲劳，而且有助于获得更好的燃油经济性。

自动挡和手动挡各有哪些优缺点

1. 自动挡

（1）自动挡的优点：操作起来简单又容易，省心又省力；提高了行车安全性，减少了驾车人的操作强度，也提高了乘坐人的舒适性；延长了机件的使用寿命、改善了汽车的动力性，减少了对大气的污染。

（2）自动挡的缺点：结构较复杂，制造精度要求高。由于结构复杂，故障分析和维修比较困难，价格也较贵，因此使用保养成本较高。

自动挡比手动挡相对费油，因为自动挡是靠液力变矩器来传递动力，相比机械传动的手动挡有一定的效率损失，一般要多耗燃油5%～10%。由于液力传递，所以自动挡的加速性存在滞后现象，即加速和减速都较手动挡来得迟钝一些。同时，因使用脚刹频率高、时间长，对制动系统的磨损也比较大。

2. 手动挡

(1) 手动挡的优点：结构较简单，制造成本低。完全采用机械齿轮传动，反应迅速、性能稳定、经济性好、动力性强、传递效率高。

当你驾驶手动挡车时，能真正体验到驾车的感觉，比如，三个踏板在脚下密切配合，挡杆在手中自由掌握，加挡、减挡、抢挡、连油挡，还有两脚离合、半连动等，这一切都会带来很多的驾驶乐趣。同时，左脚经常踩离合，整个身体也得到了协调运动，对健康也十分有益。

(2) 手动挡的缺点：换挡频繁、动作多、劳动强度大。在换挡时容易分散注意力，增加了行车中的不安全因素。由于换挡时机掌握不好，使发动机不能经常保持在最佳工况下工作，导致汽车的动力性和经济性下降。所以手动挡的性能发挥，完全依赖于驾车人的操作技能。

总而言之，自动挡有轻松的享受，手动挡有驾驭的乐趣；自动挡省事不省钱，手动挡省钱不省事。无论是手动挡还是自动挡，挡数越多，传动比范围越大，换挡越平顺，对发动机工作越有利，同时汽车的动力性和燃料经济性也越好。

驱动桥起什么作用

驱动桥按结构形式一般可分为非断开式和断开式两种，非断开式也称整体式，大多用于后轮驱动的载货汽车上；断开式驱动桥大多用于独立悬架的轿车上，如图 1－21 所示。其主要作用是可以实现改变转速、增大扭矩、改变旋转方向 90°，并能起差速作用等。发动机的动力经过离合器、变速器、万向传动装置传至驱动桥。驱动桥中的主减速器可降低转速，增大扭矩，并改变旋转方向，以差速器分配转速后，再由半轴、轮毂传至车轮。当汽车转弯或在凹凸

不平的路上行驶时，主减速器中的差速器就能使左右驱动车轮以不同的转速旋转，产生差速作用。

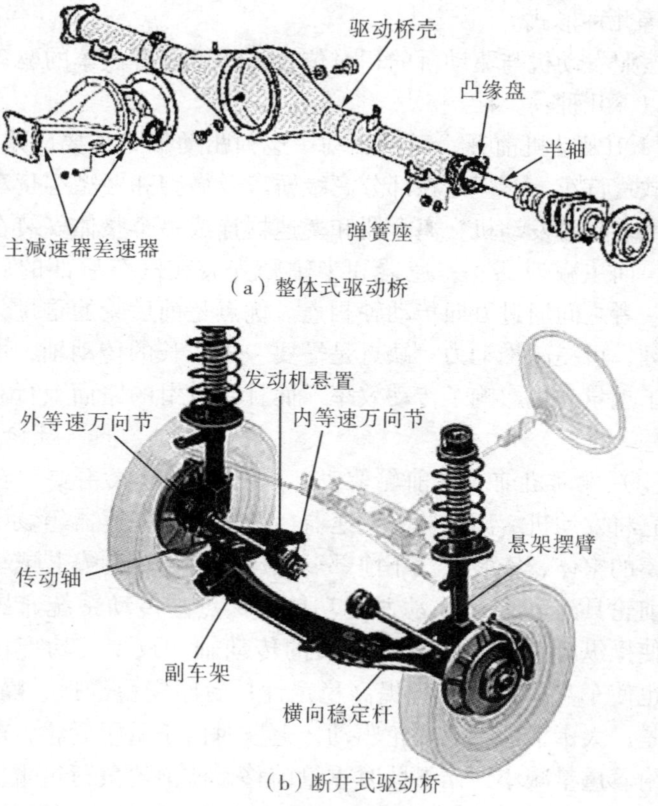

图1－21　驱动桥结构

汽车驱动形式有哪几种，各有什么优缺点

普通汽车一般只有两个后轮为驱动轮，两个前轮为从动轮，或者两个前轮为驱动轮，两个后轮为从动轮，而越野车和全时四驱动车的全部车轮都是驱动

轮。为区别普通汽车与越野车，常以车轮总数乘以驱动轮数来表示，例如：4×2（两轮驱动）、4×4（四轮驱动）、6×6（六轮驱动）等几种形式。

按照发动机与驱动桥的相对位置，还可以将汽车的驱动形式分为以下几种：

（1）发动机前置、后轮驱动：这种驱动形式主要应用在大、中型载货汽车上，但是在部分高级轿车及微型和轻型客货车上也有采用。它将发动机、离合器和变速器连成一个整体安装在汽车前部，而主减速器、差速器和半轴则安装在汽车后部的后桥壳中，两者之间通过万向传动轴相连。优点是前后轮的重量分配比较合理，可提高推动力；缺点是需要一根较长的传动轴，这不仅增加了重量，也影响了传动效率，而且在较滑的路面上行驶稳定性较差。

（2）发动机前置、前轮驱动：这种驱动形式主要用在轿车上，它将发动机、离合器、变速器、减速器及差速器等装配成十分紧凑的整体，安装在汽车前部。发动机可以纵向安装或横向安装，前轮具有转向和驱动两种功能。优点是传动系统布置最紧凑，使操纵比较简单；省去很长的传动轴，减少了功率传递损失，也使车身重心降低，提高稳定性；后座安稳舒适、噪声小。缺点是最大牵引力不及后轮驱动，上坡时由于重量后移，前驱动轮的附着重量减小，而下坡时重量前移，使前轮负荷过重。由于前轮具有转向和驱动两种功能，所以结构复杂，造价较高。

（3）发动机后置、后轮驱动：这种驱动形式主要用在大、中型客车上，少数微型车和轿车也有采用。发动机、离合器和变速器都横置于驱动桥之后，驱动桥采用非独立悬架。优点是大、中型客车采用这种形式可使汽车总重量能较合理地分配到前后两桥上，前桥不易过载；可降低车身地板高度，便于乘客上下；能减少车厢内的噪

声，提高车辆利用面积。缺点是由于发动机在汽车后部，使散热受到一定影响；因驾车人离发动机较远，难以根据发动机的响声判断工况；远距离操纵，使操纵杆件和管路等都比较复杂。

（4）全轮驱动：这种驱动形式主要用在越野车、特种车和军用车上，有的高级轿车和跑车为了提高牵引力和稳定性，采用了全时全驱。对于需要通过坏路或无路区域的越野车，为了充分利用所有车轮与地面之间的附着力，以得到尽可能大的抓地力，一般把全部车轮都做成驱动轮，其前桥既是转向桥又是驱动桥。为了将发动机传给变速器的动力分配给前后两驱动桥，在变速器后端增设了分动器，并相应地增设了从分动器通向前后驱动桥之间的万向传动轴，如图 1－22 所示。有些车型前驱动桥可根据路况需要，操纵分动挡杆接通或断开。优点是驱动力强劲，通过性能良好，稳定性提高。缺点是传动系统结构复杂，制造成本高。

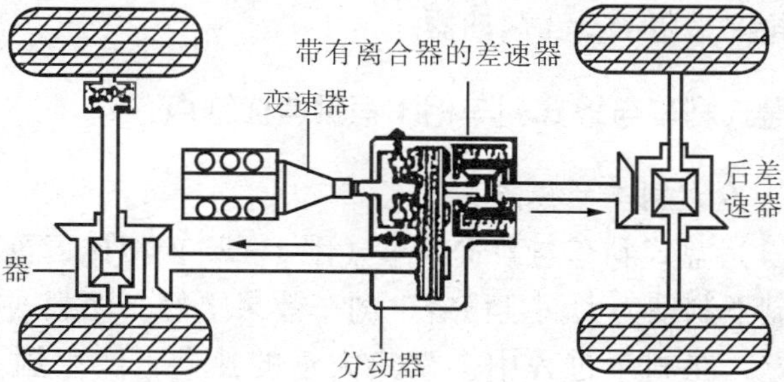

图1－22　四轮驱动结构

什么是盘式制动器

制动器是汽车制动系统的主要组成部分，是汽车的重要安全部件。随着汽车性能的不断提高，车速不断提升，对汽车的制动系统也随之提出了更高要求。于是，制动效果更好的盘式制动器正越来越广泛地应用于轿车、客车和货车上。

盘式制动器俗称为“碟刹”，由摩擦片与金属盘组成制动单元，而这制动力的大小就靠横跨在制动盘两侧的夹钳上，称为制动卡钳。一般轿车的盘式制动器由液压作为动力源，主要零部件由制动盘、制动钳、摩擦片、液压分泵、油管等组成。制动盘固定在车轮上，随车轮转动，分泵固定在制动器的支架上，相对车身固定不动。当驾车人踩制动踏板时，制动力就会从制动踏板、制动总泵通过油管输送到每个车轮的制动分泵。此时分泵中活塞受油管输送来的液压作用，推动摩擦片压向制动盘，将其紧紧夹住，就像用钳子夹住旋转的飞碟，迫使它立刻停下来。

盘式制动器散热快、重量轻、构造简单、调整方便，特别是高负载时耐高温性能好，制动效果稳定，而且不怕泥水侵袭。近年来采用盘式制动器的轿车日益增多，尤其是中高级轿车，一般前后轮都采用了盘式制动器。

盘式刹车与毂式刹车相比有哪些优缺点

1. 盘式刹车的优点

（1）盘式刹车与毂式刹车（图 1－23）相比，盘式刹车在液压控制下制动力大而且稳定，刹车效果更好。而毂式刹车由于散热性差，在刹车过程中会聚集大量的热量，产生刹车热衰退现象，刹车毂在高温影响下易发生变形，使刹车抖动和效率下降。如图 1－23 所示。

（2）刹车盘露在外面，散热能力强，特别是通风式刹车盘散热效果更好。而且盘式刹车对刹车片没有摩擦助势作用，制动效能受摩擦系数影响较小，因此，制动器的热稳定性很好。

（3）由于盘式无摩擦助势作用，所产生的制动力矩仅与车轮分泵压力成比例。刹车过程中制动力矩

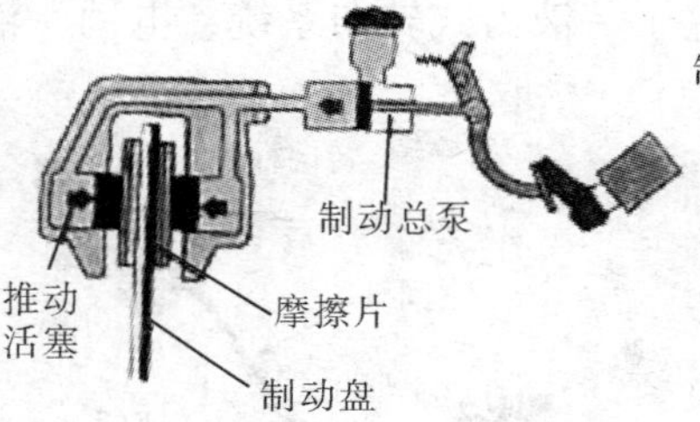

（a）盘式刹车

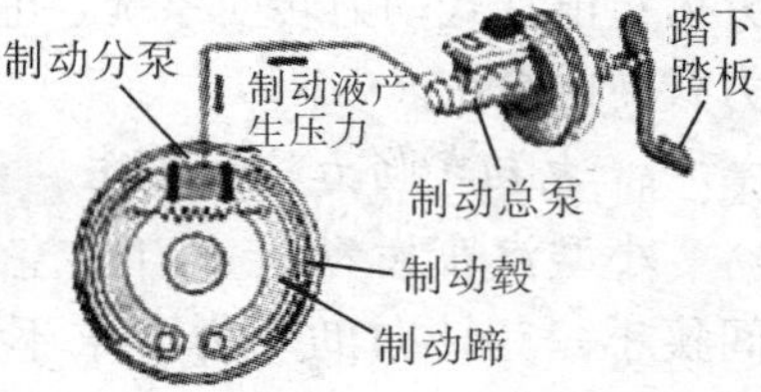

（b）毂式刹车

图1－23　制动器结构

的增长较毂式的和缓，即刹车较平顺。

（4）涉水时制动效能降低很少，而且出水后只需要踩两脚刹车就可恢复正常。

（5）刹车盘升温后，沿厚度方向的变形量比刹车毂径向热变形量小得多，由此引起的踏板行程变化也很小。

（6）盘式刹车结构简单，重量较轻，便于采用间隙自调装置，保养和维修方便。

2. 盘式刹车的缺点

盘式刹车的缺点是对刹车盘、钳及管路系统的制造工艺要求较高，而且造价也高于毂式。此外，盘式刹车不能完全像毂式刹车那样，只需加装简单的手操纵机构即可兼充手刹，而在盘式刹车上加装手刹，结构十分复杂。目前还有许多汽车只将盘式刹车用于前轮，后轮仍用毂式。这是为了降低成本，同时也是因为汽车在紧急刹车时轴荷前移，对前轮制动力的要求也较大。另外，盘式刹车还存在刹车时无助势作用、防污性能差、刹车片磨损较快、刹车盘易变形等不足。

电子控制动力转向系统是怎样工作的

电子控制动力转向系统就是在液力转向系统的基础上，增加了一套电子控制装置的动力转向系统。可

分为：电动式动力转向系统、电子－液力式转向系统，电动－液力式转向系统。

1. 电动式动力转向系统

小型汽车发动机室自由空间狭小，其转向助动力要求不大，故多采用电动式动力转向系统。电动式动力转向系统主要由转向助动器组件、电机组件和控制系统构成，如图1－24所示。

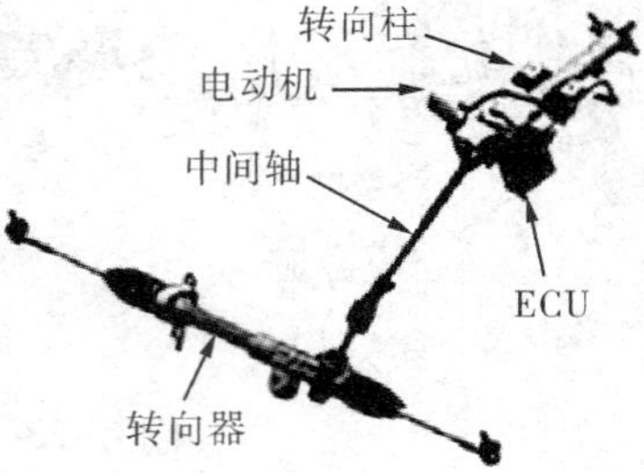

图1－24　电动式动力转向机构

转向助动器由转向盘侧输入轴、齿轮箱侧输出轴及扭杆所构成。操作方向盘时，扭杆轻微扭转，在输出轴与输入轴之间将产生滑动。同时，即使助动器出现故障，由于设有手动锁销，也不会导致不能转向。

设置在转向柱上的电机组件，由涡轮、电磁离合器、直流电机构成。涡轮与固定在转向柱输出轴上的斜齿相啮合，它把电机电磁离合器介于减速器与电机之间，当离合器断电时，不能把电机的驱动力传递给输出轴，此时手动转向发生作用。

控制系统由转向传感器、车速传感器、信号控制器（电脑）等构成。根据转向传感器判断出转向盘回转方向，即在设定值以上为向右旋回，在设定值以下为向左旋回，并以此来决定电机的回转方向。信号控制器从各个传感器处接收输入信号，并且可判断转向助动力的大小与方向，向电机发出驱动指令。

信号控制器可根据车速传感器与转向传感器的输入信号，决定驱动电机的回转力与回转方向，并根据车速决定转向助动力的大小。当系统发生异常时，安全保障机能将发挥作用，切断电机与电磁离合器电源，转为手动转向状态。

2. 电子－液力式转向系统

电子－液力式转向系统主要由油泵、电磁阀、分流阀、动力缸、齿轮箱和控制阀等构成，如图 1－25 所示。

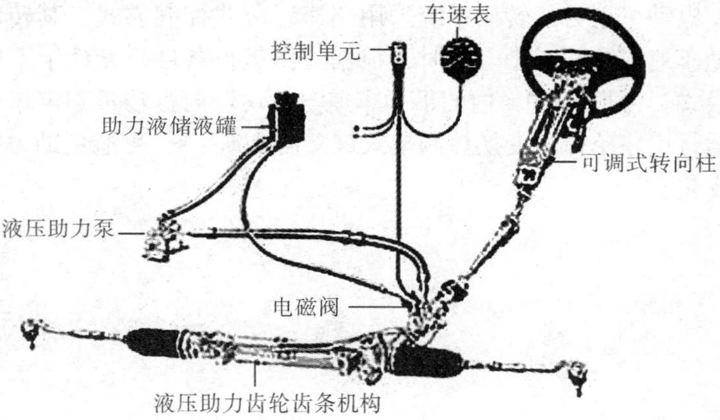

图 1－25　电子－液力式转向机构

根据车速变化，可通过控制电磁阀的动作，使动力转向液压控制回路。根据车速变化，在低速时操纵力减轻，在中低速以上操纵力随手感变化。电脑根据车速传感器信号判断出车辆停止、低速状态与中高速状态，控制电磁阀通电电流。在低速时增大转向助动力，使转向更轻便灵活；在高速时减小转向助动力，并增加阻尼，从而高速行驶时可获得更稳定的转向控制。

3. 电动－液力式转向系统

电动－液力式转向系统是以电机驱动油泵实现动力转向的装置。该系统由电机及油泵组件、转向传感器、动力转向齿轮箱、信号控制器与功率控制器等构成。在信号控制器内，已存储有根据试验获得的不同运行工况下的控制方法，而且可从传感器输入信号判定行驶状况计算出应向电机提供的驱动电流，向功率控制器发出驱动信号。功率控制

器接受信号控制器指令，调整油泵驱动电机的供给电流，实现对系统油压的控制。转向传感器可以把转向盘的转动状况转换为电子信号，并输出到信号控制器。

电动－液力式转向系统采用车速感应式控制方式，其转向助力随车速提高而减小。同时，根据道路运行条件，设计了不同控制模式。可根据 20 s 内的平均车速与平均转向盘转角判定车辆当前运行道路条件。变换控制模式最多需要 1. 1 s，可避免助力的急剧变化。

第二章　操作与要领

第一节　开车前的调整要领

怎样正确上车

上下车看似是一个很简单的动作，可却存在着很大的安全隐患，因为路边过往的机动车、非机动车、行人很多，所以在上下车时，一定要注意安全，不可粗心大意，否则就可能发生意外事故。

驾车人在上车前最好先看一下车的四周和下面，如图 2－1 所示。确认安全后，面向车门，伸左手拉开车门，然后将左手移到车门内的窗框上或车门内的把手上，身体右转，右手先放胸前，低头弯腰，右脚先迈进车内，右手握着方向盘，身体随着进入车内，边就座边收回左脚，左手带上车门，这是较为规范的上车动作。

图 2－1　上车前多察看

怎样安全下车

打开车门前，要先通过车窗和后视镜观察要开门的一侧前后方有无来车和行人，以防止与其发生碰撞，如图 2－2 所示。先将车门打开一点，转头，再次向后面观察，确认安全后，再将车门打开，迅速下车。动作要领与上车动作顺序相反。如果在停车场左右车辆间距都很近，打开车门时要当心，手要拉住车门慢慢打开，避免碰到旁边的车。

图 2－2　开车门前要多观察左后方

怎样正确关门、锁门

关车门时，如果用力过大，时间久了，车门密封性能及门锁可能会过早出现问题。车门一般关到离关严位置 10 cm 左右，再稍加用力将车门关严。值得提示的是，关门前还要检查一下车上的用电设备是否关闭，天窗和车门玻璃是否关严，贵重物品及行车证件是否带走，以上确认无误后，再锁好车门。无论是用钥匙还是遥控器，锁上车门后，用手拉一下车门把手，确认锁好后才能离开。为防止盗贼使用遥控解码器或遥控干扰器，最好别用遥控器锁车，可先将车门打开，按下中央门锁按键，人下车后即可关门锁车。

什么是正确的驾驶姿势

正确的驾驶姿势，有利于驾车人方便自如和灵活敏捷地操作各种机件，便于观察仪表和汽车周围情况，对提高汽车行驶安全性和稳定性发挥着重要的作用，并可减轻驾驶疲劳，提高驾驶动作的持久性。

驾驶姿势包括驾驶坐姿、方向盘的握法、脚踏板的踩法和变速杆的用法等。正确的驾驶姿势是：身体对正方向盘、头部端正、两眼平视前方、上身正直、胸部微挺，两手分别握在方向盘两侧，两腿自然分开，左脚放在离合器踏板下方，右脚掌放在油门踏板上，轻松、自然、舒适地操作汽车，如图 2－3 所示。

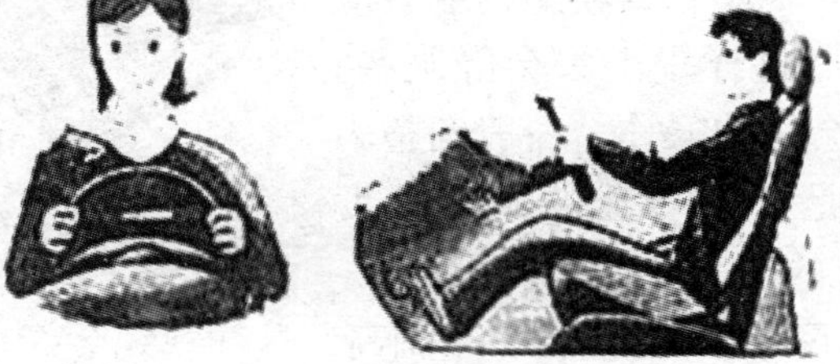

正确的驾驶姿势

离方向盘过近

离方向盘过远

图 2－3　驾驶姿势

如果驾驶姿势不正确，不仅影响操作，还存在着不安全的潜在隐患，对驾车人的身体健康也有伤害。但是，长时间驾车的姿势并不是一成不变的，应根据

驾车人身体不同部位的反映和疲劳程度，来适时调整驾驶姿势，否则会造成身体某部位的疲劳和损伤，适度调整座椅和坐姿可以缓解疲劳和减少损伤。

怎样正确调整驾驶坐姿

最合理的坐姿也是最安全的驾驶方式。驾驶姿势可以通过调整座椅的高低、前后位置和靠背的倾斜度来实现，如图 2－4 所示。驾车人上车后第一件事就是调整座椅，以达到最舒适地坐姿。具体步骤如下：

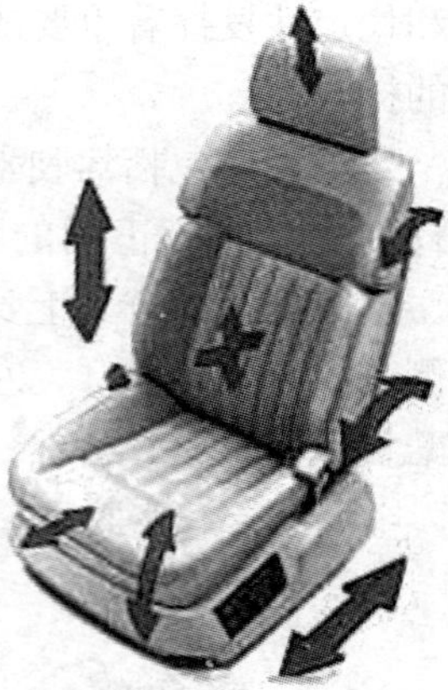

图 2－4　座椅可调部位

（1）靠背调整：驾驶座椅靠背应稍向后倾斜，这样坐上去会舒服些。但过于倾斜会影响操作，一般调整为 100°～120°是比较合适的倾斜角度（可根据个人的体型自行调整）。

（2）上下调整：将座椅尽量调高，这样视线会好一些。但不能太高，头顶应留出不小于 60 mm 的空间，防止颠簸时碰头。

（3）前后调整：先启动发动机，让真空助力泵工作，然后右脚用力踩住刹车踏板，这时腿部要有一定的弯曲，只有这样，在紧急刹车时脚上才能用上劲。一般大小腿之间的角度以不大于 130°为宜；左脚将离合踏板踩到底后，膝部应能保持一定的弯曲，否则将座椅前后移动，调整至最佳位置，如图 2－5 所示。

（4）腰部调整：身体在座椅上坐好后，别让后腰部悬空，如果靠背没有腰部支撑调整功能，可买个小腰垫放在后腰下，这样不仅可以保护腰部，还能减轻疲劳。

（5）头枕调整：头枕的主要作用是保护颈部，疲劳时可将头靠上去休息一下。头枕高度与双眼在同

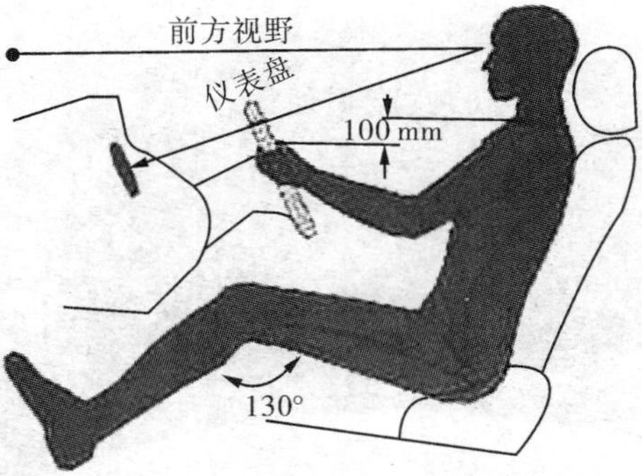

图 2 – 5　上车后先调整好坐姿

一水平线上，以与后脑有 20 mm 的间隙为宜。当身体向后倾时，头枕应自然的支撑住后脑勺，因为车被追尾时，正确的头枕位置可以有效地保护颈椎。

怎样正确调整方向盘

以正确的驾驶姿势坐好后，两胳膊平行伸直，手腕部可以搭在方向盘的中上部边缘上，这是身体与方向盘的最佳距离；否则，要调整方向盘或座椅前后移动达到这一要求。

从安全的角度讲，应尽量使自己的脸部和身体距离方向盘上的安全气囊远一些，距离越大越安全，也就是说前排座的乘客不要太靠近方向盘和仪表台，以防止气囊爆出伤人。调整好后，应在方向盘的空间内可以看到各仪表的显示，方向盘的上边缘又不影响视线，如图 2 – 6 所示。

怎样正确调整后视镜

不要小看这小小的后视镜，它在安全行车中可起到至关重要的作用。它像两只眼睛一样为你提供车身两侧及后方的情况，所以每次转动方向盘之前，都要

图 2 -6　从方向盘空间内应看到各仪表显示

先看看后视镜。在调整后视镜之前，应将车停在平坦宽阔的地方，并先调整好驾驶坐姿之后再调后视镜。一般车外两侧的后视镜，左边的视角小，右边的视角大。

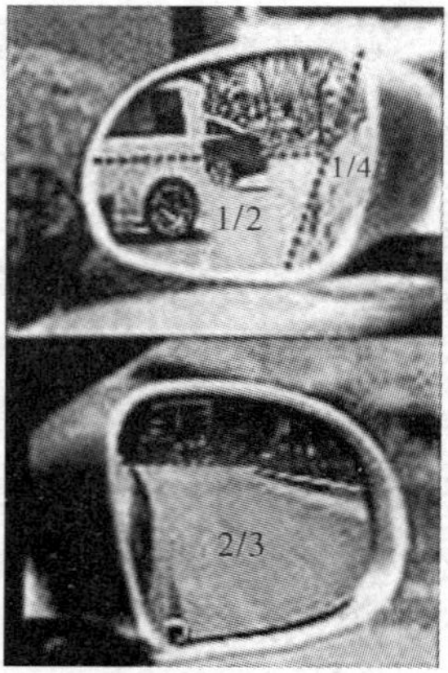

图 2 -7　后视镜最佳角度

上下调整：最科学的位置是从镜子中能看到天空和地面各 1/2 或使地面大一些，这样倒车时就能看到车身两侧更近的物体；左右调整：使后视镜的内边缘刚好照到前车门把手这个位置，即车身边缘占据镜面的 1/4 为最佳位置，如图 2 - 7 所示。调整车内后视镜时，抓住镜子的中部，上下或左右旋动，最好能照到整个后玻璃，以转动眼球就能看到车后面全部情况为宜。另外，夜间行车，为防止车内镜折光炫目，可以搬动镜下端突舌，将镜片转动一个角度，白天恢复。

值得一提的是，车外后视镜最合适的位置是尽量使得观察车身以外的范围大一些，既可看到车身边

缘，又能看到后面和侧面的车辆和天地。尽管如此，驾车人在不转头的情况下，只能看到前方200°左右的范围，而左右和室内后视镜也只能提供60°左右的可视范围，那么剩下的100°就只能靠转头来观察，如图2－8所示。

图2－8　驾驶员向前看的视野与盲区

怎样正确使用安全带

当调整好座椅后，用手抓住安全带的锁舌缓慢往下拉，让安全带从身前经过，把锁舌插入座位另一侧的锁座中，直到听到“喀哒”一声响。注意，安全带不能扭结，并且不要拉得太快，因为这样安全带可能会锁住。如果因拉得太快安全带被锁住，只要松一下就可以拉出；松开安全带时，按下锁座上的红色按钮，解开安全带，用手送回，不要任其自动弹回，如图2－9所示。

另外，由于安全带有自动收紧功能，身体长时间被捆绑在座椅上会很难受，如果将安全带向下拉一小段，只要感到不紧就可以了，然后在安全带进出口处用夹子夹住，使安全带不能再收紧。这样做，既不影响安全带的使用功能，又能使身体舒服很多。

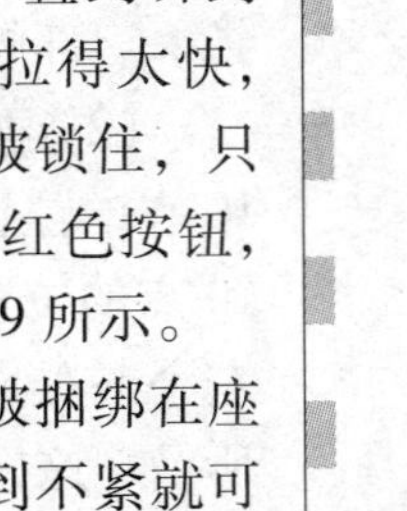

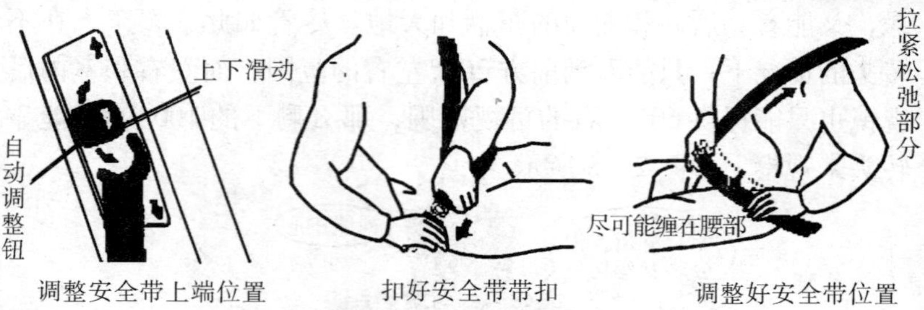

图 2－9　安全带的使用方法

第二节　操作要领

如何正确操作转向盘

转向盘俗称“方向盘”，简称“转向”或“方向”。具体操作要领如下：

（1）身体对正方向盘坐稳，两手心分别贴在方向盘左右两侧，拇指伸直搭在方向盘上，其他 4 指弯曲，自然握住，两肘自然下垂，手握方向盘的高度大约低于肩部 10 cm。依靠手腕、手指、肩部的力量，轻柔、协调地转动方向盘。

（2）如把方向盘视作一个表盘，那么小型车左手可握在 9 ~ 10 点的位置，右手握在 2 ~ 3 点的位置；长头大货车左手握在 9 ~ 10 点的位置，右手握在 3 ~ 4 点的位置；大型客车及平头货车，左手握在 8 ~ 9 点的位置，右手握在 3 ~ 4 点的位置，如图 2－10 所示。这样的握法除了能够使驾驶人稳稳地控制方向盘，还可以使其在遇见紧急情况时能迅速、灵活、准确地操控方向盘。

（3）转动方向盘时，要采用左手为主右手为辅，两手并用，适当推拉的方法（以便右手在操作其他

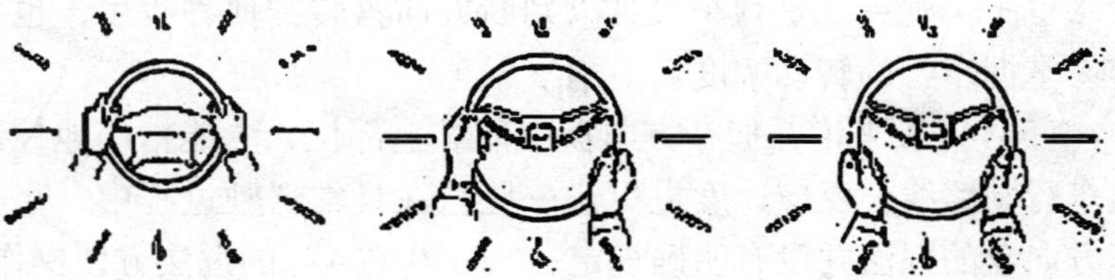

小型车　　长头大货车　　大型客车、平头货车

图 2－10　不同车型方向盘的操作方法

机件时，左手应能自如地控制方向）。一手推、一手拉，不要两手同时用力，也不要让两手集中在一起。大角度转向时，如调头、入车位、转急弯等，要采用两手交替、轮换操作的快速转向法；正常行驶时，动作要均匀柔和，快慢适当，转动方向盘的力度和速度要与车速相适应，车速越快，方向盘的转动角度和力度应越小，如图 2－11 所示。另外，方向盘有自动回正功能，在快速回转时，可放松手指，让方向盘自行快速回正，但并不是任其自由旋转，双手掌应扶着方向盘，保持随时可控制的状态。

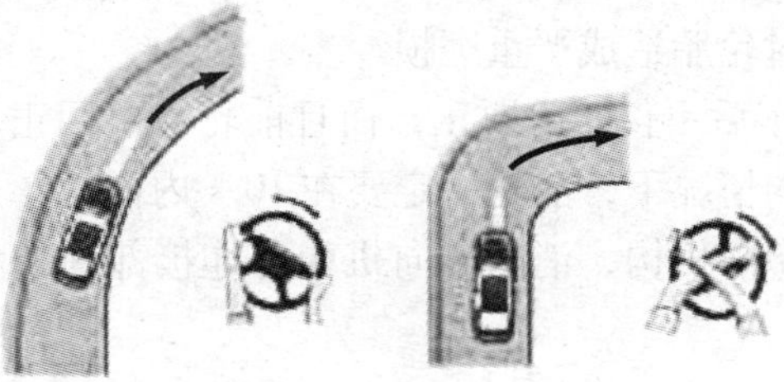

平缓弯道　　急弯

图 2－11　根据路况及车速正确操控方向盘

（4）不要小把一点一点地转，这种操作方法看似动作很快也很轻松，其实大部分操作在方向盘的自由行程上，控制实际转向行程小、效率低、速度慢。一是小把转的再快也没有大把转得快，而且动作显得

紧张也不美观；二是驾车人难以判断方向盘转到何种程度，也不容易掌握车身的转动幅度。

（5）一般来说，握在方向盘中部靠上部位，更能精确地控制汽车行驶路线，反应速度也更快一些。在日常驾驶过程中，小型车方向盘的握法并没有明确规定，“左 10 右 4”的握法方便操作，易于初学者掌握和控制汽车，尤其是驾驶手动挡车。而“左 9 右 3”的握法，有利于在高速路上行驶时转向的柔和、顺畅，并能减少疲劳。

操作方向盘注意事项

（1）用右手换挡或操作其他装置时，左手一定要控制住方向盘，不能跑偏。在比较安全的路段行驶时，可有意识地锻炼用左手控制方向盘的能力。

（2）一般情况下不要原地硬转方向盘，也就是不要打“死”方向。因车轮没有滚动时，轮胎与地面之间的摩擦力很大，使转向机构的负荷更大，如果原地转动方向，不仅容易损害转向机构，而且会对轮胎造成严重磨损。

（3）停车后不仅车身要正，而且前轮也要回正。尤其是在发动机未熄火的情况下，前轮一定要在 10 s 内回正，这样做可以有效保护助力转向机构，消除转向机构各连接部件的负荷，延长其使用寿命。

怎样正确操作离合器

离合器踏板俗称“离合”。使用离合时应握稳方向盘，用左脚掌踩在离合踏板上，以膝关节和踝关节的伸屈动作踩踏或松抬。当踩下离合器踏板时，发动机动力与传动部分分离，踩踏动作要迅速，并一次踩到底使分离彻底，以防离合器滑转而加速磨损；松抬离合器踏

板时，发动机动力与传动部分结合，但结合要有层次，根据需要决定松抬速度，如图 2－12 所示。

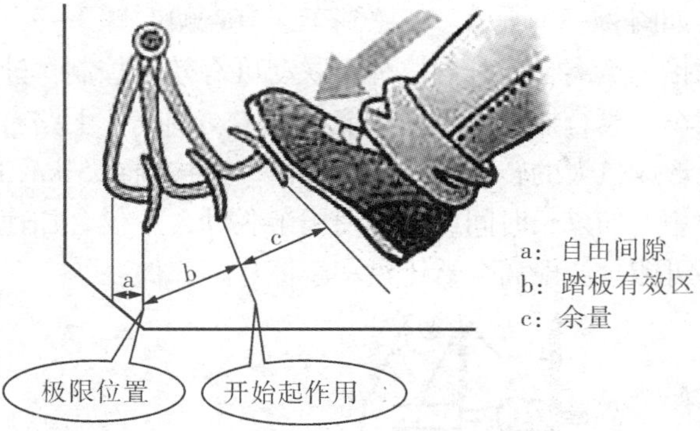

图 2－12 离合踏板正确的踏位

如起步时，开始可快松一段，此段是压盘的空行程，待压盘压到从动盘时，发动机的声音变沉，车身有些发抖，踏板在此位置稍加停顿，迅速放松手刹，待车动起来时，再缓慢松抬，同时右脚逐渐加油，当离合完全结合后可较快将脚移开。其操作要领可概括为“快、停、慢”，之所以要“快、停、慢”，是为了达到离合器压板与从动盘结合平稳，使传动机构免受额外的冲击负荷，从而不仅起步平顺，还可延长离合器使用寿命。

加挡时离合要快踩、快抬，但挡位低时抬起的速度要稍慢。如一挡换二挡时，要比二挡换三挡稍慢；减挡时离合器要快踩、慢抬，同样也是挡位越低，抬起的动作越要慢，以免产生顿挫。

什么是离合器半联动，如何正确操作

半联动就是汽车起步或以极低的速度前进或后退时，使用离合器的技巧。在踏下或松抬离合的过程中，离合器从动盘与压盘及飞轮即将结合的瞬间，会出现滑转，这一状态被称为离合器的“半联动”。

半联动操作方法是：当离合踏板抬到汽车开始移动了，这时左脚就稳住踏板，右脚适当加一点油，保证发动机既不熄火又有足够的动力，如图 2－13 所示。如感到车速有点快时踩下一点离合，感觉慢时稍抬一点离合，利用这种半联动可有效地控制车速，便于安全操控汽车。离合器的半联动只能在起步、倒车、上路台或短距离内使前轮形成较大的转向角，或需要把车速控制在 5 km/h 以下时，短时间使用。如果长时间或经常使用半联动，不仅会加速离合器的磨损，还可能会烧毁离合器压盘和摩擦片等部件。

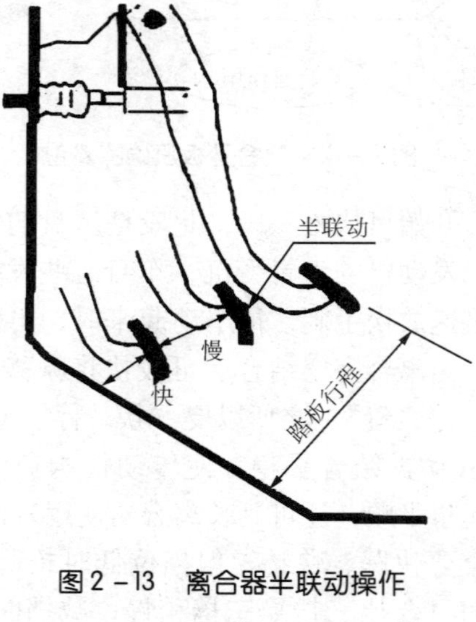

图 2－13　离合器半联动操作

什么是两脚离合器

过去的汽车没有同步器，挂挡困难，因此加挡时要踩两次离合，减挡时还要抬起离合，加一脚“空油”，然后再踏下踏板才能比较顺利地挂挡。而现在的汽车变速箱都装有同步器，换挡时不用踩两脚离合就能轻松挂挡。但是大型客车、货车、挡位较少的越野车，仍使

用两脚离合换挡法，以减轻同步器的磨损，延长变速器的使用寿命。

怎样使用两脚离合加挡、减挡

加挡时，右脚抬起油门，左脚踏下离合，右手将挡杆摘至空挡，然后左脚迅速抬起离合并再次踏下，同时将变速杆挂入高一级挡位，左脚再次抬起离合，随之右脚逐渐加油。

减挡时的操作方法与加挡的步骤基本相同。只不过是在第一次抬起离合后，右脚要迅速加一脚“空油”，然后再踩下离合并减挡。加“空油”，是为了提高变速箱第一轴和中间轴的转速，使其与将要重新啮合的低一级挡位齿轮圆周转速相接近，以便顺利减挡。“空油”应加多少，可根据车速、挡位、车型、路况及装载情况灵活掌握。一般同一车速，挡位越低，“空油”加得越大；相同挡位，车速越快，加“空油”越多。

使用离合器应该注意哪些问题

（1）手动挡车，启动时一定要踩下离合。一是防止汽车启动时，挡位没在空挡上；二是可以减轻启动机的负荷，减少电瓶电量的消耗。

（2）正常行驶时，脚不要放在离合踏板上。在开车时，除了起步、换挡、低速刹车和将要停车时需要踩下离合外，其他时间脚都不要踩在踏板上，以免加速离合器分离轴承的磨损，还可能产生半联动现象，严重时会使从动盘、压盘、飞轮摩擦面烧蚀或拉伤，影响传递扭力，甚至离合器无法正常工作。

（3）严禁猛抬离合。如果离合抬得过快，会在瞬间对传动系统产生极大的冲击载荷，会损伤或缩短离合器及传动零部件的使用寿命。

（4）刹车时不要先踩离合，尤其是在紧急刹车

时，更不要踏离合，否则会失去发动机的制动作用。只有当车速降到很低时才踩离合（10 km/h 以下），这样做既安全又减轻了刹车系统的负荷，也减少了刹车盘、刹车片磨损。

（5）起步遇到发动机要熄火时，须迅速踩下离合。此时可能是离合踏板抬得过快或者是油门加得太少，弄明原因后，再重新起步。

加速踏板起什么作用

加速踏板俗称“油门”。油门有两种形式，一种是采用拉线控制的机械油门，另一种是电子油门。其作用都是供驾车人根据行车条件，通过油门踏板控制节气门的开度，以调节气缸的进气量，从而改变发动机的转速和功率。即踩下油门时，节气门开度变大，进气量和喷油量增加，发动机转速提高，功率上升；放松油门时，进气量和喷油量减少，发动机转速减慢，功率降低。

柴油车的油门也有两种，一种是用来控制喷油泵柱塞有效行程的大小，从而调节喷入燃烧室的油量；另一种是通过控制电磁阀的开闭时间调节供油量。

怎样正确操作油门

将右脚跟放在驾驶室底板上，大约位于油门与刹车踏板之间，以脚跟为支点，脚掌稍向右倾，轻踩在油门上，用踝关节的伸屈动作踩下和松抬，如图 2－14 所示。踩或松油门时用力要柔和，不可过急，做到轻踩、缓抬，不要猛踩猛抬和连续抖动。

松油门时脚跟不要离地，将脚掌抬起。需要提示的是，右脚负责两个踏板，在使用油门或刹车时脚跟都不要移动，只需将脚掌左右摆动踩油门或踩刹车，这样操作既灵活又准确，也不容易踩错踏板。

（a）右脚稍向外倾斜　　（b）正确操作油门

图2－14　操作油门

使用油门注意事项

（1）对新手来讲，在驾驶过程中，当不需要加速时，应及时将脚掌放在刹车踏板上，尤其是驾驶自动挡车。这样做可有效避免遇到紧急情况时，误将油门当刹车的危险发生。

（2）在汽车加速或冲坡时，不需要将油门踩到底，往往踩下3/4才是发动机输出的最大功率。如果是自动挡车，油门踩到底，自动变速器会自动降挡，甚至降两挡。

（3）在低挡位时，发动机制动比较明显，所以松油门或踩油门的动作不要过快、过猛，这样会使汽车前后窜动，影响乘坐的舒适性，对车也有损害。

（4）在行驶中减速时早松油门，少用刹车，多用油门控速。不论在何种情况下使用油门，都要做到缓慢踩踏、逐渐加力、匀速递增车速，这样省油又省车。

制动踏板起什么作用

制动踏板俗称“脚刹”，是刹车系统的操作装置。脚刹用在一般情况下减速、停车和危险情况时的紧急刹车。在踏下刹车踏板产生制动作用的同时，也接通了刹车灯的开关，车尾的刹车灯亮起，可警告后面随行的车辆，及时采取相应的减速或停车措施，不至发生追尾。

怎样正确使用“刹车”踏板

使用“脚刹”时，应两手握稳方向盘，右脚松开油门，踩下刹车踏板。根据情况，可分别采用完全踏下或先轻踩再逐渐加重，以及随踩随放等方式，达到减速或停车的目的。其要领是：右脚放在油门踏板上，脚跟靠住驾驶室底板，并以此为支点，脚跟为轴心，脚掌左右摆动，如图 2－15 所示。需要踩刹车时，脚掌向左转至刹车踏板上；需要踩油门时，脚掌移到油门踏板上。以踝关节的伸屈为主，踏下或放松，这种操作动作圆滑、反应迅速。

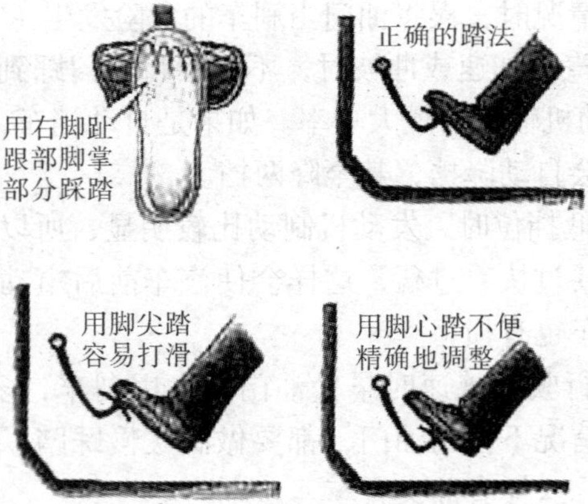

图 2－15　制动踏板的正确踏法

发动机制动如何操作

发动机制动就是不切断发动机与驱动轮的连接，利用发动机气缸阻力及内部摩擦力对驱动轮形成制动作用而降低车速，如图 2－16 所示。

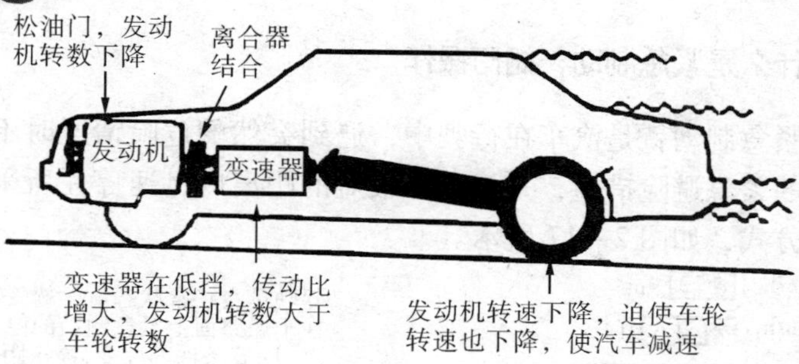

图 2－16　发动机制动示意

（1）发动机的特点：踩油门有动力，松油门变阻力，挡位越低，牵阻作用力越大。一般在预见性制动中和下长坡或较滑的路上，常采用发动机制动的方式，充分利用发动机牵阻作用，不仅可以节油，还能减少轮胎的磨损和延长车轮制动器的使用寿命。

（2）操作方法：当需要减速时，松开油门，不踩离合，不摘挡，或挂低速挡，发动机制动效果更显著。在冰雪路或比较湿滑的道路上，应尽量使用发动机制动，这样可有效地防止车辆侧滑。使用发动机制动时，严禁低挡高速，因车轮带动发动机高速运转，会损坏发动机和传动部件，如果出现发动机转速过高情况，要及时刹车减速。自动挡汽车只有在 1、2 挡或 L 挡位时，发动机才会产生制动效果。

什么是预见性制动，如何操作

预见性制动就是对已发现的情况或预计可能会出现的行驶障碍提前采取的措施、有目的的减速或停车。

操作方法：当发现情况后，首先松开油门，利用发动机的牵阻作用降低车速，然后根据道路情况，适当踩下刹车，使汽车进一步减速。

什么是紧急制动，如何操作

紧急制动就是汽车在行驶中，遇到突然的危险情况时不得已采取的紧急避险措施，是汽车在最短的距离内迅速停住所采取的刹车方式，如图 2 –17 所示。

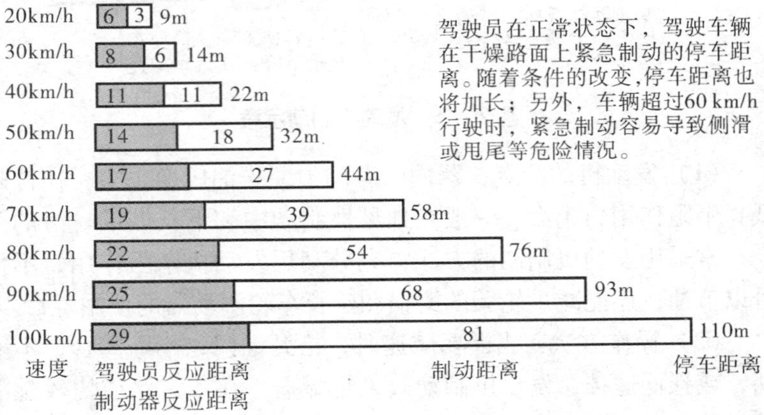

图 2 –17　车速与制动距离的对应表

操作方法：在遇到紧急情况，需要立即停车时，应双手紧握方向盘，身体后靠，迅速用力踏下刹车踏板，必要时还须同时拉紧手刹，实施紧急刹车，避开险情，防止事故发生。

使用紧急刹车注意事项

（1）在紧急刹车的同时别忘了打方向，因为汽车在较大惯性作用下不会立即停住，而是要继续滑行一段距离，所以要充分利用这段距离，准确转动方向盘去躲避障碍，即常说的“踩得急、躲得准”。

（2）紧急刹车时，汽车很容易跑偏或侧滑，对于没有装 ABS 的汽车，可采取“点刹”的方法，即

迅速抬起刹车踏板 1/3 或 1/4 行程，接着再踩，如此反复多次。这样抱死的车轮便可重新在刹车状态下滚动，从而减轻车轮跑偏和侧滑的程度。

（3）急刹车对汽车传动部件有较大损害，尤其是对轮胎磨损严重，有关资料显示：汽车以 80 km/h 速度行驶，一次急刹车对轮胎的磨损相当于正常行驶 300 km 的磨损量。而且，对发动机和底盘的损害也相当大，容易给乘客和货物带来危险和损伤，更容易引发追尾事故等。因此，只有在不得已的情况下，才可使用紧急刹车。

什么是防抱死制动

防抱死制动系统用英文缩写表示为 ABS，其主要作用是防止紧急刹车时车轮抱死。如果两前轮同时抱死，汽车基本上沿直线行驶，但失去转向控制能力，无法躲避障碍物；如果后轮同时抱死，在很小的侧向力作用下，汽车就会发生侧滑、甩尾等危险。因此，现在汽车基本上都安装了 ABS，以防止这种危险发生，如图 2 –18 所示。

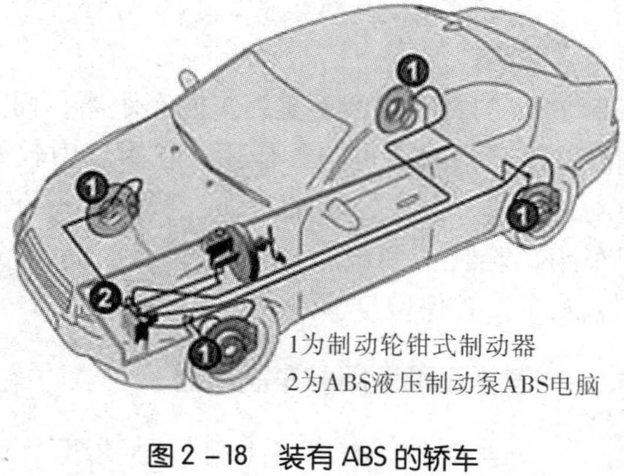

图 2 –18 装有 ABS 的轿车

ABS 的工作原理：主要依靠装在各车轮上高灵敏度的轮速传感器及变速器上的车速传感器，根据车轮打滑的程度，由电脑通过一套液压控制系统自动控制，使汽车在急刹车时始终处于抱死与滚动状态，即抱死—松开—抱死—松开的循环工作过程。其制动器中的压力增减调节极快，能达到每秒 10～20 次，高档车可达 60 次（调控的频率越高，刹车的效果越好）。从而使车轮一直保持滚动状态，而不至于抱死，保证了汽车在紧急刹车时依然有良好的转向能力，且防止发生侧滑或甩尾等。

使用带 ABS 刹车注意事项

（1）在紧急刹车时，要始终将脚踩住刹车踏板不放松，这时会感到刹车踏板在快速地抖动，并伴有响声，这种抖动和响声是由于液压脉冲工作所产生的，是正常现象，此刻千万不要松开刹车，而是要继续保证足够的力量，使 ABS 发挥有效作用。

（2）如果在行驶中显示 ABS 的灯亮了，可能是 ABS 系统出现了故障，但并不影响刹车的使用效果（只有在刹车踩得较重，而且车轮出现抱死的瞬间，ABS 才起作用），不过紧急刹车时要采用“点刹”。如果第二天启动车后，ABS 灯还一直亮着不灭，就要尽早到 4S 店检查。

（3）安装 ABS 的真正目的不是缩短刹车距离，而是防止车轮抱死引起侧滑。由于它的“点刹”作用，在附着力较好的路面上可能会缩短刹车距离，但在松软、沙砾、积雪或凹凸不平的路面行驶时，刹车距离会比无 ABS 的车长。因此，行驶在上述路面时，要避免急刹车，并保留足够的安全车距。

怎样正确使用驻车制动器

驻车制动俗称为“手刹”，一般有三种形式：手柄式、脚踏式、气压式（用于大型车），主要作用是

用于停车或坡道起步。另外，在紧急刹车时使用手刹，也有一定辅助效果。手刹操作方法如下：

（1）手柄式：右手四指握住手刹柄，拇指放在柄头按钮上，将手刹柄向上拉紧，就能起到刹车作用；解除手刹时，先向上拉一点，同时用拇指按下按钮后，再将手柄向下推放到底即可，如图 2－19 所示。

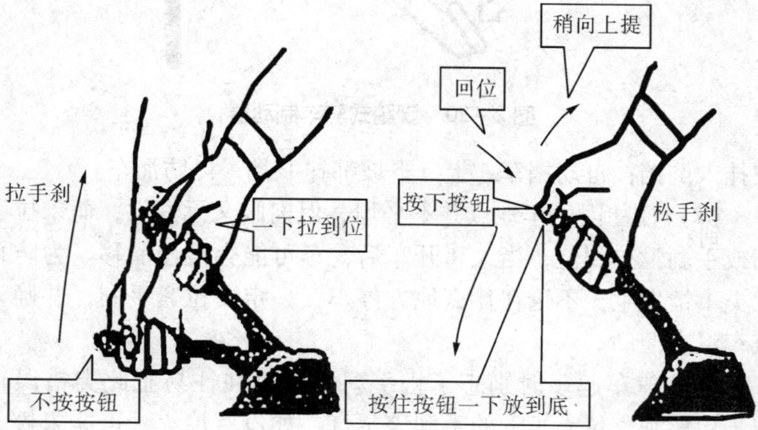

图 2－19　手刹操作过程

（2）脚踏式：用左脚将驻车踏板踩到底，便可起到刹车作用；解除刹车时，用力踩一下驻车踏板，然后快速抬起，踏板也随即抬起并解除刹车，如图 2－20 所示。

（3）气压式：通过手柄控制气压阀接通或断开，驻车时将手柄向后拉；解除时将手柄向前推（有些车型是向左右搬转）。

使用手刹注意事项

（1）一般在比较平坦的地点停车，只要拉紧手刹就可以了，但在有坡的地方停车时，除拉紧手刹外还得将挡杆挂在挡上。手动挡车，上坡挂入一挡，下

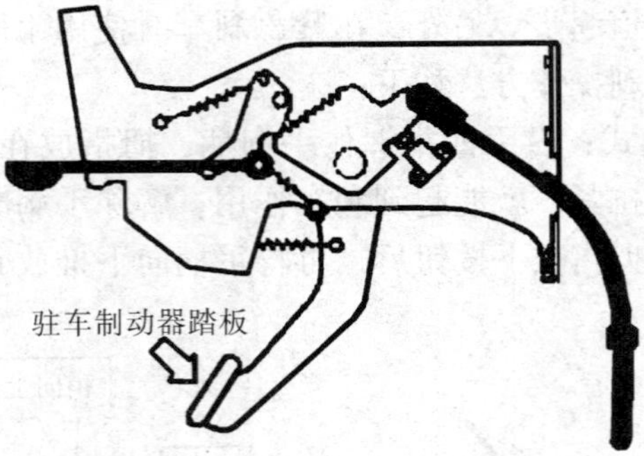

图 2－20　脚踏式驻车制动器

坡挂入倒挡；自动挡车，上、下坡都挂 P 挡，以防溜车。

（2）往往因停车地点并不平坦，但肉眼又无察觉，而未拉手刹或手刹没拉到位，当人离开车后，车可能会慢慢溜移。为防止此类事情发生，不论在什么地方停车，一定要拉紧手刹，并确认汽车没有溜动。

（3）汽车起步时别忘了松手刹（新手往往易犯此类错误），起步后要观察仪表板上的手刹警示灯，如没有熄灭，可能未松手刹或手刹没有松放到底。

（4）如果手刹拉起的行程过大，即使拉紧了也不一定能起到驻车效果，这种情况容易被忽略，要定期试一下。试验方法是：拉紧手刹后，挂一挡起步并逐渐加油，发动机被憋灭火，而且车原地没动，说明手刹有效；如果发动机不灭火，车还往前走，说明手刹失灵，要尽快调整或维修。

怎样正确使用变速器操作杆

变速器操作杆俗称“挡杆”。正确使用挡杆可使换挡动作及时、迅速、准确、平稳，有效地提高发动机动力，减少变速机构的磨损和燃料的消耗。

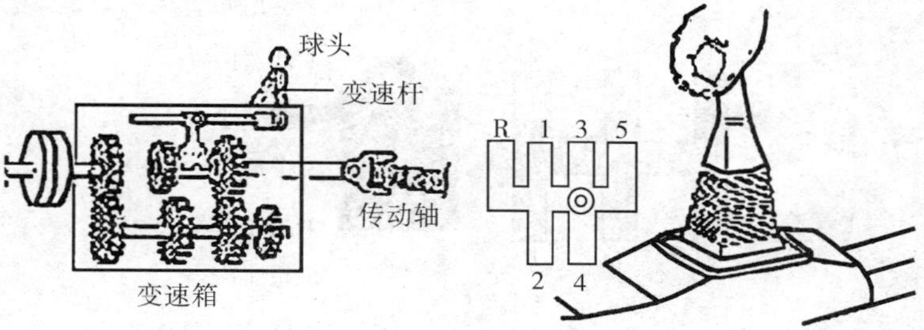

（a）手动变速器的结构　　（b）手动变速器的操作

图2－21　变速器

操作方法如下：操作挡杆时，左手握稳方向盘，两眼注视前方，右手的掌心扣住球头，五指轻松自然地将球头握住，如图2－21所示。在踏下离合踏板的同时，用手腕和肘关节的适当力量，按挡位的一定轨道，将挡杆准确地推进或拉出，不得用力过猛或强推硬拉，以免损坏变速齿轮。挂挡时，一定要将挡杆挂到位，防止自动滑入空挡。换挡过程中，不得低头看挡杆，以免分散掌握车前情况的注意力。应注意的是，前进挡与倒挡互换时，必须在汽车停稳后方能进行，否则极易损坏变速器齿轮。

变速器各挡位起什么作用

汽车的挡位分为低速、中速、高速、超速四级挡位，一般1、2挡为低速挡；3挡为中速挡；4挡为高速挡；5挡为超速挡，如图2－22所示。挡位越低，驱动轴的转速越低，车轮上的扭矩越大，汽车的牵引力也越大；挡位越高，驱动轴的转速越高，车速也越高，但车轮上的扭矩越小。因此，汽车在需要大牵引力的情况下，如起步、上陡坡、通过困难的路段，应选用低速挡。

低速挡行驶时，车速慢，发动机转速高，温度容易升高，燃料消耗和机械磨损都很大，因此用低速挡

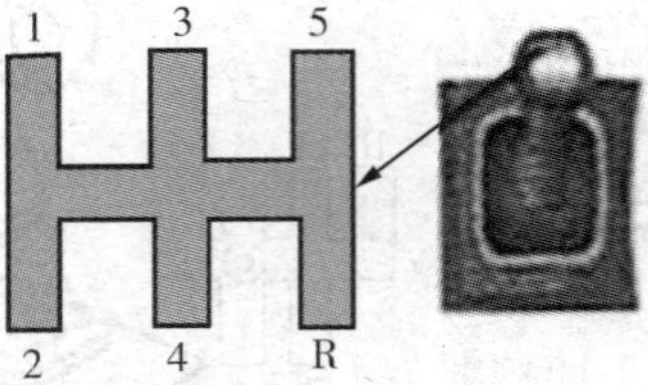

N 空挡
1 低速挡
2 低中速挡
3 中速挡
4 高速挡
5 超速挡
R 倒挡

图2－22　手动变速器各挡位作用

行驶的时间应尽量缩短，更不要在低速挡行驶时，过多的踩下油门追求速度。中速挡是由低速到高速，高速到低速的过渡挡位，通常汽车在转弯、过桥、窄路会车和通过一般坡道时使用。在道路条件较好，需要高速行驶时，应选用超速挡，这样既能提高行驶速度，又能节省燃料，发动机的磨损也小。

怎样正确掌握换挡方法

（1）汽车的加挡：加挡前，逐渐提高车速，当发动机达到加挡转速或听到发动机声音提高时，立即抬起油门，迅速踩下离合，并将挡杆摘至空挡，随即挂入高一级挡位，在抬起离合的同时逐渐踩下油门加速行驶（大型车加挡最好使用两脚离合法）。

（2）汽车的减挡：在抬起油门的同时，踏下离合，并迅速将挡杆摘至空挡，随即挂入低一级挡位上（大型车应使用两脚离合法），这时离合踏板可快抬一段，在离合器要全结合时稍慢抬，同时逐渐踩下油门，使汽车保持足够的动力平稳行驶。一般情况下的减挡，当车速降到 30 km/h 左右时，可从 5 挡减到 4 挡；车速降到 20 km/h 左右时，可从 4 挡减到 3 挡；车速降到 10 km/h 左右时，可从 3 挡减到 2 挡；车速降到几乎要停车时，减到 1 挡。减挡不一定按顺

序进行，由于刹车减速和道路阻力等因素，车速可能降低的程度很大，再按顺序减挡，会出现发动机动力不足、拖挡甚至熄火等现象，因此应根据降低的车速选择适当的挡位。

怎样正确掌握换挡时机

汽车在行驶过程中，加挡时间过早或减挡时间过迟，都会由于动力不足，造成传动部分抖动，并加速机件磨损；加挡时间过晚或减挡时间过早，又会造成低速挡行驶时间过长的后果。因此，要掌握好换挡的时机，适时变换挡位。

（1）加挡：当感到发动机动力充足，车速上升很快时，应及时加高一级挡位。加挡后，没有出现动力不足和传动部分抖动的现象，而且车速上升较快，说明加挡时机准确。

（2）减挡：当感到发动机动力不足，车速下降时，应及时减低一级挡位。减挡后，汽车行驶正常，即为减挡时机准确。如减挡过早，汽车会有明显的顿挫感，这不仅浪费动力，对机件也有损害；如减挡过晚，则惯性消失，往往减挡后，仍然动力不足，而造成连续减挡的不良后果。

加减挡注意事项

（1）加挡：由低速挡换入中速挡至高速挡的时间，要尽量缩短，以提高经济性。各挡之间所需的加速距离是，1～2 挡最短，一般起步 5 m 后就可加挡；2～3 挡较短；3～4 挡稍长。在同样的条件下，加速距离冷车应比热车长，重车应比空车长，冬季应比常温季节适当延长。不同的车型和不同的路况，加挡间隔的距离也不相同。一般情况下，1 挡加速到 10～20 km/h 即可加 2 挡；2 挡加速到 30～40 km/h 即可加 3 挡；3 挡加速到 40～50 km/h 即可加 4 挡；4 挡加速到 50～60 km/h 即可加 5 挡，但这并不是绝对的，应根

据具体情况而定。

（2）减挡：当需要减挡时，动作要迅速准确，以减少惯性损失。减挡后，离合的松抬应稍慢些，避免因发动机转速与汽车惯性速差太大，造成减挡后车速猛降，从而加速机件磨损甚至损坏。

什么是“拖挡”“抢挡”

（1）拖挡：是指汽车在行驶中，遇到的阻力大于牵引力时，发动机动力已显不足，出现工作不稳定状态，车速逐渐下降，而未及时换入低挡位，仍用原挡位勉强行驶，这种现象被称为“拖挡”。拖挡使发动机不能在正常发挥效能的状态下工作，会使温度升高，功效下降，油耗增加，并且会加剧发动机和传动系统的机件磨损。

（2）抢挡：指汽车在高速行驶中的减挡或越级减挡。抢挡的主要作用是，利用发动机制动强制减速。抢挡有两种，一种是以降低车速，增加发动机制动，如冰雪路、下陡坡、刹车失灵等；另一种是以提高车速，瞬间增加发动机转矩，以便获得足够的牵引力，如上陡坡或迅速超车等。

自动挡车怎样正确启动和起步

（1）启动发动机时，挡杆只有在 P 或 N 挡位置上才能启动，以防止在其他挡位上误启动时使汽车突然前窜。发动机启动后不要马上起步，至少要等 10 s 或高怠速降到正常转速，以避免自动变速器得不到充分润滑而加剧磨损。

（2）挡杆从 P 挡拉出时，要踩住刹车，按下挡杆上的锁钮；当 N 挡挂 R 挡、R 挡挂 P 挡、2 挡挂 L 挡，都得按下锁钮，否则，挡杆被锁住而推拉不动，如图 2－23 所示。

（3）起步时，踩住刹车，将挡杆挂入 D 挡，先松手刹，不用加油，只要脚刹松完，车就会起步，然后再逐渐踩下油门加速行驶。

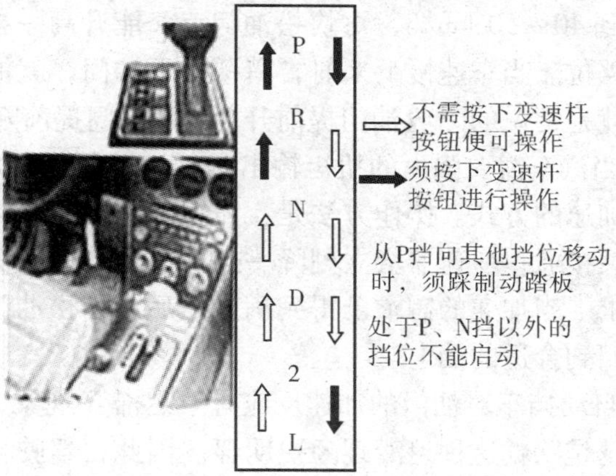

图 2－23　挡位变换示意

需要提示的是：在发动机未熄火的情况下，自动挡车挡杆在 R 挡或其他前进挡上时，只要松开刹车，不用加油，车也会自己慢慢移动。所以，停车时只要在挡上，一定要踩住刹车或拉紧手刹，以防意外发生。

怎样正确操作自动挡

（1）自动挡车换挡时的发动机转速称为换挡区间，不同车型换挡区间也有所不同，一般换挡区间为 2000～3000 r/min。如果为了追求速度猛踩油门，变速器会延长换挡时间，可能会在 3000 r/min 以上才会升挡；如果缓踩油门，变速器会提前升挡，正常行驶时一般速度分别在 20 km/h、40 km/h、60 km/h、80 km/h 时，挡位升入 2、3、4、5 挡。

（2）自动挡在结构上能实现提前升挡，当发动机转速进入换挡区间，可以用油门控制提前升挡。操

作方法是：D 挡起步后，油门逐渐踩下，加速到 20 ~ 30 km/h 时，快松一下油门，稍加停顿，就能立即升高一个挡位；再以同样的方法加速到 40 ~ 50 km/h，再快松油门，又能升高一挡，如此反复至最高挡位。当车速慢下来时，稍踩一下油门，就能自动降回低挡，这就是常说的“收油门提前升挡，踩油门提前降挡”。

（3）当汽车需要强大的扭矩输出时，如超车、爬坡等，就要采用强力加速的方式。操作方法是：先将油门迅速踩到底，使强制降挡开关接通，变速器会立刻降一挡甚至两挡，以满足汽车对动力的要求。当加速的需求已得到满足之后，稍松油门，变速器就会自动回到合适的挡上。

（4）自动挡车对油门的加速反应有“迟滞”现象，而且越是猛踩油门越是感觉这种迟滞现象更明显。因此，驾驶自动挡车更需要柔和操作，猛踩油门不仅得不到急加速的效果，反而会加剧发动机的磨损和燃油的多余消耗。如果不差钱的话，一直用大油门也是可以自动升到最高挡位的。

（5）由于自动挡车发动机制动效果不如手动挡，尤其是 D 挡，根本就没有发动机制动能力。所以要想减速全得靠刹车，要有思想准备，遇到情况提前减速。如果在山区道路行驶，应根据路况选择合适的挡位，切不可 D 挡一路跑到底。否则，很可能造成刹车过热而失灵，还可能损坏变速器。

怎样正确使用 D 挡

自动挡车的 D 挡，是从起步、低速、中速一直自动升到高速的全能挡，原则上在一般道路上行驶，是可以始终使用 D 挡。但是，在比较拥堵的道路和山区公路就不适宜使用 D 挡。因为在这样的道路上行驶，自动变速器就会反复而频繁地变换挡位，这种过程会使油温升高并加剧变速器磨损。因此，在山区道路上行驶，如果是手自一

体 4 挡变速器，应选用 3 挡或 2 挡，以限制它的换挡频率，并可提高动力性。在市区行驶时，如果车速一直不能超过 40 km/h，就应选用 3 挡，这不仅加速快捷，而且能减少发动机积炭的产生。另外，停车时，不要长时间在 D 挡上踩着刹车，以避免摩擦片磨损和油温升高。

怎样正确使用 N 挡

自动挡中的 N 挡，相当于手动挡的空挡，但不能等同。空挡时，自动挡是行星齿轮系统空转；手动挡是一轴和中间轴空转。因此，将挡杆挂入 N 挡后发动机的动力就被断开了。

（1）短暂停车，如路口红灯 30 s 内是可以在 D 挡上踩着刹车等待的，如果超过 30 s 应挂 N 挡。挂入 N 挡后只要车不溜动（可通过左侧观察地面或旁边固定物体来判断），可以不踩刹车；如有溜动，拉手刹，这样右脚就能离开踏板歇一会儿。如果一直踩着，刹车灯也会一直亮着，因刹车灯瓦数很大不仅费电还容易烧灯泡，特别是晚上会刺激后方驾车人的眼睛。

停车超过 2 min 时，一定要推入 P 挡位上，这样可以减少变速器磨损并防止油温升高，最好是熄火。为了享受空调在不熄火的情况下，发动机怠速运转每间隔 10 min 左右就要踩几脚油门，以防止变速器油温过高。

（2）汽车下坡或在高速行驶时千万不要挂 N 挡滑行，这不仅不省油，还可能损坏变速器。因为变速器输出轴转速很高，而发动机转速低，油泵供油不足，使变速器润滑能力下降、磨损严重。时间长了，会造成自动变速器过早损毁。

开自动挡车注意哪些问题

（1）由于自动挡是根据油门大小与车速高低来确定挡位的，所以油门操作方式不同，换挡时的车速

也不相同。比如，起步后迅速踩下油门，这样虽然加速较快，但升挡晚，油耗高；如果缓踩油门，逐渐提速不仅升挡快、噪声小、磨损少，还省油。

（2）在行驶中按“L→2→D”的顺序进行换挡，可以不受任何车速条件限制；如果要按“D→2→L”顺序换挡，必须在不高于相应挡位的车速下进行。也就是说，低挡换高挡不受车速限制，而高挡换低挡要受车速限制。若操作不当，很可能损坏变速器。

（3）在坡道上停车时，不要在D挡上踩着刹车，更不能让车溜动，这样会使变速器油温上升很快。在N挡上长时间怠速运转，也会使油温过高，应挂入P挡、拉紧手刹。

（4）当汽车还没有完全停稳时，不允许从前进挡挂入倒挡，也不允许从倒挡挂入前进挡，更不允许挂入P挡，否则会导致换挡执行元件的损坏。如果无倒挡保护的变速器，在行驶中误挂入倒挡，将严重损毁变速器。

（5）在O/D挡开启状态下，汽车会更快升入最高挡，以求达到省油的目的。但在山区行驶就要关闭O/D挡，否则就会造成频繁自动换挡，如图2－24所示。同样，在山区使用D挡也会发生频繁自动换挡，这会使变速器离合片严重磨损，变速器油温过高。

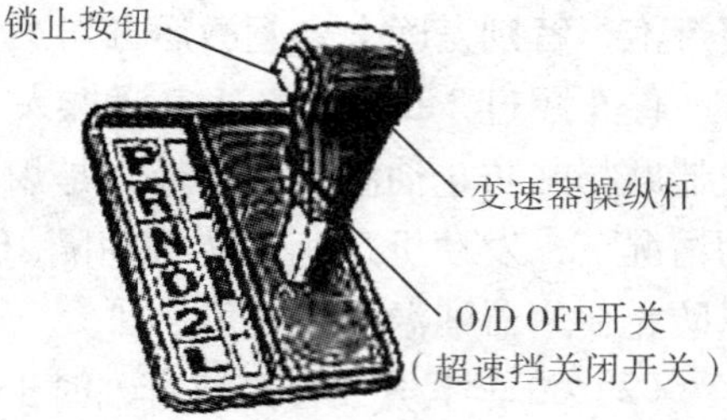

图2－24　自动挡操作手柄

（6）停车以后，有人习惯先挂P挡，然后再熄火、松脚刹，最后才拉手刹。这样做往往在松开脚刹时，汽车因地面不平会向前或后滑动一下，而P挡的锁销已经将变速器锁止，这时的滑动会对变速齿轮产生冲击。在有坡度的地方冲击更大，而且将挡杆从 P 挡拉出时会很费劲。因此，在有坡度地方停车时应先挂 N 挡、拉上手刹，然后松开脚刹、熄火，最后挂入 P 挡；汽车起步时，要先踩住刹车、挂入 D 挡，同时松开手刹和脚刹，然后逐渐加油。

（7）当电瓶电力不足或启动机损坏时，如果采用滑行或牵引的方法是无法启动发动机的，因为这样做并不能将驱动轮的动力传递给发动机，而且容易损坏变速器。

（8）当汽车抛锚必须采取牵引时，应松开刹车、挂入 N 挡，牵引车时速不得超过 30 km/h，最多行驶 50 km 就要休息一次，等变速器降温后再走。否则，会造成变速器严重损坏甚至报废。

点火开关起什么作用

点火开关有四个挡位，如图 2－25 所示。各挡位的作用如下：

图 2－25　点火开关各挡位作用

（1）0 挡位：钥匙插入和拔出的位置。该挡位有锁止和防盗功能，当车钥匙拔下来，点火开关和方向

盘都被锁住，防盗系统开始工作。

（2）1 挡位：附件用电开关，当钥匙按顺时针转到此位置时，便接通了车上音响等系统的供电。

（3）2 挡位：电源开关，钥匙转到此位置时，车上的所有电气系统都处于通电状态，仪表盘中的所有警示和检测信号灯全都亮起，如果系统无故障，3 s 左右检测信号灯熄灭。

（4）3 挡位：接通启动机开关，钥匙转到此位置时，启动机迅速转动并带动发动机飞轮同时运转，使发动机点火启动。当听到发动机已启动的声音后，手要立即松开钥匙，点火开关会自动回到3 挡位置。

怎样正确启动和熄灭发动机

（1）每天第一次启动发动机前，最好先做一些日常检查，比如：围绕汽车转一圈，看看车身外表及前后灯有无损伤，车底地面上有无可疑的油渍和水渍，轮胎气压是否正常。如果有发动机烧机油或冷却水消耗比较快的情况，还得检查机油和水，少了要及时补充。因为机油和水在发动机中起着非常重要的作用，不能有丝毫马虎。

（2）将钥匙插入点火开关，转到第 2 挡位，仪表盘中指示灯、警示灯都同时亮起，各个仪表开始显示，此时要注意查看仪表和灯是否正常。需要提示的是：钥匙在此位置要停留 3 ~ 5 s，以便电脑自动检测各传感器是否正常、让电动油泵补充油压，待各检测灯熄灭后，方可启动发动机。

（3）踩离合，挂空挡，稍加油（电喷发动机不需要加油），将钥匙转到4 挡位启动发动机。每次启动都不要超过5 s，如果一次启动不成功，要等待 10 s 以上再启动，经过三次启动仍不能着车，要查明原因后再启动。

（4）着车后，须注意听发动机有无异常响声，

看各种指示灯、警告灯有无异常显示，各种仪表的工作状况是否正常。一切正常也不要急于起步，虽然电喷发动机不需要热车，但至少要等高怠速降到正常转速后再起步。

（5）有的驾车人启动车后，生怕熄火或求升温快，往往猛轰油门，这不仅对发动机会造成严重磨损，而且非常浪费油。对装有涡轮增压的发动机，急着加大油门，会过早损坏涡轮增压器。值得一提的是：据有关资料显示，气温 5 ℃时启动一次，发动机气缸磨损相当于行驶 30 ~ 40 km；在 0 ~ －18 ℃时启动一次，相当于行驶 200 ~ 250 km，因此，要尽量减少冷启动次数。

（6）当电瓶电力不足或启动机坏了，采用滑行或人推的方法启动时，先打开点火开关，踩下离合，挂 2 挡，当滑行速度达到 10 km/h 左右时快速抬起离合，适当踩下油门，着车后迅速踩下离合、刹车或拉手刹，然后挂空挡。如果是自动挡车，采用推车或拖车的方式启动是非常错误的，因为这样不但不能把动力传递到发动机上，还容易损坏自动变速器。

（7）将发动机熄火，只需关闭点火开关即可熄灭。但要特别注意，在汽车高速、大负荷长时间行驶后（如爬上山顶、进入高速公路服务区或刚下高速），不要立即熄灭发动机，停车后一定要让发动机怠速运转 1 ~ 2 min，等缸内温度均匀降下来后再熄火。因为发动机高速运转后立即熄火，机油泵和水泵也立刻停止工作，机体得不到冷却会导致缸内温度迅速升高，使活塞和缸壁之间的油膜变稀而流走，再次启动时各部件之间处于半干磨状态，对发动机产生严重磨损，新车和大修后的发动机甚至会造成烧瓦、拉缸。尤其是装有涡轮增压的发动机更不能急于熄火，否则会大大缩短增压器的使用寿命，一旦涡轮增压器不能使用，要想更换价格非常昂贵。

发动机启动后需要热车吗

发动机的启动分为：常温启动、冷车启动和热车启动。发动机温度在10 ℃以上为常温，10 ℃以下为冷车，40 ℃以上为热车。一般热车启动不需要热车，常温启动后稍加热车就可以了，而冷车启动后一定要热车。因为冷车时机油比较黏稠，进入轴承里流动很慢，所以必须让发动机怠速空转一会儿，使机油压力和温度都上升起来，才能使各个机件都得到充分润滑。有关资料显示，发动机的磨损有70%左右是在冷态下造成的。所以，发动机启动后适当预热，对于延长发动机的使用寿命起着非常重要的作用。

当然，热车的时间也不宜过长，否则不仅会增加油耗，还会增加排气污染，因为怠速时的排气污染最为严重。一般热车时间应根据天气温度变化灵活掌握，冬季热车时间可长一些，但也应控制在2 min左右，其他季节在30～60 s即可。热车后还应低挡慢行一段路，等水温升到40 ℃左右或水温表指针上升一点再升挡加速（在行驶中升温要比原地升温快得多）。

第三章　驾驶与安全

第一节　初级驾驶要领

怎样掌握平稳安全起步

汽车起步可分为平路起步、上坡起步、下坡起步、冰雪路起步等。起步前，首先要观察汽车周围的情况，上车后调整好座椅和后视镜，系好安全带。然后通过内、外后视镜和向左转头观察（左侧后视镜看不到的盲区较大），来确认前后左右的安全，如图3－1所示。打转向灯，若有行人，还须鸣喇叭，待2～3 s后再起步，以便给周围行人一个避开的时间。起步后，先以直线行驶，确认安全后再逐渐并道，缓缓驶入行车道。此时还要进行观察，如果妨碍其他车辆行驶，应主动避让或停车，进入行车道后尽快提速加挡。

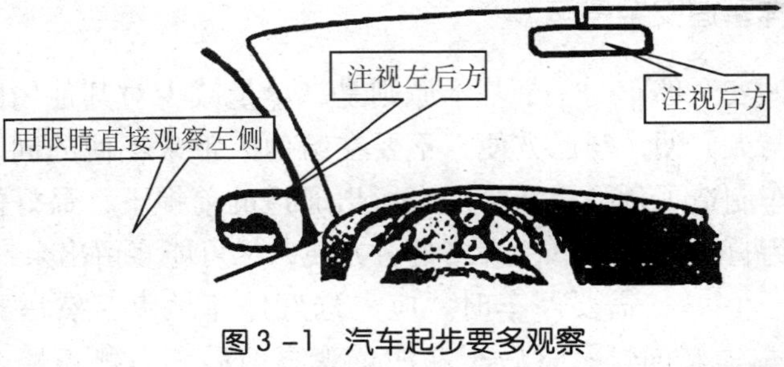

图3－1　汽车起步要多观察

（1）平路起步：如果是自动挡，只需右脚踩住刹车踏板，启动发动机后，将挡杆挂入D挡，松手刹

的同时抬起刹车踏板，汽车便可平稳起步。而手动挡车，启动发动机后，将挡杆挂入所需挡位，一般小型车挂一挡，大型车可挂二挡（重车、路面松软挂一挡），松手刹，然后按“快、停、快”的起步要领松抬离合，同时逐渐踩下油门，使汽车平稳起步。

（2）上坡起步：保证上坡平稳起步的关键是离合、油门和手刹三者的配合。起步时为防止熄火可踩下一点油门，当离合踏板抬到车身发抖、车头上翘或发动机声音变沉时，稍稳住离合踏板，迅速松开手刹的同时适当加油，汽车便可在坡道上顺利起步，并能确保不熄火、不溜车。

（3）下坡起步：可先踩下离合踏板，将挡杆挂入二挡，松开手刹，利用下坡让车滑行几米达到二挡速度后，再缓慢抬起离合。应根据坡度情况加速或减速，这样起步即省离合又省油。

（4）冰雪路起步：在车轮没有装防滑链的情况下，应用二挡起步，当离合踏板抬到半联动状态时多停留一会儿，轻踩油门少加油，以免因牵引力过大而使车轮打滑。如果出现车轮空转，可以先往后倒一下车，然后再重新起步。不要在一个地方反复起步或狠踩油门，更要避免因松抬离合过猛或起步速度过快，而造成车轮滑转或车身侧滑。

怎样掌握安全停车

掌握安全停车的一个基本原则是，尽量减少对其他用路者的影响，与人方便，与己方便，不要在给他人带来不便的同时也给自己的车制造了危险。在给别人留出通道的前提下，最好能在停车时也为自己考虑一下，进出是否方便，尽可能多留出余地。

需要停车时，应先选好停车地点，然后打开右转向灯示意后车并注意观察前后和右侧道路交通情况，确认安全后，慢慢向右转向，抬起油门，按照轻、重、轻的方法踩刹车。当车速降到 10 km/h 左右

时，踩下离合挂入空挡，再抬起离合，空挡滑行；当右侧前轮靠近道路边缘时，向左回转方向，在即将停车前，将车轮回正，同时松下刹车再轻轻踩下，以达到平稳停住，避免前窜或点头，如图 3－2 所示。

图 3－2　路边临时停车

车停稳后，拉紧手刹后再松开脚刹，停车时间较长时，应关闭点火开关将发动机熄火。如果停在坡道上，还应将挡杆挂在挡上，以防溜车（上坡挂一挡，下坡挂倒挡）。下车开车门前要先通过左后视镜观察是否安全，下车后还要查看车停的是否妥当，周围环境对车有无危险，检查是否关好车窗和锁好车门后方可离开。

怎样掌握路边入位停车方法

如果是连续两个以上与道路平行的空车位，入位方法是：车右侧与车位的后车留出 1 m 左右横向间距，当车身中部接近后车的车头时向右转向，车速一定要慢，可用半联动控制车速，并通过右后视镜观察，车身应尽量靠近后车左前角斜着进入车位；等右前轮快到路台时向左回转向，让车头右前角沿着路台边缘直行，并将车顺正停在车位中间，若未靠近路边，可再向后倒车进行调整，最好与

前车或后车留出 2 m 间距，以便于驶离。

如果是一个空车位，入位方法是：一直前行越过空位，车右侧与前车保持 1 m 以上间距，当车头与前车车头平齐后停车。然后倒车并迅速向右打满转向，车速一定要缓慢，待从左后视镜观看到后车右前角时，回正转向并注意右前角不要与前车发生剐蹭。当车头越过前车左后角时，迅速向左转向，从右后视镜观看到车身基本与路边平行时，迅速回正转向并注意与后车的安全间距。如车身不正的话，可再进退修正，紧靠路边停正，如图 3－3 所示。

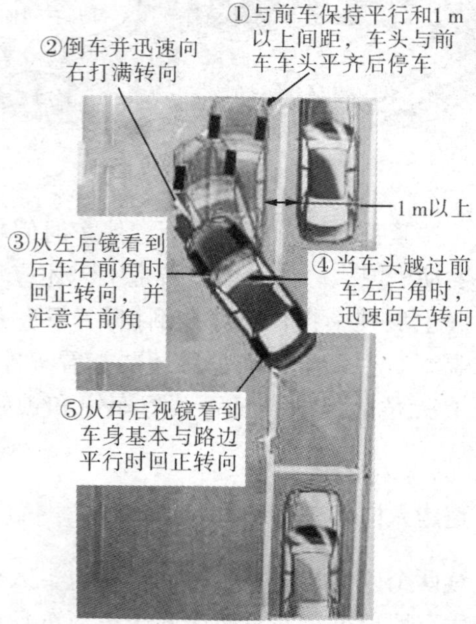

图 3－3　路边入位停车

驶出车位的方法是：先向后倒车并迅速向右转向，当车尾接近后车时回正转向并停车，打开左转向灯，确认左侧安全后向左快速转向慢慢驶离车位，同时要注意右前角防止发生剐蹭。

怎样掌握停车场入位停车方法

许多停车场的通道两侧都划有垂直车位，也就是常见的“非”字形或“目”字形停车位，不论哪种车位，最好让车头向着通道。因为车位都比较狭窄，如果斜着开进去，车的外侧前角和内侧中部容易发生剐蹭，而且一次驶入往往不能停正，修正起来也很费事；当倒车离开时由于车头朝里无法大角度转向来摆转车尾，加上车位外面情况相对复杂，还存在视线盲区等不利因素。而倒车入位，通过车内外后视镜可清楚地观察到车后情况和两侧间距，车尾入位时，车头可大角度摆动，调整车尾位置，也更容易调正车身顺利入位，而且驶出时更为方便和安全。

怎样掌握从右侧入位的方法

在“非”字形停车场地，将车倒入右侧车位和倒入左侧的要领基本相同，但如果两侧都有空位的话应选择左侧车位。因为驾驶人在左侧，向右转弯倒入右侧车位的视线盲区较大，所以倒入右侧车位时，应把车的右后角和左前角作为观察重点，如图 3 –4 所示。具体方法如下：

（1）看到右侧有空车入位时，减慢车速，紧靠右侧前行，并观察车位内情况，当车头到达车位中间时，迅速向左打满转向，驶向通道左侧边缘，停车前向右回一把方向，尽量使车身与车位成为一条直线或便于倒入的角度。

（2）倒车并向右转向，这时要注意左前角不要发生剐蹭，以最慢的速度缓缓后退，从两侧后视镜中瞄准后车位，或转头从左侧车窗外观察，最好从右视镜中观察。此时如车身还很斜，要再向右迅速打把方向，并注意观察右后角，让车的右后角靠着右侧车的左前角进入，并逐渐回转方向。

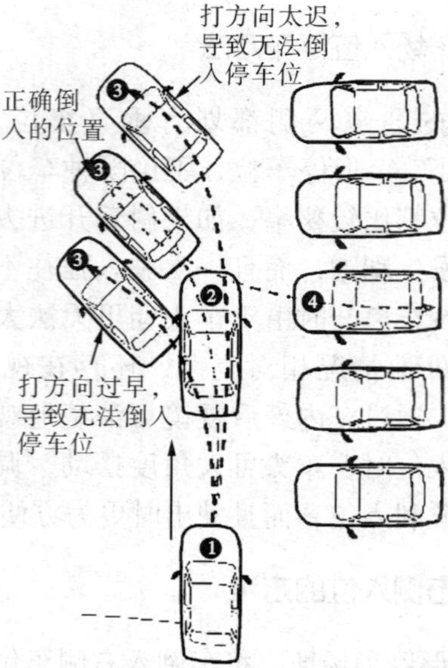

图3－4　右侧入位停车

（3）当从两侧后视镜中看到车身两侧间距基本相同时，迅速回正转向，并根据两侧间距宽窄，适当转向加以修正，直到车头与停车线平齐时停车，尽量做到车直、轮正。

如果车位狭窄，一次倒车不能入位的话，可采用原地转向，反复进退的方法，将车顺直后再入位。

停车应注意哪些问题

（1）在路边停车：要靠右侧停正，车轮距道路边缘不得超过0.3 m。与其他车辆顺序停放时，应与前车保持2 m以上间距，不准逆向或并排停放。

（2）在停车场停车：最好能让车头向着通道，以便于驶出车位。因为在倒车驶离时，驾车人的注意力都集中在车后，这时转向如果打得过多，车的前部

就有可能剐蹭到旁边的车。

（3）在小区内停车：要先观察一下地形，最好下车看看停车地点周围是否有石墩、台阶、垃圾桶、消防栓之类的低矮物，尽量选择较安全的区域。停车时要多加小心，还要注意不要堵了行人或车的出路，也不要停在转弯处，因小区的路较窄，容易被剐蹭。

（4）停车下人：停车前驾车人要告知乘车人，停车后不要立即打开车门，因为有许多事故就是在打开车门那一刻发生的。一定要通过查看内外后视镜确认安全后，再让乘车人开门。驾车人更要养成下车前先观察，后开门的好习惯。

（5）选择安全区域停车：尽量将车停放在有人看管或有监控摄像头的地方，以防止偷盗发生；不要将车停在建筑工地附近，防止坠物；刮大风的天气，不要将车停在广告牌和阳台下，防止广告牌或花盆等杂物被风刮落砸到车上；雷雨天，不要将车停在大树下或空旷的野外，以防止被雷电击着；大雨天不要将车停在悬崖下或河水边，以防发生意外。

（6）在特殊情况下停车：如高速路、公路转弯处、桥上、隧道内等危险地段停车，或在夜间、下雪、有雾、大雨的天气停车，一定要紧靠道路右侧，开启示宽灯、双闪灯和雾灯，并在车后 100 ~ 150 m 处放上危险警示标志。

（7）冬季停车：冬季在某些地区或朝阳处，白天冰雪表面会溶化，而夜里又结冰。因此，在冰雪地面上长时间停车，应在轮胎下面垫上炉渣、沙土、杂草等垫物，防止夜间轮胎被冻结在地面上，造成早晨无法起步。尤其是刚跑完长途的车，因胎温较高，停车后胎下冰雪会溶化，时间长了更容易被冻住。冬季应尽量将车停在朝阳、避风处停放。

不要在以下路段停车：桥梁、隧道、窄路、坡道、弯道、高速路；人多、车多、非机动车多的地方；有禁停标志、标线路段；公交站、急救站、消防

站30 m内的路段。

怎样掌握倒车方法

倒车方式有后视倒车法、侧视倒车法和看后视镜倒车法，可根据车型、驾驶习惯、交通状况、地形和视线等因素，选择有利于观察车后情况的倒车方法，如图3－5所示。

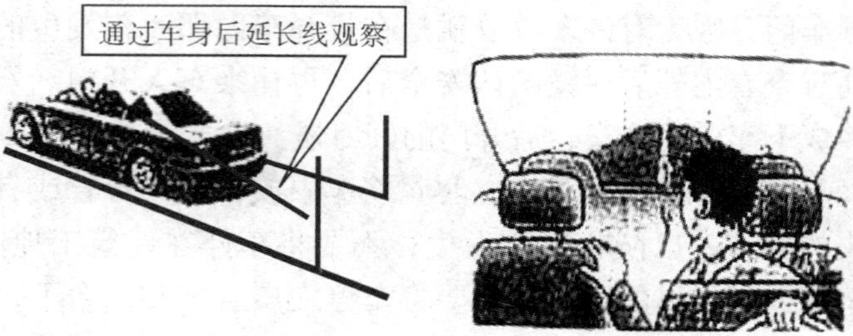

从左侧车窗观察　　　　从后窗观察

图3－5　通过侧视、后视观察倒车

1. 注视后窗倒车方法

左手握方向盘上端，上身向右倾斜，右手扶在右侧座位靠背上，头转向后窗，两眼由后窗注视车后方目标，以能看到的物体为参照物，适当调整转向接近目标。在障碍物较多的地方倒车，除了从后窗观察外，还要适时回头注意车头两侧，并利用后视镜观察车身两侧，以防剐蹭。这种方法比较适合在直线倒车时使用或者在比较空旷的地方使用，可以提高倒车速度。

2. 注视左侧倒车方法

右手握方向盘上端，左手扶在打开的车门窗上，或半开的车门窗上，上身倾斜探出驾驶室，头向后转，两眼注视后方目标。以左侧路边和物体为参照物，适当调整转向，以车的左后部位接近倒车目标。还要适时回头注意车头两侧，并从右后视镜观察右侧情况，以防剐蹭。这种倒车方法，在驾驶大型货车时比较实用，小型车不用打开门，可将头伸出车窗。由于这种方法只能看到左侧的情况，因此，倒车前要先确认道路条件和周围环境是否安全，最好能有人在后面指挥。

3. 注视后视镜倒车方法

身体坐正、双手握方向盘，两眼注视两侧后视镜，以后视镜中出现的影像为参照物，根据这些物体与车身的间距和相对位置适当调整方向，以车后角接近目标。向左倒车时，以注视左侧后视镜为主；向右倒车，以注视右侧后视镜为主。眼睛要不停地观看两侧后视镜，并修正方向，使后视镜中的参照物始终与车身保持一定间距，同时还要注意观察车头两侧的情况，以防剐蹭，如图3－6所示。

图3－6 通过后视镜观察倒车

以上三种倒车方法相比较，通过观察两侧后视镜倒车是最实用、灵活，也是最安全的方法。因为倒车时最需要注意的不仅是车后，而车身两侧的低矮物和凹陷地面等也是很危险的，这些是从后窗看不到的，必须依靠后视镜。通过两侧后视镜间接地观察两侧及车后目标，虽然视线范围较小，镜中影像与实物有一点差距，但容易观测

和把握车身两侧与物体的间距；不需要回过头去，在注视后视镜的同时也能兼顾到车头的情况，而且这种倒车方法适合各种车型。

倒车要注意哪些问题

（1）在倒车之前，要先观察车后及两侧的情况，对所要接近的目标及周围环境有所了解，根据观察到的情况与车身宽度和高度来判断可行性，做到心中有数。如果倒车环境复杂，应请人在车后指挥。

（2）选择好倒车的参照物，注意行人和来车，并发出倒车信号。起步时就要控制好车速，轻踩或不踩油门，不要忽快忽慢，一般车速不超过 5 km/h 为宜。为防止熄火可采用离合半联动，同时要不断观察后退时车身所处的位置，并且适当修正方向，以避免车头或车尾发生剐蹭。

（3）倒车对方向盘的操作与前进基本相同，即车尾部倒退的方向与方向盘所旋转的方向一致，也就是说想让车尾往哪边偏转，就往哪边打方向。应注意的是在打方向时并不能立即改变车尾的方向，只有当车身前部做横向移动后，车尾的方向才会改变。

（4）直线倒车时，先选择好参照基准线和目标，如路边标线、道路标线、线杆、树木等，只要保持车身与基准线的横向等距，对准目标便可始终保持正直地向后倒行。如果发现车身偏离，修正方向的幅度一定要小，回正方向要提前。

（5）转弯倒车时，由于前外轮的转弯半径大于后轮，所以当围绕障碍物倒车时，车前角外侧会形成较大弧线。因此，在注视后方倒车的同时也要注意到车前部外侧，以防止剐蹭。

怎样掌握安全掉头方法

只有采用正确的掉头方法，才能有效缩短掉头时间，减少对其他用路者正常通行的影响，并实现安全掉头。

1. 道路掉头方法

如果是双向四车道，要先打开左转灯，靠向左边车道（大型车紧靠路右），减速慢行。选择好掉头地点，同时注意观察道路左右两侧尤其是左前方，在对向没有来车或不影响其他车辆的情况下，换入合适挡位迅速左转并适当加速，以最短时间一次性顺利完成掉头。

2. 窄路掉头方法

先将车紧靠道路右侧慢行，选择好掉头地点，注意观察车后有无跟近的车辆，前方有无来车，在确认安全后，打开左转灯，换入低速挡迅速向左打满转向，当前轮接近路边时，迅速回正转向并立即停车。注意观察交通情况，然后倒车并迅速向右打满转向，待后轮将要接近路边或车尾接近障碍物时，迅速回正转向并立即停车，若右侧无来车，迅速左转完成掉头，如图3－7所示。如果一次倒车不能完成掉头，可按上述方法反复进行。

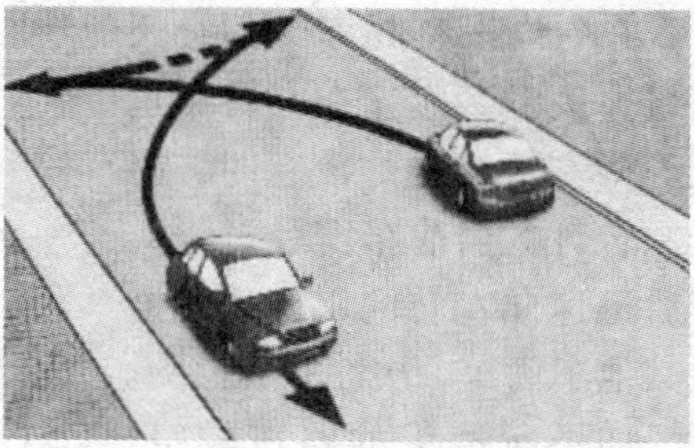

图3－7　窄路掉头方法

3. T形路口掉头方法

往往在狭窄的街道上掉头时，需要选择有T字形的路口。掉头前要先寻找有T形的路口，如小区、单位进出口等能掉头的地方。当发现道路右侧有T形口后，沿道路右侧缓慢行驶过T形路口并留意口内情况，待

车尾越过 T 形路口 2 m 左右时停车，车右侧与路边应留有 0.5 m 间距。此时注意观察左侧和后方，确认安全后开右转灯，起步倒车，同时迅速向右打满方向，并通过右后视镜注视右后轮，使其沿着右侧路边保持均等距离倒入右侧 T 形口；当车身中部到达 T 形口转角处逐渐回正转向，待车身顺正后停车，然后观察左右，如没有来车，开左转灯，起步向左转弯完成掉头。

如果路左侧有 T 形口或掉头位置，在不妨碍其他车辆正常行驶时，可先左转将车直接开进去，然后按上述倒车方法后退，也可实现掉头。

4. 交叉路口掉头方法

在中央设有隔离带的交叉路口掉头时，应先在左转车道上等待左转信号灯放行时，打开左转灯，当前车窗驶过隔离带后迅速向左转向，并注意避让其他车辆，一次性完成掉头。

如果所掉头的路口较窄，不能一次性掉头，应先靠道路右侧慢行，注意观察前后左右道路情况，确认安全后打开左转灯，先向右打一把方向驶过路口，然后迅速向左转向围绕交叉路口中心转弯，一次性完成掉头，如图 3－8 所示。总之，要采用“多观察、慢行车、快转向和多前进、少后退”的安全方法达到顺利掉头的目的。

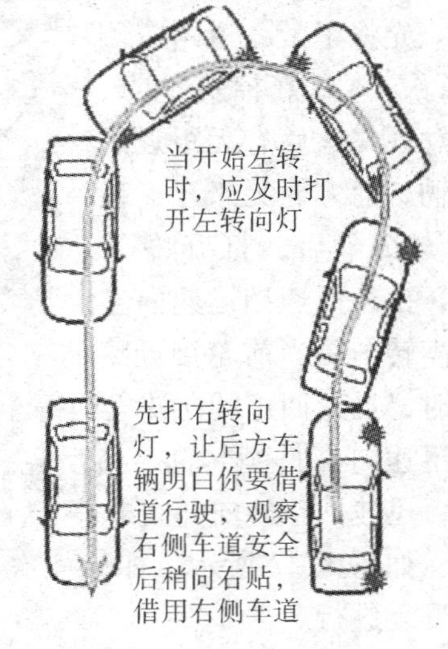

图 3－8　路口掉头方法

汽车掉头注意事项

（1）必须严格遵守交通法规，禁止在桥梁、隧道、坡道、弯道、铁道、车流量大、行人密集的路段和设有禁止调头标志的地方掉头。

（2）尽量选择视线良好、道路宽阔、路面平坦的地方或路边广场，以及空地、大路口等安全地段掉头。

（3）在路基较高或山崖等危险地段掉头，应将车头朝向危险的一面，以便观察。

（4）在有坡度的地点掉头，应按照坡道起步的方法操作，最好是手刹、脚刹并用，以防溜车。

（5）在很窄的小路上掉头，要尽可能找到较宽的地段或路口，并确认路基坚实，采用反复前进和后退的方法。

（6）掉头时，一定要先观察、后转向，避免与其他用路者发生冲突。无论是前进还是后退，都要控制好车速，不要与来车者抢道，以防止发生碰撞。

第二节　中级驾驶要领

怎样掌握安全跟车方法

汽车在道路行驶时，经常需要尾随前方车辆、车队同行。比如在禁止超车的路段、交通拥挤的城区道路、车多路窄不易超越的路段和不良天气等情况下，都需要保持一定速度和距离跟行。跟车行驶最重要的是保持与前车之间的合理距离，在车辆追尾事故中，多数是因为驾车人跟车距离太近而造成的。因此掌握正确的跟车方法，保持合适的跟车距离，对减少事故、保障道路畅通有着重要意义，

建议纵向安全距离如表3-1所示。

表3-1　建议纵向安全距离

速度（km/h）	安全距离（m）
慢行	5以上
30	15以上
40	25以上
50	35以上
60	45以上
100（高速公路）	100以上

掌握安全跟车方法有以下几点：

（1）同车道行驶的车辆，后车必须根据行驶速度、路况、车况、天气和驾车经验等，与前车保持一定的安全距离。但要避免两个极端，一是不顾主客观条件，与前车只有很小的间距，误认为前车能停住，自己的车也一定能停住；二是害怕出事，不管条件多好，都留很长的跟车距离。

（2）对于行驶中的车辆，如果跟车过近，会影响瞭望前方的视线，使许多地方看不见，当前面第二辆车急刹车时，会让自己措手不及，容易发生连环追尾；如果跟车过远，不仅影响车流正常行驶，还容易让其他车辆超越并插入自己的前方，这也会给自己带来危险，为此必须恰到好处地把握跟车距离。

（3）在市区行驶时，要让自己的车速随车流速度协调一致行进，尽量不要超车，也不要突然加速或突然减速，更不要急刹车，以免给跟行车辆造成威胁。必须急刹车时，在与前车留有安全距离的前提下，尽可能往前多滑行一点，给后车留出更大的空间，以防止后车刹

车距离不够，而造成追尾事故，如图 3－9 所示。

（4）雨雾天和夜间行车时，能见度低、视线差，比较安全的行车方法是跟随前车同行，最好选择一辆与本车速度基本一致的前车跟随行驶。因有前车引领开道，只要保持安全车距，集中精力，注意前车刹车灯、转向灯及车速的变化就可以了，这要比自己单独行驶省心又安全。

图 3－9　跟车太近易追尾

（5）行驶中，车速越快跟车距离应越大，在不同的天气和路况下，跟车距离也大不同。比如：雨雾天跟车应增加 1.5 倍的距离；冰雪路应增加 3 倍的距离。在市区一般道路上，跟车安全距离应保持在 20 m，繁华的街道上应不小于 5 m。

怎样掌握安全让车方法

驾车在路上行驶，如果自己的车没有别人的车跑得快，就会随时被超越，在此情况下，应主动让行或选择合适的时机让车，这是驾驶道德和准则的基本要求。

1. 安全让车方法

（1）行驶中发现尾随车辆发出超车信号时，应根据道路和交通情况来决定是否让其超车。一般不可马上就让，要视道路右侧情况，在确保安全的前提下才能靠右或减速让行。如前方有障碍或不便让车，可打左转灯示意，待条件允许时再让其超越。

（2）让车过程中，应主动让路、让速，给超车人创造条件，尽量缩短两车并行的时间。如果发现前

方突然出现情况，不能为了避让向左急打方向绕行，这样做会使超车人措手不及而发生碰撞，通常做法只能紧急刹车或停车。

(3) 后车超越后，应从左后视镜观察有无尾随跟超车辆，如果有，应继续保持直行状态，待跟超车都超越后，才能进入正常行驶路线。另外，在让车时应避免唯恐超越的车剐碰自己而一味向右靠边，从而造成与路边障碍物相擦或右轮驶出路基等危险发生。

2. 其他让车规定

除了上述让车方法外，还有以下让车规定：

(1) 在弯道上让车：准备进入弯道的车辆，要让正转弯行驶的车辆。

(2) 在狭窄路上让车：小型车让大型车，空车让重车。

(3) 在狭窄的山路让车：靠山体一侧的车辆让对方先行。

(4) 在狭窄坡路让车：下坡车让上坡车，但下坡车已行至中途而上坡车还未上坡时，上坡车应让下坡车。

(5) 在有障碍的路段让车：无障碍的一方先行，但有障碍的一方已驶入障碍路段而无障碍的一方未驶入时，有障碍的一方先行，如图 3 –10 所示。

图 3 –10　遇到障碍主动让车

(6) 在没有信号灯的十字和丁字路口让车：转弯车让直行车，相对方向行驶右转弯车让左转弯车；

左右方向同时进入路口时让右方路口车先行，如图3－11所示。未进入路口的车，让已经在路口行驶的车；支线车让干线车。

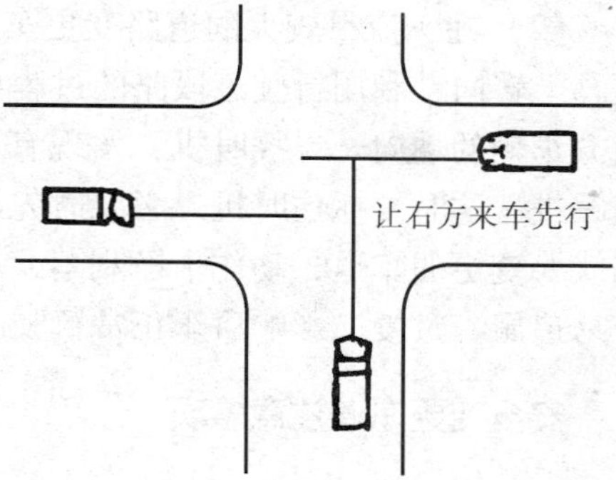

图3－11　路口要礼让、慢行

（7）在环形岛路口让车：准备进入环形路口的车，让已在路口内行驶的车，进口车让出口车。

（8）机动车应主动礼让横过斑马线的非机动车和行人。

（9）其他车辆要主动避让执行任务的警车、消防车、救护车、工程救险车等。

怎样掌握安全变道方法

汽车在道路上行驶过程中，经常需要变更车道。比如：靠边停车前驶出车道、路边起步后并入车道、路口转弯前变更车道、转弯后并入另一车道、左右变更行驶路线、变道超车、变道避让障碍物等。从以上几种变道形式可以看出，变更车道就是从这个车道驶入另一个车道的操作过程。在市区车流比较密集的道路上变道，如果操作不当，很容易发生侧面擦碰或追尾事故。因此，一定要掌握好下面两种安全变道的方法。

（1）在车流量不大的道路变更车道时，应先通过后视镜观察所要驶入的车道后方有无来车，并且通过侧窗看侧方，若有跟进的车辆要让其先行。在不影响后方车辆的情况下打转向灯，逐渐转向，驶入要变更的车道。不要长距离压线行驶，一般道路上应在30～50 m的距离之内完成变更车道，变更车道后回正转向，关闭转向灯。

（2）在车流量较大的道路变更车道时，应先开转向灯，但不要马上转向，利用行驶一段路的过程中观察要进入的车道侧方和后方车辆的动向，寻找时机，发现有了并入间距，而后车没有加速跟进，这时要抓住时机，必要时先鸣一声喇叭，然后逐渐加速切入要变更的车道，动作干净利落，不可过急过快或过慢，过快容易追尾，过慢又影响后车正常行驶。

安全变更车道注意事项

（1）一定要先看内外后视镜，对车后及侧方的情况认真观察，确认安全后方可变道。如果在准备并入的车道上有跟得很近的并行车辆时，不可强行变道。

（2）转动方向盘前，一定要先转头侧望所要并入的车道。因为当侧方车道的车行驶在自己的车后门附近时，就进入了后视镜盲区，所以从后视镜中看不到侧方车道是否有车，如果不注意观察就直接变道是非常危险的，如图 3－12 所示。

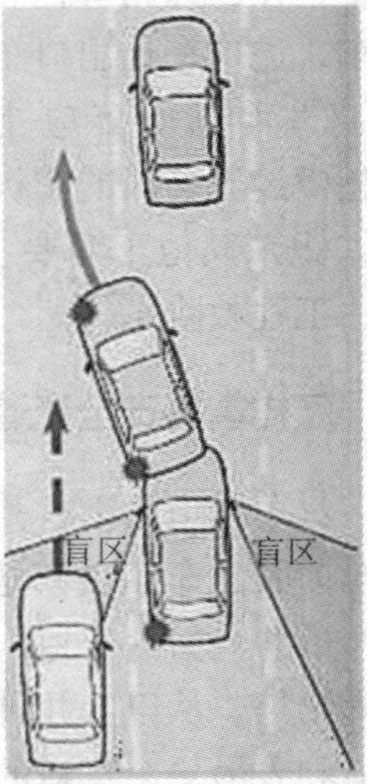

图 3－12　变道看镜并转头

（3）当变道条件具备时，就应迅速并入，不要犹豫，以免错过时机。如果另一车道的跟行车辆不但不让，反加速挤行的话，就不要与其硬挤，让该车过去后再变道也不迟。

（4）在车流量较大的路口转弯时，要在距离路口 100 m 外提前变入左侧或右侧车道，不要等快到路口时才匆忙减速变道，这不仅影响其他车辆通行，也容易引发事故。

（5）为避让障碍物变道时，前方要留出足够的安全距离，适当提前变道。如果相邻的车道有来车，要减速或停车让行，切不可争道抢行。

（6）变道时不仅要注意相邻车道的情况，还要观察相隔车道的车辆，避免两车从相隔车道同向并入一个车道而发生碰撞。另外，左右两侧车道的车向同一车道并入时，左侧车要让右侧车先行。

怎样掌握安全会车方法

在行驶过程中与对面驶来的汽车相互交会称为会车。安全会车与道路的宽窄、视线的好坏、车速的快慢、侧向间距的大小、驾车人的经验都有着直接关系。这就要求驾车人根据具体情况，通过正确的分析、判断，适当调整车速和行驶路线，合理选择会车地点，才能确保安全会车。看似很简单的会车，其中也存在着安全隐患，如果思想麻痹、疏忽大意，也容易发生交通事故。为了确保安全会车，必须做到以下几点：

（1）会车时必须遵守交通法规的有关规定，主动做到“礼让三先”，即先让、先慢、先停。

（2）在会车前要看清来车的车型、车速，根据情况采取加速或减速措施，选择适宜的交会地点。如果道路狭窄，右前方有车停靠或有障碍物、路基松软或有深沟，或有行人、非机动车时，一定要减速慢行，谨慎驾驶，必要时停车让行。

（3）会车前要尽量靠右侧行驶，便于沿斜线观察来车后方的情况，以防来车后方的非机动车或行人突然窜出，来不及躲避。

（4）雨天在较窄道路上会车时，不要太靠路边，应选择较宽地点，路右侧要留有足够的安全距离，以防路基松软而发生侧翻，如图 3－13 所示。

（5）在冰雪或湿滑路面上会车，要提前减速，并有意加大两车的横向间距，保持匀速行驶，交会时

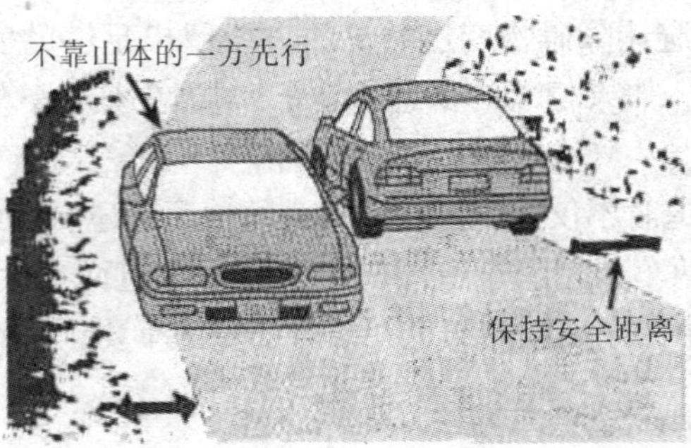

图 3－13　窄路会车减速慢行、谨慎驾驶

不要刹车，以防侧滑引发碰撞。

(6) 夜间会车时，由于视线受到影响，看不清楚前方路面情况，而盲目交会是很危险的。因此，在交会前应及时变换灯光，也可借助对方灯光观察前方是否有障碍，要特别注意右前方是否有行人或非机动车等不明物，不可只顾躲让来车而忽略右侧，必要时应停车避让。

怎样掌握安全超车方法

超车一般都是在较高的速度、较近的车距和较短的时间内进行的，这就要求驾车人在有限的时间内完成观察、判断并做出反映，而且迅速准确、不能失误，否则将造成严重后果。超车是个比较复杂和危险的操作过程，为了确保安全超车，必须得掌握正确的方法和要领才能顺利完成，如图 3－14 所示。

正确的超车方法如下：超车前应认真观察前方道路交通情况，尤其是被超车右前方是否有障碍或非机动车等。确认安全后，打开左转灯并逐渐向左转向，提高车速，距前车 20～30 m 时鸣喇叭（在禁鸣区域、夜间，可闪烁远光灯示意）。超车中与前车保持一定的侧向安全间距，并注意前车行驶动向和刹车、转向灯的变化，在

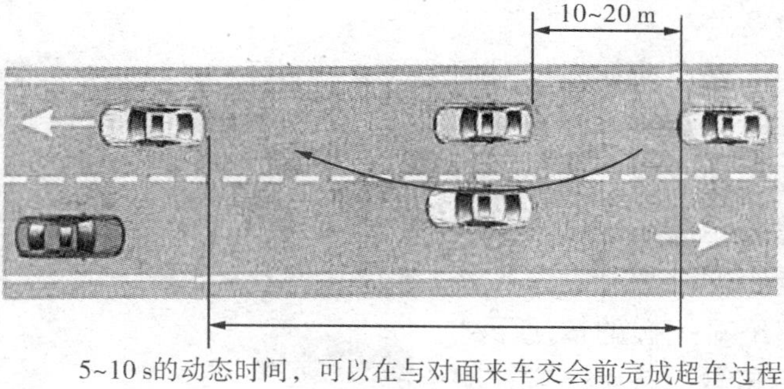

图 3－14　正确超车方法

最短的时间与距离内迅速超越。超车后应继续保持车速直行，一般超过前车30 m，或从右后视镜中可以看到被超车全部车身时，如图 3－15 所示，打开右转灯逐渐向右转向驶回原车道，关闭转向灯，顺利完成超车全过程。

图 3－15　从后视镜中看到被超车驶回原车道

安全超车注意事项

（1）注意观察自己所处的路段和地点情况，如果是在交法规定禁止超车的范围内，不得盲目冒险超车。

（2）超车前先观察车后情况，如有车辆正在超越自己的车时，一定要让其超越后再超车，以防变道时，造成后车刹车不及又无法躲避而发生碰撞。

（3）进入超车道后，重点观察被超车右前方有无同向行驶的其他车辆或障碍物等，要密切注意前车的行驶动向，以防其突然超车或躲避障碍而向左转向

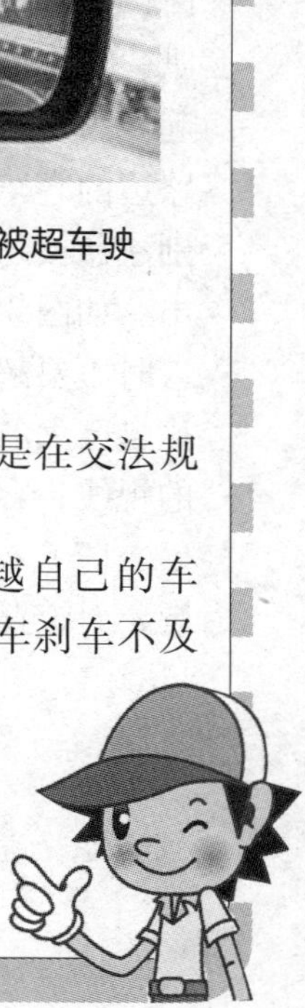

的危险发生。

（4）超车前如发现对面有来车时，必须准确判断与来车距离和车速，再根据自己的超车距离和时间，果断决定能否安全超越前车，必须在有绝对把握的情况下才能加速超越；否则，应让来车驶过后再超才安全，如图3－16所示。

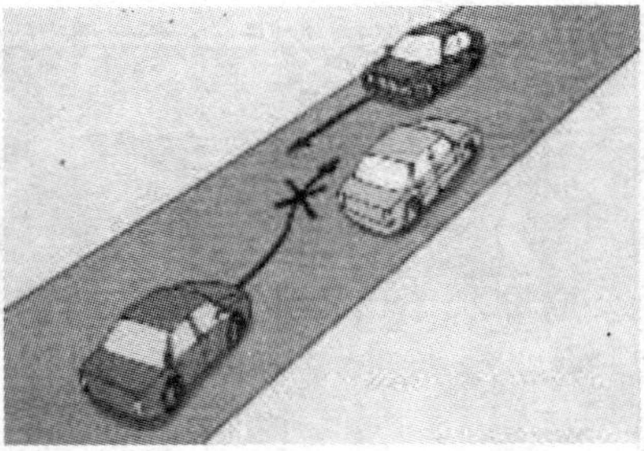

图3－16　让来车驶过后再超车

（5）为缩短超车时间，应提前加速，若发动机动力不足，则迅速减挡，以便与被超车有较大速度差，才能保证快速完成超车。

（6）在超越停放的车辆时，应提高警惕，减速鸣喇叭，防止该车突然打开车门或起步驶入行车道。超越停靠在路边的客车或大型车时，要特别注意被超车前突然有行人窜出，如图3－17所示。通过路口时不要超车，更不要超外形比自己大的车，因它会挡住你的视线，容易发生意外。

图3－17　超停靠的客车小心行人从车前窜出

（7）夜间超车要倍加谨慎，因视线只能局限于灯光照射范围，对道路情况的观察会受到影响。所以对道路两侧的行人和非机动车等情况要及早发现，对前方路况识别不清时不要盲目超车。

（8）大风扬尘、大雨、大雾、下雪天气，视线受阻，对前方路况不明时不要超车；泥泞、湿滑或冰雪路尽量不要超车；下陡坡或上坡临近坡顶时不要超车，如图 3－18 所示。

图 3－18　临近坡顶切勿超车

总之，在超车过程中，如有以下情况一旦出现，就要立即刹车，终止超车：被超车为躲避路障，突然向左转向时；对面来车速度太快，有可能发生三车同时在同一地点相遇时；被超车让车不让速，两车形成竞速的态势等。

第三节　高级驾驶要领

怎样在城市安全驾驶

在城市开车与普通公路大不相同，城市道路的最大特点是人多、车多、路口多，交通情况非常复杂，如图 3－19 所示。为确保安全行车，应做到以下几点：

（1）首先要熟悉道路交通标志、标线和信号灯，只有懂得了它们的各种用途，才不会在驾驶中出错。二是选择最佳路线，避开拥堵路段或高峰期。三是集中精力，谨慎驾驶。

（2）出行前先规划好行车路线，记住到达目的地所经过的各条道路名称和交叉路口的去向，做到心中有数。这样上路后就不需要将注意力分散在路线的识别上，避免到了路口才匆忙变道的危险。

（3）市区内开车更要自觉遵守交通法规，服从交管人员指挥，同时要密切注意行人和非机动车。严

图3－19　混行道路谨慎驾驶

禁超速行驶，一般路口附近都设有限速标志，行驶速度应控制在最高限速以内，车速过快就很可能引发交通事故。

（4）市区交通情况复杂多变，机动车突然停车或掉头，行人或非机动车突然横穿马路等突发情况时有发生。因此，在市区开车必须集中精力，谨慎驾驶。

另外，有些路段还装有违章抓拍电子眼，一不留神就可能收到罚单。因此，在驾驶过程中要处处小心谨慎，提高警惕，杜绝违章行为。

怎样安全通过交叉路口

很多重大交通事故往往都是在交叉路口发生的。因此，车辆行至路口前无论遇到红灯还是绿灯都要减速慢行，千万不要“闯红灯”或“抢绿灯”，这两种行为都是非常危险的。要想安全通过交叉路口，请务必做到以下几点：

（1）通过有交通信号灯控制的交叉路口时，应按行进方向提前变更车道，不允许进入实线段或交叉路口后临时变道。在有导向车道或设有导向信号灯的路口，应按车道或导向灯要求停、行；在没有导向车

道或导向箭头信号灯的路口，应依次停车等候，右转弯的车辆不得从前车左侧绕行。向左转弯时，先直行，快到路口中心点再左转；向右转弯时，要注意观察右侧非机动车或行人动态，尤其是要小心右侧快速驶来的摩托车和电动车。由于转弯时前挡风玻璃两侧 A 柱遮挡视线，还得转头从侧窗观察侧前方，如图 3－20 所示。

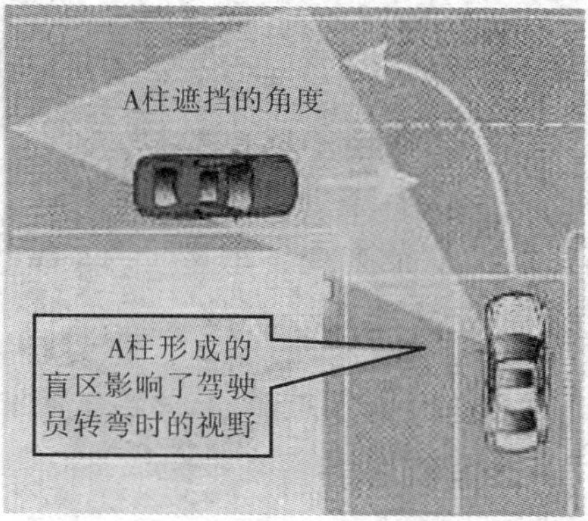

图 3－20　A 柱在转弯时影响视线

（2）通过无交通信号灯控制的交叉路口，应距交叉路口 50 m 外开始减速，必要时停车瞭望，注意观察，谨慎通过，时速不得超过 20 km/h。不要存有侥幸心理而盲目快速通过，这种路口往往是事故高发区。

（3）在路口等信号时，如果自己排在第一辆车，而且旁边又是比自己大的车，那么，起步后要与旁边的大车同行，不要加速超越。因为，十字路口横向过来的机动车、非机动车和行人抢绿灯尾、闯红灯头的险情时有发生，由于大车遮挡了双方的视线，这时超车极易与横向快速驶来的车发生碰撞，如图 3－21 所示。这样的事故，经常有媒体报道，所以，千万不要在路口超车。

（4）“闯红灯”危险，“抢绿灯”更危险。因为，一般“闯红灯”时都比较谨慎，车速也不会太快；而“抢绿灯”往往都是在绿灯放行将结束的时刻，驾车人为了在绿灯闪烁或最后几秒冲过停车线，此时路口通行也比较顺畅，车速会很快，而且毫无顾忌。一旦遇到躲避不及时的情况，那么后果可想而知。为此，通过路口时不要

“闯红灯”更不要“抢绿灯”。

(5) 市区由于路口本身交叉点多、盲区也多，而且情况复杂多变，车速过快极易引发交通事故。特别是到了夜晚，道路上人车稀少，有的路口信号灯也改为“黄闪”灯，这时通过路口不能麻痹大意，要勤变远近光灯或鸣喇叭，必要时可暂时关闭大灯来观察路口有无灯光射入，一定要在确保安全的情况下方可通过。

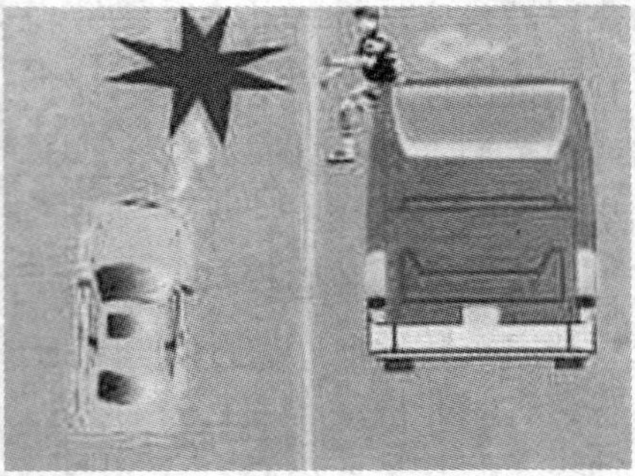

图 3－21　超越大车要小心

怎样在夜间安全行车

目前我国高速公路已经四通八达，夜间远行应尽量选择走高速路，这样既快捷又安全。因为高速公路是全封闭、全立交，中间又有安全隔离设施，能有效遮挡对方车射来的灯光，而其他道路则存在很多不利因素和安全隐患。国内外交通事故统计表明，夜间行车事故率，一般要比白天高出 1～1.5 倍。因此说，夜间行车是驾驶技术当中的一项综合性技能，它不仅要求车辆具备良好的灯光设备，而且驾车人要有充沛的精力，还必须懂得夜间驾车的相关知识，具备处理各种交通状况的能力。为此，必须了解夜间驾驶的特点和熟练掌握夜间行车规律，才能确保夜间行车安全，如图 3－22 所示。

1. 灯光是夜间安全行车的保障

夜间驾车人主要是靠车灯来获取信息，所以开夜车前必须检查灯光设施是否齐全完好。如果大灯亮度不够，应更换老化的灯泡；检查远近光灯的变光性能

图 3 -22　在同一视野下夜晚与白天对比差别很大

（近光灯应照出 30 m 以外、远光灯应照出 100 m 以外），如有问题应及时修理；检查大灯、小灯、尾灯、转向灯、刹车灯、双闪灯等，这些灯光对夜间安全行车很重要，决不能有半点马虎。

除了灯光还应检查轮胎，尤其是备胎气压是否正常，因夜间行车不易发现路面上的锐物，轮胎容易受伤，而且晚上要想敲开补胎店的门补胎很可能价格昂贵；检查挡风玻璃和大灯罩是否清洁，清洗系统储水壶水位、喷水嘴喷水角度和雨刷器工作是否正常。因夏天夜晚高速行驶时，许多昆虫撞在玻璃上，非常影响视线，需要经常喷水清洗。

另外，还必须带上常用的修车工具和用品，如起子、活动扳手、绝缘胶布、轮胎扳手、千斤顶、手电筒、停车警示牌等。如果夜间跑长途的话，白天应注意多休息，夜间才能精力充沛。最好带上浓茶、咖啡能提神的饮料和清凉油、风油精，并带两瓶水和毛巾，一旦瞌睡了，用湿毛巾擦把脸可有效缓解困倦。

2. 夜间灯光的正确使用

灯光具有照明和信号的双重作用，确保夜间安全行车，正确使用灯光至关重要。一般车速在 30 km/h 以上应使用远光灯，但在市区要使用近光灯，在照明条件较好的郊区道路也应使用近光灯，防止影响对方视线；通过市区交叉路口时，应距路口 100 m 反复变换远近光提醒来往车辆和行人。通过公路的交叉路口时，应距路口 150 m 进行远近光灯变换，提醒路口左右方向来往的车辆，也可短暂关闭大灯，借一时黑暗观察路口有无灯光和灯光强弱，来判断其他车辆距路口远近，以便采取相应措施。

上坡至坡顶时，要变换灯光示意对方；下坡应使用远光灯，以增大视线范围；通过弯道时，应提前变换灯光，如遇连续转弯，应增加变换远近光的使用，并注意弯道尽头有无灯光出现，提高警惕，小心突发情况。

会车时，应与对面来车相距 150 m 外互闭远光灯，使用近光灯，当对方不关闭远光灯时，应立即连续变光示意对方关闭远光灯，当两车车头相错时立即开启远光灯。在窄桥和窄路等危险路段与非机动车相会时，也应变换近光灯，不准持续使用远光灯，避免对方目眩而引发事故；超车时，应距被超车 100 m 左右连续变换灯光示意前车，待前车让路后立即使用远光灯照亮前方路线，如图 3 - 23 所示。

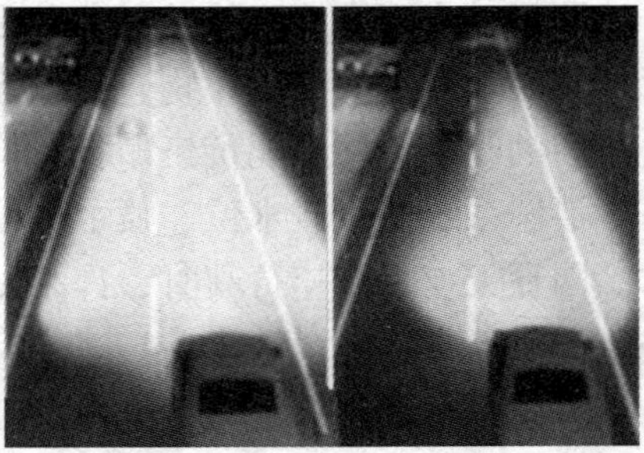

图 3 - 23　远光灯、近光灯的对比

还需要提醒的是：晚上汽车起步先开大灯，停车后再关大灯。临时停车关大灯、开小灯和双闪灯，长时间停车还应在距车后 50 m（高速路 150 m）外放置危险警示牌，防止追尾。跟行时关闭远光灯，避免远光照射前车后视镜，使驾车人炫目。另外，夜间行车时尽量不要使用车内照明灯，也不要将仪表灯调得太亮，以免影响视线。

3. 夜间道路的识别与判断

由于灯光照射范围和亮度有限，一般能见度仅为白天的1/8，因此夜间的道路情况大部分需要凭借经验去判断。比如汽车上坡或驶入松软路面时，车速会逐渐减慢，动力不足；下坡或驶出松软路面时，车速会自动加快，动力充沛。灯光照射距离由远变近时，表明汽车驶近或驶入上坡、急转弯或到达起伏坡道的低谷地段；灯光照射距离由近变远时，表明汽车已在下坡或由陡坡进入缓坡、由坡道进入平道或由弯道转入直线；灯光离开路面时，表明前面可能出现急转弯、上坡已至坡顶或者道路出现大坑或塌陷；灯光由路中移向路侧，表明前方出现一般性转弯。进入连续弯道时，灯光随之从道路的一侧扫到另一侧，如图3－24所示。

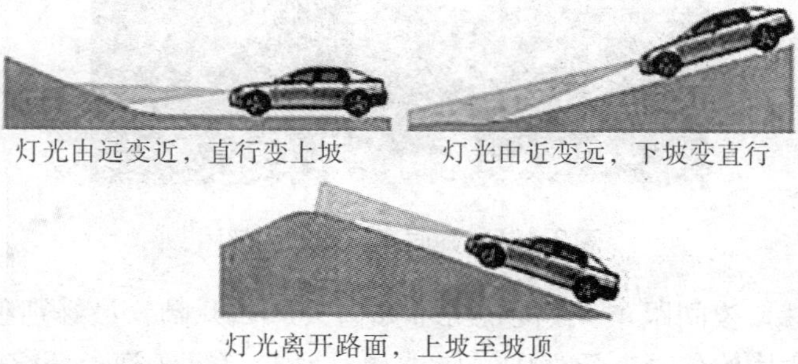

图3－24　由灯光变化判断路面情况

在行驶中发现前方路面出现黑影，当驶近时黑影逐渐消失，表明路面有较浅的小坑；如黑影不消失，表明路面有大的坑洼或者路面有挖开的沟。因为车灯是直线射出，使路面凸出部位变得明亮，凹陷落部分变得黑暗。一般灯光照射路面的颜色规律是出现白色是水、黑色是泥或坑、灰白色是路。掌握了上述灯光与路面的变化规律，就能够正确观察、判断和处理夜间路面情况。

夜间驾驶注意事项

很多人喜欢夜间驾驶，因为夜间道路上的交通流量小，行人和非机动车的干扰少，跑起来速度快又比较轻松。但是夜间开车也有很多不利因素，如光线不足、视线不清、车灯炫目、容易疲倦等，如图3－25所示。为此，夜间驾驶更要集中精力、掌握要领、谨慎操作、确保安全。

图3－25　对面车灯光产生炫目

（1）夜间跟车：夜间视野不如白天那么开阔，最好别独自单行，尤其是在雨夜天驾驶，应选择一辆与自己车速差不多的车，尾随其后跟行。跟行时关闭远光灯，注意前车刹车灯和转向灯的变化，有前车开道，即安全又省心。但要注意保持一定的安全距离，太远失去跟行的意义，太近容易追尾。

（2）夜间会车：会车时，要提前观察好自己车前方路面和两侧路况，看清预计会车地点情况。若对方车灯很亮，应提前关闭远光灯，充分利用对方车灯观察交会处的路面，这往往比开远光灯的效果更好。如遇对方一直使用远光灯，应尽量使自己的视线避开对方车灯的亮光，不可斗气对射远光灯。在与非机动车相会时，要多为他人着想，如发现自行车摇摆时，则说明骑车人看不清路了，应立即减速并关闭远光灯，如图3－26所示。

图3－26 与非机动车相会用近光灯

另外，牲畜在夜间喜欢朝着车前的光柱走，与牲畜拉的车相会时应使用近光灯，必要时短暂关闭大灯小心交会。总之，夜间会车要多留意右侧路面是否有行人或非机动车等障碍，在没看清道路情况前，不要盲目会车。还要注意路上的抛锚车和低速行驶的农用车辆，它们往往没有尾灯，十分危险。

（3）夜间超车：夜间超车是比较危险的，不是迫不得已最好不要超车。必须超车时，一定要选择路面较宽并有足够直线距离的路段，准确判明前方情况，具备超车条件后，再跟进前车并连续变换灯光示意，也可用喇叭配合，只有前车确实让超后，方可迅速超越。切记，在超车范围内的左侧路面视线不清时不要超车，更不要在弯道上超车，防止发生意外。

（4）夜间通过路口：在市区行驶会经常遇到胡同和交叉的路口有车辆或行人突然出来，如不能及时发现，容易发生碰撞。因此，无论通过什么路口，都要先变换灯光示意其他车辆和行人，然后短时关闭大灯，观察路口有无汽车灯光。如果发现有灯光射出来，说明有车，灯光中如有影子闪动，说明其车前还有行人或非机动车，而且离路口很近了，这时要减速慢行或停车避让；行驶在主辅路进

出口时，应注意观察进出口处有无灯光照射，如果有，说明有车辆要从主路驶出或从辅路驶入，要变换灯光提醒其注意安全，如图 3 – 27 所示。

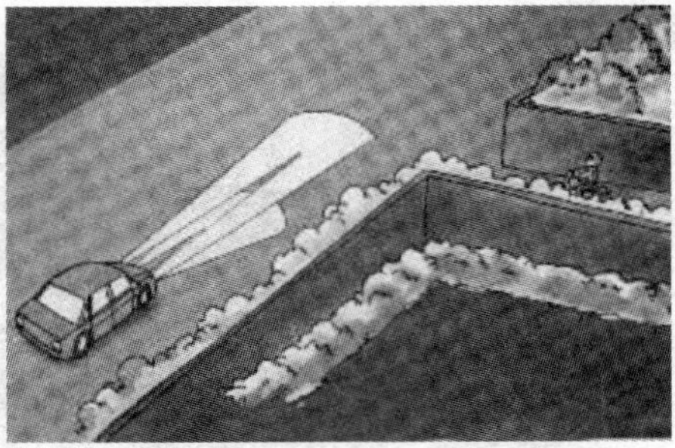

图 3 –27　通过路口须谨慎

（5）控制车速：夜间道路上的车辆稀少，行人和非机动车的干扰也很少，加上速度参照物也看不见，所以夜间驾驶从视觉感受上对车速的判断相对偏低，往往会不自觉地提高了车速，但要充分认识到严格控制车速是保证夜间行车安全的根本性措施。

夜间行车由亮处到暗处时，为了适应眼睛的暗适应，必须降低车速；驶入弯道、坡路、桥梁、窄路、路口和不易看清楚的地方，必须降低车速；驶经繁华街道，霓虹灯及其他灯光的照射影响视线时必须降低车速；如遇下雨、下雪和下雾等恶劣天气时更要降低车速。夏天通过村庄附近道路时要提高警惕，因路边上很可能有晾晒的农作物，有在路边乘凉的人，也有些人睡在路边上看守粮食，这也是很危险的路段，必须减速慢行，认真观察路面情况，防止意外发生。另外，要随时注意车速表和发动机转速表，以便将车速控制在安全速度以内。

（6）黄昏和黎明行车：黄昏时光线暗淡，物体反射出来的光线很弱，驾车人眼睛还需要有个暗适应过程，在这个过程中最容易发生交通事故。有关资料显示，18 ~ 20 时的事故发生率最高，3 ~ 5 时的事故死亡率最高。因此，在这段时间开车，要加倍小心，放慢车速，及早开灯，以增强观察路面情况的光亮度，也能让其他人及时发

现自己的动向，并适当鸣喇叭引起路人的注意；黎明前后是驾车人最难熬的时候，一夜赶路即疲劳又瞌睡，最容易发生恶性交通事故。如果感觉疲劳或瞌睡了，就应选择安全路段停车休息一会儿。下车做深呼吸，顺便检查一下车况，喝点冷饮，待倦意缓解后再继续行驶，千万不要勉强赶路，那是非常危险的。

（7）车灯突然熄灭：如遇大灯突然灭了，不要慌张，立即打开雾灯和双闪灯，保持行驶方向，尽快将车停住。如能借助其他光线看清路面，应尽可能将车慢慢靠路边停放；如看不清路面，应下车察看清楚或让随行人员在车前指挥，不可盲目靠边，更不可将车停在行车道内。如所有车灯都不亮，应用三角标牌等发光或反光物设置在车后方作为警告标志，然后再排除故障。如果仅大灯不亮，可能是大灯保险丝烧断了，可把暂时不用且功率较大的保险取下，插在大灯的保险上。若全车灯都不亮，其他用电设备也不能工作，可能是电瓶线松动。若一时无法排除故障，应及时打救援电话。

怎样在山区安全行车

山区公路，地势起伏不平、坡陡弯急、临崖傍山，有些路段路面狭窄、转弯半径小、视线盲区大，驾车人稍有疏忽或操作不当，都有可能发生碰撞，甚至坠崖，如图 3 – 28 所示。为防止此类事故的发生，在山区行车要特别注意以下几点：

图 3 –28　山路坡陡弯急需谨慎

（1）在行驶山区公路之前，必须做好充分准备，并对车辆进行认真检查，尤其是转向、刹车是否灵敏

可靠；冷却液和机油是否充足，有无渗漏现象；喇叭、雨刷是否完好；轮胎气压是否正常等。发现问题一定要认真排除，消除隐患，放心上路。

（2）汽车上坡行驶需要很大的扭矩，因此上坡前应根据坡道情况选择适当挡位，如果坡道不陡但很长，自动挡车可选三挡（四挡变速器）、手动挡车可选四挡（五挡变速器）。如用四挡发动机动力不足，而用三挡动力又有余，就应用三挡，以稍小一点油门，保持发动机转速稳定和动力充足。即不要“拖挡”，也不要低挡大油门，这样会使机件磨损加剧，并且增加油耗。

（3）如果上坡路段较短，条件允许的话要提前加速冲坡，避免中途减挡；如果是上很长的坡，而且坡道又很平直，要早点提高车速，充分利用惯性冲坡，当发动机动力稍感下降时，应迅速减一级挡位；如果此时坡道很陡，应越级减挡，即从五挡直接挂三挡甚至二挡，不要等到发动机动力明显不足时才减挡，这时汽车的惯性几乎消失，必须挂入更低的挡位，才能保证爬坡所需的扭矩。

（4）俗话说“上山容易下山难”。因汽车惯性力的作用，下坡比上坡更难控制，所以，下坡时要集中精力、谨慎驾驶，车速不宜过快，充分利用发动机制动，合理使用刹车控制好车速。如果坡度比较陡而又很长，要使用更低挡位控制车速，尽量少用刹车，以防止车轮制动器过热而造成刹车失灵。当遇到下坡之后又上坡的路段时，应在快到坡底前加速冲坡。

需要提示的是：下坡禁止空挡滑行，尽量避免使用急刹车。

（5）无论是上坡还是下坡，通过急弯时要格外小心，密切注视路况变化，如图 3－29 所示。在进入弯道前先将车速降下来，缓慢入弯，紧靠自己车道右侧，不要占道或压中线行驶，更不要在弯道内超车。临近弯道提前换挡，及时鸣喇叭，晚上变换灯光示意，随时提防对

面来车，做好避让准备。

图3－29　通过急弯要格外小心

（6）如果汽车要驶入高原地区，应事先将冷却水换成防冻液，以提高冷却液的沸点；点火时间应适当提前，如不能调整，应降低一级汽油标号，以保证发动机不致因海拔高而功率下降。在高原一定不要拖挡行驶，应根据坡度适当提前换挡，也不要一直大油门冲坡，以避免发动机温度过高。

（7）在上陡坡时，万一换挡失败造成发动机熄火甚至后溜时，不要慌张，应立即使用脚刹和手刹将车停住（切勿踩下离合踏板），假如仍然停不住车，应将方向盘转向靠山一侧，使车尾抵在山体上，或利用天然障碍使车停下。

怎样在雨天安全行驶

汽车在雨天行驶，雨水影响视线，雨声影响听力，路面上的水会延长刹车距离，转弯车速稍快或刹车稍急就可能出现侧滑，路基松软时还会出现塌陷等。由于这些不安全因素的存在，雨天驾驶除了提高警惕、小心谨慎外，还应注意以下几点：

（1）为了不影响雨天视线，平时要检查雨刷器工作是否正常，如雨刷片橡胶老化变硬，玻璃上的水就刮不净，还会出现响声，应及时更换新刷片。检查轮胎气压是否正常，如轮胎花纹磨损已达到极限时，

应更换新轮胎；否则，因轮胎排水不畅而延长刹车距离和侧滑，如图 3 – 30 所示。

图 3 – 30　路面湿滑降低车速

（2）在使用雨刷前，要先用毛巾清除雨刷片下面的沙土，防止磨损玻璃和雨刷片。根据雨量的大小，适时调节雨刷器的刮水速度。当雨量较小时应使用雨刷器的间歇挡，因雨刷快速摆动不仅影响视线，雨刷片还会产生干摩擦，特别是在刷片出现跳动或响声时应立即暂停。必要时应开启玻璃清洗开关喷水，既可以使玻璃与雨刷片之间得到润滑，又能保持良好的视线。

高速行驶时，雨刷片会因风吹而浮起来，无法有效地将挡风玻璃上的水刮干净，为解决这一问题，可在雨刷上装个加压板。另外，由于雨天车内外温差大，湿度也大，玻璃上会产生雾水，除雾的有效方法是冷天用暖风，热天开空调，并将风向开关调向上吹的位置。

（3）在大雨即将来临时，行人往往只顾埋头急奔，而忽视来往车辆；在雨中的行人和骑车人，因打雨伞或穿雨衣，而使视线和听力都受到影响，不能及时发现和避让车辆，如图 3 – 31 所示。这就要求驾车人一定高度警惕，加强观察，放慢车速，多鸣喇叭，随时做好停车准备。如果遇上电闪雷鸣的天气，一定要将车窗

图 3 – 31　下雨天减速慢行

全部关严，并将收音机天线收起，以防雷击。

（4）刚下雨时或蒙蒙细雨天，路面的灰尘和沙土还没有被雨水冲走，雨水和路面上的尘土混合在一起变成了泥浆。这种泥浆就像润滑剂一样，使轮胎与地面的摩擦力降低很多，车轮极易打滑；而雨后路面未干前，同样会有一层泥浆铺盖在路面上，因此，雨天行车更要注意这两个时段。

（5）雨天行车，道路湿滑、视野差，尤其是左右两侧视线更差，这时应打开后视镜电加热和侧窗吹风开关来观察情况。适当降低车速，一般雨天车速要比晴天低约20%为宜，因在湿滑路上，刹车距离比干燥路面要延长20%～40%。因此，应根据车辆和道路情况谨慎驾驶，尤其是通过积水路、水泥路、泥泞路和有泥浆的这些容易引起车轮打滑的路段时，更要提高警惕，严格控制好车速，发现情况提前采取措施，尽量避免急刹车、急转向、急加速，并保持足够的安全车距，如表3－2所示为积水深度与相应极限车速。

表3－2 积水深度与相应极限车速

积水深度（mm）	极限车速（km/h）
0.5	135
1.0	95
1.5	80
2.0	65

（6）久雨未晴或刚下过暴雨，会造成路肩松软、路基塌陷及形成积水洼。因此，通过傍山、堤坝、沿河、沟渠等路段，不要靠路边行驶或停车。会车时应选择较宽的安全地带，特别是通过积水洼时，因汽车前轮突然受阻，极易发生转向失控和侧滑。尤其是一侧车轮压上积水时更危险，方向会发生瞬间跑偏，而车速越快跑偏越严重，危险

性也越大，如图 3 – 32 所示。当发现积水而又无法避开时，一定要倍加小心，提前减速并两手紧握方向盘，稳住行驶路线。

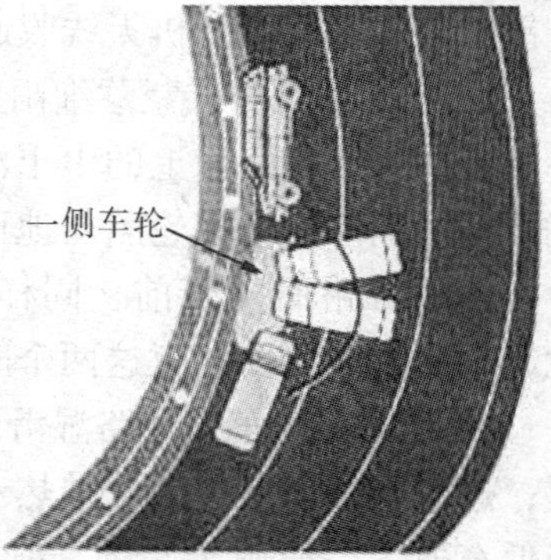

图 3 – 32　高速行驶一侧车轮压上积水极易发生甩尾

（7）转弯时不要猛打方向，应早打、慢打、转大弯。转明弯时，在不妨碍其他车辆行驶的情况下尽可能反切过弯，以减小离心力，防止侧滑。一旦发生侧滑，应立即抬起油门，但不要踩刹车，并向侧滑的一侧打方向，待车身顺直后，再缓慢地回正方向；当发生严重侧滑，有掉沟翻车的危险时，应迅速将方向盘向后轮侧滑方向相反的一边猛打，促使后轮加剧侧滑，使车辆来个大回转，滑回到路上。

需要提醒的是：此方法危险性很大，只能在万不得已时才可采用。

怎样安全通过积水道路

在城区，往往大雨过后，不少街道和小区积水成河，很多车辆在积水中抛锚，要想顺利通过积水路段，必须注意以下几点：

（1）汽车涉水时，由于水的浮力和水流的冲击影响，车轮的附着力变小，车辆稳定性变差，容易发生打滑和侧滑；如果水较深，电气设备容易短路，发动机容易进水。因此，必须仔细探查水的深度、流速和水底路面情况，千万不可贸然通过积水。

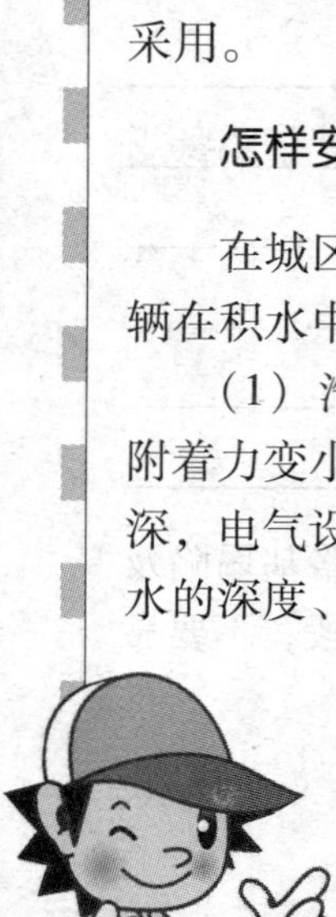

（2）要清楚所驾车型的安全涉水深度，水的深度绝对不能超过发动机进气口的高度，还要考虑到水中浪花的高度是否会超过进气口位置（小型车发动机进气口大部分安装在空气滤清器一侧，前保险杆内

上方或进气格内上方位置）。同时，还得想到车厢是否会进水，如果水深超过车门下边缘，水就会从密封不严处浸入，车内一旦进水，因地板材料吸水性很大，要拆开晾晒或烘烤才能弄干，而且地板下面的电气元件也容易损坏。

（3）下水前应注意观察前车通过的路线和速度，借此弄清积水深度，根据所驾车型的最大涉水能力，判断是否能够顺利通过。若可以通过，应挂 1 挡平稳地驶入水中，稳住油门缓慢前进，始终保持发动机有充足的动力。在水中行驶阻力较大，为防止熄火和排气管进水，发动机转速不得小于 1500 r/min。若感觉车速过快，手动挡应采用离合器“半联动”；自动挡应轻拉手刹或用左脚轻踩刹车的方法降低车速。一定要避免中途换挡、停车和急打方向。双手握稳方向盘，两眼注视前车行驶路线或终点的固定目标，并与前车保持较远的距离，防止被动刹车。此外，不要加油猛冲，这样车头涌起的水浪很容易被吸入发动机气缸内，如图 3－33 所示。

图 3－33　缓慢通过积水路

（4）涉水行驶中，一旦发动机熄火了，很有可能是因气缸进水，要立即关闭电源，拔下钥匙，在未找到熄火原因之前，千万不要尝试再次启动发动机，否则极易造成顶缸，如图 3－34 所示。因水是不可压缩的液体，当活塞上升做压缩行程时，气缸内的水就好像固体一样将活塞顶住，使带动活塞运转的连杆和曲轴变形，甚至造成缸体损坏的严重后果。这种损坏，厂家和保险公司是不予理赔的，所以，在汽车浸水熄火的情况下，要马上拨打保险公司报案电话，同时联系救援组织或4S店等待拖车救援。另外，如果水位上涨速度很快，在逼近危险水位之前又无法驶离该水域，要主动熄火，拔下钥匙。最好设法将车推离深水区，避免造成更大的损失，实在无计可施，那么，驾乘人员也要尽快撤离现场。

图3－34　涉水车熄火，不要重新启动

（5）由于水淹排气管的压力远小于气缸的排气压力，只要发动机不熄火，虽然排气管被淹，但水是不会倒灌进去的，而发动机进气口是容易进水的地方。如果是电喷车，在水中正常行驶时突然熄火，很可能是气缸进水了，因电喷发动机点火系统防水性能很强，仅发动机外部溅上水是不会熄火的。假如熄火了，先不要急于启动，应打开空气滤清器盖，将滤芯取出，看看下面是否有水，滤芯是否湿了，如没湿也没进水，查明熄火原因后可以重新启动；如空气滤清器内进水，就不能再启动发动机了，否则会给发动机造成极大损伤。据了解，现在的汽车涉水能力是比较强的，一般水深只要不超过前保险杠的一

图3－35　小型车涉水高度

半或半个车轮，都可以通过积水路段，如图 3－35 所示。

（6）汽车涉水后，会造成刹车暂时失灵，如果忽略了这一点而加速行驶，万一遇到紧急情况，后果不堪设想。那么涉水后怎样才能尽快恢复刹车效能呢？其方法是：以中低速挡低速行驶，并轻踩几脚刹车或在右脚踩油门的同时用左脚轻踩刹车，磨干刹车盘和刹车片上的水分，然后试试刹车灵敏度，只有当刹车恢复后，才能进入正常行驶。一般盘式刹车恢复较快，毂式刹车恢复较慢。

怎样在雾天安全行车

对开车的人来讲，大雾天是最为恶劣的天气，国外称雾是道路上最凶狠的“刽子手”。这是因为在雾里行车，能见度很低，视距也很短，分不清东西南北，看不见道路曲直，路面也比较湿滑，而且长时间驾驶还容易疲劳甚至产生错觉，最容易发生恶性交通事故。根据能见度控制车速，如表 3－3 所示。

表 3－3 根据能见度控制车速

能见度（m）	车速不得超过（km/h）
200 < 能见度 < 500	80
100 < 能见度 < 200	60
50 < 能见度 < 100	40
<30	20 以下
~10	5 以下

雾天行车必须注意以下几点：

（1）在行驶中发现对方来车都亮着灯时，说明前方可能有雾或光线很暗，就应做好思想准备。驶入起雾路段，应立即开启前后雾灯、双闪灯或近光灯，但不要开远光灯，因为远光灯光轴偏高，被雾气折射后

会在车前形成白茫茫一片，反而使视线更加模糊。雾天开灯不只是用灯光提高自己的能见度，更重要的是能让别人及早看见自己。

（2）由于雾天看不清标志、标线和交通信号灯，在通过路口或转弯时，也很难发现横向来车，最容易发生交通事故。所以，更要减速慢行，随时保持高度警惕和注意力，绝对不能有麻痹思想；同时，还应勤鸣喇叭，以便引起行人和车辆的注意。特别是听到其他车的喇叭声时，应立即鸣下喇叭回应，示意自己的位置，让大家都能够心中有数，如图3－36所示。

图3－36　视线不清要慢行

（3）根据能见度的大小，适当降低车速，行车间距应增大，一般为正常天气的一倍以上，以防追尾，如图3－37所示。当能见度很低时，行驶在有画线的道路上，应以路中或路边白线作为参照物，但不能压线或跨线行驶，否则，会车时将十分危险；而在未画交通标线的路上，最好不要越过道路中心，以免会车时避让不及；更不能沿路边行驶，因为路边的车辆和行人是最大的安全隐患。

图3－37　雾天跟车增加车距一倍以上

（4）在雾天跟车行驶是比较省力的好方法，利用前车开道，自己尾随其后，并与前车保持一定的安全车距，如图3－38所示。但跟行时的车距必须把握好，若跟行距离太远，便失去了跟行的意义；跟行距

图3－38　雾天利用前车尾灯信号行驶

离太近，当前车减速、刹车时，如发现较晚，很容易造成追尾。因此，跟车行驶时，应密切注意前车动态，尤其是刹车灯和转向灯，要确保随时都能停住车。尽量不要超车，在跟行过程中，若前车感觉疲劳有与你换位的意图时，自己应主动引领。但不要因尾随车跟行距离太近而提高车速，应轻踩几下刹车，使刹车灯连续闪亮来示意后车不要跟得太近。

(5) 当大雾弥漫，能见度极低的时候，千万不要随意停车，尤其是在高速路上，如果因特殊情况非停不可，应选择紧靠路边的安全地点停放，继续亮起雾灯、尾灯和双闪灯，并在车后方较远处放置警示牌。车上所有人员都应从右侧下车，尽量暂离道路，在高速路上最好到护栏外面等候，避免意外发生。遇到浓雾时，应尽快将车停在路边饭店、加油站、避险巷弯、服务区等场所，待浓雾散后或能见度改善时再继续行驶。

(6) 雾天行车，挡风玻璃上的水汽会使视线更受影响，尤其是对面来车射出的灯光显得特别耀眼，因此行车中要勤用雨刷或喷玻璃水，以提高视线的清晰度。另外，由于车内外温差较大，玻璃内会产生一层薄雾，也很影响视线，应使用空调的除雾挡便可快速除雾，也可将前后对角车窗打开一点，使车内外空气快速流通，减少玻璃上凝结的雾气。

怎样在冰雪路上安全行车

冰雪路上安全行驶的关键是防滑，因为冬季路面冰雪较多，有未压实的松软积雪，有压实后的雪路或结冰路，还有冰雪融化的泥泞路等。这些道路使轮胎

与路面的附着力大大降低，汽车的抗滑能力几乎为零，而且刹车距离比干燥的柏油路面要增加 3 ~4 倍及以上。据有关资料显示，在冰雪路上行车的事故率比干燥路面要高出几十倍。在冰雪路上遇到的最大困难就是起步、停车和上下坡，为了确保在冰雪路上安全驾驶，请务必注意以下几点：

1. 起步

在冰雪路上，由于汽车起步时阻力较大，驱动轮容易出现打滑甚至侧滑，如果用 1 挡起步，或者油门稍大点，更容易出现打滑，这是因为车轮的驱动力超过了轮胎的附着力。因此，应比正常起步挡提高一个挡位，即平时用 1 挡应改用 2 挡（自动挡车不要用 D 挡，应选择 D2 或雪地模式），而且要缓抬离合，并延长半联动时间，同时轻踩油门，加油量要比平常起步少些，以减小驱动轮的扭力，防止空转和侧滑。

如果用上述方法起步车轮仍然打滑，可尝试先向后倒再前进，反复移动几次，此时不要打方向，让车轮与车身保持平行，以减小阻力。若是前轮驱动的车，可左右小角度，反复快速转动方向盘以增加轮胎的摩擦力。如果还无法起步，还可用炉渣、沙土、干草或脚垫等物垫在打滑的车轮下，以提高轮胎的抓地力，从而实现顺利起步。实在不行，就只能请人帮助推一下。

2. 停车

在有冰雪的路段尽量不要停车，因为冰雪路面非常滑，不像在干燥的路上那样想停就可以停下，而且路边往往有积雪和溜冰，想从车辙中驶出靠边停车有一定困难，若停在路上又会影响其他车辆通行，同时也很危险，容易引发碰撞事故。如果必须停车的话，应提前减速，先松油门，充分利用发动机制动，选择容易靠边的安全地点，轻踩刹车，缓打方向，慢慢靠边，将车停稳后再拉紧手刹。

另外，在溜滑的路上停车，不得与其他车辆、建

筑物、树干、线杆等障碍物靠得太近，以免侧滑时发生剐碰。在较陡的坡上停车，仅靠拉紧手刹不能保证汽车不下滑溜车，所以还应挂上挡并在轮胎下掩上砖头或木块等硬物，以防溜车。

3. 上下坡

在冰雪路面行驶上下坡难度较大，因为在光滑路面上的重力和下坡的冲力作用，可能引发多种危险。所以上坡时，必须与前车拉开较大距离，避免前车减速或停车影响到自己，如坡度短而陡，最好等前车上到坡顶，以防前车中途打滑。应根据坡度大小选择适当的中低速挡位，确保发动机有充足的动力，避免中途换挡。有冲坡条件的应提前加速冲坡，爬坡中油门不宜过大，只要发动机动力够用就可以了，稳住油门一直爬上坡顶，尽量避免中途减速、换挡、停车。如果中途驱动轮出现打滑时，应立即减小油门，防止侧滑，如果侧滑比较严重，应立即停车，并在后轮下掩上三角木或石块防止后溜，然后再设法重新起步。

下坡的关键是要控制好车速，并与前车保持较远的安全距离，以防出现情况时刹不住车而发生追尾。根据坡度大小及道路情况选择适当挡位，陡坡宜用 2 挡，长坡宜用 3 挡，要依靠发动机的制动作用控制车速，尽量少用刹车，更不要急刹车。一旦出现侧滑时，要立即松开刹车，不要踩离合，要控制好方向。如前轮侧滑，应朝侧滑相反一侧打转向；如后轮侧滑，应朝侧滑一侧打转向，待车身顺直后再慢慢回正转向，如图 3－39 所示。尽量保持直线行驶，如果遇到又陡又斜的路面，最好挂 1 挡，并且用小油门保持低速平稳行驶，这样既不会因挡位过低发动机牵阻过大而发生摆尾，也不会出现因挡位

前轮侧滑：向侧滑相反一侧打方向
后轮侧滑：向侧滑一侧打方向

图 3－39　车轮侧滑纠正方法

高、车速快而导致的危险。

4. 超车、会车

交通法原则上规定在冰雪道路上行驶时不允许超车，因为在干燥路上因超车而引发的恶性事故最多，可想而知，在溜滑的冰雪路上超车危险性该有多大。如果必须超车的话，一定要在交通情况良好，路面宽阔平直，没有较深的车辙，即具备了超车条件后，先向前车发出信号，如打转向灯、鸣喇叭、闪大灯示意要超车并驶出原车道。待前车减速让行后，逐渐加速并与前车保持足够的横向间距，在加大与被超车的横向间距的同时，路边也要留足安全距离。要避免与前车并行时间过长，超越后不要急于并道，应继续直行 50 m 后再逐渐驶回原车道。

在冰雪路上，无论是超车还是会车都要增加横向间距。当两车行至交会点时，不要突然刹车或突然加速，这样容易发生侧滑。如果路面较窄，要以安全为重，有条件的一方应主动停车或后退让行，以防发生意外。遇到行人和非机动车时，也要特别小心，以防止突然滑倒，如图 3－40 所示。

图 3－40　冰雪路与非机动车保持较大横向距离

5. 弯道

弯道是冰雪路事故的高发路段，因过往车辆的横向摩擦，转弯处往往比冰路还滑，如车速稍快，驾驶稍有失误，转向就可能失控，为了避免在弯道上发生险情，必须在进入弯道前减速、减挡和缓行。尤其

是急转弯和路面倾斜较大的弯道，一定要将车速降到最低，并注意选择行驶路线，尽量增大转弯半径，以减小离心力。转向要早打、少打，动作要缓慢，不要急打和猛回，更不要在弯道内刹车，以防止侧滑或甩尾的危险发生。另外，在弯道处还要时刻警惕对方来车发生失控，一旦遇上，要沉着冷静应对：一是灵活运用转向躲避，二是停车避让或加速逃离等方法躲过危情。

怎样确保车辆安全过冬

冬季会直接影响到汽车各部件的配合间隙和材料的柔韧性，也影响发动机的升温和润滑，使发动机启动困难、机件磨损大、油耗和功率消耗增加。冬季气温很低，道路常被冰雪覆盖，汽车行驶条件发生变化，轮胎对路面的附着力显著下降，行驶中的侧滑和刹车距离延长，是造成冬季行车事故多发的主要原因。由于严寒冬季给安全驾驶带来许多不利因素，因此，应根据路面和天气的变化，有针对性地调整自己的驾驶心态和驾驶习惯，并采取有效应对措施，是保障冬季安全行车的关键。具体措施如下：

（1）进入冬季前，对汽车应进行换季保养，例如：更换冬用机油，若在严寒地区，最好采用 0W/20、5W/30 等型号的多级优质机油，可有效解决低温润滑差和黏度阻力大的问题；检查冷却系统，尤其是节温器工作是否良好，防冻液是否需要更换或补充，应选择适合本地区冬季最低温度的防冻液，若添加，一定要用相同颜色和型号的防冻液；如果清洗玻璃用的是普通水，应更换玻璃洗涤专用液，防止冻坏水壶和喷水电机；保养电瓶对顺利过冬也很重要，用开水清洗电瓶桩头上的氧化物，检查电解液比重并补充消耗的电解液。如果是很少跑高速公路的汽车，电瓶可能一直处于亏电状态，应将电瓶拆下送到修理厂或电瓶销售处彻底充电，以延长电瓶使用寿命。一般电瓶的使用寿命为 3 年左右，若已到了使用

年限，最好在冬季来临前更换，以免在低温下难以启动发动机，如图3－41所示。另外，还要检查暖风系统工作是否正常，暖风系统不仅可以为车内提供暖气，还能消除玻璃上的雾气。

图3－41　检查电瓶、清洁接线柱

（2）冬季发动机、变速器等传动部位温度很低，启动后还不能立即进行正常工作，应使发动机怠速运转1～2 min预热，待冷车高怠速降至正常怠速运转时再起步，不要为了快速升温而加大油门或猛轰油，也不要非等到发动机达到正常温度再起步，这不仅损害发动机还很费油。汽车起步后应缓慢低速行驶一段路程，主要是让发动机和底盘在小负荷下运转和升温，并得到充分润滑。

低温行驶对发动机及底盘的磨损都很大，尤其冷启动发动机时磨损更加严重。据有关资料显示，气温在－10 ℃时，冷车启动发动机一次，气缸壁的磨损量相当于行驶250 km；发动机在冷态时的磨损量占总磨损量的60%以上；而且发动机在低温时的油耗是正常温度的两倍还多。因此，一定要减少冷车启动次数，尽量避免起步后只开一两公里就到达目的地这种短距离行驶，以减少磨损、节省燃料、延长汽车使用寿命。

（3）汽车在冰雪道路上行驶，使轮胎与路面的摩擦系数减小，附着力大大降低，给安全行车带来许多不利因素。因为附着力是维持车轮在路面上正常滚动、抵抗滑转的能力，也是决定刹车距离的关键。所以，冬季行车对轮胎花纹的要求要高于其他季节，如果轮胎花纹磨损严重应及时更换新轮胎或者选择花纹较深的轮胎，尤其是驱动轮，一定要使用成色较好的轮胎，而且胎压不宜过高。由于

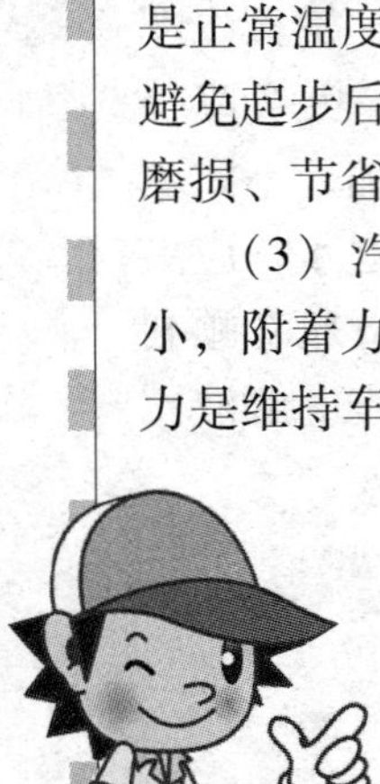

冬季橡胶变硬，轮胎与路面的摩擦力降低，而且轮胎也相对脆弱，较其他季节容易漏气、轧胎，所以要经常检查轮胎，及时清除胎纹内夹杂的硬物。

另外，装有防滑链的轮胎，当冰雪融化后或行驶在干燥路面上时，应及时拆下防滑链，避免损坏轮胎，如图3－42所示。

图3－42　冰雪融化后及时拆除防滑链

（4）据有关资料显示，通常情况下，雪路附着系数为0.2，冰路只有0.1，而干燥的柏油路能达到0.6，因此，汽车在冰雪路上的刹车距离要比干燥路上大得多。例如以40 km/h速度行驶时，在雪路上刹车距离为31.49 m，在冰路上高达62.98 m，而在干燥的柏油路上只有10.50 m，也就是说，时速为40 km的话，每秒汽车行驶11 m多。如果发现前面有危险情况，在干燥的柏油路上行驶时，1 s内可以把车停住，而在冰雪路上大约需要6 s才能刹住车。由此可见，在冰雪路上必须降低车速、谨慎驾驶、保持足够的车距，才是安全行驶的保障。

另外，驶入冰雪路后，应先试着踩踩刹车，一是看看效果，二是看刹车踩到什么程度会出现打滑，以便确认路面摩擦力的大小，做到心中有数。

（5）汽车在冰雪道路上行驶，如果突然加速或减速，都容易引起侧滑，因此操作油门时要轻踩慢抬；减速时要尽量采用预见性制动方法，必要时可减挡或越级减挡，充分利用发动机制动，少用刹车更不要急刹车，因为急刹车不但不能立即将车停住，反而会造成侧滑或甩尾的危险发生。即使装有 ABS 的车也不能一脚踩死，应逐渐加力，缓慢刹车，若因刹车引起侧滑，应立即抬脚松开刹车，让车轮滚动起来，并适当地向后轮侧滑的方向转动方向，以调正车身。冰雪路上汽车的稳定性降低，遇到紧急情况躲避的能力很小，虽然转向变得很轻，但转动方向盘时，也要缓打慢回，防止发生横向滑移，造成失控。在冰雪路上行驶时，制动距离会随着车速的提高而增大很多，所以控制车速并与前车保持较大的安全距离是冰雪路面安全行车的重要措施。例如以 50 km/h 速度行驶时，正常路面的车距一般为 30 ~ 40 m，而在冰雪路上的跟车距离不得小于 60 m，如图3 –43所示。

图 3 –43　与前车距离太近

（6）结冰路面的特点是越磨越滑，例如冰面上有多车走过的地方，路面会更加光滑，摩擦系数会更低。所以在条件允许的情况下，应尽量避开光滑的车辙；积雪路面的选择与结冰路面正好相反，虽然摩擦系数大于冰面，但因雪面下的状况不明，容易导致汽车底盘或轮胎受损，甚至陷车。因此，在积雪覆盖的道路上要尽量沿着前车压过的车辙行进，如图 3 – 44 所示。如果没有车辙，道路变成白茫茫一片，难以辨别路面与沟坎时，应根据道路两旁的树木、电线杆和路标等参照物判断行驶路线，并沿着道路中心或积雪较浅处缓慢前行；通过弯道、坡道、河谷、山谷等危险路段或可疑之处时，应停车察看清楚并确认安全后，选择好行驶路线谨慎通过，不可盲目冒险，更不要有侥幸心理，以防止发生意外。

图3－44　沿着前车压过的车辙行驶

特别值得提示的是：被压实的雪路和冰路表面融化或上面有雨水时，是最滑的路，也是最危险的路，通过这种路段时一定要格外小心，千万不能麻痹大意。

（7）冰雪路面行车进出主路、十字路口、左右转弯、双方会车，以及在小区、胡同和混合路段时，一定要减速慢行，并充分顾及他人。看到别人开车太慢，应予以谅解，一般不要闪灯、鸣笛催促。遇到行人和非机动车时，应与其保持较大的横向安全距离，并注意观察，以防止因路滑不慎摔倒而导致事故的发生。

一旦突遇行人或非机动车摔倒，又无法躲避时，要立即一脚刹车踩死不放松，使车轮推着事故物体滑移，以免车轮滚动轧过去而造成更大的损失。

（8）下雪过后，应先了解天气和交通信息，尽可能少走车辆稀少的背街小巷，多走大路，因为众多汽车碾压及排气管和废气的热量容易将雪融化；避开高架桥和高架路，因为桥梁下空气流通，桥面温度低，积雪不易融化，加上有坡道的地方更容易出现车辆打滑、拥堵和引发交通事故；行驶中，如发现前方有桥梁、涵洞或太阳晒不到的背阴处，要提前减速慢行，防止突然出现未融化的冰雪而措手不及。

另外，气温接近零度时，雨后或大雾过后温度随之骤降，桥面上往往也会结冰，尤其是夜晚通过，必须加倍小心、谨慎驾驶，以防不测。

（9）冬季，在北方有许多驾车人都喜欢选择在结冰的河面上行驶，因为视野开阔，冰面平整无坡，不仅可以缩短路程，还可节省燃料。但是要想安全行驶在河道上，必须充分了解冰层厚度和强度，同时要根据季节和车的重量判断能否安全通行。据测试，一般情况下，汽车总重量为3000～5000 kg时，冰层厚度应为15～20 cm；5000～8000 kg时，冰层厚度应为30～35 cm；冰的强度早晚较高，中午较低，春天化冰季节冰层虽厚但强度已下降。在冰河上行驶时，应选择好路线，平稳匀速少刹车，不要急刹车，更不要长时间停车；发现前面有裂痕和有冒气的地方，应及时避开绕行；两车前后应保持20 m以上的车距，以确保安全。

冬季行车注意事项

（1）入冬后应在车上备齐冬季行车的应急用品，例如：比较简单的修车工具、个人防寒用品、砖头大小的木块、小扫把、小铁铲和一小袋大沙，经常跑长途的还应备上防滑链和喷灯等。

（2）雪后天晴，由于雪对阳光反射，极易造成视觉神经疲劳，甚至出现雪盲，因此，还应准备好太阳镜，最好为灰色镜片的偏光镜。

（3）当车身被雪覆盖时，开车前必须先把雪扫干净，一是减轻重量，二是防止飞落的雪块影响他人的安全，如图3－45所示。

图3－45　及时清除车上的积雪

（4）清除挡风玻璃上的冰雪时千万别用热水，也不要等发动机温度升高后再开暖风，这极易使玻璃冷热不均而炸裂。最好的方法是，先启动发动机，打开暖风开关，风量开到3挡以上，并将风向开关调到吹玻璃的位置。然后先将较厚的积雪除掉，待玻璃上的冰雪开始融化时，用毛巾轻轻一擦即可。为

防止夜晚玻璃结霜或结冰，可在停车后将车门全部打开几分钟，待车内温度降到与外界温度接近时再关车门。

（5）当雨刷片被冻住时，同样不能用热水冲，更不要开启雨刷器；否则，会撕裂刷片橡胶，甚至损坏雨刷电机，只有使用暖风慢慢将冰吹化才是最有效的方法。为防止雨刷片与挡风玻璃冻在一起，停车后应擦干玻璃和刷片上的雪水，如还在下雪，应将雨刷臂立起来，如图 3－46 所示。

图 3－46　防止雨刷冻住可立起来

（6）行驶中应注意水温表，如温度上升很慢或一直达不到正常水温，可能是温控传感器或节温器失灵，应及时去检修。水温过低不仅对发动机有害，还增加油耗，可用老方法临时解决水温低的问题，如在水箱前用报纸或纸板进行遮挡，但要注意水温的变化；根据温度情况增减遮挡面积。

（7）在冰雪融化的道路上行驶后或刚洗过车后，要长时间停车最好不要拉手刹，以防止手刹系统进水后被冻住，因为一旦被冻住了，即使松了手刹，刹车片仍然不能回位，使汽车起步困难或无法移动甚至损伤机件。因此，应选择在比较平坦的地面上停放，并将变速杆挂入 1 挡或倒挡，自动挡车挂入驻车挡（P 挡）。要是怕溜车，还可在轮胎下掩上硬物。

（8）下雪天气，尽量不要将车停放在树下或简易建筑旁，以防较厚的积雪压塌建筑物或树枝，对车辆造成损伤。由于雪天晚上气温较低，当轮胎有温度时不要停在有冰雪的地面上，以防胎温将冰雪融化

后，时间一长被冻住，也不要将车停在有积水的地方，第二天积水结冰时也会使轮胎与地面冻在一起。如果发生轮胎被冻住，要先用铲子挖开或用热水浇化轮胎周围的冰，再慢慢起步，切勿强行起步，否则会损坏轮胎和传动机件。另外，车窗玻璃被冻住时也不要强行开关，尤其是电动车窗更要注意，待其自然融化后再打开。

(9) 雪后环卫部门为尽快化雪，往往会在路面撒融雪剂，行驶在此路上，车轮会把含盐分很高的雪水甩到汽车底盘和车身上，而这种雪水对车漆和底盘的腐蚀性都很强。因此，天晴路干后要及时洗车，尤其是底盘上的泥一定要用高压水枪冲洗干净，以保护车漆不受侵蚀，防止底盘生锈。另外，洗完车后别忘了吹干钥匙孔，同时还要用干毛巾擦净车门密封条和雨刷片处的积水，以防夜间被冻住打不开车门或损伤胶条。

夏季影响安全行车的因素有哪些

夏季无论对于汽车还是驾车人，都是一个非常不利的季节。影响安全行车的不利因素虽然有很多，但主要因素有以下两大方面：

1. 高温天气对汽车的影响

因为夏季温度升高，空气密度变小，充气系数减少，发动机功率下降。试验证明，当气温由 15 ℃上升到 35 ℃时，发动机的功率下降 6% ~8% 。气温高不仅容易使发动机过热而产生爆燃，而且会使润滑油黏度降低，润滑不良，机件磨损加快；气温高也会使汽车的故障增多，例如，因高温液压制动液容易产生气体出现气阻，使刹车效能下降，甚至失灵；由于路面温度过高，轮胎散热不良，使轮胎气压升高，橡胶也易软化，高速行驶时很可能引发爆胎；气温高，水箱散热能力下降，使冷却液容易产生高温甚至“开锅”；气温高，使汽油蒸发快常常形成气阻，引起供油不畅或中断；

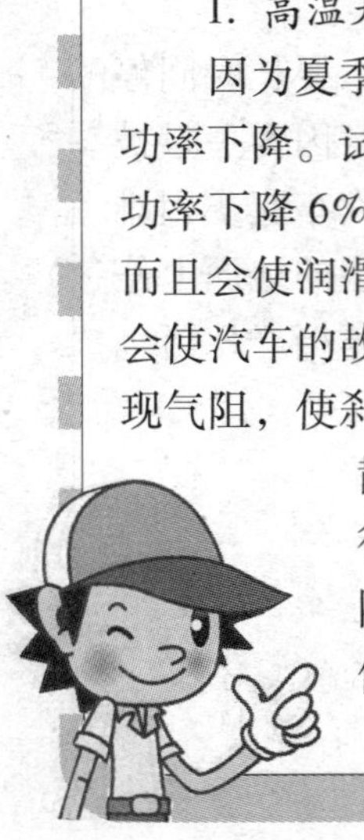

气温高也会使电瓶中的电解液水分蒸发加剧，从而降低了电瓶的使用寿命。另外，高温天气还会使柏油路面变软，有些地方甚至泛油或融化，这不仅增大了行驶阻力，而且摩擦力大大降低，使刹车效果明显变差。

2. 高温天气对驾车人的影响

在酷热的天气里驾驶汽车，受到强烈日光的照射和地面的烘烤，再加上发动机散发出来的热量，可以想象车内的温度该有多高。如果驾驶室没有空调设备，而在高温环境中长时间驾驶，人的生理和心理就会产生一系列的变化，如身体不适、心情烦躁、精神疲倦，容易反应迟钝甚至发生中暑；夏季昼长夜短，气温高会严重影响睡眠和休息，导致精力不充沛，行车中易犯困，尤其是午后更容易疲劳、打瞌睡，不能正常接受和处理交通信息。据相关资料显：一天驾车超过 10 h 以上时，如果睡眠不足 5 h，则发生事故率最高。由于驾车人始终坐在一个位置上，活动受到限制，座椅上的汗液不易蒸发，湿热的座椅使人非常难受，后背和臀部还可能长痱子。以上这些不利因素将构成严重安全隐患。

夏季行车防“气阻”

夏季，供油系统很容易出现气阻现象（“气阻”指供油管路中的燃油被气化，气泡堵在油路中），这是由于供油系统受热后，汽油中的部分轻馏分子挥发变成气体，存在于汽油管路和汽油泵中，增加了汽油流动阻力。为此，大部分汽车都装有油蒸气净化系统，该系统会将油蒸气引入燃烧室，从而回收利用并燃烧掉。但在天气炎热的情况下汽油挥发得太快，容易使油蒸气量过多，特别当油箱油量较小时，就更容易造成汽油挥发过多而产生气阻，使发动机动力不足甚至熄火，有时发动机稍停几分钟就难以启动。行驶中一旦发生气阻使发动机熄火，应利用行驶惯性将车停到较为安全的地

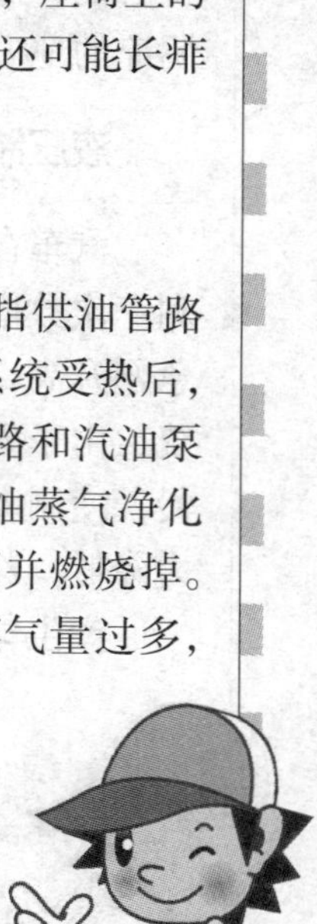

点，打开机舱盖加快散热，打开油箱盖放气；老式车，可拆下化油器进油管接头，扳动手油泵排出气体，也可用湿毛巾覆盖在汽油泵上或电喷发动机的分配油管上进行冷却，如图 3－47 所示。

图 3－47　热天行驶中发动机逐渐熄火多半是气阻

另外，夏季要保证油箱内的油量不低于油箱容积的 1/3，这不仅可以减少汽油挥发，还可保证汽油泵的有效散热。夏季在选择汽油标号时，应就高不就低，尤其是经常跑高速的车，更应该使用高一个标号的汽油。试验证明，这样做不仅省油，而且动力也有明显提升。在停放车时，应尽量选择停在阴凉的地方，避免车辆暴晒，以减少汽油挥发和油路气阻。

液压制动防“气阻”

汽车在炎热的天气里行驶，因制动系统散热不良，如果使用刹车次数增多或时间过长，都会导致制动片、盘或制动毂的温度急剧升高，而产生热衰减现象，使刹车性能下降。液压制动系统，由于外部气温高，制动液在刹车过程中产生的热量散失缓慢，使制动液温度上升过高而蒸发，从而产生气阻，造成刹车能力降低，甚至完全丧失刹车能力，严重影响安全行车。

产生气阻的重要原因是：频繁地使用刹车来控制车速，使制动液温度过高；制动液吸收空气中的水分过多；制动液抗气阻性能差或变质。此外，当制动系统出现渗漏时，空气从渗漏处进入；制动液严重缺失时，空气也会从刹车总泵进入管路中，使制动液中出现气泡而

产生气阻。

造成液压制动系统气阻的原因是多方面的，最直接的原因就是制动液的高温引起的。因此，夏季行车要采取有效的降温措施，特别是经常在山区或高原地区行驶的车辆，给刹车加装淋水装置，是很好的降温措施。此外，要充分利用发动机的牵阻作用来降低车速，尤其是在下长坡、陡坡时，应选择中、低挡来控制车速，不要长时间踩着刹车踏板不松脚，也不要连续使用刹车，更不要空挡滑行。

高温下汽车的制动系统容易出现异常，所以在行驶中要随时注意刹车能力，当踩下刹车踏板时感到松软无力或踏板行程比平时大，刹车效果也明显下降，很有可能是制动液中产生了气阻。如果出现这种情况，千万不要勉强行驶，应立即选择较为安全并有阴凉的地方靠边停车，排除气阻。排气方法是：按先远后近的顺序进行，即先排除管路距刹车总泵最远的后轮，再排除前轮。一人连续踩几脚刹车踏板后不松脚，另一人松开放气螺塞，排出空气后拧紧，若一次排不完，可反复几次将空气排净，排气时别忘了补充制动液。

夏季还要定期检查制动液，如发现颜色发白、混浊或有杂质，应及时更换。因制动液吸湿性较强，更换时尽量避开潮湿天或雨天，最好选择耐高温不易产生气阻的合成制动液。另外，当车轮制动器过热时，应停车使其自然冷却或采取其他缓慢冷却的方法，切不可用冷水浇，否则会造成制动盘或制动毂变形甚至炸裂。

夏季行车防“开锅”

夏季天气炎热，发动机散热受到影响，再加上使用空调，使汽车经常出现水温过高甚至开锅的情况。其主要原因是：空调冷凝器前面或水箱与冷凝器之间太脏，散热片进风孔被毛絮和昆虫尸体等堵塞，

使水箱通风不畅，散热受到影响；水箱太久没有清洗，导致水垢沉淀过厚，堵塞了水箱的散热水管，使冷却液循环不畅、散热片导热不良；风扇皮带过松，电子扇老化不能正常运转也会引起水温过高。除了上述原因外，引起水箱开锅的原因还有很多，比如：冷却系统有渗漏，使冷却液缺失，冷却液太混浊，导热性变差，水温传感器失灵，节温器打不开，水泵工作不良等。

为防止水温过高，应经常检查冷却系统。因气温高冷却液蒸发快，要及时添加蒸馏水或纯净水稀释，防止冷却液过浓而影响散热。如发现有泄漏，要尽早处理，并补充相同类型和颜色的冷却液。如果水箱一直使用普通的自来水，应定期用除垢剂清除水箱和缸体水套内的水垢。因为自来水中有许多矿物质，这些矿物质受热后会结成水垢沉积在金属表面，严重影响散热效果。所以，最好改用防冻液（冷却液），因防冻液除了具有防冻作用外，还有耐高温的特性。一般防冻液的沸点都在 120 ℃以上，用乙二醇配制的防冻液沸点可达到 200 ℃，能有效防止夏天水箱开锅，而且不会结水垢。

另外，还应经常清洗水箱外部，清除散热片上的污物，特别是冷凝器与水箱之间，可用高压水枪从内向外彻底冲洗。如果冲洗后水温仍然很高，应将水箱拆下来清洗，以达到良好的散热效果。夏季行车要保持发动机充足的动力，不要拖挡以减轻发动机负荷，更不要用中低速挡高速行驶，防止发动机过热。要注意观察水温表，一般不超过 95 ℃，一旦发现水温过高，应立即关闭空调，尽快将车停到比较凉快的地方降温。

需要注意的是：停车后不要马上熄火，这样会对发动机造成损伤，应先打开机舱盖散热，让发动机保持怠速运转一段时间，检查冷却系统有无泄漏现象，风扇运转是否正常，水箱上水室和下水室温度是否一样，发动机出水管水流压力是否正常，通过以上检查未发现问

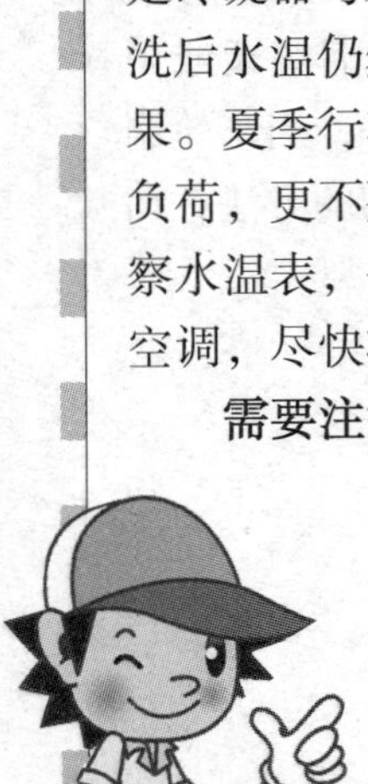

题，而水温逐渐恢复正常，那就可以继续行驶，但要随时注意水温变化。如果发现有问题，而且水温一直降不下来，就要将车熄火，但不要马上打开水箱盖，否则身体容易被蒸汽烫伤；待水温下降后，先用毛巾包在水箱盖上，然后拧松让蒸汽慢慢排出；也不要急于加冷水，以防止缸体受损，如图3－48所示。如果问题一时无法处理，应将冷却液或水补足之后，以较快的行驶速度前往维修站点，尽量避开拥堵的路段，因为汽车快速行驶时，气流可以起到一定的冷却作用，同时还可以把暖风机开到最大风力，给冷却液降温。另外，如果夏季发动机的水温一直过高，可暂时拆掉节温器，增大冷却液流量，有助于降低水温。

图3－48　开锅了，先打开机舱盖散热，不要急于打开水箱盖加水

夏季行车如何防爆胎

夏季行车最容易出问题的便是轮胎，尤其是午后，烈日下的路面温度高达60 ℃以上，如果轮胎气压过高或过低，鼓包或有损伤，老化或过度磨损，或者轮胎承载的负荷过大，这样的轮胎长时间在高温路面上行驶，就很可能发生爆胎。如果在高速行驶时突然爆胎，汽车在巨大的惯性力作用下，会发生突然转向剧烈侧滑或甩尾，甚至导致汽车连续翻滚。据高速交警统计，高速公路46%的交通事故由轮胎发生故障引起，其中爆胎一项就占事故总量的70%。因此，做好日常检查和维护是预防爆胎的有效措施。

除了上路前要对轮胎全面检查外，行驶途中也要

经常进行巡视检查，特别是对胎压的变化一定不要忽视。有些人认为，夏天胎压高就容易爆胎，胎压越低越好，事实上胎压过低更容易爆胎，如图 3 - 49 所示。因为气压过低，行驶中胎侧发生过大变形，使胎体内产生很大的应力，使帘线层受到损伤，而在变形的同时，胎体温度增高，由于应力和温度的影响，会导致胎体脱层，使帘线层之间产生摩擦，又使胎温进一步升高而导致爆胎。但这并不是说胎压越高越好，胎压过高，会使轮胎帘线受到过度的伸张而疲劳，随着胎温的升高，气体膨胀使胎压更高，如遇到不平路面冲击或碾轧上硬物时，容易发生胎冠爆破。因此，最安全的做法是按生产厂家对轮胎规定的标准气压进行充气，并保持正确的胎压行驶。检查胎压不能仅凭目测，一定要用标准的轮胎气压表测量，至少每隔一个月检测一次胎压，包括备用胎，一些轮胎品牌店都有免费检测胎压的服务，如图 3 - 50 所示。

图 3 - 49　胎压过低更容易毁胎

另外，夏季轮胎最好充氮气，因为氮气是惰性气体，不会随外界温度变化而热胀冷缩。所以，轮胎充氮气温度不易升高，膨胀系数低，不易泄露，还能减少轮胎磨损，降低噪声。

图 3 - 50　定期测量胎压有效防止胎压问题毁胎

除了检测胎压外，还要仔细察看轮胎表面，如花纹磨损严重，已到达磨损极限标记时，表明该换新胎了；一般轮胎花纹纵向沟的深度不能低于 1.6 mm，如图 3 - 51 所示。因轮胎磨损严重致花纹过浅，会造成雨天排水不畅、晴天抓

地力下降，而且当胎面失去弹性，受到外力冲击时极易发生爆胎；查看胎面和胎侧有无鼓包、扎破或划伤，尤其是侧面的伤口比较深的话，有爆胎的危险，应及时更换；还应用手摸一下轮胎内侧，如有鼓包，表明轮胎内层有空气进入或帘线层已断裂，随时有爆胎的可能；轮胎侧面如有很多细裂纹，表示轮胎的橡胶已经老化，无论轮胎成色如何都应予以更换。一般厂家规定的轮胎使用寿命都在6万~8万km或5年左右。当轮胎达到一定寿命时，橡胶的磨损已经非常严重了，橡胶变硬、开裂，也容易引起爆胎。因此，不要吝惜钱财，超期使用的轮胎往往会让你损失更多的钱财甚至生命。当轮胎使用超过6年时，不管轮胎成色如何，都必须更换新轮胎，这样才能防止爆胎的危险发生。

图3－51　纵向沟深度不低于1.6 mm

高速行驶时一旦发生爆胎，车身会突然倾斜和跑偏，此时不要惊慌，不要乱打方向，更不要急踩刹车。正确的做法是：全力控制住方向盘，保持车身沿着正常行驶方向前进，当车速还未降低之前，千万不要急刹车，以免加剧汽车跑偏或横甩，而造成严重后果。在确认安全的情况下，轻踩刹车使车速逐渐下降，如图3－52所示。如果是后轮爆胎了并不可怕，只会出现车身倾斜、车尾摇摆，但方向不会跑偏，只要握稳方向盘、缓踩刹车就能平稳地将车停到路边。停稳后在车后方较远处竖起危险

图3－52　行驶中左前轮爆胎

警示牌，立即更换备胎。

夏天是爆胎多发季节，因气温高，轮胎散热差，高速行驶轮胎更容易过热，使胎压增高而引起爆胎。有关资料显示，95%的爆胎发生在高速公路上。因此，高速行驶一段时间后，应放慢车速降温或选择服务区比较阴凉的地方停车，让轮胎自然散热，切忌放气降压或泼水降温，用冷水冲会使轮胎内外温差过大而脱胶，更容易发生爆胎。

夏季行车如何防自燃

夏季是汽车发生自燃事故的多发季节，每年这个季节都会看到一些汽车在车主们无奈的目光中付之一炬，这不仅给车主带来巨大的经济损失，甚至会危及车上人员的生命安全。由于发动机工作时产生的高温，再加上炎热的外部气温，容易引发汽车自燃，但对发生自燃事故的调查来看，大部分是因为燃油系统漏油和线路短路故障引起的。因此在夏季加强车辆检查和保养，预防自燃隐患就显得更加重要，必须引起高度重视，决不可麻痹大意。

1. 汽车自燃的原因

（1）油路：供油系统中的容器和管路破裂、管路接头松动、喷油器密封不严，引起漏油最容易引发自燃。如果车辆使用年限长，油管橡胶老化裂纹或者维修不当，乱改动油路或者松动过接头都可能造成燃油渗漏，这些油遇上火花或高温就会燃烧。夏季高温还易使橡胶部件老化，储液容器内的压力增大，造成机油等液体泄漏，当发动机上的油污遇到高温或明火也会发生燃烧。

（2）电路：汽车的电路虽然复杂，但使用年限不超过5年的车辆，在正常情况下电路系统发生自燃的危险性很小。若人为的胡乱改装，随意拉接电线等一些不规范操作，很有可能给车辆埋下火灾隐患。使用年限越长的车辆电路越易出故障，因为发动机在工作状态下温

度很高，机舱内电线的外表绝缘层容易老化脱落。所以，电线残旧和线路排列混乱的车辆更容易发生电线短路。一旦发生短路，就会瞬间产生超大电流，使短路处温度剧升，迅速熔化导线绝缘层，并在线束中蔓延开来，将易燃物点燃而引发火灾。

（3）易燃易爆品：如果汽车的门窗紧闭，阳光暴晒时间长了，车内温度能够达到 50～70 ℃。这时车内的一次性打火机、空气清新剂、罐装碳酸饮料和发胶等装在压力容器里的易蒸发液体，都可能因高温发生爆炸，可能引发火灾。另外，老花镜和放大镜在阳光照射下也能引起火灾。因为老花镜和放大镜属于凸透镜，能将光线聚在一起，如果长时间聚焦光线，使焦点温度过高，会烤坏车内饰品，甚至导致车辆起火燃烧。

2. 如何预防汽车自燃

（1）细检查防漏油：夏季各种油料的渗透和挥发性都很强，微小的孔洞及细微的缝隙都会引起油料的渗漏。在进入夏季前一定要对车辆进行全面检查，重点检查燃油系统，仔细察看油管是否渗漏或将要磨漏，如果橡胶软管老化变硬，裂口应更换；如果油管接头未松动而漏油，不可盲目用力拧接头，以免损坏相连接的部件。油管接头漏油一般都是因为管头处喇叭口变形或破裂引起的，应把损坏的管头锯掉，重新用翻边工具进行修复。若不能修复，可暂时用棉线缠绕在管头上，然后拧紧接头。各油管安装应牢固，不能因发动机振动而与其他部件相摩擦。还要注意检查机油、转向液压油和防冻液有无泄漏（有的防冻液也属易燃品），发现问题要及时处理。

行驶中或停车后，如果闻到汽油味，多半是燃油系统出现泄漏。一般金属油管密封性比较好，不容易出问题，应重点检查橡胶软管及接头；如果闻到浓烈的汽油味，并能听到吐吐的声音，当打开油箱盖后响声消失，这应该是燃油蒸发系统的问题，可能是温度高汽

油挥发太快或因为活性炭罐饱和了，导致燃油蒸气冒了出来。这种蒸气更容易引发火灾，因此当活性炭罐失效时应及时更换，一般约 8 万公里就该换了。

（2）勤保养防漏电：汽车除了防止漏油更要防止漏电，因漏电引发导线短路更容易造成火灾。汽车各种通电导线接头和电瓶接头松动、脱落或导线漏电都有可能产生电火花，因此，对线路中的导线插头和接头要经常进行检查，对磨损和老化的导线要及时保养或更换。特别是已经有了年数或电路常出故障的车辆，更容易发生自燃，一定要高度重视，决不可掉以轻心。对杂乱的线路要清理，老化的导线要更换。改装或增加电气设备，应请专业技术人员指导或到专业店进行，防患于未然。

另外，车上电路中的保险丝是用来保护电气设备和导线的，对于经常发生烧断保险丝的用电设备，要及时查明原因，千万不能随意加大保险丝的规格或用其他金属丝来代替；否则；当线路负荷过大或短路时就不能切断电路，很容易造成设备和线路烧毁，严重时会使导线外皮燃烧而引起火灾。

（3）别粗心防后患：如果粗心大意，将本该扔进烟灰盒的烟头扔在了车内地毯上，或者将打火机留在仪表台上任由阳光暴晒，都可能引起火灾。因此，夏季要留意不要将易燃易爆物品放在车内，尤其是不要在前后挡风玻璃下面放置打火机和罐装有压缩气体的物品，如图3－53所示。这些易燃易爆品经过高温烘晒之后，很容易膨胀发生爆裂，轻则损坏挡风玻璃，重则造成火灾，而由此造

图3－53　夏天易燃易爆品切勿放在仪表台上

成的损失，保险公司不予赔付。为了预防后患，下车时还要查看一下车内，一定要把打火机之类的东西随身带走。

另外，在烈日炎炎的夏日里，车内不宜摆放香水，因为香水晒久了也会爆炸。而且在高温和太阳烘晒下，香水会快速挥发，可能晒上一两天就所剩无几，造成浪费。夏天应尽量把车停靠在树荫下或者阴凉的地方，以减少暴晒造成的后果。

（4）乡村道路防火灾：夏季很多农民会在公路上晾晒秸秆和稻草等农作物，驾车通过这些路段时要特别小心。如果这些易燃物缠绕在排气管上，很可能被排气管的高温引燃；如果缠绕在轮轴和传动轴上，经过摩擦生热后也容易起火燃烧。因此，通过晾晒易燃物的路段后，一定要停车查看，如有缠绕现象要及时清除干净，避免发生火灾。另外，停放车辆时，要注意车底下不能有易燃物，否则也可能被排气管的高温烤燃。

（5）老旧车防隐患：夏季对一些车龄在 10 年以上或者发生过严重碰撞和翻车等车损较大的交通事故后经过修复的车辆，也容易发生自燃。因此，最好能单独购买一份车辆自燃险种，只有这样才能避免汽车自燃造成的重大损失。

3. 汽车自燃自救方法

汽车在发生自燃前都会有一些预兆，如加速突然感到乏力；踩刹车踏板的力度突然变轻；带有转向助力的方向盘突然变重，很可能是油管发生泄漏。此时应立刻靠边停车，熄火后对车辆进行认真检查。汽车在行驶过程中，如果燃油泄漏车内能闻到汽油味，而在火灾刚刚发生的暗燃阶段，车厢内也会闻到明显的焦煳味。当突然闻到电线烧煳味或焦臭气味，甚至看到发动机舱盖四周缝隙冒出烟雾时，要立即选择安全地方停车（防止火焰蔓延到其他车辆或房屋，造成更大的损失），并迅速关闭电源，拔下钥匙，这很重要，因为这样可以切断供油路和供电路，以减少着火概率和降低火势。然后应冷静地拉

紧手刹，打开发动机舱盖开关，如灭火器放在后备箱应同时打开，让车上人员或自己赶快报“119”火警，同时下车取出灭火器，并根据具体情况采取相应措施。

（1）小火赶快灭：汽车火灾通常都是从一个小部位开始着火然后蔓延的，如果发现得早，只是闻到焦煳味或只有轻微的烟雾，这时候可以掀开机舱盖找准火源，用自已的灭火器就可以化解危机，如图3－54所示。如车上没带灭火器，可以向其他人求助，或者用水和沙土等阻燃物掩盖火源也能扑灭小火。但用水灭火要当心，如燃油起火的话，可能会使燃油浮在水上到处跑，造成火势扩大。

图3－54　将灭火器喷嘴对准火源喷射

（2）中火讲方法：如果机舱内烟很大，并且有火苗从缝隙中蹿出，说明火势已经发展到了比较严重的程度。这时千万不要过大地打开机舱盖，否则由于氧气进入加上空气对流会使火势更大。只能先少打开一点，将灭火器喷嘴对着烟雾或火苗较大的部位进行喷射，如图3－55所示。待火苗消失烟雾减小后再掀开机舱盖，对准火源做进一步灭火。

图3－55　舱盖不要打开过大喷嘴从缝隙中喷入

（3）大火赶快撤：如果灭火剂已经喷完，但火

势仍无法控制并且蔓延很快。这时趁车内还未起火赶紧取出贵重物品撤离，并及时疏散周围人员，防止油箱或轮胎发生爆炸造成人员受伤，如图 3－56 所示。

图 3－56　大火赶快撤

为了能在车辆发生自燃的最短时间内自行补救，请务必给爱车配备个干粉灭火器，并注意有效期或每年到消防器材商店检验一次，以免关键时刻成摆设，如图 3－57 所示。

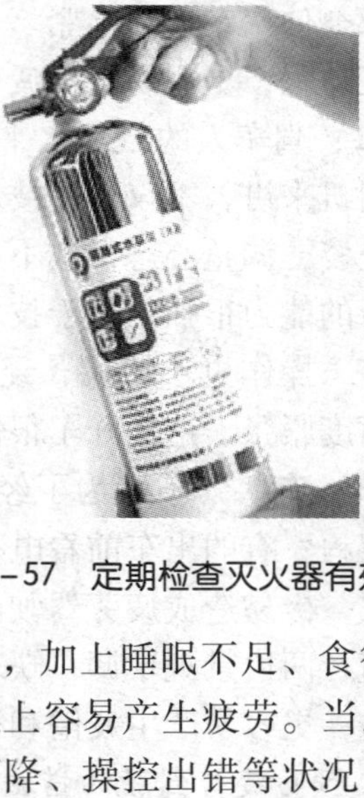

图 3－57　定期检查灭火器有效期

怎样预防疲劳驾驶

驾驶汽车是一项脑力和体力相互结合的劳动，需要消耗大量的精力和体力。尤其是夏季驾车，由于气温高、出汗多，加上睡眠不足、食欲不振等种种因素，使驾车人在生理或心理上容易产生疲劳。当出现听觉和视觉敏锐度降低、判断准确性下降、操控出错等状况，这时继续驾驶非常危险，后果也非常严重。据统计显示，因疲劳驾驶而发生交通事故占交通事故的 10%～15%，而且多数都是恶性交通事故。因此，为了确保安全，必须杜绝疲劳驾驶，如图 3－58 所示。

1. 形成疲劳驾驶的原因

（1）驾车人的工作性质和工作环境特殊：因为驾车人长时间坐在固定的座位上，身体和思想都处于紧张的工作中，要消耗很大的体力和精力，容易产生疲劳。除此之外，车内温度高、噪声大、长时间振动摇晃；车外来往车辆多，道路交通情况错综复杂等诸多刺激人体的因素，都会使驾车人情绪紧张甚至急躁，更容易产生疲劳。

图 3－58　疲劳驾驶危害极大

（2）驾车人的技术水平也是影响驾驶疲劳程度的重要因素：对老司机来讲，不仅驾驶技术娴熟，而且在行车过程中能够适时调节坐姿，调整心态，也不会受到外界因素的过多影响，因此抵抗疲劳的能力很强；对于技术不太熟练的新手，往往是多余的动作太多，操作也不协调，经常手忙脚乱，而且注意力过度集中，精神高度紧张，这样开车很快就会疲惫不堪。

（3）有些驾车人为了经济效益，多拉快跑，抢时间赶任务，昼夜兼程；有的出车前看电视、玩电脑、泡夜店，严重影响休息和睡眠，极易造成疲劳驾驶。尤其是行驶在高速公路上，由于路面平直，两边景观单调，缺乏复杂的路况信息影响和强有力的视觉冲击，更容易产生疲倦和视神经的迟钝，甚至打瞌睡。

2. 预防疲劳驾驶的措施

（1）预防疲劳驾驶的最好方法就是保证充足的睡眠，劳逸结合。而睡眠不足、睡眠障碍、睡眠规律改变是导致疲劳驾驶的主要原因。劳逸结合是保证驾车人情绪饱满、精力充沛的必要条件，也是切实可行的有效措施。根据统计，一天驾车十几个小时，如果睡眠时间不足 5 h，发生事故率最高。因此，驾车人要充分认识到驾驶工作的特殊性和疲劳驾驶的危害性。

（2）根据夏季行车容易疲劳的特点，出车前应准备一些能让人兴奋的饮品，如浓茶、可乐、红牛等含咖啡因的饮料，有提神和缓解疲劳的功效，但一定要在犯困前喝一瓶效果才明显。途中要适当调节空调工作状态，每隔一段时间打开一次外循环，或者打开天窗或对角窗户快速通风换气，保持车内空气清新。在烈日下行车体力消耗大，尤其是中午容易疲劳打瞌睡，应尽量避开中午前后的高温，午间休息蓄养体力。感到困倦应及时停车休息，一般休息时间不得少于20 min，休息时用冷水洗洗脸，活动一下四肢和腰部等，待精力恢复后再继续驾驶，如图3－59所示。

图3－59　下车活动缓解疲劳

（3）根据驾龄和健康状况，适当限制驾车时间，一般每日不超过8 h为宜，连续驾车不要超过2 h，最长不能超过4 h。当行车中出现头脑不清、手足无力、甚至瞌睡等疲劳征兆时，应立即到就近的服务区停车休息，切不可免强行驶，即使路程不太远了，也决不能硬坚持着跑到，如图3－60所示。因为这样做是最危险的，也最容易发生交通事故，而且往往都是大事故。

图3－60　感觉疲劳时不要错过服务区

（4）长时间驾车时，两眼不要只盯着路面，要眺望远方，并时不时用眼角余光看看道路两侧的树木和景物。特别是夏天阳光很强，路面和其他车辆反射过来的光线，很容易使人产生视觉疲劳，应适当转动眼球和多眨眼，保持眼睛湿润，改善视力功能。

另外，夏天最好佩戴偏光眼镜，不要戴普通墨镜或太阳镜。因为光线通过路面产生的反射是有方向的，而普通墨镜和太阳镜只能将光线变暗，不能过滤来自各方的反射光。而偏光镜只接收来自一个方向的光线，可以有效减少其他方向的光线对眼睛的刺激，从而缓解眼睛疲劳。

长途自驾游应注意哪些问题

长途自驾游与市区开车有一定的区别，如路途远，路况复杂，长时间行驶在不熟悉的环境中，会遇到很多意想不到的情况，而且许多事情都要靠自己来解决。因此，要想享受自驾游的快乐，玩得轻松潇洒，保持一路的好心情，就必须做好出行前的各项准备工作，并充分了解旅途中可能发生的各种情况，做到万无一失，如图 3－61 所示。

图 3－61　充分做好出行准备

1. 做好长途自驾游的准备

（1）选择好自驾游的地点后，要查阅资料和走访去过的人，根据资料和走过该条线路的朋友所提供的情况，对行车路线和沿途景点合理制订计划。设计出行计划可以分为两方面：一是选择行车路线，遵循先高速，后国道的原则；二是确定游览的景区景点，同时还要考虑沿途的饮食、住宿、加油等问题。在制订自驾游计划时，只需定出大致的时间表，不宜做过于细致的计划，时间不能安排得太紧，要留有余地。另外，行程表要一式两份，留一份在家，以便让家人随时知道自己身在何处。

（2）俗话说得好“不打无准备的仗”，出行前一定要对车辆进行全面的检查，重点为机油、冷却液、雨刷与玻璃清洗液、灯光、转向、刹车和轮胎等，要消除漏油、漏水、漏电现象，排除发动机与底盘存在的异常响声。如果条件允许，最好将车开到4S店，做全面的“体检”或保养，消除隐患，避免在行车途中抛锚，如图3－62所示。总之，车况的好坏直接关系到旅途的安危，千万不能疏忽大意。

图3－62 出行前让爱车到4S店做“体检”

另外，还应根据所去地点的基本道路情况选择合适的车型，如果道路状况良好，开轿车是没有问题的；如果道路状况很差，开轿车前往有些路段可能无法通过，甚至会损坏底盘，最好换辆越野车。

（3）必须带齐随车证件及驾驶证、身份证；还要多准备一些钱，以支付路上的开销和意想不到的支出；带足常用衣物和基本生活用品；准备一些可较长时间存放的食品、饮料及常用的医药用品；带上电话本、手机、充足电的备用电池、充电器、导航仪、CD 碟、望远镜、指南针和地图册等。随车工具对自驾出游的人来说也非常重要，要认真清点，一样也不能少。另外，还需要准备一些应急物品，如机油、防冻液、保险丝、灯泡、轮胎补漏剂、拖车绳、手电筒等，如图 3-63 所示。车辆备用钥匙也要随身携带，防止主钥匙丢失或被锁在车里而打不开车门。

图 3-63　跑长途要带上应急物品

2. 如何节省旅行费用

（1）通往旅游景点的道路往往不止一条，所以在出发前应综合考虑通往目的地的各种费用，选择合适的路线。但不要为了省钱而放弃行驶高速公路，而选择其他道路。这样不仅增加了油费，也浪费了时间，还得遭受崎岖道路的颠簸之苦，而且对安全行车也存在很多不利因素。

（2）结伴同行时，往往多辆车一起出行，自然就有部分车辆坐不满，有时甚至好几辆车都只有一两个人。在这种情况下，倒不如几个人合用一辆车，因为多一辆车对车辆自身磨损不说，燃油、过路、停车等各项费用也是一笔不小的开支。因此，在享受出游快乐的同时，别忘了节约，做到能省则省。

（3）有些人在出行时盲目追求越野车或“大车”，如果所行走的路线、道路条件良好的话，就没必要开越野车，因为越野车确实太耗油了；如果出行的人不多，用小车能坐下就尽量用小车，不要用商务

车或大面包车。车大虽然能携带更多东西，坐着也宽敞、舒适，但出行费用也相应地增加了很多。

（4）常有媒体报道在个别地方出现过假借交通事故之名，对外地车主进行敲诈勒索的“碰瓷帮”。因此，出门在外一定要谨慎小心，严防“碰瓷帮”的敲诈。一旦遭遇到这种情况，千万不能因为害怕要负事故责任或怕耽误时间而选择和他们私了，应及时报警，通过正当渠道处理，事后可凭交警出具的手续向保险公司索赔。

（5）在陌生的地方吃饭，最好是先看看哪里停的车多就去哪里或直接去大酒店，这样吃得放心，也不会被“宰”；在马路边或景点买东西时，不想买的最好就别问，也别动，要买也要等其他同伴来了再买，防止强买强卖和上当受骗。

3. 开长途车注意事项

（1）开车长途旅游，最好两辆以上的车结伴同行，这样在路上可以互相照应，一旦车辆抛锚或发生事故也有人帮助；每辆车最好有两个驾车人，当一个人感觉体力下降时，另一个人可替换继续驾驶，既不影响行程，又可避免疲劳驾驶，如图 3－64 所示。

图 3－64　长途结伴同行可相互照应

（2）自驾游往往都选择放假期间，而在此期间出行的车辆和行人都要比平常多很多。所以驾车人在行车途中应特别注意交通安全，要牢固树立安全第一

的思想，自觉遵守交通法规。如果到没有去过的地方，由于道路不熟，最好不要赶夜路，因为夜晚开车的危险自不必说，赶夜路带来的疲劳也会影响旅游的心情。

(3) 在行驶中，要随时注意车辆的各种运行状况，做到一听：听发动机及底盘运行的声音有无异常；二看：看各仪表显示的是否正常；三闻：电线、橡胶、离合、刹车是否有异味，以及是否突然闻到汽油味。在旅途中每次休息时，还应该绕车检查一圈，以便及时发现存在的问题。如有无漏油、漏水现象；轮胎气压、刹车温度等方面是否正常。

(4) 自驾车出游一般来说旅途漫长，开车时间很长，身体极易疲惫。很多自驾游都是全家人一台车，但驾车人往往只有男主人一个人，在这种情况下驾车人要始终约束自己不要长时间连续驾驶，并且要保证有足够的睡眠和充沛的精力。由于跑长途对精力和体力消耗都很大，要劳逸结合，注意休息。如果遇到无法按时完成原定行程时，宁可放弃一段路程，也不要为了赶路而疲劳驾驶，因为一家人的安危完全掌握在你的手中。

(5) 在行驶过程中要时常看看油表，不要等到燃油表提示灯亮了才想起去加油，哪怕油箱中还有半箱油，看到正规加油站也应加油，因为你不知道下一个加油站还有多远。当油快用完了，又一时找不到加油站，可能会带来很多麻烦。

(6) 经过几天的游玩，回返时更显疲惫，而且出游时的兴奋劲儿已过，车内人可能也睡着了，驾车人在这种情况下，最容易犯困，也容易发生交通事故。如果驾车人感觉疲劳或瞌睡时，一定要选择安全的地方停车休息或换人驾驶，千万不要勉强继续驾驶。在未到达目的地之前，始终都要绷紧安全这根弦。

4. 旅游归来应检查的内容

当长途旅行归来后，应及时对车辆进行清洗、检查和保养。具体内容如下：

（1）检查发动机润滑油、变速器油、离合器油、助力油、制动液、防冻液、清洗液等油液面的高度和品质，必要时进行添加或更换。

（2）检查油管、水管和各密封处有无渗漏，橡胶软管是否有老化、开裂或磨损现象；各个零部件连接是否有松动，视情况进行维修或更换。

（3）检查电瓶显示窗电压状态，电瓶固定是否牢固，接线头有无松动或腐蚀，视需要进行充电、紧固、用开水冲洗正负接线柱。

（4）查看组合仪表各警示灯、指示灯，以及全车各种灯光是否正常，视情况对相应的故障进行检修。

（5）检查底盘是否有碰撞、变形等问题，检查刹车盘和刹车片的磨损情况，刹车时有无异常响声或方向盘抖动现象，以及手刹车的效能是否正常，必要时进行检修、更换或调整。

（6）检查轮胎花纹磨损程度，花纹内有无异物，胎面和胎侧有无损伤，各胎气压是否正常，视情况进行预防性更换或保养。

怎样在高速公路上安全行车

目前我国高速公路已经四通八达，高速公路也越来越成为人们驾车出行的首选道路。但由于高速公路车辆多、车速快，也存在着诸多危险因素，如果驾车人不能很好地掌握高速公路的行车特点及安全驾驶方法，就很有可能引发交通事故。因为人们长期在混合交通的环境下驾驶，对行驶速度和操作方法，以及分析处理行驶中遇到的各种情况形成了一定概念，养成了一定的习惯。而在高速公路上行车与在混合交通的道路上行车相比存在着很大的差异，许多驾车人尤其是新手对高速公路的行车特点及驾驶要领了解不多，这给高速公路行车带来很大的安全隐患。为了确保在高速公路安全、快捷地行驶，驾车人必须充分了解高速公路的行车特点和要

求，自觉遵守高速公路的相关规定。

（一）高速公路的特点

高速公路是一种全封闭、全立交，设置完善的现代化管理及交通安全服务设施，并专供机动车辆高速行驶的高等级公路。它具有车速高、通行能力大、行车环境好、运输成本低等优势，成为现代交通的主流。

（1）全封闭：全线道路两侧用防护网与外界隔离，堵断横向进入路区的人、畜。

（2）全立交：与高速公路交叉的路口全部采用立交或互通式立交，使通过交叉路口的车辆直行顺畅，转弯互不干扰。

（3）将上下行车道从中央隔离：用中央分隔带将上行和下行的机动车辆左右分隔，不得互通。

（4）按车速分道行驶：主车道行驶的车辆按照行驶速度在各自对应的车道内行驶。

（5）高速、安全，通过能力大：将普通公路规定的最高车速 80 km/h 提高到 120 km/h 并使安全性和道路通过能力大大提升。

（6）照明、通信设备先进：沿途标线、标志、护栏等，全部喷涂先进的反光材料，并用信息板及时发布交通信息，每隔一定的距离设置一部紧急电话，以供报告或传递交通事故及救援信息。

（7）每隔 50 ~ 80 km 设有一处生活服务区：为车辆提供检修、加油，为人员提供饮食、住宿、购物等服务。

（二）高速公路安全设施的名称及用途

在驶入高速公路之前，应对高速公路的安全设施进行全面了解，并对它们的名称及用途弄清楚，以便行驶在高速公路时能正确应用。

（1）收费站：建在高速公路进出口，根据车流量，站点设有数个道口，左侧为驶入道口，右侧为驶出道口，开放道口的上方用绿灯指示，进入时从值班

窗口领取电子卡或通行票证，驶出时交回卡证，并支付通行费用。

（2）匝道：是普通公路和收费站与高速公路之间相连的通道，一般都有坡道，而且弯度很大，车速不得超过 40 km/h。匝道入口的终点与加速车道连通，匝道出口的起点与减速车道相连。

（3）变速车道：是匝道进入主车道或主车道进入匝道特意加宽的过渡车道，专供进入主车道的车辆加速和驶出主车道的车辆减速之用。

（4）主车道：是中央分隔带两侧供上下行机动车辆行驶的车道。每侧主车道又根据路面宽窄，用标线划分为单向两车道或多车道，内侧车道为超车道或快车道，供较高车速的车辆通行，外侧车道为行车道，供车速较低的车辆通行。

（5）中央分隔带：是在高速公路中央用防护栏围起的长条形土质地面，其主要功能是将上下行车辆左右分隔。中间栽种的花草树木可以调节人的视觉，也能避免夜间对方灯光影响视线。

（6）路肩：也称为应急车道，位于最右侧车道与路缘之间的那部分路面，专供救护车、消防车和处理事故的警车应急时使用，其他任何机动车除在遇到紧急情况可作为临时停车外，不得占用。

（7）停车港湾：高速公路每隔一定距离专门将路面加宽一小段地带，专供行驶中的车辆应急避险时停车使用。

（8）防护栏：是竖在高速公路两侧路边和中央分隔带两侧，用钢板、钢柱材料制作的护栏。路边护栏主要用以预防车辆失控时驶出路外；分隔带护栏则主要预防车辆驶入对方车道。

（9）紧急电话：高速公路每隔一定距离设立一部紧急电话，遇有紧急情况时，可就近拨打或按下报警按键。

（10）生活服务区：服务区内有停车场、加油站、修理部、小卖部、休息室、餐厅和公厕等，为驾车人及乘客提供生活及安全便利。

（三）高速公路的安全管理规定

高速公路车辆多、车速快，为预防高速公路的交通事故，确保安全畅通，驾车人必须了解并自觉遵守高速公路的有关规定。

1. 准入规定

（1）行人、非机动车、拖拉机、农用运输车、电瓶车、轮式专用机械车、铰接式客车、全挂牵引车，以及设计最高车速低于 70 km/h 的机动车辆，不得进入高速公路。

（2）超长、超宽、超高车辆必须经公安机关交通管理部门批准后，按指定路线、时间、车道及速度行驶，并悬挂明显标志。

2. 对驾车人及乘坐人员的规定

（1）持有一年以下实习驾照的驾车人，必须由持相应或更高车型驾驶证 3 年以上的驾车人陪同，并且不准在快速车道行驶。

（2）安装安全带的机动车辆，其驾乘人员必须系好安全带。

（3）车辆行驶中，乘车人员不准站立，不准向车外乱扔废弃物。

（4）货运车辆除驾驶室和车辆经核准设有固定座位外，其他任何部位不准载人。

（5）两轮摩托车在高速公路上行驶不准载人，车速不得超过 80 km/h。

3. 行驶速度规定

（1）进入高速公路的车辆，最低时速不低于 60 km/h；最高时速，小型客车不得高于 120 km/h，大型客车时速不得高于 100 km/h，货车和其他车辆时速不得高于 80 km/h。

（2）交通标志和路面标记与以上规定不一致时，遵守标志和标记的规定。

4. 行车规定

（1）正常行驶的车辆，不准倒车、逆行，不准

穿越中央分隔带掉头或转弯。

（2）高速公路上不准试车或学习驾车。

（3）不准在匝道和变速车道上超车或停车。

（4）不准骑、压车道分界线行驶或在规定速度高于本车行驶速度的车道内行驶。

（5）不准从右侧超车。

（6）除救援车、清障车外，禁止其他车辆牵引故障车和肇事车在高速公路上行驶。

5. 停车规定

（1）除遇障碍、发生故障等必须停车的情况外，在高速公路上不准随意停车、停车上下人或装卸货物。

（2）因故障需要停车检修时，必须提前开启右转向灯驶离行车道，停在港湾或应急车道内，在行车道内不准停车和修车。

（3）因故障、事故等原因不能驶离行车道，必须开启危险双闪灯，并在行驶方向的后方 150 m 处设置警告标志，夜间还须开启示宽灯和尾灯。驾乘人员必须迅速离开车辆，转移到右侧路肩外，并向高速交警或急救中心报警。

（四）行驶高速公路前的检查和准备

在高速公路上，车辆必须保持足够高的行驶速度，这对车辆的性能及安全状况要求非常高，因此在上路前一定要对车辆进行认真细致的检查。

1. 要认真检查各个轮胎

首先检查胎压是否正常，花纹磨损如何，有无异物嵌入，检查轮胎螺钉是否松动，备胎是否气足。如胎压过低或花纹磨损过度，胎侧有鼓包或损伤的轮胎应及时更换，否则高速行驶时容易发生爆胎，如图 3－65 所示。

2. 要检查各油液面高度

在凉车时检查机油尺油面高度和质量，如机油不足应补充，颜色发黑应更换，如图 3－66 所示。查看燃油表，确认油箱燃油充足；检查转向助力油、刹车油、冷却液、雨刷液、电解液是否充足，有无泄漏，以及各系统工作是否正常，如发现问题应及时消除。

图 3－65　上高速前认真检查轮胎

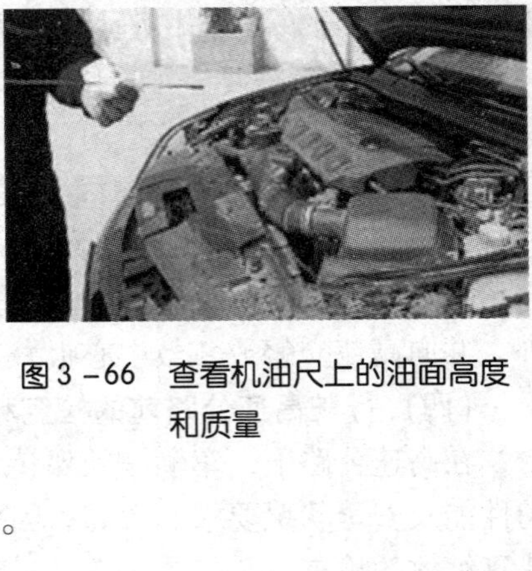
图 3－66　查看机油尺上的油面高度和质量

3. 要检查各个灯光

检查全车灯光设备是否完好，灯罩是否清洁，特别是转向灯和刹车灯的工作状况一定要良好，这对高速公路安全行车很重要。

4. 要检查转向机构

在低速行驶时，将方向盘往左、右转到底，检查转向是否灵活、有无异响；高速行驶时方向是否跑偏或抖动，若有问题应及时加以排除。

5. 要检查刹车系统

检查各管路有无漏油（油刹）、漏气（气刹）现象，检查刹车片磨损情况；测试刹车性能是否灵敏、可靠，发现问题应及时维修。

6. 要检查附属装置

检查雨刷器和喇叭工作是否良好；后视镜角度是否合适；安全带的性能是否正常；随车工具是否齐全；灭火器是否有效；是否携带安全警示牌。

7. 远行前的准备

检查随车证件是否齐全；必须携带的物品是否全部齐备；要先仔细看看高速公路交通图，记住出行路线，如从某条高速公路转入另一条高速公路的交叉路口在何地，具体走向和叫什么名字。尤其是驶出高速公路的出口名称一定要记牢，以便观察路标时不会出错，还可避免驶错或驶过出入口；还要了解沿途路经过区域的天气情况，并做好有针对性的准备。

（五）驶入高速公路

在驶入高速公路前，应再次查看各仪表及轮胎气压是否正常；车上人员是否系好安全带。有些人认为安全带就是应付交警的，但事实证明系与不系安全带在事故中能有天壤之别，尤其是在高速公路上行驶，系安全带是必不可少的一项交通安全防范措施。安全驶入高速公路的具体做法如下：

1. 通过收费站及匝道

进入高速公路首先要通过收费站，而收费口附近是剐碰事故的多发区。虽然车损不大，但事故会对驾车人的情绪产生很大影响，这对车辆驶入高速公路后的安全驾驶是极为不利的。为避免这类事故的发生，在驾车进入和离开收费站，驶向匝道入口的过程中，必须注意以下事项：

（1）有些收费站附近人车较多，也比较混乱。在由一般道路驶入或直接从高速公路驶入收费站时，应在减速线外开始降低车速至限制的速度内。

（2）根据收费站各收费口信号指示及车辆多少，提前选择进入哪个收费口，然后径直驶向所选择的收费口，不要犹豫不决，更不要超车插队或随意变换车道，如图 3－67 所示。

（3）进入收费口后，将左侧车窗玻璃落下，对准收费员窗口停稳，领取通行卡，并妥善保管，以免交费时找不到通行卡。

图 3 －67　驶入收费站按信号指示依次通行

（4）驶离收费口后不要急于加速行驶，一定要注意观察匝道入口岔道处的路标指示，看准要去的方向，确认要驶入的匝道没错后方可进入，如图 3 －68 所示。否则，一旦方向走错，是不允许倒车或掉头的，只能到下个出口返回。

图 3 －68　要注意观察岔道口路标指示

（5）进入匝道要遵守限速规定，一般车速不大于 40 km/h，因为匝道路窄弯急，如果车速过快，容易驶出路外，甚至造成翻车，如图 3 －69 所示。

2. 从加速车道驶入行车道

从匝道驶出进入加速车道后不准立刻进入行车道，必须预先在加速车道上使车辆加速至接近规定速度后，

图 3－69　匝道内减速慢行

才能转入行车道。因行车道上车流量大，而且车速很快，如果未经加速直接并入行车道是非常危险的，轻则干扰后车正常行驶，重则引发事故。因此，从加速车道驶入行车道时必须做到以下几点：

（1）在驶出匝道进入加速车道时开启左转向灯，并通过左后视镜和转头观察行车道内的车流动态，捕捉并入行车道的时机，同时迅速将车速提高到 50 km/h 以上，再次观察行车道上的情况，在确认安全的条件下，平缓地并入左侧行车道继续加速行驶，如图 3－70 所示。

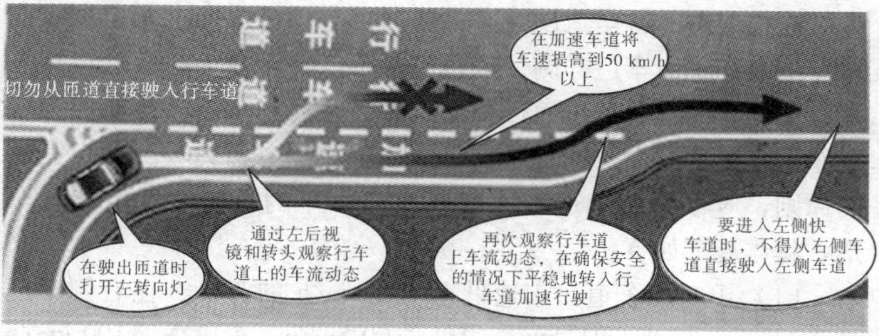

图 3－70　驶入行车道的正确做法

（2）进入加速车道后，还要对后方行车道上来车作认真观察，如有其他车辆正在驶过来，应根据本车的加速性能及来车的类型、距离、车速等情况尽快决定是抢先进入还是随后进入。

图3－71　注意观察行车道上的情况

（3）如果后方来车距离尚远，可以在其驶来前进入行车道；如果来车距离较近，可待其驶过后再进入；如果来车不只是一辆而是较长的车流时，应尽快看准最有利的车间距离，在加速车道上调整好车速后，圆滑、平稳地插进去，如图3－71所示。

（4）如果需要进入左侧快车道行驶时，必须在不妨碍其他车辆正常通行的情况下，依次将车变更到左侧快车道，不得从最右侧慢车道直接驶入最左侧快车道。

（5）进入行车道后，应先保持适当的车速行驶，待逐渐适应高速公路的行驶速度后，再将车速逐步提高，不要一进入行车道就急于将车速提得很高，这不仅对安全不利，对车也不利。

3. 行车道的选择

高速公路的行车道设计有：双向四车道、双向六车道和双向八车道。在单向车道一侧，从左往右第一条车道为超车道或快车道；第二、第三条车道为行车道；第四条为慢车道；最右侧为应急车道，车辆发生故障时可临时停放。按照分道行驶，各行其道的原则，应根据各车道的速度要求和本车的行驶速度来选择车道。具体规定如下：

（1）单向两车道：车速低于100 km/h的车辆，在右侧车道行驶，但最低不得低于60 km/h；车速高于100 km/h的车辆，在左侧车道行驶，但最高车速不得高于本车道规定的时速，一般不超过120 km/h。

（2）单向三车道：最低车速为110 km/h的车

辆，在左侧车道行驶；最低车速为 90 km/h 的车辆，在中间车道行驶；最低车速为 60 km/h 的车辆，在右侧车道行驶。

（3）单向四车道：最低车速为 110 km/h 的车辆，在左侧车道行驶；最低车速为 90 km/h 的车辆在中间两车道行驶；最低车速为 60 km/h 的车辆，在右侧车道行驶。

根据以上各车道对速度的要求，就小型车而言，单向三车道，应选择中间车道。因为这条车道既不会影响车速，又比较安全，还能使你有足够的空间躲避险情。许多人喜欢走最左侧超车道，认为变道少、速度快、超车方便，但实际上最左侧车道风险最高，每年高速公路上冲过中央隔离带撞向对方车辆的恶性事故不在少数。

4. 保持安全车距

在高速公路上行驶应保持足够的安全车距，使驾车人有充足的时间和空间对道路上可能发生的情况做出反应，因为高速行驶的车辆，刹车距离会大大延长，所以保持足够的车距就显得格外重要。如果车距过近，一旦发生意外情况时，极易造成追尾或碰撞事故。为防止追尾事故的发生，必须遵守以下几点：

（1）高速公路右侧设有确认车距的标志，驾车人可根据车距标志，确认安全跟车距离，如图 3 – 72 所示。

（2）在正常气候条件下，安全车距约等于车速的米数，即车速为 100 km/h 时，安全车距为 100 m 以上；车速为 80 km/h 时，安全车距为 80 m 以上。如遇雨、雪、雾等不良天气时，应按能见度的高低来确定行驶速度，而安全车距则应是正常气候条件下安全车距的两倍以上。

（3）与前车距离的把握，应根据车速的快慢、能见度的高低灵活掌握。速度慢、能见度高、车距可近些，反之应相对拉远。对车速的判断不要依赖自己的行驶感觉，应通过车速表来确认速度。

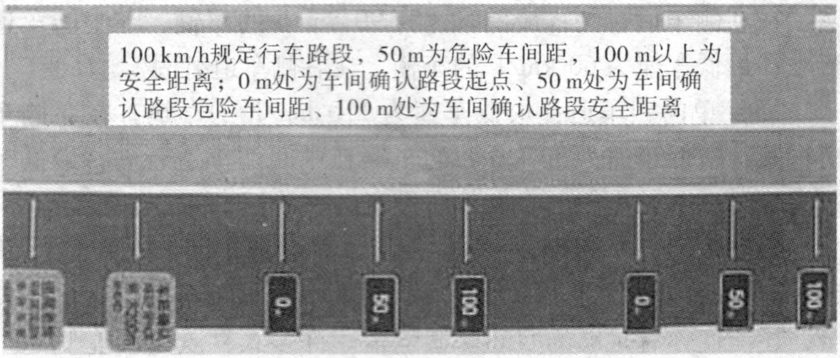

图 3－72　按车距标志确认跟车距离

（4）随车流行驶时，不要将注意力死盯在前车的尾部，在注意与前车保持安全距离的同时，还须不时地观察前方第二辆、第三辆车的行驶动态，这样不仅可以调整视觉，还可以掌握提前控制车速的主动性。

5. 安全变更车道

在交通流量大的高速公路上变更车道时，往往伴随着极大的危险性，如果操作不当，特别容易发生侧面碰撞事故。因此，在高速公路上行驶，千万不要随意变更车道，需要变道时应注意以下几点：

（1）驾车人准备变更车道时，要通过车内外后视镜认真观察车后及所要驶入的车道后方有无来车，盲区内有无并行车辆，必须在确认安全的情况下才能进行车道变更。

（2）在变更车道前，一定要通过“三看”将道路前后的情况都看清楚。向前看，是看要进入车道的前方车辆会不会在自己变道的时候有减速、刹车的可能；向后看，是通过后视镜看要变入车道的后方有没有离自己较近的车辆；转头看，就是看要驶入的一侧盲区内有没有与本车并行的车辆。

（3）通过后视镜中来车图像的变化，判断后方来车的车速变化。如从后视镜中看到的后方来车图像已经很大，说明该车距离本车很近，不可变道；如后方来车的图像快速变大，说明该车速度很快，让其先行；如图像没有变化或者变小，说明该车速度与本车接近或已经减速，此时，要抓住变道时机迅速并入。

（4）通过以上观察，确认车后方、侧方和准备驶入的车道上没有车辆或不影响其他车辆正常行驶时，要先发出变道信号，以提示其他车辆注意，然后提高车速，轻微转动方向盘，小角度平缓驶入另一条车道。

（5）由于在高速公路上行驶车速很高，变道时不能按着在一般道路上操作方向盘的习惯。高速行驶时转动方向盘的动作要轻，即稍转稍回，若转向过量或过猛，容易发生方向失控的危险。如车速超过 100 km/h 时，方向盘的转动量只需在较低车速时的 1/3 就足够了。因车速越快，方向盘的随动性就越好，转方所需要的扭力越小，方向盘的调整量也越小。

6. 安全超车

在高速路上超车是一个比较复杂和危险的驾驶过程，必须掌握一定要领才能安全顺利完成这一过程，如图 3 – 73 所示。

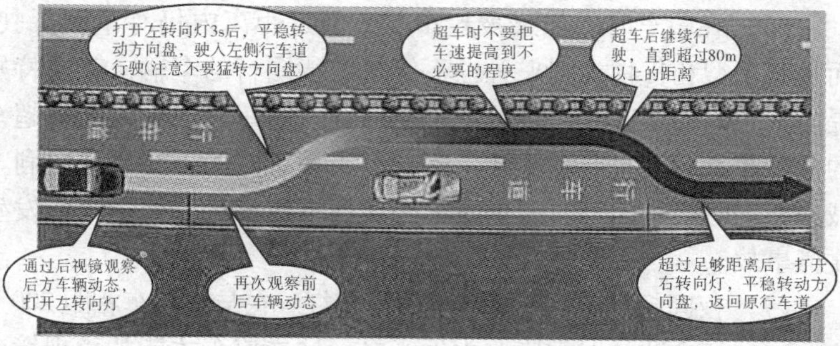

图 3 – 73　高速路超车多观察，方向盘要缓打慢回

安全超车，具体做法如下：

（1）在同一车道内，如果与前车距离越来越近，

表明前车速度低于本车速度，此时便可确定前车即将成为本车的超越对象。在距前车还有 200 m 远时，开始做超车的准备。

（2）要通过后视镜对车后情况进行观察，看车后有无跟行的车辆和正在超越本车的车辆；如有车跟行，应注意该车是否有超车动态；如果超车道上有车快速驶来，应暂缓超车行动。

（3）要对前方的交通情况进行观察，看前车前方是否还有同车道行驶的车辆，如果有，必须密切注意前车有无变道超车的可能，若前车在本车变道前率先变道超车，则应跟行前车驶入超车道。

（4）通过以上前后观察，确认安全后，则应把握好时机，在距前车约 100 m 时，开启左转向灯，平稳地向左转动方向盘，以较大的行车轨迹切入左侧变更车道；距前车约 50 m 远时，应鸣喇叭或闪大灯，以引起前车注意，与前车尽量保持较大的横向间距，一般为 1.5 m 以上，具备了超车条件后，加速超越。

（5）超越前车后，须继续直行一段距离，至少要拉开 50 m 以上，从右后视镜中能看到全部被超车后，开启右转向灯逐渐驶回原车道，关闭转向灯。

（6）在超车时，如果被超车前方较近距离内仍有车辆行驶，而从其车型和货物类别来看也不像是结伴同行的车辆，就要特别提防被超车的动态，谨防被超车突然变道超车。当驶入距被超车的危险距离后，只要发觉被超车的车头稍有左倾，就要立即刹车减速，同时鸣号闪灯，防止因车速快刹不住车又无处躲闪而发生碰撞事故。

（7）夜间超车时，不要一直用远光灯。在与被超车相距 200 ~ 300 m 时就应改为近光灯，这样前车才能从后视镜中更准确地判断你与他的距离。要知道，在路上让其他车辆更清楚地看到你，与你是否能清楚看到对方是同样的重要。另外，由于车速快、噪声大，有时汽车喇

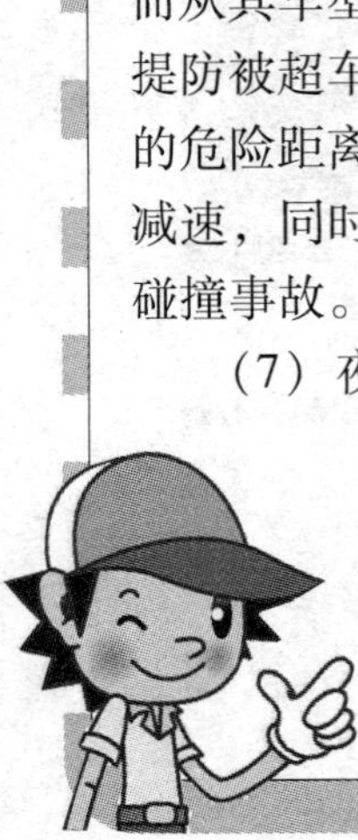

叭对于前车来说很难听到，因此超车时还是用变换远近光灯来提示前车更有效。

（8）小型车超越大型车或被大型车超越时，应注意保持较大的横向距离，并且要握稳方向盘。因为两车并行时产生的气流旋涡会使重量轻的小型车方向失去稳定性，甚至出现车身左右摆动，容易导致剐碰事故。

（9）在雨天超车时一定要格外小心，因为前车卷起的水雾会很大，跟在其后面或侧面都会使挡风玻璃一片模糊，尤其是当车头接近前车尾时，前方甚至会出现盲区。所以雨天超车的时候，除了鸣喇叭、闪大灯外，还应提前将雨刷加快一挡或两挡，待超越后再调回正常状态。

7. 安全停车

在高速公路上不准停放车辆。随意停车非常危险，即使是在应急车道内停车也容易发生追尾或碰撞事故。如果确因车辆故障需要临时停车检修或因其他原因需要停车时，必须注意以下几点：

（1）车辆因故障等原因需要停车时，最安全的做法是选择服务区内停车。在未到达服务区前必须停车时，应尽可能将车停在安全港湾内，实在不行时也要将车驶离行车道，停在紧靠道路右侧的应急车道内，并按高速公路停车规定采取措施，如打开双闪灯，在车后 150 m 处立起警告牌。

（2）因疲劳或打瞌睡需要停车休息时，务必到服务区去停车休息。要提前观察指路标志提示的距下一个服务区的里程，做好驶离行车道的准备，如图 3－74 所示。需要特别提醒的是：国内很多高速公路服务区之间都没有停车休息的地方，驾车人必须坚持到下一个服务区才行，而这段距离往往是非常难熬也是非常危险的时段。资料显示，很多交通死亡事故都是在这个时段发生的。

（3）碰到前方堵车被迫停车时，一定要先看后视镜里有没有大货车跟随，如果有，要提前减速并打开双闪灯提醒后车注意，给后面的大货车充足的距离和时间减速。如果后面的大货车鸣喇叭或不停地闪大灯，这时一定要往旁边闪让，因为后车肯定刹不住车了。

图 3－74　选择就近服务区休息

（4）当车辆发生较大事故时，事故涉及的任何一方车辆都应就地停车，并设立警告标志，打开双闪灯，立刻用手机或路旁应急电话报警，并保护好现场，等待高速交警赶来处理。为防止再次发生碰撞事故，驾乘人员必须迅速转移到右侧护栏外边，与事故车保持足够的安全距离。

8. 安全驶出高速公路

与驶入高速公路比较，驶出高速公路比较简单，但同样应该小心谨慎，因高速公路的出口附近也是个容易发生事故的地点，在驶出高速公路前应做好充分准备。为了准确无误、平安驶离高速公路出口，驾车人应注意以下几点：

（1）在准备驶出某个出口时，一定要提前注意观察交通标志，根据指示标志确认要下高速的出口名称和位置。在高速公路出口前的 4 个不同距离均设置了出口预告标志牌，如图 3－75 所示。

（2）当驾车人看到距出口 2 km 的标志牌后，就应做好驶出准备，最好不要超车，注意道路交通情况，确定变更车道时机。

（3）当看到距出口 1 km 标志牌后，就不能再超车了，以免到达出口处来不及返回行车道而无法安全驶向出口的情况。如此时仍在左侧车道行驶，应逐渐变更至最右侧车道，为顺利驶出高速公路做好准备。

（4）当看到距出口 500 m 标志牌时，应打开右

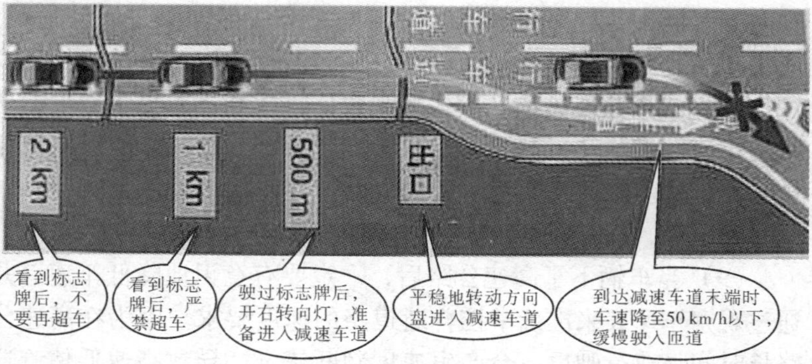

图3－75　驶出高速公路应提前驶入行车道并在减速车道内将速度降下来

转向灯，提示后方车辆不要跟得太近或从右侧超越。此时，虽然已经接近出口，但不能在行车道上过分减速，以防被后方车辆追尾。一般在进入减速车道之前无须刹车，只需松抬油门即可。

（5）第4块标志牌设于减速车道起点上，上面没有距离数字，只有一指向箭头。当车辆到达行车道与减速车道连接之处时，即可平稳地向右转向进入减速车道，并且逐渐减速，但不能光凭感觉减速，必须看速度表，切实让速度降下来。在到达减速车道末端与出口匝道前端，将车速降至50 km/h以下，然后慢慢驶入出口匝道。

图3－76　错过路口时，切勿倒车

（6）如果因没有注意到指示标志而错过出口时，千万不要在慌忙中紧急刹车，更不要停车、倒车、掉头逆向返回，只能继续向前行驶至下一个出口，如图3－76所示。

（7）驶至匝道终端的岔道处时，要与反方向驶出高速公路的车辆汇流，因此，要注意另一匝道有无

驶来的车辆，若有车辆驶来，且与本车有可能同时进入岔道时，应主动减速避让。

（8）进入收费站前，应注意观察信息板和标志提示，根据各收费口信号提示及车辆多少等情况，选择上方亮绿灯的通道依序排队。应提前准备好交费卡和钱，以免在收费口处手忙脚乱，耽搁时间不说，还容易出错。

（9）当车辆下了高速公路后，一定要有意识地降低车速，并通过观察车速表来准确掌控普通道路的速度要求。因为在高速公路长时间高速行驶后，会产生速度判断错觉，导致高速低估，这是比较危险的，也容易发生交通事故。

高速公路安全行车特别提示

1. 严禁超速行驶

超速行驶的危害性众所周知，无论是在普通公路还是在高速公路超速行驶，都可能造成不可挽回的后果。由于高速公路视线、路况都很好，有些驾车人一上高速就开始风驰电掣地一路狂奔，这不仅非常费油，也存在很大的安全隐患。因为车速越高，刹车距离越长，稳定性越差，驾车人视线距离越短，视野越窄，由此而产生的判断失误也就越多。再加上精神高度集中和心理紧张等原因，使驾车人容易疲惫，当遇到险情时，往往因反应不及时或操作不当而酿成惨祸。因此，控制好行驶速度是保证高速公路安全行车的重要条件。

另外，在高速公路行驶时，道路两侧景物移动少而单调，使驾车人对车速的感觉容易出现高速低估，这也是比较危险的。所以，不能仅凭感觉判断车速，必须观察速度表来准确把握车速。要知道车速越快，越难以驾驭，也越容易发生事故，而且事故的危害性也越大。正所谓：“十次车祸九次快，还有一次特别快。”为此，行驶

在高速路上不能盲目开快车，一定要根据道路条件及相关规定谨慎驾驶，严禁超速，如图 3 – 77 所示。

图 3 –77 按规定速度行驶

2. 避免急刹车

正确使用刹车对于高速公路安全行车来说至关重要，如果在高速行驶时突然使用紧急刹车是非常危险的。由于急刹车时车辆的惯性很大，大部分重量转移到前轴上，后轴会浮起而左右滑动失去稳定性；轮胎对地面的附着能力下降，车辆跑偏、侧滑的概率增大，严重时方向难以控制。同时，当后车跟行较近或不能及时采取措施，极易造成追尾甚至连环相撞事故。

因此，不到万不得已，不要使用紧急刹车，应力求做到提前发现情况，提前采取合理措施。如需要刹车时，应先采用多次踩刹车踏板的点刹方法，这样刹车灯会连续闪亮，但车速却不会骤然降低，不仅可以对跟行车辆起到提示作用，而且还可以避免因刹车过急引起追尾或方向失控的危险。

3. 慢打方向盘

高速行驶时方向盘的灵敏度倍增，车辆能承受方向盘的最大转动量仅有中低速行驶时的 1/3 左右，也就是说车速越快，方向盘的转动量应该越小，转向所需要的扭力也越小，但转向的时间却要稍加提前。如转弯或变道时，只需要用手腕和前臂的动作轻打慢回；如道路前方出现障碍物需要转向躲避时，应提前距障碍物还有较远距离就缓慢转动方向盘，切不可急打方向或转向过量，如图 3 – 78 所示。否则会引起离心力过大，使车辆脱离正常行驶路线，严重时甚至会造成方向失控。

4. 随车流而行

在车流量较大的高速公路上行驶时，随车流而行可以减少超车和被超车，使车与车之间的相互交织明显下降，对保证安全行车十分有利。而安全随行的关键是与前车安全距离的把握和车速的控制，这需要根据行车的速度快慢及道路交通情况灵活掌握。与前车跟行距离的保持应以油门控速为主，必要时轻踩刹车加以辅助，如跟行距离较近时，可抬起油门；如跟行距离拉得过大，可加大油门，从而使跟行距离始终保持在安全范围内。

图3－78　高速行驶转向要柔缓

5. 注意路标和警示

高速公路沿线设有许多标志、标线和警示牌，这些设施为安全行车提供了一定保障。驶入高速公路后，一定要多加留意路面上的标线和道路两侧的标志牌，做到心中有数，才能预先采取有效措施。对于高速公路安装的限速标志、警示标语和警示灯，如“事故多发路段，请谨慎驾驶”、小黄灯、小红灯和小蓝灯等，这些警示装置都不是随意设置的，其背后都是一个又一个血淋淋的教训。在路上见到类似的警示标志时，一定要有意识地降低车速，与前车保持安全车距，同时做好应对突发情况的准备。如果对这些警告标志无动于衷的话，危险随时都可能发生。

6. 特殊路段要当心

（1）高速公路出入口：高速公路入口和出口路段是事故多发区。据高速交警部门统计，每年在该路段发生的事故占总事故10%以上。因为进出高速公路的车辆与正常通过的车辆会形成较大的速度差异；

有些驾车人对道路不熟悉，在出口处搞不清该不该出，便在路中间突然减速、徘徊、犹豫不前；有的车甚至走过出口后又倒车或掉头。因此，无论是进出还是通过进出口的车辆，一定要小心驾驶、注意观察，以免发生碰撞或追尾，如图 3－79 所示。

图 3－79　切勿在出口附近行车道内急减速

（2）进出隧道：由于高速公路隧道行车的特点和行车条件的突然改变，易使车辆在进出口和隧道内发生碰撞事故。这主要是因为高速公路隧道通常限速 60～80 km/h，进入隧道之前，车辆需要一个减速过程，而有些车距隧道口很近了才突然急刹车减速，导致前轮跑偏或后轮侧滑，甚至造成后车追尾。因此，当见到隧道标志后就要做好驶入隧道前的准备，如减速、开灯、取下戴着的太阳镜等。进入隧道的一刹那，人的视野会突然变窄，光线变暗，几乎什么也看不清，还会产生车辆要与墙壁相撞的感觉。这时不要慌张，也不要乱打方向，减速慢行，待几秒后眼睛适应了再加速行驶。但在隧道中速度感会失准，应以车速表来控制车速。当驶近出口时，应及时戴上太阳镜，防止外面阳光使眼睛产生炫目。同时双手握稳方向盘，以防隧道出口气流和侧向风影响车辆的稳定性，如图 3－80 所示。

（3）施工路段：在高速公路施工期间引发的交通事故时有发生。因为施工时，用三角锥将施工路段隔离，只留一条或两条通行车道，由于道路变窄，路

（a）进入隧道减速开灯　　（b）驶出隧道防强光炫目

图3－80　进出隧道

图3－81　通过施工路段小心慢行

面不平，车辆行驶缓慢，容易发生拥堵和追尾；小型车抢行、加塞儿，强行超车也极易造成交通事故；有些施工路段缺少安全警示设施，特别是夜晚没有危险警示灯和反光标志，致使驾车人不能提前发现并及时采取措施，更容易发生不测。因此，当看到前方有施工的标志时，一定要提高警惕，放慢车速，注意施工标志的指示和信号，如图3－81所示。若前方出现拥堵或行驶缓慢时，应保持适当车距，不要超车和加队，尤其是临近隔离锥时，更不要强行超车。夜晚通过施工路段时更要格外小心，注意红灯标志，减速慢行，谨慎通过。

7. 恶劣天气要慢行

在高速公路上行驶，最忌讳的就是遭遇恶劣天气，如大风、大雾、暴雨、冰雪等。因受恶劣天气的影响，道路安全条件大大降低，车辆抵抗能力严重不足。驾车人视距短、视野不清，无法准确、有效地判

断道路的交通情况，这给高速公路安全行驶带来极大隐患。一旦发现危险时，往往因为来不及采取有效的应对措施便发生了交通事故。据有关资料显示，恶劣天气事故率比平时增加20%以上。因此，在恶劣天气条件下行驶，减速慢行是确保安全的关键，如图3－82所示。

图3－82　恶劣天气注意力要高度集中

无论驾驶技术多高，无论车辆性能多好，都不能有麻痹思想和侥幸心理，而且注意力要高度集中，密切关注道路情况的变化，处理情况要及时果断。如果遇到恶劣天气，车速要适当、车距要加大、转向要轻缓、刹车要平稳、变道要谨慎、超车要小心，牢记以上“六个要”，就能让你逢凶化吉，一路平安。当恶劣天气严重影响到安全通行时，最好就近驶离高速公路或者到服务区休息，待通行条件恢复后再上路。

8. 避免夜间行车

夜间行车由于灯光照射范围和亮度有限，视力减弱，使驾车人对道路地形和交通情况的观察和判断比白天差很多，处理情况不如白天及时，无法像白天一样迅速察觉危险，致使采取措施过晚；对车速的判断往往因看不到参照物而出现错觉，因观察和判断能力下降，容易发生交通事故。除了以上不安全因素外，大型货车也给行车安全带来了极大隐患。长跑夜车的驾车人都会体验到，夜间在高速公路上行驶的大货车数量要远远多于白天，据说是白天的6倍以上。为什么这么多的货车喜欢昼伏夜出呢？因为白天要装卸货

物、办理各种运输手续及保养车辆等，所以都赶到了夜晚才上路；另一个原因是高速交警夜间不查车也不抓拍超速。

有些大货车尾灯光线微弱，不易被发现；有的车排出尾气浓烟滚滚，让人产生大雾的感觉，严重影响视线；大多车辆超载超速，司机疲劳驾驶，甚至打瞌睡，这也是各种事故在夜间多发的重要原因。另外，因大货车驾驶室高，而中央隔离带有时挡不住对面车的远光灯，以致绝大多数驾车人在刺目的灯光下几乎无法看清前方的路况，完全凭感觉驾驶，这给其他车辆带来了极大的威胁。因此，夜间出行远比白天出行危险得多，小型车应尽量避免夜间在高速公路上行驶。

9. 谨防大货车

相信许多驾驶小型车的人都遭遇过大货车的“野蛮”和“霸道”，也经常碰到大货车闯祸的现场。这并不完全是大货车司机本身素质的问题，而是大货车有时“不听使唤”难以驾驭。其主要原因是：由于大型货车挡位多升挡慢，提速更慢。每次刹车后都要重新提速，这不仅非常费油，而且动作烦琐。因此大货车司机一旦将车速提起来之后，基本少有减速让行的，大多是通过驾驶经验和技巧去躲避一些障碍物，很少用刹车减速，这也是造成事故隐患的根本原因；而超载超速是大货车容易失控的另一个原因。因为超载货车行驶起来的动能相当大，刹车的作用相对减弱，再加上超速行驶，使刹车所担负的远远大于能力所及，所以会发生超载大货车刹车失灵造成的惨祸。还有跑长途的大货车司机，由于长时间、长距离驾驶，难免会出现疲劳和精力不集中等状况，更有甚者在开车的时候打起了瞌睡，这不仅危及其他车辆，也将给自己带来非常惨重的后果。

根据以上情况，行驶在高速公路时，要谨慎应对大货车，与其保持安全距离，不与大货车争道、抢道，更不要盲目超车。还要特别当心车后面的大货

车，不要让它跟得太近，如果不能和后车拉开距离，应主动让其先行。切记：宁跟大车，也不让大车跟行，因为大货车在很长距离内都刹不住车，而且一旦被追尾，受伤害的程度也非常严重，如图3－83所示。

图3－83　大车追尾

10. 防疲劳驾驶

疲劳驾驶是驾车人在驾驶车辆时，由于种种原因在生理或心理上产生疲劳而使人体功能失调，进而产生的身体疲乏和劳累。当驾车人疲劳时，听觉和视觉的敏锐度降低，操作动作失去准确性，时常会出现驾驶错误和判断失误。特别是在高速公路上行驶，由于路面平直，两侧景观单调，对驾车人来说，缺乏复杂的路况信息影响和强有力的视觉冲击，长时间地行驶在全封闭、单向行驶的路面上，很容易产生疲劳和视神经迟钝，甚至会犯困、打瞌睡，这对高速行驶车辆的危险性是显而易见的，如图3－84所示。

图3－84　疲劳驾驶是“杀手”

据统计资料显示，因疲劳驾驶引发的交通事故约占高速公路事故总数的15%，被称为高速公路一大“杀手”。那么怎样才能有效预防疲劳驾驶呢？首先是保证充足的睡眠，劳逸结合。据有关专家介绍，睡眠不足、睡眠障碍、睡眠规律改变是引起疲劳的主要原因；劳逸结

合是保证驾车人情绪饱满、精力充沛的必要条件，也是防止疲劳切实可行的有效措施。其次是行驶中两眼不要只盯着路面，要时不时地眺望远方，并用眼角的余光来观察路边的景物；当感觉有些疲劳时，应有意识地提高一点车速、变变道、超超车；也可以打开车窗，让新鲜空气进入车内；或喝些浓茶、可乐、红牛等使人神经兴奋的饮料；还可以听听收音机或自己喜欢的歌曲或者相声、小品来赶走倦意。当感觉非常疲劳时，不可再坚持下去，一定要到就近的服务区休息，待体力、精力恢复后再赶路。

11．防轮胎爆破

在高速公路行驶的车辆，爆胎事故时有发生，造成的损失也非常惨重。据有关部门统计：高速公路46%的交通事故是由于轮胎发生故障引起的，其中爆胎一项就占轮胎事故的70%，而车速超过160 km/h的小型车发生爆胎的死亡率几乎是100%。为此，预防爆胎已成为高速公路安全行车的重要环节。

（1）引起爆胎的原因：轮胎气压过高或过低、橡胶老化或磨损超过极限、有创伤或鼓包、高温天气下长时间高速行驶、高速行驶时突然急刹车、轮胎突然被尖利的石头或其他硬物刺破、超载或偏载等都容易引起爆胎。

（2）预防爆胎的措施：行驶高速公路前，必须对各个轮胎认真检查（包括备胎），并将相对较好的轮胎换到前轮上；尽量避免紧急刹车和高速转弯；严禁超载、超速；注意选择路面，避免碾压锐利物；炎热的天气高速行驶，轮胎气压容易升高，要注意行驶时间和速度，若轮胎出现高温应到服务区休息，并找阴凉的地方让轮胎自然降温。

（3）爆胎后的应急方法：爆胎时车速越高，危险性越大，造成的事故也越严重。后轮爆胎问题不太大，只是车尾摇摆不定，但方向盘还可以控制得住，只要保持镇定，将车慢慢地靠边停下来就行了；如果

是前轮爆胎会很危险，不仅车身会突然发生倾斜和颤动，而且方向盘也会立即被一股很大的力量拉向爆胎的一侧，使方向严重跑偏。此时，由于紧张而踩下刹车，后果更加严重。因爆胎一侧的车轮阻力很大，而另一侧车轮不易刹住，这就像奔跑的人突然跪下一条腿，汽车也是一样，爆胎了急踩刹车还容易导致车辆翻滚。因此，在高速行驶中一旦发生爆胎，尤其是前轮爆胎，绝对不能踩刹车，如图 3 – 85 所示。正确的做法是：松开油门，双手握紧方向盘，用力控制住前进方向，但不能回转过急和过多，以防车辆出现蛇行而难以控制；待车速下降后，轻踩刹车，缓打方向，慢慢靠边，将车停到应急车道内。

图 3 – 85　前轮爆胎切勿刹车

12. 勿占应急车道

应急车道被占会延误救援。相信经常跑高速公路的驾车人都经历过这样的场景，当前方发生交通事故，车辆都按顺序停车等待时，有些车不但不排队，而且从应急车道超车前行，并很快将应急车道占满。警车和救护车的喇叭声在后方响个不停，但无法前往出事地点。这不仅延误了抢救伤者的最佳时间，也严重影响了交警及时赶到现场。

应急车道是“生命线”。在常见的交通标语中“实线虚线斑马线，线线都是生命线”这句恐怕最为朗朗上口。车轮下的各条“生命线”中，高速公路上的应急车道更算是驾乘人员的“生命线”。但很多驾车人对于这条“生命线”的理解不深刻，一遇到堵车，应急车道就被占用。而在国外，例如法国高速公路发生一起重大交通事故，

图 3－86　堵车时切勿占用应急车道

车辆堵得水泄不通，但没有一辆车占用应急车道。众所周知，机动车发生交通事故或故障时，可以在应急车道内临时停车，但这并不意味着堵车的情况下，应急车道也允许被临时占用或变成超车捷径。因此建议开车者在高速公路上遇到车流密集或因事故发生交通拥堵时，一定要让出应急车道，这意味着为生命让出通道，如图 3－86 所示。

13. 轻微事故让开道

一般在普通公路上发生交通事故后，都要保护现场，在交警到来之前，不能移动车辆，这几乎是所有驾车人的常识。但是，在高速公路上就不一样了，高速公路所发生的连环相撞多半是因为车辆滞留路面，致使后来的车辆刹车不及时再次造成的事故。因此，在高速公路发生事故，如果仅仅是轻微的剐碰或追尾，双方对成因无异议，无人员受伤，财产损害不大，车辆能够移动，报警之后，可用手机拍几张现场照片，然后及时把车辆移到应急车道内停放。切记，决不能把车停在行车道上，为谁是谁非争执不休，这是非常危险的，极易引发二次事故，也容易造成道路堵塞。

14. 重大事故保现场

在高速公路发生较大的车辆损失或伤亡事故，一定要保持镇定，不要移动车辆（抢救伤员除外），尽最大所能保护现场，并及时报警。但有些驾车人遇到这种情况，由于惊慌失措，事主往往只有三种反应：一是受惊吓过度，半天回不过神来；二是急着给亲人或朋友打电

话；三是打电话给保险公司，等想起报警时，已经过去多时。正确的做法是：在第一时间报警，同时打开双闪灯，并在事故现场来车方向150m以外设置警告标志；及时抢救伤员，但要根据情况，如果伤者伤势严重，除非是专业医护人员，就不要动伤者；轻伤员和其他人员都应尽快转移到安全地点或护栏外，等待交警和医护人员，如图3－87所示。

图3－87　发生事故先报警

第四节　安全行车要领

新手开车容易出现的十大问题是什么

万事开头难，开车当然也不例外。相信每一位新手初次上路都是忐忑不安，“雷人事”频频出现，因为基本功还不够扎实，缺少道路驾驶经验，加上精神紧张，犯错也就在所难免。针对新手上路容易出现的问题，这里总结一些经验和方法。

1. 上路成路盲

新手上路往往只专心开车，忘记了路该怎么走，这是新手们最容易出现的问题，尤其是女性车主，一

坐上驾驶座位，方向感更加模糊。有的新手出门前也做了路线设计，或者坚持一大原则——走熟悉的路线，但上路后，由于太紧张也会出现记错出口或者没有及时拐弯，错过事先设计好的路线。

解决方法：上路前，仔细查看地图，将主要干道的方向，主要支路和重点标志建筑物的方位记清楚。一定要记住到哪个路口该拐弯，哪个路口该下桥或该走辅路等。一旦迷路了，应及早停车问路，如果求助无门，则尽量想办法返回到自己熟悉的主路上，然后再尝试走最初设计好的路线。如果走错路了，尤其是行驶到禁止调头、转弯的路口或单行道时，宁可绕一段路再返回原路，也别违反交通法规。

建议：新手开车要养成记路的好习惯。

2. 开车忘松手刹

汽车起步忘了松手刹，这对新手来讲是常有的事情。尤其是在路口等信号时，拉起了手刹，绿灯后怕被后车鸣喇叭催促，匆忙起步，结果忘记了松手刹。如果手刹拉得不是很紧，汽车一样可以起步和行驶，但时间长了对车辆所造成的损害相当严重。

解决方法：忘松手刹起步时，仪表盘会有红灯指示，有的车型还有报警声；而且车跑起来也会觉得车没劲，一松油门便迅速降速，一点滑行能力也没有。另外，拉着手刹行驶时间较长时，会闻到刹车片焦煳的气味。由于新手在驾驶过程中往往需要顾及得太多，所以对一些仪表提示和车辆异常情况不太敏感。

建议：新手最好养成起步先摸手刹的好习惯，或者多注意一下仪表盘。

3. 车上开关不会用

对新手来说，车辆使用说明书必须得看，厂家也建议车主仔细阅读。不过在实际用车中，不少车主购车后很少读过使用说明书，有的甚至从未翻过。因此，很多新手上路遇到下雨不知道雨刷应该怎样使用，加油时找不到油箱盖开关，晚上不知如何开大灯或变光，也不懂方向盘锁止是怎么回事，更不晓得内循环和外循环的区别等。

解决方法：对于车上各种开关和按键的使用方法，车辆使用说明书里都有详细解释，而且使用手册涵盖了丰富的车辆使用知识和注意事项。因此，不要忽视车辆说明书的作用，应熟读操作方法。最有效的方法是坐在驾驶座上，看着说明书，对照车上的每个操作部件进行反复实践，直到熟练掌握，如图3－88所示。

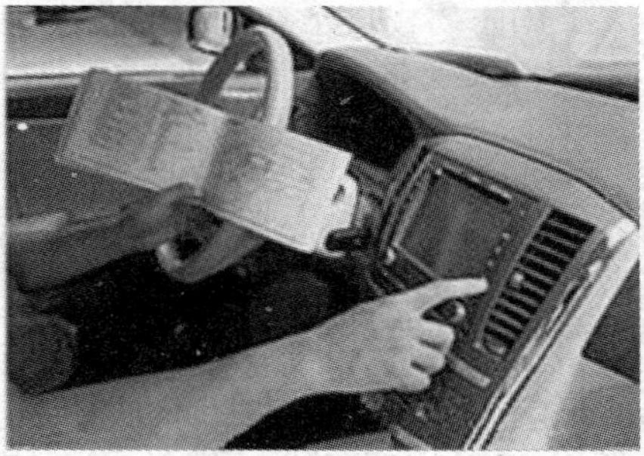

图3－88　看着说明书对照实物了解其用途

建议：如果实在觉得说明书内容太复杂，建议可请相同车型的车主传授车辆的使用方法和特殊功能。

4. 忘了看后视镜

开车时能够帮助驾车人将车身两侧及后方情况尽收眼底的“法宝”就是后视镜。尤其在转弯、变道、倒车或超车时，后视镜的作用更不可小视。很多刚上路的新手没有养成看后视镜的好习惯，也可能因为太紧张，只盯着前方而顾不上看后视镜，或者根本就忘记了通过后视镜观察汽车周围的情况。

解决方法：新手平时驾车要多留意观察后视镜，并且要将后视镜中的影像与实物比较，把握其中的误差，知道车身与障碍物的大概距离和位置。在道路情况不太复杂时，要有意识地训练自己观察后视镜的能力，要常用眼睛余光关注后视镜，逐渐养成转向前先看后视镜的好习惯，以便在复杂的道路上能及时发现车身两侧及后方的安全隐患。不过，后视镜虽然能拓宽视野，但也存在一些盲区，因

此，在转动方向前，除了观察后视镜外，还需要转头通过车窗看看侧方情况。

建议：新手在开车时，不管需不需要看后视镜，都应时不时地看上两眼，这样很快就能够利用后视镜来观察情况了。

5. 变道无准备

新手对道路不熟悉，常常要到路口附近才反应过来要拐弯或掉头，这时变道，困难和危险都明显增加，再加上技术有限，时常会被夹在路中间。要想在车流中轻松变更车道，对于新手来说，绝对是技术含量高的活儿，尤其是周围车流量大时。

解决方法：新手开车应将目光放远些，多留意路口指示牌和路面的白字地名路线指示，在需要变道的路段，应及早准备，提前变道，以免临时手忙脚乱。变道时要通过后视镜和转头看清楚要并入车道内的情况，以及后车的速度和与前车的距离。提前打转向灯提醒后车，看准时机后，不要犹豫不决，轻打方向，稍加提速，便可干脆利落地并入车道。

建议：新手在变更车道时，保持车速不要降低，甚至有时还需要加一脚油，只有车速和其他车辆相当或略高的时候，才不会影响别人，与车流速度保持接近才是最安全的。

6. 躲对面来车

新手上路往往是选择比较靠右边的道路行驶，以求远离那些迎面而来的车辆所造成的恐惧感。有的会在相邻车道有大车迎面驶来，或者后面有车超越时，吓得赶紧踩刹车，往另一边打方向躲让，这种做法看似安全，但存在极大的安全隐患，因道路右侧各种障碍太多。

解决方法：躲车的毛病主要是因为新手缺乏“车位感”，对自己缺乏自信，对迎面车辆驾驶人缺乏信任。其实这种担心是多余的，要相信自己，更要相信对方的驾驶技术。他们大多经验丰富，绝对不会对你构成威胁，这样想就不会在会车和被超车时感到恐惧了。

建议：新手找一条空旷的马路，如开发区等过往车辆很少的新路，练习分别用左轮、右轮去压路面上的虚线或实线，即练习“车位感”，有了车位感，在道路行驶过程中才能准确掌握车辆的左右两侧车轮所处的位置。其实，在驾校学习的圆饼路、单边桥，练的也是这个。如果行驶路线正确，但会车时仍然感到害怕，也不要躲闪，牢记“各行其道”这一条，相信对方驾车人不会闯到你的车道上来。新手应尽量选择靠近中间的道路行驶，这样可以远离人行道上无法预知的安全隐患，如自行车、电动车或行人，如图3－89所示。

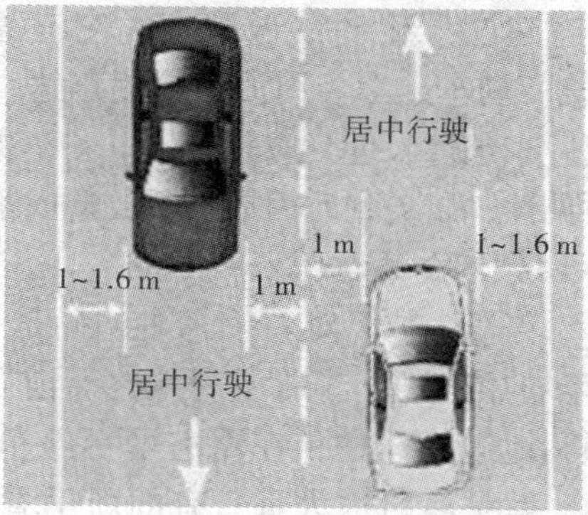

图3－89　双向两车道各自行驶的位置

7. 不会踩刹车

踩刹车看似简单的动作，但对新手来讲至少有60%以上的人不会正确使用刹车，这有两种情况：一种是在驾校学习时，车速一般都很慢，轻轻一点就刹住了，养成了踩刹车过轻的习惯。可是在路上行驶时的车速比在驾校快多了，还用那种习惯去踩刹车是根本刹不住车的。再加上一紧张动作就会走样，有些新手甚至腿部会因紧张而变得发软，就会更加无力。另一种情况是刹车过急或踩得太重，新手驾车遇到了情况需要刹车时，往往不顾后车，而是一脚将刹车踩死，这种做法极易造成追尾。因此，在追尾事故中，被追尾的一方多半都是新手。

解决方法：新手应选择车辆稀少的道路练习踩刹车，在不影响安全的前提下，以各种不同的车速，试

试轻踩和重踩时刹车的效果，如减速时应踩下多少，紧急刹车时又需要用多大的劲才能刹住车，在驾驶过程中要不断总结和积累经验。特别是刚开上一辆自己不熟悉的车时，一定要先试试刹车，了解刹车性能，因有的车刹车偏软，有的车刹车很灵，以及刹车片的新旧程度不同都会影响刹车距离。

建议：新手在行驶中，应有意识地少用刹车，尽量避免“急”刹车，学会用油门控制车速，保持安全跟车距离，如果发现后车跟得太近，应轻点3下刹车提示。应对一些突发情况要有预见性，以免到时因措手不及造成紧急刹车和急打方向。

8. 不会进车位

停车入位，对新手来讲的确是个难题，尤其是在场地狭窄、车多的停车场，新手更是头疼。前后左右挪出一身汗也不能让车顺利地进入车位；在路边平行停车位停车时，不是轮胎剐蹭路台，就是离路边太远；有的新手看见有停车位就直接将车开进去，但想倒出来时出现困难。

解决方法：新手要想能够顺利停车入位，就必须得多练习，多用心琢磨，多积累经验。其实对于需要进入较狭窄的车位，倒车入位比开着进容易，因为让负责转向的前轮最后进车位，就不至于陷入进退两难的窘境。下面简单介绍两种常见的停车入位方法：

(1)“非”字形停车位：当看到停车位时，如通道较狭窄应紧靠着车位往前开，当车头越过车位后，便向车位另一侧打方向，靠近通道另一侧时停下，然后倒车并打满方向，通过后视镜观察车尾与车位的角度，边倒边调整车位两侧间距。由于倒车入位车头在外面，可以大角度转向调整车尾角度，既不会剐蹭，也容易入位。

(2) 侧位停车：当看到车位时继续往前开，并与车位保持1.5 m的横向距离，当车头与空位前车车头平齐后停车。然后倒车并向右逐渐打满方向，当从

左后视镜看到后车的右前角时，迅速向左转向，并注意右前角。当右前角躲过前车左后角时，向左打满方向即可入位。

建议：新手倒车速度一定要慢，手动挡车可多用半联动，要不断地观看两个后视镜，还要注意两个前角，看左前角可将头伸到窗外观察，对于没有把握的盲区，必须下车察看，虽然倒车雷达能起到一定帮助作用，但不能过于依赖它。

9. 油门当刹车

新手在驾驶过程中会有很多容易犯的错误，其中最危险也是最致命的错误就是将油门当成刹车踩。媒体也经常报道，因错踩油门造成追尾、撞人、冲进路边深沟或路边商店等。新手之所以容易错踩油门，其主要原因是基本功还不是很扎实，对于离合、刹车、油门踏板的运用还不够熟练。当遇到特殊情况时往往手忙脚乱，容易发生将油门当刹车的情况。

解决方法：很多车主认为犯错踩油门的错误，是因为心里紧张，一时慌乱，本想踩刹车却不知道为什么踩在了油门上。出现这种状况的原因是驾车人当时脚放在油门上，突遇紧急情况，脚就会下意识地往前伸，变成踩了一脚油门。新手往往在车多拥挤的路段或倒车、掉头时，因油门和刹车两个踏板变换频繁，容易发生踩错。为此，新手在平时驾车时，应养成抬起油门就将右脚移到刹车踏板上。要多练习油门、刹车，刹车、油门这个反复的动作，切记脚跟不能抬起来，要以脚跟为支点，脚脖为轴，脚掌来回转动，如图 3 -90 所示。无论是踩刹车还是踩油门，每个动作都要经过脑子想一下，时间长了，熟练了，也就养成习惯了，关键时刻自然就不会错踩油门了。

建议：新手要养成良好的驾驶习惯，开车时眼光放远一些，在不需要加油时，脚一定要立即放在刹车踏板上，即使不需要刹车，也不要一直把脚放在油门上，“粘油门”是新手开车的大忌。

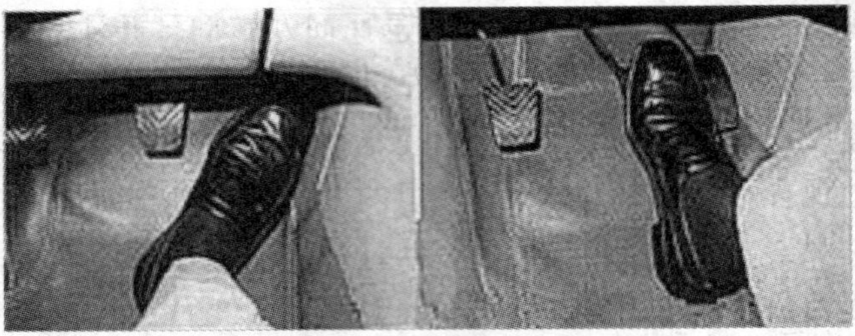

图3－90　踩油门和踩刹车踏板时脚跟位置不变

10. 事故面前慌

在市区内，发生的交通事故多为小事故，不过由于是头一遭，新手遇到事故时会感到不知所措。尤其是遇到对方态度蛮横时，自己更是有理难辩，无计可施。

解决方法：车开在路上出点事故是难免的，老司机也都是从新手过来的，磕磕碰碰的小事故很多车主都会遇到。一旦发生事故，首先不要慌张，立即停车，打开双闪灯，拉紧手刹，发动机熄火。如果是轻微事故，应该先将现场用手机拍照取证，然后将车挪到不影响交通的地方，再与对方协商解决，但要清楚自己是否有责。如果对方要赖或态度恶劣，可报警让警察处理；如果事故较大，则应该先报警并保护好事故现场，在车后方放置警示标志提醒其他车辆绕行，等待交警前来处理。还有一个相当重要的环节，就是拨打保险公司的报案电话，处理最关键的理赔业务，如图3－91所示。

图3－91　发生事故先报警再报保险公司

建议：新手在市区发生交通事故，如果损失不大，而且事实清楚，应先用

手机拍照取证，然后尽快将车挪离现场。如果为谁是谁非争吵，造成交通堵塞，更容易引发二次事故，而且还要受到交警处罚。

新手开车十大攻略

1. 开车别过分专注

新手上路由于精神紧张，加上精力过于集中，往往导致视野狭窄，只关注车前而忽略了周围。因为过于专注会使视觉缩小，就像人们专心于某一件事而对周围的事物视而不见一样。

解决办法：新手上路首先要克服紧张情绪，要有意识地提醒自己放松身体，后背靠在座椅上。车速尽量放缓些，目光尽量放远些，不要将注意力只集中在前车尾部，要经常观察后视镜，并用眼睛的余光注意左右，随时关注周围车辆及其他交通参与者的动态，必须提前发现情况，及时采取措施。

2. 跟车有要领

跟车行驶，看似简单，但对于新手来讲也是一门必修课。有关资料统计，在市区因为跟车不当而发生的追尾约占撞车事故的40%。所以，预防追尾，把握好跟车距离就显得格外重要，如表3－4所示。

解决方法：在不同的路况和不同的车流速度下，跟车的距离也不相同，必须根据具体情况，保持一定的安全距离。当前车减速或急刹车时，后车才有足够的时间做出反应，不致发生追尾事故。但新手往往因判断不准或害怕追尾，而经常出现离前车较远的情况，这不仅影响了车流速度，同时也给其他车辆并入自己前方创造条件，容易给自己带来紧张和恐惧，也存在安全隐患。因此，要把握好跟车的“安全度”，既不能太近，也不能太远。在注意与前车保持安全距离的同时，还需要用目光不时地观察前车前方第二辆、第三辆的行驶动态，这样不仅可以调整视觉，还可以掌握提前控制车

速的主动性。

表3-4　车速与跟车距离参照

车速（km/h）	空跑距/m	制动距离/m	停止距离/m	跟车距/m
20	6	3	9	20
30	9	6	15	30
40	11	11	22	40
50	14	18	32	50
60	17	27	44	60
70	19	39	58	80
80	22	54	76	90
90	25	68	93	105
100	28	84	112	115

3. 并线讲公德

一次完美的并线首先就是不要造成后车减速让行；强行并线或并线刚刚完成就刹车等不良习惯容易招致他人的反感。

解决办法：对于新手来讲，并线的确不是一件容易的事，很多交通事故就是因为驾车人并线不当造成的。因此，在未完全掌握通过后视镜观察路况和判断前后车距离等基本驾驶技能之前，尽量老老实实开车，除非万不得已，不要随意并线，更不要强行并线。必须并线时先提前打转向灯，告诉别的车辆你要干什么，通过观察后视镜，确认有并线的可能时，应抓住时机，不要犹豫，更不要减速，只有车速和其他车辆相当或略高的时候，才不会影响别人。

4. 车速讲平稳

一些新手上路行驶后，车速往往表现得随心所欲，一会儿快，一会儿慢。车速的快慢直接关系到行

车的安全性、经济性和车辆机件的使用寿命，必须合理选择和控制车速。

解决方法：在不同的道路上行驶，应对车速灵活、合理地加以控制，这是一个合格驾车人必须具备的能力，也是新手不易掌握的难点。因此，新手在驾车的过程中应不断总结经验和提高掌握控速能力。控制车速要有预见性，提前采取措施，逐渐加大油门或减小油门，或刹车减速。避免急加速、急减速或急刹车等过大的车速波动，尽量保持平稳行驶，这不仅有利于安全，还可以减少机件磨损。

5. 停车如做人

停车问题往往能反映出一个人的素质和处世准则，谦逊的人既不侵占别人的车位，也不会挡着别人的去处；为他人着想的人会在停车时考虑为别人留出必要的空间，也为自己离开留好“退路”。但新手停车往往不尽如人意，一是技术问题，二是考虑不到那么多。

解决办法：在停车前，最好先下车看一下停车位周围的情况，考虑下怎样停车比较合适，车停好后还得看一下，是否会影响别的车辆，或非机动车和行人通行，别人会不会剐碰到自己的车，再有其他车停后是否会挡住自己的出路。停车的一些细节一定要考虑全面，否则，将给自己带来意想不到的麻烦。另外，每次都认真把车子停正，一次不行多来几次，不要嫌麻烦。车直、轮正，不但体现了良好的驾驶修养，而且可以使转向机构处于放松的状态，避免动力转向的油压不能卸载，管路长时间处于高压状态，这对转向机构非常不利。

6. 别拿方向盘当枕头

抱着方向盘开车是新手最常见的做法，由于坐姿过于靠前，使观察后视镜的扭头和抬头动作幅度变大，观察范围变小、反应滞后；过于靠前的坐姿还会

使身体紧张、动作僵硬，容易感觉疲劳；在大角度转向时手臂不灵活，影响操控方向；发生正面撞击时，太靠前的坐姿使驾车人受到伤害的可能性增大。

解决方法：正确调整座椅前后位置和靠背角度，使左腿将离合踩到底后仍会稍微弯曲，右脚用力踩下刹车时尾骨可以顶住座椅靠背；背部靠实座椅，向前伸直双臂，手腕可以搭在方向盘上端；大角度打方向和挂5挡时身体不会离开椅背，这样才是最安全也是最舒适的坐姿。

7. 会刹车比会开车更重要

一个有趣的现象：往往在追尾事故中，新手多是被追方，老手总是追尾方。这主要是因为新手不能对已发现的行人、车辆和地形等交通情况的变化提前做出预计，并及时采取相应措施来避免可能出现的危险，一直等到迫不得已时才开始紧急刹车。这种做法不仅容易引发追尾事故，而且在湿滑的路面上，极有可能导致车辆失控，发生碰撞等事故。

解决方法：新手应善于总结经验，尽量做到在瞬间收集各种路面信息，迅速、正确地判断出下一刻的交通状况变化趋势。要提前做好思想和技术上的准备，根据情况有目的地采取减速措施，尽量避免急刹车，多采用预见性减速，勤松油门，充分利用发动机的牵阻作用来达到降低车速的目的。

8. 多练倒车不犯难

新手虽然都学过定点停车和进库等，可一旦换了车型和环境，往往找不到感觉，既不知道车身的长和宽，更不知道每个轮子的位置。于是停车时，不是轮胎蹭路台，就是离停车线太远；入位停车时，前后、左右挪了半天也难以入位。

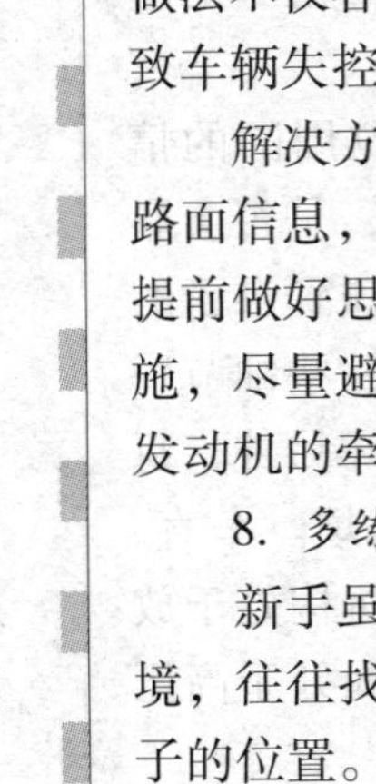

解决办法：在地面上平放几块砖头，分别练习用4个车轮轧这些砖头，感觉每个车轮的位置；找有绿篱笆的空地练习停车到位，尤其是倒车。要尽量靠近

枝叶，就是碰上了也不要紧，主要体会保险杠刚刚接触枝叶时的停车感觉。每次停车后，都应下车看看车头或车尾离绿篱笆是近还是远，总结出最佳的停车要领。新手在场地较窄、车辆拥挤的停车场中停车时，往往会犯难，其实对于需要转 90°进入的狭窄车位，倒着入位远比开着进容易，因为，让负责转向的前轮最后进入车位，可使前轮在车位外大角度转向，可有效调整车尾的位置；若是车头先入车位，而车身未顺正，那么车头的摆动范围就很小，必须反复进退才能入位。

9. 开车虚心莫赌气

新手开车都比较守规矩，但当遇到不讲道德的司机在超车、会车或转弯过程中有挑衅行为时，如强行超车、强行并线、抢道加塞等，便感到自己受了欺负，于是“你不仁莫怪我不义”，赌气之下非要加速追上去“讨个公道、比个高低”。这是非常危险的举动，很多车祸都是由此引发的。

解决办法：新手开车首先学会“忍”和“让”，锻炼承受外界刺激的能力，学会克制情绪。虚心向有经验的同行请教路上遇到的一些问题该如何处理，把安全行车放在首位，心平气和、快乐驾驶，不要开斗气车，更不要拿车赌气。

10. 避开危险时段

夜幕初降时，正是城区及公路上交通流量的高峰期。此时，因光线骤然变暗，事物清晰度下降，而人的眼睛暂时性暗适应能力相对降低。特别是赶路行人及驾车人思归心切，行色匆匆而不顾其他，往往不自觉提高行驶速度，忽视了交通规则；而夜晚又正值人们娱乐、逛街等活动频繁的时刻，加之光线暗，能见度低，道路上车流、人流等复杂的交通情况使新手很难应对，即使是老司机也疲于应付。据资料显示：每天 18 ~20 时的事故发生率最多，事故死亡率也最高。

解决方法：新手最好不要在黄昏以后开车，尽量

避开这个危险时段。如是长途车辆，可选择服务区或路边店吃饭、休息，错开这一时段，待夜幕完全降临后再上路。

新手开车注意细节

（1）只要时间充裕，上车前应绕车一周检查车辆，一来可以看看发动机下面有无漏油漏水、轮胎气压是否正常；二来可以及时发现各种剐伤与蹭迹，便于第一时间与看管员、停车场等方面进行交涉；三来可以发现那些倒车雷达探测不到的隐患。

（2）如果是驾驶陌生车辆或者自己的车刚被人开过，要在第一时间进行调节，如后视镜、座椅、方向盘等全部可调节部位，找到最适合自己，也就是最舒适的驾驶坐姿，这对于每位驾车人而言都是相当重要的。

（3）要尽早成为一位记路的驾驶者。熟悉了道路就不用为走哪条路而分散注意力，有利于安全驾驶。平时开车要多观察并且留意道路的名称、特征和主要标志，以及在各个时段经常出现的路况，并在此基础上养成规划行车路线的好习惯。宁愿多绕一段路，也不要走经常拥堵的路段，这即省时又省油。

（4）平时开车建议将双手放在方向盘的 9 点钟与 3 点钟位置，以便于灵活掌控方向；高速行驶时，建议将双手放在 10 点钟与 3 点钟位置，因为这样手臂有充分的活动区域来迅速操控方向盘，在出现爆胎等特殊状况时可获得最大的力量控制住方向盘；也可以将左手放在 10 点位，右手放在 2 点与 3 点之间。

（5）打开点火开关后，通电自检是发现故障隐患的重要环节，所以在启动发动机时不要直接打火启动，而是将钥匙扭到通电位置，观察仪表盘各种符号的亮灯状况。待 3 s 后，除了发动机、发电机和机油压力指示灯外，其他指示灯都熄灭，说明车辆没问题。发动机启动后，除了手刹和安全带指示灯亮着外，如还有其他功能指示

灯不熄灭，应立即熄火，并及时联系4S店咨询、维修。

（6）手刹是汽车极为重要的零件之一，也是新手开车时最容易忽略的一个部件。在停车或等信号时应拉起手刹，并在起步行驶前放下手刹，但很多新手往往只知道拉手刹，而忘记放手刹。有些新手车子开了几公里总觉得车没劲，一查看才发现没放手刹。其实没放手刹，仪表盘上会有红灯警告，只要看一眼就能避免。新手最好养成起步摸手刹的习惯，如图3－92所示。

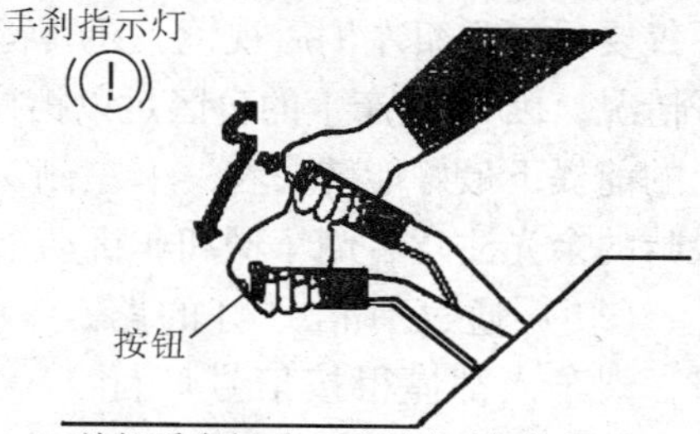

图3－92　起步先摸手刹杆

（7）新手在开手动挡车时，有的踩离合只踩一半，或松离合只松一半，有的甚至将离合踏板当成歇脚踏板，左脚始终放在离合踏板上，这样做会大大缩短离合器的使用寿命。因此，除了起步、倒车采用半离合外，平时换挡使用离合器时，踩下和抬起一定都要彻底。用完离合后，脚要及时离开踏板，避免不必要的磨损。

（8）有些新手刹车减速时先踩下离合，生怕发动机憋灭，其实这种做法不但降速更慢，还会延长刹车距离。因为当你加油时发动机是动力；当你收油时它就变成了阻力。一般预见性减速主要靠发动机的阻力来降低车速，如果先踩下离合，就断开了发动机的阻力，车辆处于滑行状态，这时踩刹车，遇到路面湿滑时容易发生侧滑甚至甩尾。因此，减速时一定要先松油门，再踩刹车，待车速降到10 km/h左右时，再踩离合也不迟。

（9）常见一些装老练的新手开车时，左手握方向，右手搭挡杆，其实这样的姿势既不老练也不可取。在换挡之外的时间将手搭在挡杆上，一方面在遇到紧急状况时单手很难把握方向盘，另一方面手搭在挡杆上的微小力量也会造成变速箱一些部件的非正常磨损。

（10）在路口转弯时一定要减速慢行，尤其是向左转弯时，不仅要反复观察左侧后视镜，还要特别注意左侧 A 柱侧前方的盲区情况，因 A 柱产生的盲区足以挡住一辆自行车，所以在保证安全的前提下最好能转头看一下左侧，在观察左前方的同时还要用眼睛的余光注意右侧车辆和非机动车。

（11）通过有信号灯的路口，驾车人都懂得按信号灯行驶，但是通过无信号灯的路口时，许多驾车人就不知道应该谁让谁了，如图 3 －93 所示。按交法规定：一是让先驶入路口的车先行；二是双方同时驶入路口时，让右方道路的来车先行；三是转弯车让直行车；四是右转车让左转车。如果违反以上规定发生交通事故，违规方要负主要责任。

图 3 －93　双方驶入路口右方先行

（12）只要不是能见度极低的道路，市区内开车时不要使用远光灯，因为远光灯会照射到对面车辆的挡风玻璃，使驾车人产生炫目，也会使驾驶非机动车的人看不清路，容易引发交通事故。因此，对于那些不知道远光灯是什么的新手，在夜晚开灯之后，应查看一下仪表盘，亮灯标识如果是蓝色，就表示开的是远光，应赶快调成近光。

（13）小型车不要紧跟大型车，它不仅阻挡视线，而且一旦被追尾，极易造成小型车严重损伤；也不要让大型车跟随，因它的刹车距离远远大于小型车。因此，在行驶过程中，不管前后左右都要与大型

车保持足够的安全距离，当并排行驶时也尽量快速超过它。

（14）在路口等信号、停车等人时，如需要1 min以上的等待时间，应选择熄火等待。这样不仅可以省油，还能减少空气污染。因为发动机怠速运转时每分钟耗油在0.07 L左右，这比重新启动发动机所用的油料还多，更重要的是发动机在怠速运转时所排放的尾气污染最为严重。

（15）停车时尽可能选择方便离开的位置，前面或后面要留出足够的距离。同时还要考虑其他车辆或行人是否方便通行。尤其不要在狭窄街道或转角处停车，这不但影响其他车辆的行驶，而且极易造成对自己车的剐碰。

（16）停车时一定要将两个前车轮回正、车身顺直，也就是老司机们常说的停车要“车直、轮正”。无论停车时间的长短，都应该让车辆的转向机构处于正常而放松的状态，尤其是液压动力转向，若前轮歪着使转向机构中的压力和扭力无法释放，总是强扭着它，车轮也容易“落枕”。

老年人怎样安全驾车

随着私家车的快速增长，交法对驾车人年龄限制的放宽，开车出行的老年人越来越多。由于老年人存在视力下降、手脚不灵活、反应能力迟缓等生理和心理上的问题，给驾车人增添了一定的危险。为此，老年人驾车时应特别注意以下几点：

1. 驾驶自动挡车

老年人驾车，最好选择配有自动挡的车型。因为自动挡车操作相对简单，可以将更多的注意力集中到怎样处理路面的复杂情况上。简单的操作还可以减轻老人的心理压力。开自动挡车还可以省去频繁地换挡、踩离合踏板等操作，大大降低开车过程中的劳动强度，对老年人安全行车非常有利。

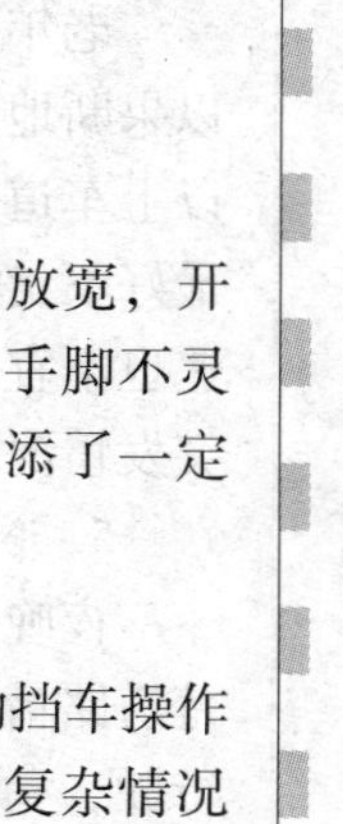

2. 避开高峰期出行

每天早 7 时 30 分至 8 时 30 分，下午 5 时 30 分至 7 时 30 分是城区道路车辆行驶的高峰时段，在这个时间段，各条道路车多、人多，经常出现道路拥堵的情况。老年人驾车相对来说速度缓慢，在拥堵的道路上更容易被挤或被催促，会使老人心情变得紧张，容易出现操作不当，影响行车安全。所以老年人如果没有特别急的事情，应尽量避开高峰时段出行。

3. 规划好行车路线

每次驾车出行前，应预先规划好到达目的地的最佳行车路线，尽量绕开车辆相对集中的道路，同时对所要经过的路段、立交桥、环岛和交叉路口有一定的了解。这样驾车时就不需要将注意力一路分散在对路线的识别上，有利于集中精力，安全驾驶，还可以避免走冤枉路，使驾车出行更加轻松、顺利、快捷。

4. 车速不宜过高

老年人的应变能力迟缓，如果车速过高，一旦出现险情，难以果断地采取应变措施，所以，一定要避免车速太快。在有 3 条以上车道的路面上行驶，应尽量在第 2 条、第 3 条车道上行驶，最好不走第 1 条快车道；在高速公路上行驶，尽量走外车道，时速也不宜超过 100 km/h，并与前车保持足够的距离，这样在遇到突发情况时，才能够有充足的反应时间采取防范措施。

5. 避免夜晚驾车

夜晚能见度低，再加上老年人视力下降，仅靠车灯很难看清楚道路情况，存在很大的安全隐患。特别是在没有路灯的道路上行驶，稍有不慎，就可能发生交通事故。因此，老年人尽量不要在夜晚驾车。如果因特殊情况一定要驾车出行时，最好有其他人陪伴，以防万一。

6. 驾车时间别太长

人的年龄大了，体质相对来说就会下降，老年人

如果驾车时间过长，不仅影响健康，也容易产生疲劳，而疲劳驾驶又是安全行车的大敌。所以，老年人连续驾车时间一般不宜超过 2 h。如果感觉身体有些疲劳或头晕等症状，一定要停车休息一下，呼吸新鲜空气，做一些手、脚、肩、腰、颈部的活动。

7. 恶劣天气别驾车

老年人尽量不要在恶劣天气驾车。因雨、雪、雾、大风等天气，能见度很低，路又十分湿滑，是事故的多发期，这对老年人而言，发生事故的可能性会更大些。另外，对有心脏病、高血压等疾病的老人，驾车外出时，为了避免发生意外，最好有人陪伴，并且要随身携带一些急救药品，一旦身体出现状况，立即靠边停车，及时吃药并寻求帮助。

女性驾车十大安全隐患

1. 开车吃东西

起床、洗脸、化妆……不少女性早上的时间都是一片忙碌和混乱，根本来不及吃早饭。因此不少人习惯到小区或路边买些豆浆、包子之类的食物，一边开车一边吃；还有的女性喜欢吃零食，开车时耐不住寂寞，总是不停地吃东西，这都是非常危险的行为。

友情提醒：边开车边吃东西，会将注意力放在食物上，大脑对道路情况的反应速度就会迟钝，一旦出现突发情况，极易发生交通事故。

2. 秀发飘逸

很多女性车主留着长发，但飘散的头发会影响女性驾车时观察左右两侧的情况。当打开车窗时，飘扬的长发又会遮挡视线，并需要不停用手整理，这给安全行车带来了极大隐患。

友情提醒：美丽诚可贵，安全价更高，为了生命

安全，开车时宜把长发束起来或带上帽子。

3. 穿高跟鞋开车

高跟鞋虽然很受女性青睐，但在驾车中隐藏的危险却是致命的。很多女性开车时仍然穿着高跟鞋，由于鞋跟过高，急刹车时脚掌用不上力，所以穿高跟鞋开车比穿平底鞋开车的事故率要高出很多。其实，不仅是高跟鞋，还有凉拖鞋、松高鞋、异型鞋、雪地靴都会影响刹车时的效能，尤其是遇到紧急情况的时候，如果不能将刹车踩死，往往一秒的时间就会带来无法挽回的后果，如图 3－94 所示。

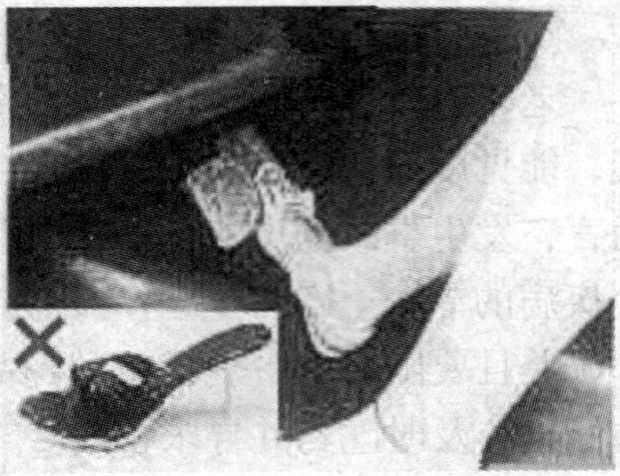

图 3－94　开车勿穿高跟鞋

友情提醒：在车里准备一双平底鞋，在开车前换上，这样就不会因鞋子而带来危险。切记，换下的高跟鞋不能放在驾驶座下，防止滑落到踏板下。

4. 戴尼龙手套开车

很多女性对自己双手的呵护可谓关怀备至，担心经常转动方向盘会使手变得粗糙，于是戴上漂亮的尼龙手套开车，这是非常不妥的做法。因为戴尼龙手套很容易在转向时打滑，尤其是急转弯时很难握紧方向盘，影响准确操控方向。另外，戴尼龙手套还会产生静电。

友情提醒：为了安全，开车最好别戴手套，如果想戴的话，应选择纯棉或专业手套。

5. 驾驶座上加坐垫

很多女性因为身材比较娇小，习惯在驾驶座上垫一个厚坐垫。殊不知这种活动的坐垫会造成驾车人身体不稳，当遇到情况紧急刹车时，身体往前的惯性很容易使人从座椅上滑落。尤其是不爱系安全带的女性，更容易导致驾车人无法坐稳在驾驶位上，使身体撞向方向盘。

友情提醒： 不要随便在驾驶位上放坐垫。如果非垫不可，一定要固定牢靠。

6. 后视镜当化妆镜

一些女性往往把爱车当成移动的家，把车内后视镜当成化妆镜，习惯在边开车边照镜子，甚至一只手握方向盘，一只手在化妆或补妆。这样做很容易分散注意力，也容易造成视觉“盲区”，存在极大的安全隐患。

友情提醒： 实在要化妆，也要找个安全的地方停下车，化完妆再开车。请爱美的女性上路前一定要将车内、外后视镜调至观察路况的合适位置，车内后视镜应能看到整个后车窗。

7. 不愿系安全带

图 3－95　开车必须系好安全带

不系安全带的危害众所周知，但有的女性朋友因为工作需要，穿着较为讲究的时候，不愿被安全带弄皱身上的衣服，因此会存在侥幸心理而不系安全带，如图 3－95 所示。另外，喜欢佩戴胸部饰物的女性，在系安全带时应将饰物取下，否则在遇到突发情况紧急刹车时，可能会对身体造成伤害。

友情提醒： 安全带在关键时刻可以挽救你的生命，因此不可不系。为防止安全带越勒越紧，或弄皱衣服，可先拉到松紧合适的位置，用一个小夹子夹住安全带，让小夹子卡在带口处。

8. 身体离方向盘过近

许多女性开车前，都会把座位调得离方向盘很近，身体几乎是贴在方向盘上，觉得这样驾车更有安全感。其实这样将造成开车时手臂和腿过于弯曲，对操作的灵活性产生很大的影响；身体越靠前，视线和视角也会变得越短和越窄，尤其是不易发觉侧方的突发情况。另外，在方向盘和胸部之间保持一定的安全距离，以免发生碰撞时对身体的伤害，特别是容易被爆开的气囊击伤。

友情提醒：上车后要先检查座椅的位置是否合适，必须将座椅调整到最舒适的位置，这对安全驾驶很重要。其实，把握座椅与方向盘的距离有一个简单的方法：身体坐稳后，腰部靠紧椅背，双手向前平伸，手腕能搭在方向盘上方，这就是最佳间距；而座椅的高度通常来说都是脚将刹车踩到底后，腿仍能有一定的弯曲度就可以了，如图 3 –96 所示。

图 3 –96　正确的驾驶坐姿

9. 车内悬挂饰物

不少女性将车内作为自己和孩子的小空间，在爱车里悬挂很多自己喜欢的饰物；对一些部件也进行精心的装饰，尽管看上去温馨漂亮，也可愉悦心情，但在开车时这些饰物容易分散注意力，也会影响视线，存在很大的安全隐患。而且一些劣质饰物还会污染车内空气，如图

3－97 所示。

图 3－97　车内饰物不宜多

友情提醒：装饰要适度，如方向盘、排挡杆、手刹柄、内视镜等最好不要装饰，也不要挂些饰品，整个车内不能有遮挡视线的物品。

10. 疲劳驾驶

女性做妈妈后要比没有孩子的时候更容易缺少睡眠，从而导致疲劳驾驶。不要低估了疲劳驾驶的危害性，睡眠不足或疲劳的状态下，人的反应速度就会变得迟钝，处理突发情况的能力就会降低，尤其是疲劳过度而出现短暂瞌睡的话，一秒就有可能酿成大祸。

友情提醒：一定要在精力充沛的情况下驾车。此外，如果行驶中发现坐在后排的孩子有“风吹草动”的话，先不要管，一定要等停车后再去关照。否则，一边开车一边照顾孩子是非常危险的，后果也是非常严重的。

驾车的十大恶习

1. 见空就钻

交通规则很多人都知道，可没出事的时候，有些人觉得自己技术好，在车流中如蛇般扭动，见缝插针，左右穿行，结果搅得整个车流不能正常行驶。这不仅影响了车流通行速度，而且还很容易造成剐碰事故。尤其是对于刚刚上路的新手，对这些车辆的“突然袭击”往往是防不胜防，深受其害。

2. 强行变道

变道不打转向灯、路口抢道强行并线、连续变道等，这些行为不仅给别人造成危险，也给自己带来严重后果。可是就有一些人，总是抱有侥幸心理，对道路上画的清清楚楚、明明白白的实线熟视无睹，压线或越线超车、随意变道，结果很多事故就是在这变来变去中发生的。事实上，大家都按规矩来，该变道时不勉强，该让时主动让，各行其道，不仅能减少事故发生概率，还能大大提高道路通行的效率，如图3－98所示。

图3－98　切勿强行变道

3. 乱停乱放

有些人停车时根本就不看停得合适不合适，也不管影响不影响他人。以为自己的车放在那谁也不敢碰，可是有些时候，车停在不该停的地方，挡了路或堵了门时，说不定一会儿就会被贴上罚单，甚至得去被拖车场找车了，或者惹得一些人气愤不过把车给划伤，那就悔之已晚。

4. 酒后开车

酒后开车，这已经不仅仅是令人讨厌的交通恶习了，这更是违法行为，可还是有很多人抱有侥幸心理，以为不一定会被查到、不影响开车。结果悲剧往往就会在人意料不到的时间，以大家意料不到的方式发生。

5. 霸道行车

霸道行车，如特权车耍特权、闯红灯、任意掉头等。不少开着特权车的司机以为开着这些车就高人一等，在驾驶中狐假虎威、横行霸道。对于这些特权车滥用特权违法行车的行为，不但有损政府形象，也惹来众多人的愤怒。交通管理部门应对特权车的霸道行车行为给予严厉的惩罚和教育，让这些开特权车的司机放下优越感，自觉遵守交通法规。

6. 滥用远光灯

在夜晚行车时，经常遇到一直开着远光灯行驶的车辆，会车时也不变换近光灯，更有甚者，在照明良好的市区道路上行驶也开着远光灯。特别是装有氙气大灯的车辆，有些车主为炫耀自己的车灯，不停地闪，晃得别人睁不开眼。滥用远光灯行为，在会车时会使对方炫目，容易引起交通事故。尤其是在较窄的路上与非机动车交会时，更容易造成事故；如果跟行时，远光灯还会照在前车的后视镜上，反射光非常刺眼，严重影响前车安全行驶。

7. 水溅行人

图 3 –99　遇到积水要减速以防溅行人

雨天行车是最考验驾车人个人素质的时候。个别驾车人见到路上的水坑，不但不减速，还故意加快车速将水溅起来，弄得行人一身污水。被溅人心中纵有太多的怨气也只能对着远去的车影发出几句牢骚，除此之外，对“肇事”司机无可奈何。这虽然只是件小事，却能反映一些驾车人的道德素质之低下，行为之恶劣，如图 3 –99 所示。

8. 快速行驶

一般小区内部设有限速标志，可有些驾车人却视而不见。例如小区内快速行驶的各类车辆和左躲右闪的大人、小孩；还有走在路上冷不丁被身后高叫的汽车喇叭吓一跳的事情，这在不少小区时有发生。居民生活小区本来应该是清静、休闲的，但遇到这样的车都会令大家害怕；散步、玩耍时还得提防着车辆，给小区居民带来了极大的安全隐患。

9. 抛掷垃圾

有些车主把自己的爱车收拾得干干净净，恬静温

图3－100　不要向车外丢垃圾

馨，但是对于车外的世界却全然不顾，随意地将烟头、饮料瓶等垃圾扔到路上，有的还向车外吐痰，这种极不文明的行为不仅给城市的道路上留下了污迹，也容易引发交通事故。尤其是在高速公路上向车外乱抛杂物，除了影响行车环境、引发交通事故外，也给环卫工人和拾废品的人身安全带来极大威胁，如图3－100所示。

10. 开车打手机

在驾驶过程中打手机的现象屡见不鲜，有的甚至在开车时两手搭在方向盘上发短信，这种严重的违法驾驶行为，不但给自身安全带来危害，也影响其他车辆正常行驶。因为边开车边打手机，必定要分散注意力，而且不得不单手操作方向盘，还要外加换挡等动作，结果不能很好地操控车辆，容易发生交通事故；还有些驾车人因打手机，车速越来越慢，使整个车流速度减慢，不管后面的车怎么闪灯、鸣喇叭都不理睬。这样一来，其他车辆便从左右开攻，变道超车并线，不仅十分危险，也弄得整个车流“七零八乱”。

驾车的十大危险

（1）在城市快速路，从辅路进入主路时不观察后视镜，也不注意左侧来车，随意往左并线，这是十分危险的违法行为。如果此时后面没有来车，倒也平安无事，但如果后面有来车，这样的驾驶动作就逼迫后车不得不急刹车，伴随着的很有可能发生侧面剐碰，甚至引发追尾的交通事故。

做法：先观察，确认安全后再并入主车道。

（2）在有信号灯控制的路口，红灯停、绿灯行，按灯行驶没有错。但是，当绿灯亮起后，排队等候的车辆先后都通过了路口，从后面赶来的车，因绿灯还有几秒，司机便加大油门，想在红灯亮起前冲过路口；而在等红灯的机动车或非机动车，见绿灯方向的车流已过，路口也没车，性急的人就会闯红灯。这时两车就不可避免地在路中相遇，随即大祸临头。

忠告：路口看见绿灯闪和黄灯亮就停车，闯红灯危险，抢绿灯和黄灯更加危险。

（3）在阳光强烈的上午或下午，面朝太阳方向驾车行驶时，强烈的光线直接照射在前挡风玻璃上，非常刺眼，甚至使人炫目。这种天气也会给安全行车带来很大隐患，由于光线太强，驾车人视线受到严重影响，尤其是看不清前车亮起的刹车灯，很容易发生追尾，甚至连环相撞。

措施：放慢车速，戴上偏光眼镜或太阳镜，或者放下遮阳板。

（4）超车时，是汽车行驶中的高危时段（车速快、距离近），也包括超越停靠的车辆，比较危险的是前车发现情况突然向左避闪，造成后车被挤或追尾，一般这种情况大多数驾车人都会注意到。这里容易忽略的是后车正位于前车左斜后方时，有人、车或动物从外侧横穿马路，人和后车相互都看不到，人匆忙横穿，后车也在加速，等接近前车头时行人刚好从前车出来，这时行人和车无法躲避对方，只能眼睁睁地看着相撞。这种情况经常发生在十字路口和公交车站点，如图 3－101 所示。

建议：与被超车保持较大的横向距离，加速至接近前车或并行时，鸣笛、稍顿、稍作观察再加速超过。

（5）在设有三车道的路上，当你从左侧超越位于中间车道的前车后，驶回中间车道时，后面有一辆车以更快的速度从右侧超车，而且稍前于你并入中间车道，如果你只看前面或后视镜，你的车头就有可能横擦对方的车尾。由于两车超车时的速度都很快，发现时距离太近以致来不及反应，这种剐碰的危险及类似情况常发生在多车道的城市快速路上，原因是车多速度快，很多车来回变道超车。

图 3－101　超大车要防行人窜出

提示：超车后并道时不仅要看后视镜，还须看侧前方。

（6）跟车超车是一种常见的现象，一般前车超车从容的时候会走直线逐渐并入车道。但如果对面来车而且速度又很快时，前车就会急拐并道把你晾在超车道上，这时会让你前后左右无路可逃。更危险的是，前车比你大一圈，对面来车看不到你，在前车超车并道时对面来车反而开始加速当看见你为时已晚，这种情况多发生在普通的公路上。

忠告：跟车超车时，一定要看清前车动向和前方道路是否有来车，不要紧跟大型车超车，等大车超车并道后再行动。

（7）当你在公路上超车，正和前车并行时，突然对面一辆车不知从什么地方钻了出来。遇到这种情况，往往因为这条路两头平，中间却有一段低谷或者是坡顶。如果是一上一下的坡，大多数人会察觉，但这种坡对眼睛有迷惑性。类似因地形引发的事故多发生在山地坡顶、转弯等地形变化的交叉点，由于驾车人忽略了地形的突然变化而造成。

提醒：请多多注意地形变化情况，及时减速，弯道或临近坡顶不要超车。

（8）在郊区公路上开车，如果有一辆大车紧紧跟随，寸步不离，这时危险也在伴你同行。因为，一旦前面出现了紧急情况，小车紧急刹车，而大车的刹车距离远大于小车，在同等距离和速度下，被大车追尾的危险和伤害程度远远大于被小车追尾。所以，你必须及时采取措施，一是提高车速，尽快甩开大车；二是如果甩不掉大车，说明他的速度也不慢，那就打右转向灯主动让路，让其先行。

忠告：如果不能和大车拉开距离，宁可小车跟大车，不要让大车跟小车。

(9) 在较窄的街道或小区的道路上，当驾车经过路边有车辆停放的地点时，极有可能车内有人突然打开车门，使人措手不及。由于事发突然，来不及反应，也无法躲避，发生碰撞，而且发生这种事基本上都是在小巷或小区里，一旦出了事不好分清责任。

措施：提高警惕，减速鸣笛，尽量躲远些。

(10) 驾驶室前挡风玻璃的两侧柱（A 柱），足以挡住一辆自行车，如图 3－102 所示。同样，车内、外后视镜也存在不同程度的盲区，在十字路口或人车混杂的路段，目标较多会使注意力分散，行人或非机动车进入视线盲区不容易被察觉。如行人或非机动车与汽车同方向时，这些盲区可以保持数秒，这时汽车加速或转弯，行人或非机动就会突然闪出来，导致驾车人措手不及。

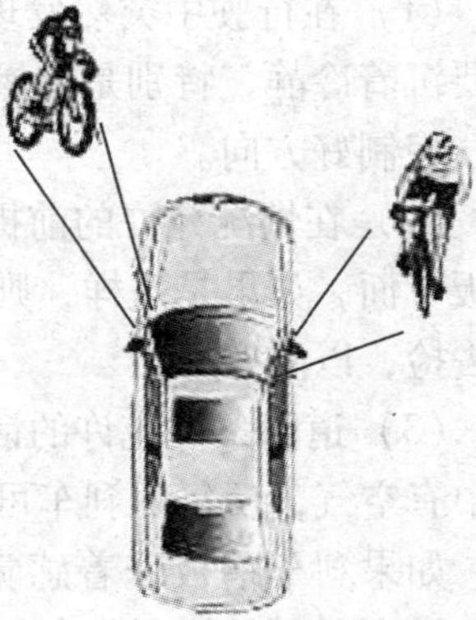

图 3－102　两 A 柱遮挡视线

措施：在复杂的路段要慢行，以便有足够的时间四处观察。转弯时要勤扭头，并注意盲区内的移动目标。

十大危急情况的处理要领

汽车在行驶途中，由于车辆、道路交通等原因，

遇到意想不到的危急情况是常有的事。临危之际，驾车人若能保持沉着的心态、清醒的头脑、镇定的情绪，在短暂的瞬间做出正确的判断，采取必要的应急措施，是避免事故发生或减少事故损失的有效方法。为了防止措施不当而加重事故后果，在处理紧急事态时应遵守“先人后物、避重就轻”的原则：先人后物就是指遇到紧急事态避险时，应先考虑人的安全，这是最基本的处置原则，在危急情况下，车辆应向远离人的一方避让，宁可财物遭受损失，也要确保人员的安全；避重就轻就是避险时车辆应向较轻或危害较小的一方避让，尽量避开损失较重或危险较大的一方，尽可能将车辆驶向情况简单或人员较少的一侧，以减轻事故造成的损失。下面是可能遇到的危急情况处理要领。

1. 刹车失灵的处理要领

（1）在行驶中突然发现刹车失灵时，千万不要惊慌失措，一定要沉着冷静，特别是在操作上，要做到迅速、准确，先看清路况，控制好方向。

（2）在情况允许的前提下，先查看一下是否有异物卡在刹车踏板下面，如果是这样，则用脚将异物踢开，但绝对不能弯腰用手去捡，以防意外。

（3）道路条件允许的话，可多踩几脚刹车试试，如果刹车系统中有空气，反复踩刹车可能会将其中的空气排出，恢复刹车性能；如果刹车踏板踩着感觉很硬，可能是真空助力不起作用了，只要用力踩还是能刹住车的。

（4）采取快速减挡或越级减挡的方法，尽快挂入低速挡，利用发动机的牵阻作用使车辆减速并停车；如果是自动挡，不要将挡位杆直接挂入最低挡，以免损坏变速器。

（5）当车速降至 40 km/h 以下时可用手刹进一步减速，但要注意拉手刹的动作不可过猛，应逐渐加大力度，以免损坏手刹系统，反而无法使车辆尽快停

下来。

（6）如果路面湿滑，则应采用连续不断地拉、放手刹降低车速，防止发生侧滑或甩尾。操作时手刹按钮要一直保持按下，不要放开，以便于控制车辆状态。

（7）如果上面的方法都不能使车辆减速，而情况又非常危急，在万不得已时，只能将车靠向路边的大树、山体或障碍物迫使车辆被动减速停住，如图 3－103 所示。

图 3－103　刹车失灵要采取有效措施

（8）在高速公路上刹车失灵，采用上述措施后，车速仍然很快，为防止与其他车辆相撞，可以借助路边护栏的摩擦力使车辆减速，在靠向护栏时方向不能打的过急，尽量使车身与护栏接近平行，否则极易被弹出甚至造成侧翻。

2. 转向失控的处理要领

（1）行车中突然发生转向失去控制，致使驾车人无法操控方向，这是非常危险的。发生这种情况时，驾车人要保持镇定，切不可因惊慌失措而延误时机。要根据车辆行驶的方向，判明险情程度，尽可能在最短的时间和距离内将车停住。

（2）转向失控时，切记不可首先使用紧急刹车。因车辆处于高速行驶时，特别是前后轮不在一条直线

上时，在方向失去控制的情况下，急刹车很容易造成侧滑甚至侧翻。当然如果情况万分危急，险情很严重时，也可采取紧急刹车避险。

(3) 如果情况允许，立即松抬油门，快速减挡或越级减挡，并均匀而用力地拉紧手刹，当车速明显下降时再踩脚刹，使车辆逐渐停下。

(4) 装有助力转向的车辆，在行驶中突然发现转向困难和操作费力时，很可能是助力系统出了故障。此时应立即减速，用力转动方向盘，将车开到路边安全的地方停车，然后查明原因，很可能是液压油泄漏或者是皮带断了。

(5) 转向助力系统的作用是减轻驾车人操作方向盘的力度，当失去转向助力时，驾车人还是可以实现转向动作，只不过转向变得沉重而已。如果一时无法排除故障，仍可低速行驶，但一定要谨慎操控方向盘，用相对费力的转向将车开到最近的修理厂，不要勉强长距离行驶。

(6) 车速过快时转弯，车头会不按照驾车人的意图转弯而继续向前推去，出现转向不足。此时只需要松开油门，轻点刹车便会使车回到正确的轨迹上来，若转向角度过大，可略回一下方向盘，便可消除转向过度的现象。

(7) 转向过度也会导致车头不沿着弯道行进，而且向着弯道内侧冲去，甚至出现甩尾。此时应尽可能向反方向打方向，当车头开始回转时，立即停止打方向，并迅速使方向盘回到原来位置，整个过程方向盘一定要打得快。前驱车可在打方向的同时略加点油门，车子便会回到正确的轨道上来。

3. 油门不回的处理要领

(1) 行驶中油门踏板踩下后卡住不回，而且车速越来越快。此时新手大多会惊慌失措，有些老司机也会无计可施，而发生车辆完全失控的危险。如果车

速很快，为避免险情发生，驾车人不要忙着恢复油门，应在车速还未提高前先将车停下来。

（2）如果车速不快或摘了空挡发动机转速也不高，可以先不熄火发动机。先用脚踩下油门踏板或多踩几脚油门，如果油门仍然不能恢复正常，尽量在最短距离内选择安全地点停车并熄火。

（3）最有效的措施是立即关掉点火开关使发动机熄灭或踩刹车再拉手刹，迫使发动机熄火；或者迅速踩下离合踏板，同时将挡杆摘到空挡切断发动机动力；自动挡车，将挡位杆推至 N 挡位置，这时发动机转速和噪声会陡然变大，为了避免发动机转速过高受损，必须立即熄火。

（4）发动机熄火时必须注意，只能将点火钥匙拧到熄火位置，千万别把钥匙拧到能拔出来的位置，以防止熄火后方向盘自动锁死。另外，熄火后转向失去助力，刹车的真空助力也仅够踩 1～2 脚刹车，因此须谨慎操控，缓慢地将车停靠到路边。

4. “飞车”的处理要领

“飞车”是指柴油发动机转速失去控制，大大超过额定转速，发动机剧烈振动，发出轰鸣声，排气管冒出大量黑烟或蓝烟的故障现象。“飞车”不仅会造成发动机零部件损坏，而且还会危及驾乘人员人身安全，如果处理不当还容易引发交通事故。

在行驶途中，如果遇到调速器失灵或高压油泵齿条卡住，很可能发生“飞车”现象，相信很多驾车人遇到这一情况都会惊慌失措，这是可以理解的。因为这种现象许多老司机遇到的也不是太多，但一定要知道应该怎样处理。

（1）一旦发生“飞车”，应立即关闭排气制动器阀，有减压装置的应逐渐拉起减压杆，紧急刹车的同时拉紧手刹，迫使发动机憋熄火。切记千万不要踩离合或摘空挡，因为这样发动机在没有任何负荷的情况下会致使“飞车”加剧，后果将更加严重。

（2）如在原地发生“飞车”时，应踩死刹车并拉紧手刹、挂入高速挡、慢抬离合憋灭发动机；也可迅速取下空气滤芯，堵住进气口，必要时可截断供油管，无论采取何种方法，必须沉着果断，动作要求迅速准确。

5. 突然爆胎的处理要领

（1）在行驶中轮胎发生爆破之前，难以察觉，只有在听到爆破声，车辆随之突然偏行或明显的摇摆时才会发现。当轮胎急剧泄气和爆胎时，车子立即倾斜，方向盘会以很大的力量自行向爆胎一侧急转，容易造成事故。一般爆胎时，车速越高，危险性就越大，造成的事故也越严重。

（2）往往驾车人听到爆胎时的第一反应是立即刹车，而这是最危险的错误动作。因为发生爆胎的轮胎瞬间与地面的摩擦力增大，此时踩刹车很容易引起该车轮抱死使车身旋转而失控，尤其是在高速行驶中前轮发生爆胎，如果措施不当，极易导致恶性事故的发生，如图3－104所示。

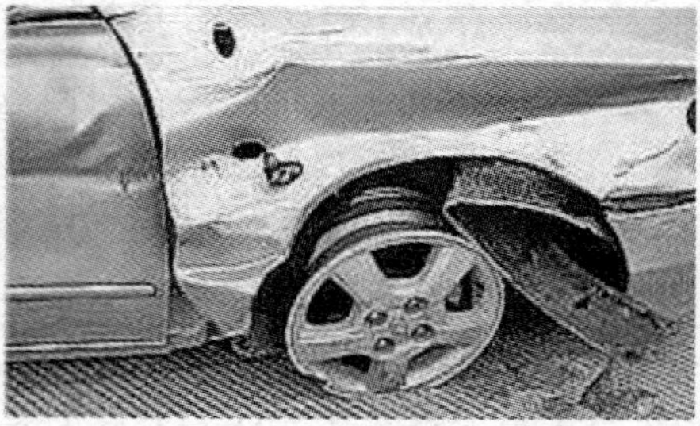

图3－104　发生爆胎时措施不当造成的后果

（3）其实爆胎并不可怕，只要掌握了正确的处理方法，就可以避免车辆失控的危险。若是前轮爆胎，会使车辆立即向爆胎一侧跑偏，危险性很大。这时驾车人应迅速松抬油门，双手用力控制住方向盘，并逐渐调正跑偏的方向，尽可能保持行驶路线。待车身顺直后，可轻踩刹车和挂低速挡，使车辆减速停车。切记千万不要急刹车，更不要猛回方向，否则会加剧车辆跑偏或蛇行，甚至发生横甩或侧翻。

（4）若是后轮爆胎，会发生车尾摇摆不定，颠

簸不止，但方向不会失控。只要驾车人保持镇定，用双手握紧方向盘，保持行进路线，反复缓踩刹车就可以了，待车速降低后，将车停到安全地点，更换备用轮胎。

6. 玻璃突然破碎的处理要领

（1）当车辆高速行驶时，前车轮胎扬起的飞石，或者前车掉落的物体，都有可能将尾随的后车挡风玻璃击破。这会造成驾驶人突然视线不清，甚至一片模糊，严重影响行车安全，极易引发交通事故。

（2）如果在行驶中突然遭遇挡风玻璃破碎，绝对不能惊慌，要把握好方向，立即减速，但不要急刹车，更不要乱打方向。此时，若视线严重受阻，无法看清前方道路，应迅速放下左侧车窗玻璃，将头伸出车外观察，尽快靠边停车。

（3）驾车人应根据挡风玻璃的破损程度和交通情况灵活处理。如果挡风玻璃形成“蜘蛛网”状又整体粘连在挡风框上，而不太影响视线时，可降低车速继续行驶；如果挡风玻璃全部破碎或严重影响视线时，应将其去掉，可在车内用脚使劲向外蹬，也可用硬物将玻璃敲掉，以保证良好的视野。

（4）如果挡风玻璃是钢化玻璃，破碎后玻璃碎片会散落在仪表板、座椅上或其周围，应小心清理，以防被划伤。对于没有落下的玻璃，也应将其敲下来，以防行驶中再次掉落伤人。

（5）在没有前挡风玻璃的情况下行驶，风会穿车而过，为减弱气流的流速，必须将车窗关严，但必须降低车速，防止车内气压过高而可能将后玻璃压落。为了保护开车人的视力，最好带上摩托车头盔，但仍不宜长时间、长距离驾驶，应尽快到有条件的修理厂换上新玻璃。

7. 大灯突然熄灭的处理要领

在夜间行车，大灯突然熄灭是一件非常危险的事情，尤其是高速行驶时，大灯突然熄灭，瞬间眼前是

一片黑暗，什么都看不见。这时如果惊慌失措，不能采取有效措施，极易造成交通事故。因此，除了加强灯光系统的检查和保养外，更应懂得如何应对这一突发情况。

（1）当行驶中突遇大灯熄灭时，应立即打开雾灯和双闪灯，把稳方向盘，保持好行驶方向，在最短的距离内将车停住。如果能借助其他光线看清路面，应尽可能将车慢慢地靠到路边停放；如果看不清路面，应下车观察清楚或让随车人员在车前指挥，千万不要盲目靠边，更不要将车停在行车道内，以防意外。

（2）将车停在相对安全的地方后，还要在车后方放置发光或反光警示标志，然后排除故障。造成大灯熄灭的主要原因是：保险丝熔断、灯光开关损坏、大灯线路或电源故障等。应先检查保险丝和灯泡，多数车型保险丝盒内均有保险丝位置功能说明，很容易找到负责大灯的保险丝。若是保险丝断了，可换上备用的保险丝，如果没有，可将暂时不用而且瓦数与大灯相符的保险丝取下，插在大灯保险丝座上。新保险丝换上后，一开大灯又立即熔断，说明大灯线路中存在短路故障。如果不能排除故障，应向修理厂求援或采用应急方式，低速开到就近的修理厂维修。

（3）如果在荒僻的野外，突遇大灯熄灭而又无法修复，可注视黑暗处或闭眼等待一会儿，待视力完全适应黑暗环境之后，再驾车低速行驶，行驶中可打开侧窗以助观察。可以利用手电、月光或其他车灯光来辨别路面，最好选一辆速度较低而且尾灯良好的车，可以借助其尾灯跟随行驶，但要保持足够的安全车距。

8. 发动机突然熄火的处理要领

现在汽车的转向、刹车系统都有助力功能，如果在行驶中发动机突然熄火，那么转向和刹车的助力功能也随之消失，尽管转向和刹车功能仍然存在，但转向会变得沉重，路面稍有不平，车辆就会左右摇摆，很难控制；而刹车的真空助力也仅够踩 1～2 次刹车，然后

刹车踏板会变得很硬，也踩不下去，刹车也不灵了。这时如果遇到转弯或下坡，情况就更加危险了。

（1）行驶中若发动机突然熄火，应双手紧握方向盘，在保持车辆正常方向行驶的前提下，逐渐减速，当车速将至 20 km/h 时，松开刹车，踩下离合，摘入空挡，自动挡车应推至“N”挡。利用滑行小心地将车驶离行车道，停靠在安全地带。如遇转弯，要用力并谨慎地操控方向盘；如遇下坡，应踩住刹车尽量不要抬脚，以保持真空助力效果，同时拉紧手刹尽快停车。

（2）行驶中排气管突然发出“突噜突噜”的异常响声，同时感觉发动机无力，紧接着便逐渐熄火，这种现象多为油路故障。应重点检查汽油滤芯或油泵，若是夏季气温很高，可能是油路中产生气阻，休息一会儿便可重新启动发动机。如果行驶中发动机突然熄火，多为电路故障。应先按喇叭，如不响则是电瓶接线柱与连接线松动或腐蚀而引起接触不良；若喇叭响，应检查高压线，看是否有火花，若没有则检查低压线、点火线圈、点火器、分电器等点火系统。如果故障不能排除，应及时电话求援。

9．车辆发生侧滑的处理要领

（1）在冰雪、雨水、泥泞和附着力很小的路面行驶时，如果操作不当极易引发后轮或全部车轮出现横向移动，这种现象称为侧滑。侧滑是车辆瞬间失控的行驶状态，特别是后轮侧滑是比较危险的，易造成碰撞、掉沟，甚至翻车等恶性交通事故。因此，必须了解和掌握侧滑的应对要领，方可避免事故的发生。

（2）车辆侧滑的原因很多，例如：在溜滑的道路上行驶时，急刹车、急打方向、急加速或急减速等，都很容易产生侧滑；转弯、坡道、路面不平或者越过拱形路面车速太快时，也容易引起侧滑；各车轮的刹车效率不均衡，尤其是刹车时出现后轮先于前轮抱死，就会引发后轮侧滑；轮胎气压不符合规定，花纹磨平，也容易发生侧滑。

（3）行驶在溜滑的路面上，车辆突然出现侧滑是常有的事，一方面是道路的原因，另一方面是驾车人操作不当造成的。一般发生侧滑有三种情况，即后轮侧滑、整车侧滑和前轮侧滑，整车侧滑和前轮侧滑出现的较少而且危险性不大，而后轮侧滑特别是转弯时向外侧滑危险性极大，因为此时侧滑会加大车辆转向的角速度，导致越滑越严重，容易造成翻车事故，一定要高度重视，不可大意。

（4）当车辆出现侧滑时，要沉着冷静，不能仅凭直觉盲目打方向，应先弄清楚是因刹车或转向引起的侧滑，还是因路况引起的侧滑。不论哪种原因引起的侧滑，都必须正确掌控方向盘，避免使用刹车，同时还需要使离合器保持结合状态，利用发动机牵阻作用减速是常用的纠正侧滑的有效措施。

（5）如果是因刹车造成的侧滑，要立即抬起刹车。此时若是前轮出现侧滑，应迅速将方向盘朝侧滑的反方向转动；若是后轮侧滑，应迅速将方向盘朝侧滑的一侧转动。但要注意打方向时不能过急或持续时间过长，否则车辆可能向相反的方向滑去。如果是因转弯引起的侧滑，千万不可踩刹车，也不可踩离合或脱挡。应把稳方向，逐渐减小油门，并迅速向车轮侧滑方向轻打方向，以减小侧滑力，制止车辆继续滑向路边。此时可根据车辆侧滑的程度，再轻轻修正方向，逐渐消除侧滑。

（6）当车辆发生侧滑已滑到路边，而采用向侧滑方向打方向的方法不起作用时，应立即采用修正方向与油门控制相结合的方法，即边向侧滑方向修正方向，边轻踩油门加速，使驱动轮受控主动作用于地面，将减轻侧滑的倾向，并推动汽车从侧滑中驶出，避免车辆驶出路边。当车辆侧滑到车身打横、侧翻的危险已迫在眉睫，来不及修正时，应向车头偏转方向迅速连续打方向，促使车辆回转 180°（原地掉头），以防车辆冲出路面等更大的风险。总之，纠

正车辆侧滑状态必须掌握一个“顺”字要领，即顺着车轮侧滑的方向缓慢地打方向，使车轮逐渐恢复正常的运动状态，待车身顺直即可回正方向，换入合适的挡位，轻踩油门，继续行驶。

（7）遇到溜滑路面，要降低车速，控制好方向，不要急加或急收油门，谨慎使用刹车，最好用“点刹”，切忌急刹；操作方向盘和转弯时的动作要缓慢，要控制好提前量，切忌动作过猛。平稳、柔和的操作是有效防范车辆侧滑的基本要领，因此，在速度变换、刹车和转向时，动作务必要柔和、协调、平稳，方可避免侧滑。

10. 撞车时的处理要领

（1）汽车行驶中，发生碰撞是常见的事，如正面碰撞（多发生在超车时）、侧面碰撞（多发生在路口）、剐碰（多发生会车、并道）、追尾（多因跟车过紧）。其中正面碰撞和侧面碰撞的危险性最大，轻者车辆严重毁坏，重者将造成人员伤亡。

（2）撞车事故发生时，多数情况下驾车人是无法躲避的。当两辆车的驾车人都是最后一刻才发现将要碰撞时，都会下意识地踩刹车，本能的打方向试图躲避。但是，由于事发突然或车速过快或两车距离太近，则难以避免事故的发生。这时车体的坚固程度或碰撞的部位可能就是驾车人生存或减轻伤害的唯一希望了！

（3）一旦遇到车辆将要发生碰撞时，作为驾车人一定不要慌乱，并及时采取正确而有效的急救措施，如迅速、准确地控制方向。若车头正对着前车或障碍物，要极力改变方向，尽最大可能让正面碰撞改为侧面碰撞，侧面碰撞改为剐碰，以减轻危害程度。

（4）选择碰撞位置也尤为重要：如轿车侧面两门和中间处比较弱，侧面碰撞时最易伤人，应设法避开这个部位，选择前轴或后轴位置，如图 3－105 所示。正面相撞应避开驾驶位置，因驾驶位置空间小，车体发生变形或方向盘后移都可能对驾车人造成伤害；如果是货车，

则应想方设法避开驾驶室，让车厢来承受撞击力，以最大限度地减少损伤。

图 3－105　撞击轿车时对人伤害程度不同的部位

（5）当驾车人发现与迎面而来的车相撞已无法避免时，要迅速判断可能撞击的位置和力量。如果撞击位置不在自己一侧或力量不大时，应两手用力撑住方向盘，两腿向前蹬直，背部紧靠座椅，保持身体平衡，防止相撞时身体前冲撞方向盘、头部撞到挡风玻璃上受伤；如果撞击的位置靠近驾驶座位，且冲击力量较大时，驾驶人要迅速躲开方向盘，同时将两腿迅速缩起，防止发动机和方向盘或车体后移对驾车人造成挤压。尤其是平头车发生正面相撞时，车头严重变形更容易造成人员伤亡。

（6）侧面相撞多发生在交叉路口，这种撞击如发生在驾驶位置，危险性相当大，因为车的侧翼抗撞能力较弱，而且车辆在移动的同时可能出现产生旋转、车门脱开、人被甩出车外等危险。因此，当发现有车从侧面撞来时，应向来车行进方向猛打方向，努力使侧面相撞变为相剐碰，或让车身坚固部位与来车相撞，以减小损伤程度；当侧面来车正对着驾驶位置撞来时，要迅速将身体往副驾驶位上移动，同时用力拉住方向盘，以便控制方向，并借助方向盘稳定住身体，防止甩出车外。

第四章　买新车与买卖旧车

第一节　选配新车

汽车分类与分级

随着我国汽车业的快速发展和人民生活水平的不断提高，想买车的人越来越多。那么怎样才能挑选到称心如意的车呢？作者带着这个问题咨询了多位业内人士，希望能够给准车主们购买新车提供一些有用的参考。在挑选汽车前，应先了解一下汽车是如何分类和分级的，以便能够选择到更适合自己的新车。

一、旧标准

我国汽车分类的旧标准是 1988 年制定的，分为三大类：载货汽车、客车和轿车，各类车按照不同的划分标准进行了细分。

（1）货车按照载重划分：有微型货车（1.8 t 以下）、轻型货车（1.8 ~6 t）、中型货车（6 ~14 t）、重型货车（14 t 以上）。

（2）客车按长度划分：有微型客车（ <3.5 m）、小型客车（3.5 ~7 m）、中型客车（7 ~10 m）、大型客车（ >10 m）。

（3）轿车按发动机排量划分：有微型轿车（ <1 L）、轻级轿车（1 ~1.6 L）、中级轿车（1.6 ~2.5 L）、中高级轿车（2.5 ~4 L）、高级轿车（ >4 L）。

随着我国汽车工业的发展和与国外汽车工业的合资与交流日益增多，面对近十几年来出现的各式各样的汽车，上述这些旧标准已与国际通行标准不衔

接，不适应实际需要。为了改变这一现象，我国在 2001 年依据国际标准并结合我国汽车工业的发展状况，重新制定了有关汽车分类的新标准。在大的分类上基本与国际较为通行的称谓一致，分为乘用车和商用车两大类，由于各国在车型细分上没有统一的标准，因此对于乘用车和商用车之下的细分是按照我国自身的特点进行划分的。

二、新标准

新标准将汽车分为两大类：乘用车和商用车。

1. 乘用车

乘用车，是指在其设计和技术特征上主要用于载运乘客及随身行李和/或临时物品的汽车，包括驾驶员座位在内最多不超过 9 个座位，它也可以牵引一辆挂车。

与旧分类相比，乘用车涵盖了轿车、微型客车及不超过 9 座的轻型客车，而载货汽车和 9 座以上客车全部不属于乘用车。有一类特殊情况，如同一长度的车既有 9 座以上，又有 9 座以下的，在实际统计中，该车均列为商用车。

乘用车下设 11 种类型，分别是普通型乘用车、小型乘用车、多功能车（MPV）、运动型多用途车（SUV）、交叉型乘用车等。

乘用车按级别划分，可分成 A、B、C、D 级，是按照德国大众对汽车的分级标准。等级划分主要以轴距、排量、质量等参数为依据。顺序越靠后，代表该级别的车轴轴距、排量、质量等参数值越大，舒适性和豪华性越高。

（1）A00 级：为微型轿车，轴距一般为 2 ~ 2.2 m，排量一般 <1 L。

（2）A0 级：为小型轿车，轴距一般为 2.3 ~ 2.45 m，排量一般为 1 ~ 1.6 L。

（3）A 级：为紧凑型轿车，轴距一般为 2.45 ~ 2.65 m，排量一般为 1.6 ~ 2.0 L。

（4）B级：为中档轿车，轴距一般为2.6～2.75 m，排量一般为2.0～2.5 L。

（5）C级：为高档轿车，轴距一般为2.6～2.8 m，排量一般为2.3～3.0 L。

（6）D级：为豪华轿车，轴距一般>2.8 m，排量一般>3.0 L。

准车主可根据以上汽车的类型、级别和特点选择自己所需要的车型。

2. 商用车

商用车，是指在设计和技术特征上用于运送人员和货物的汽车，并且可以牵引挂车，乘用车不包括在内。

相对旧分类，商用车包含了所有的载货汽车和9座以上的客车。在旧分类中，整车企业外卖的底盘是列入整车统计的。在新分类中，将底盘单独列出，分别为客车非完整车辆（客车底盘）和货车非完整车辆（货车底盘）。

商用车分为客车、货车、半挂牵引车、客车非完整车辆和货车非完整车辆共5类。其中，客车有8种类型，分别是小型客车、城市客车、长途客车等；货车有6种，分别是普通货车、多用途货车、全挂牵引车等。

制订合理的购车计划

1. 避免购车盲目性

买车时因为一时冲动，看到喜欢的外形就急于购买，并没有根据个人的情况、驾驶者和家庭人数的具体需求理智选择，买后才发现种种不合适的地方。为了避免买了就后悔的事情发生，在买车之前必须考虑清楚买车的目的，并充分考虑用车频率。如果清楚用车频率不高，买车是为了赶时髦，那么最好暂时不要买。因为汽车是高消费品，一旦买完之后就意味着有折旧、降价等因素带来的贬值。

2. 避免买后养不起

有些人认为买车是一次性消费，只考虑了买车费用的支出，没有意识到买车后的养车成本。有的人买车时觉得以自己目前的收入养辆车应该可以，买了车之后才发现，还完每月的房贷，再除去一个月不低的养车费用开支，钱所剩无几，经济压力骤增，不堪重负。因此，在制订买车计划时，要充分考虑到养车成本，提前预留养车资金。随着油价、维修等养车费用的不断上涨，买车容易养车难的趋势愈发明显。在买车之前，一定要充分了解养车过程中所产生的各种费用，制订一个合理的、科学的买车计划。

3. 要理性选购新车

选车时，要以经济实用为主，避免与人攀比。不少人选购汽车时容易受身边朋友或汽车销售人员的误导，结果选择一款超出自己经济承受范围的车，或者根本就不适合自己使用的车。因此，在选择车型时，一定要以自身实际使用情况为准则，选择最适合自己的车型，就是最适用的车型，同时还应充分了解所选车型的安全性、经济型、售后服务、维修配件价格等，做出理性的选择。

如何选择合适的车型

1. 实际用途是首选

在明确心理价格后，究竟买什么车在很大程度上取决于车的用途。如果你想让车作为个人财富、身份的代表，那么豪华轿车将是你最好的选择；如果让车承担多种角色，即可载货又可供人乘坐，那么可考虑购买面包车或小型客货两用车或者商务车；如果车只作为上下班代步工具，而且平时活动范围通常在市区或郊区，就应考虑

购买那些外形尺寸小，排量适中的车，这类车在大街上行驶，既灵活方便又比较省油；如果时常在高速公路上行驶，而且要兼顾商务，则不妨考虑选择一款中高档轿车，既有足够的动力性，又很体面；至于喜欢跋山涉水驾车出游，且性格豪爽奔放的人，最好选择越野车或SUV，这种车不仅马力强劲而且车身宽大，底盘高，不管什么路面都能“勇往直前”。

综上所述，在车型种类的选择上最好以主要用途为依据，而不会因为小长假偶尔开车到偏远地方自驾游而选择一款大排量的SUV作为日常用车，是非常不划算的。那么如何挑选适合自己的车呢？其实唯一的原则就是“合适的就是最好的”，毕竟任何一辆车，对每个人来说都不可能是十全十美的。

2. 新老车型各有千秋

如果你追求时尚又有消费能力，可考虑购买新车型，因为新出的车型外观一般更为靓丽、时尚；如果你担心新车价格掉得太快，车辆性能不够成熟等问题，而又不愿意当“小白鼠”，那么就不妨倾心于那些口碑好、耐用的老车型。虽然外观已不那么“光鲜”，但这些老车型经受住了市场的考验，凭借着成熟的品质、稳定的价位、低廉的维修费用等，也有其独特的魅力。

3. 两厢、三厢各有所长

如果车是公私兼用，可考虑买三厢车，这些车型以较长的轴距带来足够的后排空间，乘坐空间与后备箱采用分开且密封隔挡的设计，使后排乘坐舒适度同样得到照顾；而两厢车相对油耗较低，泊车方便，储物空间灵活多变，有些车型后排座椅还可放倒。一般两厢车外形设计比较时尚，车身颜色也比较丰富，非常适合城市使用，尤其是家庭用车。

4. 排量大小及车上配置

在排量的选择上，看个人对车辆动力性能的要求程度，最好在兼顾足够动力的情况下，还要考虑节油

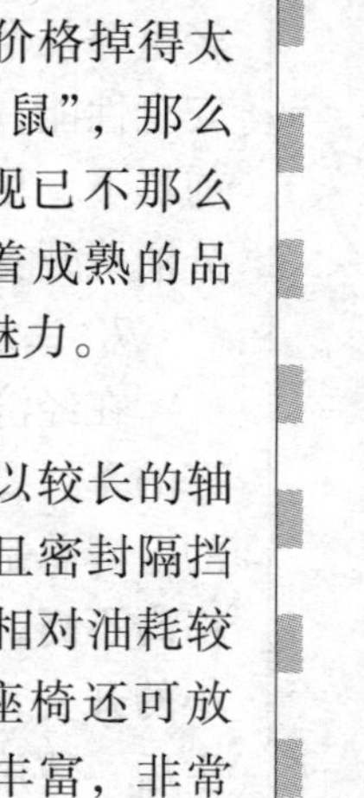

问题，这对日后用车的成本很重要。一般而言，家庭用车排量在1.6～1.8 L就足够了。至于配置，应本着实用、省钱的原则，尽量不买那些看似便宜，但华而不实的配置，因许多配置都没有实际意义，在驾驶过程中根本就用不上。

5. 车内空间合适就行

对于车内空间，尤其是后排是否宽敞问题，可以先考虑一下自己的车，在大多数情况下是几个人乘坐，后排座椅的利用率有多少。如果70%的情况下都是两人乘坐，或者你单独上下班代步，就完全没有必要盲目追求大空间。因空间大的车往往排量都大，而且购车、养车的成本也高。

6. 油耗高低须考虑

购车时自然要比较各款车型的油耗指数，但在同级车中，油耗高低通常与发动机的性能和风阻系数的大小、轮胎型号和车身轻重等几个因素有关，而这几个因素都或多或少地关系着车辆的安全性能，所以，也不要盲目追求低油耗。可在满足个人要求的前提下，尽量选择一款相对省油的车，这样一年下来可节省一部分油费开支。

7. 注意品牌与售后服务

在经济条件允许的情况下最好选择较有名的汽车制造厂家生产的车，要知道一个品牌的提升，不是一天两天就能形成的，好的口碑总是有其道理的。当然别忘了去了解一下其维修及配件价格高不高，售后服务怎么样。因为使用和维护的费用也是一笔不小的开支，买车时很多人往往忽略了这一点，而只有真正成为车主后，使用和维护费用问题才会显现出来。

8. 多渠道考察车情

如果你身边有一些懂行的朋友，或是买过车的熟人，也可以找他们聊聊以增长一些经验，特别是一些老司机，对车有着更多的了解，驾驶体会也更深，他

们会告诉你该车各方面的真实情况，这是花钱也买不到的。同时，还可多参加一些销售商举行的试乘试驾活动，还可借朋友的车试驾。毕竟车是用来开的，亲自开着比较一下，会更清楚是否合适。

购买什么车保值

随着人们换车频率的不断加快，车市价格波动也变得频繁，新车往往会很快贬值，因此，如何购买一辆保值潜力较好的车就显得尤为重要。那么，究竟什么样的车才能保值，除了车辆的使用年限，车况等因素外，还有哪些因素影响着车辆的保值率呢？下面对影响车辆保值率的 6 个主要因素进行简明介绍。

1. 大品牌

选择大品牌，产品保值率高。因为汽车保值率除了受到降价、年限等因素影响外，还受到后期服务的影响。大品牌汽车市场占有率高，售后服务网络健全，配件价格会相对便宜，车辆保值率也就相对较高。而小品牌汽车，会受到市场竞争的影响，或者过了两年被市场淘汰，保修都有困难，这类车贬值快，保值率低。

2. 保有量

销售规模越大，保有量越大，保值率越高。某些车型的市场保有量大，使用起来方便，维修比较便宜，市场认知度也高，那么这些车型在二手车市场上的价格一直很稳定，往往在交易时会酌情提高些价格。比如，现在二手车市场上的“老三样”（普桑、捷达、富康）和“新三样”（骐达、宝来、伊兰特）等。相反，对于保有量不多的车型，尤其是后续保养、修理都容易出现问题的车型，在二手车市场价格会降得很厉害。比如，大部分的进口车和已经停产的车型等。

3. 油耗量

油耗量大的车型价格跌得最快。提起新车的保值率，几乎所有的二手车商都认为“油耗最为关键”。和新车不同，二手车的外形已经不那么重要了，相比新车，买二手车的人更看重车子是否经济、实惠。省油的车就意味着省钱，这样的二手车，更容易卖个好价钱，保值率当然高。

4. 车漆颜色

车漆的颜色对二手车价有着程度不同的影响。如某些比较时尚的颜色，在新车市场往往受到追求时尚的车主欢迎，经常听说要黄色、红色等个性颜色的车必须要等一段时间，或者需要加钱才能提车。但在二手车市场情况却相反，车漆颜色大众化的或者保守一些的反而更加好卖，比如黑、白、灰等。那些黄、红、绿等色彩鲜艳的车，因市场需求量小，不容易成交，也就直接影响了二手车的交易价格。

5. 养护成本

养护成本高的车型保值低。二手车一般都过了厂家保修期，接下来的养护费用将关系到用车成本。一般二手车的保值率，会在第三年与第五年明显下降，很多车的保修期是两年，到了第三年，保修期过了，养护成本大幅增加，保值率自然会下跌；到了第五年，很多零件开始老化，也会导致养护成本增加。在很多人看来，五年是老车与新车的分水岭，过了这个时段，价格也会明显下跌。

6. 价格坚挺保值高

新车价格表现稳定的车保值率高。此外，不同品牌养车费用的差异也会导致保值率有所不同，“老三样”的保值率为什么高？因为它们的零部件在什么地方都能买到，维护很方便，花费也低廉。当“老三样”逐渐退出市场，以骐达、宝来、伊兰特为代表的“新三

样”，以较低的养护成本，成了高保值率车型的代表，如图 4 –1 所示。

图 4 –1　选择保值率高的车

怎样选择车漆颜色

很多人购买汽车时，往往选择的是品牌、性能、价格等，而在选择车漆颜色时，考虑的只是个人偏爱的颜色。其实，汽车的颜色已经不仅仅是一个美观和个人偏好的问题，而是一个颇有说法和含义的问题。比如，什么颜色的车不易发生交通事故？什么颜色的车更好保养车漆？什么颜色的车更保值？为此，在选择车漆颜色时应从以下几方面考虑。

1. 汽车颜色代表的含义

（1）白色或乳白色：给人以明快、活泼、大方的感觉。白色是中间色，容易与外界环境相吻合而协调，给人以清洁朴实的感觉。白色和乳白色车身比较耐脏但不耐旧。

（2）银色或银灰色：是沉稳之色，给人高尚、尊贵、纯洁与永恒的感觉。银灰色是最能反映汽车金属本质的颜色，给人感觉整体感很强，也最具运动

感，这两种颜色适合任何年龄段和不同性别，而且耐脏、好清洁，最适合家用。

（3）红色：给人以跳跃、兴奋、欢乐的感觉。红色是放大色，容易从环境中“跳”出来，引起人们视觉的注意，有利于交通安全。但是长时间驾驶时，红色容易引起驾车人视觉疲劳，不利于对其他淡色物体的观察，而且红色车不耐脏。

（4）黄色：给人以欢快、温暖、活泼的感觉。黄色是扩大色，在环境视野中很显眼，所以微型车选黄色能使车身显得大一些，而出租车选用黄色是便于乘客早早的发现它。私家车选择黄色的不多，不过黄色车身很耐脏。

（5）蓝色：给人一种美丽、冷静、理智、安详与广阔的感觉。蓝色非常纯净，还通常让人联想到大海、蓝天，而且蓝颜色的车显得豪华气派，男性驾驶给人以正派、诚实、宽容、豁达的感觉；女性驾驶给人以温柔、知性、浪漫、忧郁的感觉。蓝色车身不耐脏。

（6）绿色：给人带来沉静和谐的气氛，这是大自然中森林的颜色，也是春天的色彩。绿色的金属漆也一改以前冰冷的色调，给人以温暖的感觉。浅淡且颜色鲜艳的绿色有较好的可视性。绿色车身不耐脏。

（7）黑色：给人以庄重、尊贵、严肃的感觉。黑色是一种矛盾的颜色，既代表保守和自尊，又代表新潮和性感。黑色也是中间色，容易与外界环境相吻合。黑颜色的高档车显得尊贵、气派，一直是公务车最受青睐的颜色，而私家车最好不要选择黑色，黑色车身最不耐脏。

2. 汽车颜色和安全有关

一般情况下，购车人对汽车颜色的选择多是从美观角度来考虑，很少有人会想到这些颜色在美丽的背后还和行车安全有关。事实的确如此，当汽车遇到紧

急情况时，有些颜色能降低事故的危害程度，甚至可以避免车祸的发生，而有些颜色则起不到这个作用。

如果把颜色按冷暖划分，绿、青、蓝等属冷色系；红、橙、黄等为暖色系。一般来说，暖色系的颜色具有前进性，而冷色系的颜色则具有后退性。比如，将红、黄、蓝、绿的轿车与观察者保持相同距离，在观察者看来，似乎红色、黄色轿车要近一些，而蓝、绿色轿车要远一些。冷、暖色不仅会让人产生距离远近上的错觉，还会造成视觉大小的差异。比如，一模一样的车型，大小肯定是相同的，但红色、橙色等暖色车的外形，看上去会比蓝色、黑色等冷色车大一些。因此在相同情形下，视觉冲击力强的暖色车更容易从周围环境中“跳”出来，引起人们的注意，让人早一点觉察到危险情况，早一点采取应对措施，有利于交通安全。从安全角度选择车颜色如图 4－2 所示。

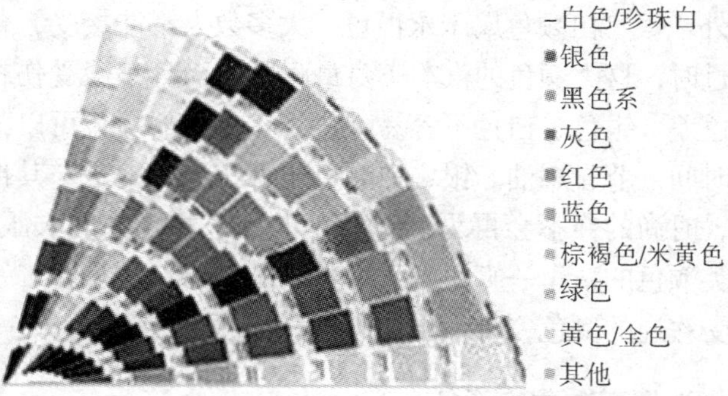

图 4－2　从安全角度选择车颜色

3. 个人买车选什么颜色

如果从安全角度考虑的话，应该选择白、银、红、黄等浅、亮的颜色，在视觉中这些颜色称之为“视近色”，因为物体的实际距离比眼睛观察到的距离要远；像黑、灰、暗蓝、墨绿等深暗色，在视觉中这些颜色称之为

“视远色”，属于非安全色。因为物体的实际距离比眼睛观察到的距离要近，容易使人麻痹，对行车安全不利。所以在选择车身颜色时应该尽量选择视近色的车，以提高自身和其他车辆的安全。

在“视近色”的颜色中，银色、白色等“中性色”车最安全。世界最大的碰撞调查研究组织曾对欧洲、亚洲的2000起车祸进行了对比调研，结果发现，银色、白色等“中性色”车发生车祸的概率最小，车祸中司机的受伤程度也相对较轻，遭受重伤的比其他颜色的汽车少57%。相比之下，黑色、绿色、褐色汽车发生车祸的概率最大。由于银色、白色等浅颜色对光线的反射率较高，易于被人识别和注意；而黑色、褐色等深颜色对光线的反射率较低，不易引人注意。尤其是在大雾天、雨雪天、傍晚、凌晨或其他能见度较低的时候，这类颜色的汽车更不容易被人发现，容易引发交通事故。

另外，银、白颜色属于永恒色，大多数人都能接受，什么时候都不会过时，这类颜色的汽车车身最耐脏，而且车漆受伤补漆后不易出现色差。银色、白色不容易吸热，在炎热的夏天可以减少空调的工作时间，节省燃油。银、白颜色还有一大好处是与其他颜色搭配性好，时尚的你不会再为选择与车的颜色相匹配的衣服而费时。因此这类颜色的新车一直受到大多数人的追捧，而且在二手车市场也是最受欢迎的颜色，价格也比彩色和个性化的颜色要高一些。

怎样选择汽车内饰颜色

浅黄、乳黄、浅灰、深灰、黑色、红色、棕红、黑红搭配及黑白搭配，目前市场上，虽然汽车的内饰颜色数量没有车身颜色那么多，但也极为可观。除最流行的“浅内饰”外，“深内饰”也成为许多新车型的标配，而以红色、棕色为首的“个性颜色”也悄然出现。所以，购车不仅仅要选一个合适的车身颜色，还应选择一个适当的

内饰颜色。

1. 最流行的浅黄色内饰

图4－3 淡雅的浅黄内饰

近几年，国内市场新车层出不穷，车身颜色更是五花八门，但在内饰颜色上，却达到惊人的统一，那就是浅色，尤其是浅黄色，成为绝大多数新车首选。原因是国人对于浅黄色有着一种近乎“偏执”的喜爱，这可能与中国的传统文化有关，可以毫不夸张地说，浅黄是国人心目中仅次于红色的最爱，如图4－3所示。

浅黄内饰的优点是显得大气，提升车内档次，能营造出其他颜色所没有的豪华感，并在一定程度上掩盖做工用料不足，可大幅提升乘坐舒适感和满足感。但缺点也很明显，如不耐脏，有一点脏都极为显眼；容易反光，影响驾驶视线；浅黄色“容纳性”低，不易与服装颜色搭配。

2. 即将流行的黑色内饰

一直以来，黑色被认为是黑暗，不为国人所喜欢，不管是家用车还是商务用车，选择黑色内饰的寥寥无几。然而，浅黄色内饰的缺点恰恰是黑色内饰的优点，后者耐脏、不会反光、包容性强，也正因为如此，黑色内饰正以“黑马”的姿态崛起。市场上不仅针对年轻人的两厢车增加了黑色内饰，许多SUV、B级车也出现了黑色内饰。

值得一提的是，黑色最能代表汽车的尊贵，彰显动感与速度，这一观点为越来越多的消费者所接受。黑色汽车（包括内饰）所拥有的“劲酷”感是其他颜色所不能提供的，而且黑色的内饰更容易配衣

服，不管驾车人穿什么衣服，都不会显得怪异。不过，黑色内饰也有缺点：一是显小，与中国老百姓好“大”的审美观截然相反；二是容易显灰尘，中控台两天不擦，上面就是一层灰；黑色的真皮座椅，只要不上蜡就很灰暗，感觉质感很差。使用时间长了，真皮不可避免出现细小的裂纹，黑色真皮就特别显眼，而且难以掩盖。

3. 选个性颜色需要勇气

如今，越来越多的个性色彩，正改变着传统的汽车内饰风格。除了浅色、全黑之外，市场上也出现了不少个性颜色的内饰，比如黑红混搭、棕米混搭、蓝白拼色等。它们虽不是市场的主流，但其出现意味着中国车市正在一步步与国际接轨，同时也为消费者提供了更多选择。

个性颜色的最大优点是与众不同，选择另类的颜色搭配，营造最适合自己的车内空间，可以反映个人审美观点与个性特点。缺点也很明显：一是过多和过于鲜艳的颜色容易分散驾车人的注意力，存在安全隐患；二是个性内饰车主往往会添加各种饰物以衬托车厢氛围，容易造成车内污染；三是个性内饰会“两头不到岸”，想象中的效果营造不出来，却得到一个“四不像”的结果。个性颜色缺点多于优点，所以在选择时一定要慎重考虑。最好选择厂家提供的颜色搭配，不要自行修改，因为厂家推出的个性颜色往往是经过严格的色谱分析，另类且不影响安全，既有品位，又能吸引眼球。

4. 选内饰购车前想清楚

颜色是一门深奥的学问，选择什么颜色的车和什么颜色的内饰能体现出车主个人的性格，但现在大部分消费者还达不到这样的层次，更多的是根据个人喜欢或是通过用途来决定颜色。如果你购车需要经常接待客户，那么浅色内饰最合适；如果你是一个“懒人”，买车

更多是自己用，那么深色内饰比较耐脏，也容易打理；如果你想彰显自己的个性和品位，那么无疑可以选择个性颜色。总之，不管选择哪种颜色的内饰，购车之前一定要考虑清楚。

买车怎样选择配置

每一家汽车企业在推销自己产品的时候，都会把高配置当成宣传的重点和吸引购买者的工具。当购车人在听得头昏脑涨、挑的眼花缭乱时，将这些配置买回去之后，真正能在实际使用中派上多少用场还是个未知数。很多准车主在首次购车的时候都误认为：汽车的配置越多越高档，性价比就越高，而忽略了自己买车的根本需求，选了很多所谓的豪华配置，结果在日常用车生活中大都成为摆设；还有一些购车者在面对五花八门的装饰、配置时无所适从。为此，在选择配置时应注意以下几个方面：

1. 家用车如何选择配置

现如今新车层出不穷，给车安装的配置更是让人眼花缭乱，有很多准车主在面对这些加装配置时显得束手无策。究竟哪些配置是家用轿车必配的？首先，要从实用角度去选择，在大致选定某款车之后，重点选择中等配置还是中低配置的车型比较合算一些。比如，某车有标准型、舒适型、豪华型、旗舰型，你就应该考虑选择舒适型或豪华型，并以舒适性为重点。因为，最低配置的车型通常是厂家用来“表白”低价的，而且其配置的确有些“寒酸”；而最高配置的车，对厂家来说利润也是最高，而且过于高配的部分会把价格拉得很高，不如用这些钱选择更高级别或更高档次的其他车。其次，要多参照同类车的标准配置，同时还要着重看这款车的安全配置，比如主、被动安全配置，操控配置，安全性能等。

2. 如何看车的配置

汽车的配置分为安全性配置、舒适性配置和方便

性配置三大类。安全配置一般是指提高车辆安全性能的装备，分为主动安全性配置和被动安全性配置两种。主动安全性配置，简单地说就是那些可以防患于未然的安全装置，比如ABS防抱死系统、EBD制动力控制系统、ESP电子稳定系统等；被动安全性装置，则是指车辆发生意外后，对驾乘人员或车身起被动保护作用的装置，比如安全带、安全气囊、抗撞击车架等。舒适性配置，顾名思义，是指提高驾乘人员舒适性，减少操作动作或降低操作难度的装备，比如自动变速器、自动雨刷、自动双温空调等。一般车辆的配置高低是根据级别而定，级别越高的车，配置也就越丰富。

3. 理性看待配置

一直以来，盲目追求高配置，是国内汽车消费，特别是高级车消费的一大特性。造成消费者追求高配置的一个重要原因就是爱面子，很多人觉得如果配置低了，说起来会没面子，在选车时往往比的也是谁的配置高，“性价比”实际上变成了“配置比”。比如，增加一个电动天窗显得车的档次提高了，但往往要多花上万元，而天窗的实际利用价值却很有限。

导致消费者陷入配置和性价比错觉的另一个重要原因是厂家的“不经意”误导。如今，很多厂家在宣传鼓吹自己的车型时，往往将诸如蓝牙、导航、转向大灯、座椅记忆、定速巡航、行车电脑等“高科技”作为炫耀的资本，由此得出“高性价比”的结论。而那些名目繁多的配置看似豪华，但对大多数车主来说实际使用率很低，甚至只是个奢华的陈设。因此，面对令人眼花缭乱的配置，准车主应该认真比较一下，哪些比较实用，哪些是可有可无，哪些纯属摆设。

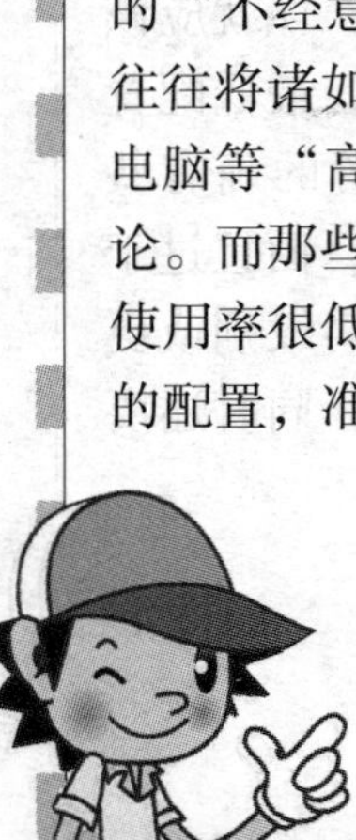

4. 华而不实的配置

桃木内饰以前都是高档豪华车上才有的，买车时销售人员也极力推荐说有了这个显得车内档次更高，

而有些人经不住他们的忽悠就选了桃木内饰版。但在使用时才发现，其实桃木内饰就是在塑料上印的木纹，而且现在就连三五万元的小型车都已用上桃木内饰。

和桃木内饰一样，真皮座椅的起源来自高档轿车，现在很多厂家给经济型轿车也配起了真皮座椅，但由于成本原因，其配置的真皮座椅并不是真正的好皮，劣质的皮味极重，而且表面粗糙，使用一段时间后还会出现龟裂、褪色等现象，不如绒布的经济实用。可是有些人不了解真皮座椅的性质，只为了提高车的档次，而将原车绒布座椅换成真皮，其实完全没有必要花这个钱。使用过真皮座椅的车主都很清楚，真皮座椅除了高贵并不实用，比如吸热不吸汗、透气性差，夏天坐上去很热，得铺凉垫，冬天很凉，得铺毛垫，完全失去了真皮座椅的意义。若是浅颜色的，又特别不耐脏，还需要定期专门保养，才能防止皮质变硬和发生龟裂。真皮座椅唯一的优点就是脏了用湿毛巾就可以擦干净。

5. 认清需求，选实用配置

丰富的配置的确能够为驾乘者提供更好的便利性和更加舒适的体验感觉。但是如果在购车预算原本就比较吃紧的前提下，就不得不均衡考虑以下哪些配置是必须有的，哪些配置是可有可无的，哪些配置是不必要的。比如，必须要有的：ABS、中控防盗锁、前气囊、电动车窗、助力转向、倒车雷达、前后盘刹等；可有可无的：如行车电脑、定速巡航、电动天窗、电加热后视镜、6 碟 CD、车载导航、倒车影像、真皮座椅、氙气大灯等；不必要的：如大灯清洗功能、转向随动大灯、一键式启动、座椅记忆或电加热、自动雨刷、自动空调、车载蓝牙等。至于如何鉴别哪些配置是真正常用的，首先需要了解其自身功能的含金量如何，是不是具有不可替换性。比如大家都熟悉的空调系统，从最初的手动模式，到自动双温、空气净化，甚至是模拟森林风等，这么多功能的空调，仔

细想想在日常用车中，其实也只是用到了最基本的冷、暖和玻璃除霜功能。不可否认，自动空调确实便利，但需要多花上万元并不划算。相反，像发动机电子防盗这样的基本不具有可替代性的功能，其价值就是实实在在的。

另一个考量为配置是否具有实用意义，很重要的一个标准就是在日常行车中的使用效率是否足够高。比如倒车雷达、倒车可视影像等，这些功能的出现为驾车人带来了极大的方便，使用的频率也很高，所以像这些使用频率高而且适用的配置尽量多选装。再比如车载蓝牙这样的配置，就是一个典型的科技含量高使用频率低的例子。对于预算有限的准车主来说，与其追求这些中看不中用的配置，倒不如把这些钱拿来升级音响或灯光等更实用的功能。另外对于商家打出的增配不加价的策略，购车者须保持理性态度，比如商家赠送的桃木内饰、迎宾踏板、水晶灯、小内饰等华而不实的配置，却没有多少实际意义。

总而言之，说了这么多的配置问题，其实就是想让读者明白，汽车的配置并非越多越好，加装的配置越多，车辆的故障发生概率也会相应增多，维修风险也就越高，而且很多没有必要的配置是需要付出更多费用的。因此，准车主一定要理性看待配置，并依照自己的能力和实际需求去选择更适合自己和更实用的配置。

买车须考虑的八大问题

许多人准备买车时都很困惑，不知道应该买什么车，如手动挡好还是自动挡好？两厢车好还是三厢车好？针对这些问题，笔者专门咨询了相关专家，并从中总结了 8 个问题，下面对这 8 个问题进行解答，相信会对准备买车的人有所帮助。

1. “卡”里有多少钱

想买什么样的车，首先要看下自己的卡里有多少钱，准备花多少钱买车？每年要花多少钱养车？确定

好自己所能承受的心理价位之后，在心理价位上下1万～2万元的范围内选择合适的车型。除了购车资金外，还需要额外准备一部分费用，作为购完车之后买车购税、买保险、装饰等费用。同时，还要再留一部分资金作为养车费用的必须支出。

另外，买车时一定要冷静，尤其是对工薪阶层来说，一定要头脑清醒地知道，自己需要买什么价位的车，自己对车都有哪些需求，而不是被新款车型诱惑，更不要听别人忽悠。就像时髦的衣服，未必每个人穿上都合适，还有新增设的功能，也未必都能用到。

2. 如何买到保值车

近年来国内车市，新车价格战司空见惯，尤其是10万～20万价格区间的车型降价十分频繁。自主品牌在保值上无法同合资品牌竞争，很大程度上与自主品牌厂家新车频繁降价，车型更新太快有直接关系。因此，不论是购买新车还是二手车，都应尽量选择市场价格相对稳定，成熟企业的成熟品牌。新车型下线一年后购买是最佳时机，因为一般新车型销售到这个阶段，价格中的水分已经挤掉不少，同时，汽车生产经过一年的调整和改进也确保了车辆的品质。除此之外，市场占有率、品牌信誉好的车型也是决定保值率的重要因素。

3. 买合资品牌还是自主品牌

目前，国内合资生产的汽车主要有欧系、美系、日系和韩系。从欧系车来说，欧洲人造汽车的理念是强调技术上的先进性和高度安全性，在制造工艺和零件的选材方面比较严格，在使用上要求拥有良好的技术性和耐久性。如德国车的刚劲、沉稳，英国车的尊贵、典雅，瑞典车的安全、厚重，法国车超凡的操控性，以及意大利车在高性能方面的出色成就，一直为世人称道。而正是由于欧系车对技术的依赖和设计、制造的先进性，所以车价相对偏高。

美系车最大特点是强调舒适性和动力性，兼顾安全性。美系车往往车身比较宽大，筋骨结实，自动化程度高，强调设备豪华，悬挂系统和隔音设计非常出色，发动机强调大马力。由于过于强调大马力和大车身，而导致美系车油耗较高，但随着美系车的与时俱进，已经摆脱了最初给人们的高油耗印象，基本达到了日系车的油耗水平。

日系车的特点是精致细腻，在为用户着想这方面做得无微不至。在汽车技术方面，往往领导世界潮流，尤其是在电子系统和发动机研制方面，更是略胜一筹。日系车的设计理念即油耗最小、使用成本最低、舒适性和使用便利性最大，而且技术先进、保养维修成本也较低。日系车善于营造舒适、温馨的氛围，各种储物格和舒适型电子装备非常多，比较适合家庭使用。

在介绍以上三大主流车系的同时，也应该提一下韩国车，因为韩国的汽车工业也很发达，所生产的汽车在许多方面与日本车具有相同质性。韩国车在以前确实是低价低质的车，但这两年已经今非昔比了，尤其是现代车，在全球范围内获得了很多好评，国际市场上人们对韩国车的印象得到根本改善。韩国车已经不再是低价低质的代名词了。总体而言，与欧系和日系相比，韩国车的内在品质和操控性能等方面还有一些差距，但在外观和性价比方面有一些优势。

对于自主品牌，过去在人们心目中的印象是价格低廉、品质低下，大毛病不犯、小毛病不断。现如今，人们不得不对自主品牌车刮目相看了，因为无论是外形设计还是制造工艺，无论是技术含量还是服务水准等，自主品牌已经毫不逊色于合资车，正是由于自主品牌旗下车型越造越精良，人们对于自主品牌的印象也开始从过去的怀疑逐渐变为信任和欣赏。事实证明，自主品牌的车之所以逐渐得到人们的认可，主要是依赖于其可靠的品质、超值的性价比及

从品牌形象到车型品质等方面的“蝶变”。就现阶段而言，自主品牌与合资品牌相比，在科技含量和科技水平等方面确实存在不足之处。但自主品牌的小排量车无论是技术、性能还是外观，都已赶上甚至超越合资品牌。因此，买自主品牌车更实惠，性价比最高。

4. 买手动挡还是自动挡

手动挡车的机械效率高，因此省油；制造成本低，购买成本也相对较低；因结构相对简单，因此维护便利、费用低；技术相当成熟，因此可靠性很高，对男性而言能容易找到驾驭感觉和增加驾驶乐趣。不过在道路拥堵的情况下，驾驶手动挡车需要频繁踩踏离合和变换挡位，这会增加劳动强度，对新手来说还会分散注意力，影响安全行车。如果经常在市区驾驶，最好选择自动挡车。

自动挡车操作简便，因少了踩离合踏板和手动换挡，从而降低了驾驶者的劳动强度，比较适合新手和技术不佳的人群驾驶。由于自动挡变速器制造工艺精度高、技术复杂，所以车的成本和价格相对较高，而且维修费用也高，使用起来也比手动挡车费油。但对新手而言，开手动挡车比开自动挡车还费油，其主要原因是换挡时机把握不准。随着自动挡的技术进步和无极变速器的发展，自动挡也将变得更接近高手的换挡水平，并拥有更多的优势。目前自动挡车在国际家用轿车中也是最流行的。

5. 买两厢车还是三厢车

三厢是指发动机舱、乘员舱、后备箱。三厢车有独立而密封的空间，后备箱适合装载多件中小型物品。由于三厢车车身较长，自重增加，相应的油耗也就增加了，而且在城市拥挤的道路上和停车难的条件下，灵活性不如两厢车。而所谓两厢车，就是乘员舱和后备箱之间采取车顶平滑过渡，车内没有密封隔挡，通常要比三厢车短一些。两厢车适合装载较大型物件或少量行李，因其后排座椅

一般可以放倒，使后备箱与后排空间打通。但两厢车美中不足的是，由于乘员舱与后备箱之间没有密封隔挡，当载有异味物品时，气味会散发到车内；加上没有独立的后备箱，一旦发生被追尾事故，后排人员受到伤害的危险较大。现在追求时尚的年轻人都比较喜欢两厢车，而且两厢车在欧美国家已经流行多年。

6. 买什么车最经济

对于一些经常要跑长途，上高速公路的车主来说，应该选择动力较强，排量较大的车；对于经常在道路拥挤的城区驾驶的车主来说，可选择排量小一些的车。因为发动机的排气量大小与油耗高低成正比，在油价不断上涨的今天，汽车的燃油经济性是每个车主购车前必须考虑的问题。一般汽车使用手册上标注的百公里油耗只是匀速行驶时的最低油耗标准，与平时使用时的综合油耗相差较大。因此，在选购车时不要只听经销商的介绍，应多咨询使用过该款车的车主，了解实际油耗和维护成本。若单纯从经济角度考虑，当然选择车型越小的车越经济，排量越小的车越省油。现在有些小排量车也配备了高性能 TSI 发动机，这款发动机不仅解决了小排量车动力不足的问题，也大大提高了燃油经济性。

7. 买什么车最安全

目前纯正美系车的安全性能相对较高，其次应该是欧系车，这两大车系无论是在主动安全还是被动安全等方面，都是始终追求更好、更完美。对于购车者来说，车的安全性能必须优先考虑，因为它关系到个人，也关系到他人的人身安全。汽车的安全性能主要包括主动安全性能和被动安全性能两大部分，这主要取决于刹车系统、转向系统、底盘结构、车架形状、钢板厚度等。因此，在选车时尽量从以上要素来比较，如有没有配备 ABS、EBD、ESP 及安全气囊数量；有没有一个结构合理的底盘系统，钢板厚度是否在日常使用时容易变形；有没有一个碰撞时保护驾乘人员的车架设计

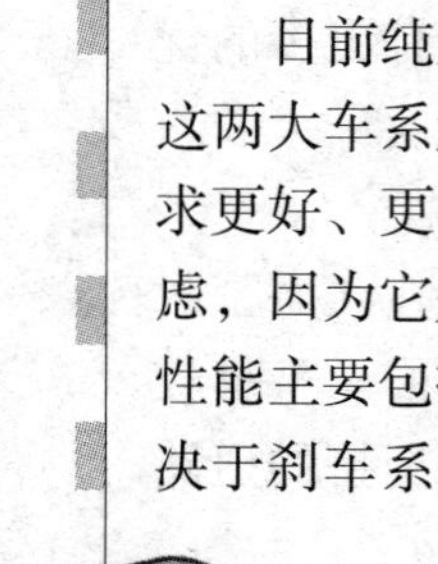

等。因此在购车时应充分考虑车辆的安全性能，而不是仅凭个人喜好来选择。

另外，车身颜色也与安全有关，在一项由权威机构就汽车颜色与交通事故发生率之间的关系调查结果表明：撞车等交通事故的发生与汽车颜色有密切的联系。车身颜色从深色到浅色事故率逐渐降低，颜色安全性逐渐提高。也就是说，如果用车身颜色的安全性来排序分别为：白色、银灰色、黄色、红色、蓝色、绿色、黑色。因此有关专家建议：买车有必要考虑车身颜色的安全性。

8. 买新车还是二手车

对于一些新手练车过渡之用或者是资金相对欠缺的人们来说，买一辆二手车是不错的选择。因为二手车价相对便宜很多，可省出一大笔买新车和上牌等费用支出。只是在选择二手车时，要注意车的来源和车况，绝对不要因便宜而购买那些来路不明或者车况很差的车，最好到二手品牌车经销商那里选购；而买新车的好处则在于自主性强，对车的性能有完全的掌握和了解，对选择品牌、车型和颜色等方面也都有自主权。如果资金充足且没有“练车”的需要，买一辆称心如意的新车更好。不过对新手而言，由于对车的性能不了解，再加上操作技术不熟练，这是最“毁”车的，所以驾驶技术没练出来之前最好不要开新车，因为新车使用初期更重要的就是磨合，如果使用不当，磨合不好，费油不说，日后的毛病也不少。

总而言之，随着国人消费心理更加成熟、理性，买车不光看价格、品牌，还要看性价比。买合资车好还是国产车好？买新车好还是买二手车好？不能一概而论，除了根据个人需求，还要看价钱与车辆性能是否构成极高的性价比；还需要进行试乘试驾与综合路况测试，检验判断哪款车更值得购买，适合自己的就是最好的。

第二节　买卖二手车

怎样选购二手车

图 4－4　生意兴隆的二手车市场

在汽车日益普及的今天，人们购车也有了更多的选择。随着二手车市场的快速发展和人们对二手车认识的逐步加深，越来越多的收入相对较低或者是用来练习的新手们，都把目光投向了二手车市场，选择购买物美价廉的二手车，如图 4－4 所示。但由于二手车市场鱼龙混杂，许多购车者不具备辨别二手车品质的能力，对车辆前期的使用情况及维修信息也不了解，往往会吃亏上当。为了能在二手车市场选购到称心如意的车，并且避免风险和损失，应注意以下两个方面：

1. 选择大众车型

先说说购二手车的交易过程，一般购买二手车的步骤是：首先由二手车评估师确定初步价格；二是检查车况；三是查看手续、砍价、确定最终价格；四是签订合同；五是车辆过户；六是车款支付；七是购车后彻底保养。

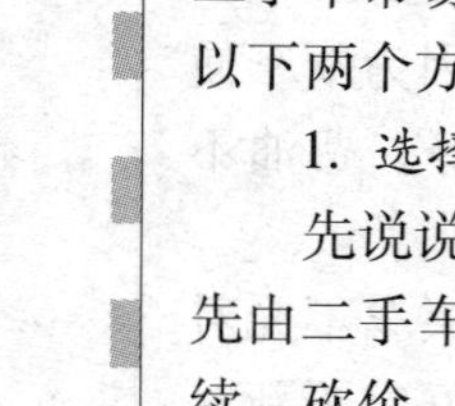

众所周知，选购二手车首先要看车型、看车况、看价格。除了这些以外，还应避免购买那些市场占有率很小或已经停产的车型，再喜欢也最好别下手。因这些车型市场占有率低，配件难买，维修保养费用

高。所以，在考虑购买二手车时，应该选择大众化车型，并以实用为主。因买车的人们自身有不同的购买目的，选择也会有所不同，如果买二手车是用来练习的过渡性质，可以考虑选择3 万 ~5 万元的二手车，年限最好不超过 6 年，公里数在 10 万公里以内。这类车排量小、油耗低、保有量大，维修保养费用也不高，日后再出手也贬值不了多少。一般选购使用 3 ~5 年的二手车会相对保值。

2. 考虑养护成本

二手车一般都过了厂家的保修期，接下来的养护费将直接影响用车成本。因此，买二手车时要特别关注车况的好坏，车况好的车不仅安全性能和操控性能好，还能减少很多维修费用。但选择二手车的人，往往贪图车价便宜，要知道便宜没好货，好货不便宜。买车容易养车难，让人十分烦恼的维修养护费用问题，也是购车前必须考虑到的因素。除了选择车况好的车和考虑养车成本低等重要因素外，还要选择品牌知名度高、油耗低、市场保有量大的车型，这类二手车零部件比较便宜，一般的维修店都能修理，购买之后在维修保养和使用成本上都很低廉且方便。

怎样全面检查车况

二手车的技术状况好坏，直接关系到日后的安全驾驶和维修费用。为了避免风险和损失，在挑选二手车时，一定要认真、仔细地检查车况，如图 4 – 5 所示。下面对如何检查和注意哪些问题进行详细讲解：

1. 静态检查

车辆的静态检查主要是通过仔细查看，对所发现的问题要逐一做好记录，以便砍价时提供充分的依据，查看内容分别是：出厂时间、行驶里程、发动机、外观、车门、车梁、车内饰、行李箱、底盘等。

图 4－5　买二手车别只看表面

（1）看出厂年月：二手车的技术状况与车辆的使用年限直接相关，通过查看车辆的出厂年月，便可初步估算车辆的现有价值。拿着该车的行驶证核对车牌号、发动机号、车架号，并且认真观察行驶证的照片，一定要与现车相符，找到该车的出厂铭牌，看上面标志的厂牌、型号、出厂年月等内容与该车的实际情况是否符合。

（2）看行驶里程：汽车的使用寿命是由使用年限和行驶里程决定的，一般轿车在行驶 15 万～20 万公里以后，车辆的技术性能明显降低，养护费用也明显增加。车辆行驶里程可从里程表中直接读取，但有些二手车的公里数只能作参考，很多二手车的里程表都被修改过。因为公里数是二手车估价的一个重要依据，几乎所有打算卖车的人都想方设法让自己的车卖个好价钱，而修改里程表是一个最简单也最有效的办法。如果车的年限较长、内饰陈旧，方向盘、挡杆手柄、离合踏板、刹车踏板和经常接触的开关及部位已出现明显的磨损，而公里数却不多，这种车的里程表很可能被改动过。

（3）看整体外观：汽车的外观好坏也是二手车估价的重要因素。俗话说“货卖一张皮”，因此很多车主在卖车前都在车的外观和内饰上花了不少工夫。在选车时一定要擦亮眼睛，不要被漂亮的外表所迷

惑。应该主要检查车身是否发生过碰撞及受损程度。先站在车前角往后看，观察车身侧面腰线是否流畅、笔直，平面部位是否平整，有无类似波浪的形状，注意光线反射是否一致，是否有色差。用手指敲击车身时，响声应发脆，如敲击声沉闷，或感觉铁皮厚度不一致，则说明该部位有过修补。再通过观看车漆、边缝和螺钉等状况，就可判断出该车是否发生过事故，如车身各接缝和边角是否有残留车漆，前后盖与左右翼子板、车门与门框的缝隙是否一致，线条是否平直，固定件、螺钉是否拆过。然后要查看车身锈蚀程度，如防护板、车窗、水槽、底板等，锈蚀严重的话证明该车购买时间已很长。

（4）查看各车门：来回开关车门是否灵活顺畅，有无异常响声，密封好的车门在关门时能听到“嘭”的声音，比较沉闷；打开车门查看门框四周密封胶条，如果老化变硬或者破损，车门处会漏风、进水；取下密封条查看车门及门框线条是否平整，有无修复补漆痕迹，仔细检查 A、B、C 柱及四周有无整修过的痕迹，必要时可将胶条拉开，看原车的对焊点是否均匀、整齐。若用手敲击车门感觉薄厚不一，圆形焊点变形、大小不等或烧焊过，则说明该车侧面受过严重撞击。

（5）查看车架：车架是很重要的检查部位，因车架受到撞击变形后，会出现转向不均匀、不稳定，直行时车轮自动跑偏，轮胎偏磨，前悬架磨损严重等问题，千万不可大意。要重点检查发动机前端上下方横梁，翼子板上方内侧两条副梁，发动机下方的两根纵梁。仔细查看这些部位是否平整，是否保持原样，若螺钉被拆装、原车焊点变形、凹凸不平、经过烧焊整形等，则说明该部位遭受过严重变形。尽管已经修复，但与这些部位相关的零部件会出现异常磨损和不良反应，车辆的某些性能也会受到影响。

（6）查看行李箱：开合行李箱是否灵活，密封

条是否完好；掀开行李箱的地毯看地板锈蚀情况，查看是否有钣金、烧焊、喷漆的痕迹。从地板和边沿的平整度及漆色等可以看出是否发生过追尾事故。如果行李箱有过烧焊整形，则说明追尾比较严重，可能会造成行李箱密封不严甚至漏水。

(7) 查看车内：查看座椅新旧和下凹程度；车顶篷是否破损或下沉；天窗有无漏水痕迹；装饰条板是否松垮脱落、磨损或新旧不一；揭开座位下脚踏部位的地毯，看底板是否潮湿、发霉和生锈。如锈蚀严重的话，说明该车下雨时可能漏水，也可能被水泡过，如果是下雨漏水或被水泡过的车，最好不要买。另外，如果该车的年限较长，发动机较旧，而外表和内饰都很新，那么很可能是翻新车，在查看时一定要谨慎。

(8) 查看发动机：一是要看电线排列是否整齐，有无改动或重新接线；各橡胶油管、水管和皮带等有无老化、渗漏现象；发动机是否渗漏油液，各部件固定是否牢靠，如图4-6所示。二是拔出机油尺看机油的质量和高度，机油颜色变黑，说明使用时间长，这个问题倒不大，如果机油混浊，颜色变成灰白色，很可能是冷却液混入曲轴箱内。若出现这种状况，发动机问题就严重了；如果机油面高度太低，则可能是发动机烧机油，或者是漏油比较严重。三是打开水箱盖查看水箱内加的是防冻液还是水，是否混浊不堪，水箱盖上和水面上是否有油。如果发现有油，应启动发动机，再看水箱中是否有气泡冒出来，若有油又有气泡的话，大多数是缸床垫漏气。还得查看一下水箱和空调冷凝器散热片有无变形和焊接过。四是查看电

图4-6 仔细查看发动机

瓶的电容量和购买日期，一般电瓶的使用寿命为 3 年左右，看电瓶表面是否干净，有无鼓包，两接线柱是否腐蚀严重，电瓶液有无渗漏痕迹。

（9）查看底盘：一是分别看左右两侧的前后车轮是否成一条直线，车轮是否出现外八字形，两个前轮及两个后车轮的后侧与轮罩的间距是否相同，从中判断两侧轴距是否相同，如图 4－7 所示。如果前后轮不成直线，左右轮与轮罩间距出现较大偏差，则很有可能是悬架或车架变形、车桥移位；二是查看减振器和悬架系统的情况，可用手将车身前后四个角分别用力下压几次，如放松后车身能回弹，并能自由跳动两三次，说明该系统正常。如不能自由跳动，有异响或车的两前角或两后角高低不一，则说明该减振器或悬架系统弹簧等部件有问题；三是最好上举升机，这样可以很明显地看到底盘情况，如图 4－8 所示。如底板是否平整，加强筋是否笔直；用手左右、上下摆动车轮，如间隙较大，说明轴承或球头磨损严重，用手推拉转向拉杆和上下支臂查看是否松旷；看曲轴油封及油底壳、转向助力缸、变速箱、差速器、球笼等是否有漏油痕迹，油箱是否变形或渗油，减振器有无漏油痕迹，排气管及消声器有无变形和腐

图 4－7　看前后车轮

图 4－8　认真检查汽车底盘

蚀锈穿；认真查看轮胎生产日期，比对轮胎型号是否一致，两前轮或两后轮的轮胎花纹是否相同，花纹磨损是否快到极限，有无损伤及鼓包，备用轮胎也别忘了查看。

另外还要特别注意：如车况较旧，而轮胎的成色很好，花纹也很深，那么很可能是从旧轮胎店买来的旧胎或翻新胎。一定要认真检查每条轮胎，看清楚生产日期和有无修改，一般轮胎的寿命为五年，超过五年橡胶老化、胎体疲劳、强度降低，这种轮胎在高速行驶中容易发生爆胎。

（10）查看设备：必须对车辆各种附属设备进行动态检查并确认是否完好，工作是否正常。如雨刷器、喇叭、音响、仪表和各种灯光等；检查各种开关是否灵活有效，空调冷、暖风是否正常，座椅调整装置是否有效，车窗玻璃升降是否顺畅、有无异响，天窗开关是否正常，安全带是否有效等。

4. 动态检查

对二手车进行全面的静态检查之后，下一步应该进行动态检查。所谓的动态检查，其实就是对车辆的试乘试驾，这是购买二手车中非常重要的一个环节，通过实际道路试车，便能及时发现车辆存在的问题和隐患。

（1）试车主要是测试汽车的操控性能、加速性能、刹车性能，并包括滑行、噪声及尾气排放的情况等。一般只有通过较长时间的路试，才可能反映出车辆在不同行驶状态时的性能。试车时尽可能让经验丰富的朋友陪同，若没有这类朋友一起试车，可先放出风声让卖方知道你将带上一些行家来试车，万一对方的车有问题，可能会知难而退。另外，试车最好能在早上，并在停车场直接取车，因为旧车的毛病往往在停放了一夜后，或者完全冷却时启动才容易发现。

（2）试车前应先检查发动机的工作状态及尾气排放。不要急于启动发动机，先注意查看地面上有无

漏油、漏水的痕迹。然后应先打开点火开关，观察仪表盘内指示灯、警告灯和各仪表显示是否正常，然后再点火。点火时要注意启动机工作是否正常，有无异响；发动机启动是否顺利，启动后车身、方向盘、变速杆等应无明显抖动；发动机怠速高低应正常，运转应平稳，发动机在低、中、高速时应无异常响声。查看尾气是否正常，一般发动机排出的气体为无色、白色或半透明的淡灰色，若排气管冒蓝烟或排气口周围有油污，则说明发动机烧机油；若排气管冒黑烟或排气管内壁有黑色炭灰，则说明燃油燃烧不充分；若尾气很难闻，则说明三元催化器失效，造成尾气严重超标，需要更换三元催化器，但价格昂贵。

（3）起步前还应先检查一下方向盘、离合踏板、油门踏板、刹车踏板及手刹。方向盘左右转动时，自由行程应很小，上下晃动时应无间隙；离合踏板踩到底时，变换各个挡位应顺畅自如，若挂挡困难，变速箱齿轮有撞击声，则说明离合器分离不彻底；拉紧手刹，挂 1 挡慢抬离合，逐渐加大油门起步，若离合踏板抬完后发动机还憋不灭，而且车也原地不动，则说明离合器打滑，若车能够顺利起步，则说明手刹失灵；油门踏板不应有犯卡、沉重、回位慢的现象；用力踩下刹车踏板不放，踏板应保持一定高度，若缓缓下移，则说明刹车系统泄压。

（4）道路测试的第一部分是汽车起步，应注意观察起步是否平稳，离合器是否发抖，换挡是否平顺灵活。如果出现起步发抖、上坡打滑或换挡困难，则说明离合器有问题；试一试转向性能，有意地把方向盘向左向右转动看转向是否灵活和准确，有无自动回转能力，两手放开方向盘一小会儿，看行驶方向是否自动偏离。高速行驶车身应无摆动，方向盘应无抖动。如果转向沉重，松手后自动跑偏、高速抖动等，则说明转向和车轮有问题；试一试刹车性能，在条件允许的情况下，车速达到 50 km/h 时，踩一脚急刹车，看

车辆是否能立即减速并停车，而且不跑偏、无异响。如果出现减速迟缓或跑偏等异常现象，则说明刹车系统有问题；试一试发动机加速性能，行驶中注意各个仪表的工作状态，当发动机温度达到正常值后，挂中速挡急加速看提速是否敏捷，有无推背感。如果加速迟缓，发动机声音沉闷或抖动，则说明该发动机功率下降，加速性能差。试一试变速器性能，在行驶中应测试每个挡位，挡位应精准，换挡应自如，加油和松油门时不会跳挡，无异常响声。如果跳挡、换挡困难或有响声，则说明变速器有问题；若是自动变速器，切入D挡时应平稳、没有冲击和振动。起步后应注意听换挡点，随着车速的变化能够及时升挡或降挡，并无冲击或较大的顿挫感。如果换挡后发动机转速上升很快，而车速提高缓慢，或者顿挫明显、变挡迟缓、噪声较大，则说明该自动变速器存在问题。

(5) 在试车过程中，在低速行驶时应打开车窗、关闭音响，仔细听听底盘有没有不正常的响声，并判断声源发出的部位，如车轮、变速箱、传动轴或驱动桥等；在左右大角度转向时，听听转向机构有异响或振动，并感受一下车辆的减振如何，有无颠簸回弹反应。如车身振动强烈，底盘响声很大，则说明减振系统工作不良，悬挂系统松旷。

5. 手续检查

购买二手车除了车况外，手续的完整性对于车辆的价值也有较大的影响，某些关键手续甚至比车辆状况的价值还大。因此，必须仔细查阅该车的各项证件和票据是否齐全、有效及真实，如图4－9所示。车辆必须有的手续是：车辆登记证书、行驶证、购置税证、购车发票，其次是车主的身份证、年检卡、保险单、保养记录等。这些手续都要看清楚，没有问题才行。如果手续不完整，税费缴纳不齐全，将给车辆过户带来很多麻烦。另外，还得小心，千万不

能因为图便宜而买来不合法的盗抢车、拼装车和走私车。

图4－9　看车、试车、验手续、办过户

6. 砍价技巧

（1）对于二手车，砍价相当重要，但很多人对于购买二手车应该如何砍价感到迷茫。如果你看中某辆车后，可先用试探的方法了解一下，为什么这辆车要开这个价钱，然后再与其他二手车经销商的同款车型比较，并结合车况来判断它值多少钱。一般在国产的低档热销车型中，二手车经销商在标价时的水分都比较少，所以砍价时以砍掉标价10%后的价位比较合适；对于高档车，砍价可以狠一点，但控制在20%左右较为适宜；至于冷门的或杂牌等车型，就可以下重手，砍掉标价的30%也不为过。

（2）如果你选中的这辆车需要修理，你要让卖车人知道你将要为此花多少钱，确保将你的出价低于你的估价。一旦你出价，在卖方做出反应前不要说话，谈判中沉默的力量是巨大的。保持淡定，不要让步，除非万不得已，你必须让步，那么只能很小幅度的增加，当你的出价已经是估价时，告诉对方这是你的最高价格，而且不可能再高了。

（3）购买二手车挑选车况其实也是对车辆价值的认定，毛病越多当然价格越低，但是很多购车人都认为挑毛病就能压低价钱。实际在二手车交易过程中，只有一些关键部位对车辆价格影响很大，一般影响车价的主要因素依次是：车架、发动机、变速箱、转向机构、刹车系统、电气系统、悬挂及内饰，还有就是轮胎。其他的一些问题对价格影响都不是很大，因此，依据车况砍价时一定要找准地方，如图 4－10 所示。

图 4－10　找准问题好砍价

总之，挑选二手车的时候一定要细心，能检查到的部位都要查看到。只要你了解了上述讲到的检查内容及方法，并善于观察，一定能够买到一辆满意的二手车。

怎样处理旧车

买新车的人多了，卖旧车的人也开始多了起来。可是自己用旧的汽车该怎样处理？有人说卖给亲朋好友，“肥水不流外人田”；也有人说卖给自己人麻烦事多，卖贵了朋友不高兴，卖便宜了自己又吃亏……那么，怎样处理自己的旧车，让不少车主犯难，如图 4－11 所示。

下面推荐几种卖车的途径供车主们参考：

1. 最省心：和 4S 店进行旧车置换

最省心的方式莫过于通过和 4S 店进行旧车置换，相对于自己到二手车市场交易旧车，一些提供二手车置换服务的品牌车企优势明显。一般来说，4S 店开展的置换业务更可靠，车辆评估的价格相对公道，还能冲抵新车的一部分车款，同样享受售后保障而且寻找买

图4－11　出售旧车找对买家

主、办理各种手续的事都可以交给4S店来完成。

2. 最实惠：去二手车市场

目前有许多车主都是将车开到二手车市场与买主直接交易。建议车主交易前应先去二手市场了解相同车型、同年代的车辆大致价格区间。然后，将车开到二手车市场或品牌二手车中心通过专业评估师做价格评估，这样就能够对自己的车价做到心中有数，车主就可以与买主面对面砍价了。用这种方式卖车，虽然很耗时，但往往能卖个好价钱。

3. 最冒险：卖给二手“黄牛”

旧车卖给二手“黄牛”是风险最大的一种交易方式。一般情况下他们会故意夸大车辆的许多问题，并以此为借口压价，将价格压得远低于实际车价，而且车到手后迟迟不过户。因此，对于经验尚浅的车主要谨慎与“黄牛”交易，否则可能会遭到欺骗，还可能承担一定风险。不过与4S店比较而言，“黄牛”更适合急于卖车周转资金的车主。

4. 最快捷：转让给自己人

把车转让给熟人、朋友或亲戚，这是最快捷也是最省事的旧车处理方式。但是，很多转让过车的人认为，把车卖给熟人不仅在价格上吃了亏，而且麻烦很

多；本来就低于市场价格转让，但往往还被人家指责“黑心”；有些车转让了很久，账都清不完等。还有些车主认为把自己的爱车卖给熟人或朋友，是把好东西让给了朋友，但结果都出乎意料，新车主在用车中出现这样那样问题时，他们第一反应就是：怪不得他卖车给我，原来这车有问题呀！于是就会有误会朋友的事情发生。

为此，建议车主再转让车时，如果是卖给熟人或朋友，最好与他们一同到二手车评估机构先进行评估，得出评估价后，可以在评估价的基础上适当优惠一些，既照顾了朋友的面子，也同时堵住了喜欢评头论足人的嘴。如果是不打算把车卖给朋友的车主，可以把车卖给正规的二手车经销商行，或者自己在网上发帖卖车，还有一种方式就是交给二手车行寄卖，这也是不错的选择。

5. 最划算：使用五年卖车

正常情况下，新车在两年之内贬值率最高，两年以后贬值率跌幅趋于平缓，而五年后又会大幅贬值。因此，要想减少贬值损失，把握好理想的卖车时机就显得尤为重要。一般来讲，使用五年以内的车在二手市场比较受欢迎，卖主也能相应地卖个好价钱。因为使用五年的车辆，正处于最佳技术状态尾端，不易出现可见的磨损和故障。例如，多数需要更换的零件已接近更换期，橡胶件已接近 6 年的寿命期。此时出手转让，连同即将发生的维护工作也一并转移了，可以节省很多费用。

另外在实际交易中，根据车型和使用情况的不同，每辆车都有一定的差别。主流车型由于二手车市场需求较大，使用在 7 年之内的车都有一个较高的价位，而一般车型和进口车在使用 4 ~ 6 年转让最为划算，价位很高的进口车则使用 7 年出售比较划算。

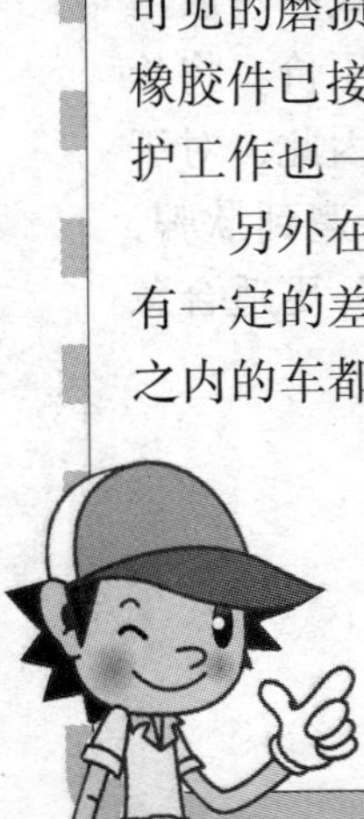

6. 最重要：卖车后及时过户

在二手车交易中，车辆及各种手续的过户千万不能马虎，过户环节也是整个交易过程最重要的一环。二手车交易办理过户手续需要涉及多个部门，手续繁多，时间长，一些人嫌麻烦或工作忙，又对二手车交易的管理政策不甚了解，为图方便省事、委托一些无合法资格的人代办手续，或轻信对方，或不亲自陪同办理，都容易造成很多问题。因此提醒车主，无论采用哪种方式处理旧车，只要车一出手，一定要及时过户，否则，将给自己带来意想不到的麻烦。另外，身份证等资料不要交给一些身份不明的人，过户一定要亲自去旧机动车交易所或车管所办理，如图4－12所示。

图4－12 多咨询服务中心

7．最稳妥：签订销售协议

在出售旧车之前最好先去专业二手车中心咨询，无论买、卖，一定要签署正规的协议书。并仔细阅读协议中的每一条款。签完协议时，还必须让经销商盖上有效公章，因为协议是规定双方责任，享受相应权利的法律保障的文字体现。如果不签协议或协议中文字含糊，那么售出车辆一旦发生任何问题，原车主就有可能遭受损失。

最后，车卖后不要忘了车辆的保险过户。对于购买二手车的车主来说，依然有义务在完成车辆变更后，及时向保险公司申请车险变更手续。办理车险过户有两种方式：第一种是对保单要素进行更改，如更换被保险人与车主；第二种就是申请退保，即把原来那个车险退掉，终止以前的合同。这时保险公司会返还剩余的保费。之后，新车主就可以到任何一家保险公司去重新办理一个车辆保险。

怎样估算二手车价格

二手车的价格基础与市场上该款新车的价格紧密相连，也就是说，当你看到自己心仪的新车价格开始下降时，就可以去二手车市场看看，该款的二手车也会有一定程度下落。另外，同种车型的汽车由于使用、保养程度的不同，价格会有较大差异。新车随着时间和行驶里程的增加，其价格也会随之下降。因此，二手车价格与汽车的使用、保养及新车价格有很大的关联。所以在计算二手车价格时，应该把以上几个因素都考虑进去。

估算二手车价格的方法有以下三种：

（1）一般来说汽车使用寿命大致为10年，如果将新车使用10年报废视为100分的话，把15%作为不折旧的固定部分为残值，其余85%为浮动折旧值。可分为3个阶段：3年、4年、3年来折旧，折旧率分别为11%、10%和9%。前三年每年折11%，总折33%。然后加残值，构成了折旧值。但是该方法必须请二手车评估师对汽车进行现场评估后才能判断出该车的级别。

举例说明：一辆目前市场上售价20万元，2005年上牌的车，在2011年销售时的二手车价格应该这样计算：该车已经使用6年还剩4年，其浮动折旧值的总折旧率为 $11\% \times 3 + 10\% \times 3 = 63\%$；加上现场评估出的级别，如保养还不错，属于1级车，则可加新车价的5%（1万元）。该二手车价格为：$20 \times [15\% + 85\% \times (1-63\%)] + 1 \approx 10$ 万元。

（2）一辆车的有效寿命大致为30万公里，将其分为5段，每段6万公里，每段价值分别是新车价的5/15、4/15、3/15、2/15、1/15。假设新车价20万元，已行驶18万公里，也就是说该车已经跑过了三段6万公里，还剩下2个6万公里（2/15、1/15）那么，该二手车的价格大概是 20 万元 $\times (2+1)/15 = 4$ 万元。

（3）按照行业规律，计算一辆二手车的价值，习惯按照一辆车的使用年限为 10 年来计算，头三年每年按价值减少 15% 来计算；中间 4 年（第 4、5、6、7 年）每年按价值减少 10% 来计算；最后三年每年按价值减少 5% 来计算。但这只是理想状况下的二手车折旧率，实际情况复杂得多，要受到很多因素的影响。

第三节　新车装饰

怎样给新车上牌和装饰

新车买完后该如何上牌、手续怎么办、程序该怎么走？应该去哪儿装饰比较放心、都需要装哪些东西？这些问题对新车主来讲的确感到有些困惑，尤其是初次买车的车主更是迷茫。就这些问题作者走访了多家 4S 店和汽车装饰行了解了具体情况，在此向新车主们一一解答。

1. 新车上牌交 4S 店

过去新车入户上牌，不仅要在检测中心、车管所、税务局、保险公司之间来回奔波，还得在车管所排上几个小时的队，等到车牌挂上时，人也被折腾的精疲力竭。如今新车上牌的手续办理就容易多了，在 4S 店随便咨询一下销售人员，他们都会给你说得很明白。比如：买到新车—买保险—买购置税—选车号—挂车牌等，所有手续不用你再到各部门来回跑，足不出 4S 店，新车入户的一切都可以搞定。放心地把这些事情交给 4S 店，也不用担心保险费太高，只要会还价，可能比车主去保险公司买还便宜。

另外，还需要提醒车主的是：新车不要急于入户上牌，应先使用一段时间，在临时牌有效期内多跑跑，如果没有发现问题再去上牌也不迟。否则，新车上了牌后，一旦出现质量问题，需要换车或退车，解

决起来麻烦会很多。

2. 新车装饰量力而行

许多人买了新车后，都要给爱车做些装饰，比如铺地胶、装座套、贴车膜、车身封釉、底盘装甲等。尤其是那些喜欢追求时尚的年轻车主，凭借自己的想法随意地加装和改装爱车。请记住，无论如何，汽车装饰首要的还是健康、安全、方便、实用，新车装饰重在实用，应量力而行。下面介绍装饰中存在的一些问题：

（1）很多新车车主都喜欢铺地胶，而且4S店或装饰店一般都会主动劝车主铺地胶。本来地胶是为了保持车内清洁，但有些地胶各种有害物质超标，铺上后反而造成车内空气污染。更为严重的是，由于铺了地胶，当车内外冷热变化时，车底产生的湿气无法蒸发，时间长了会使车底发霉、锈蚀、腐烂，车内还会产生异味和螨虫。因此，建议不要铺地胶，最好选用防水脚垫，如3D立体脚垫，这种脚垫是按车型量身定做的，高边设计，表面采用一级强韧纤维，三层防水材质，耐磨、防水、易清洗，又无异味。建议后备箱铺地胶比较实用。

（2）有些商家为了谋利，给新车主积极推荐做底盘封塑、装甲。其实新车根本没有必要花这些冤枉钱，因为新车在出厂前就已经在车底上喷涂了具有高弹性的保护层。所谓"烂车先烂底，底盘必须做装甲"这种说法并不完全正确，如果经常在乡村土路或坑洼不平的路上行驶，加装发动机底部护板很有必要，可以起到保护作用，防止油底壳、变速箱被碰撞。如果经常在市区或较平坦的柏油路上行驶，最好不要安装发动机护板，因为发动机底部被护板遮挡，空气不能对流，影响发动机散热，而且会使离地间隙变小，反而影响通过能力。

（3）对于新车是否需要封釉，要看车主的经济条件，如果资金充足还是有必要给新车做个封釉的。因为做完封釉的车相当于给车穿上了一层保护衣，不

仅增强了车漆光亮度，还能对车漆起到更好的保护作用，当下雨或洗车时，它比车蜡更能抗水洗刷，也不怕紫外线的照射和酸碱、风沙的侵蚀，还能使车漆与空气隔绝，不易被氧化。因此，新车买后马上封釉就可以留住车漆的艳丽，保护车漆不会褪色。

（4）如果新车没有安装倒车雷达，为了安全起见，很有必要加装。因倒车雷达能有效提示驾驶人车后方障碍物的相对距离，避免发生意外。对于女性和新手而言，只有倒车雷达还不足以保障安全，如果经济条件允许的话，可加装倒车可视影像系统。倒车时，一挂倒挡，显示器自动显示车后状况，并有两条安全标线辅助，无论是雨天、雾天还是夜晚，车后的一切都一样清晰可见，大大提高了倒车安全性。

（5）不少车主追求车身外表的个性化，比如加装尾翼、大包围等，使一辆普通家用车看起来更有赛车的“风范”，而这已经成为时下年轻人颇为喜爱的一种车辆改装。从车身设计原理来讲，加装尾翼具有在高速行驶时提高下压力和车身动态平衡的特性；同样加装大包围也是用来改善气流、提高车身稳定性的。但专家认为，给普通家用车加装尾翼、大包围实际用途不大。如果你是一位赛车爱好者，经常参加赛事活动，那么对爱车进行改装是必需的，但如果爱车只是个代步工具，加了大包围，就意味着车身要降低，通过能力大大下降。而随意安装的尾翼还容易弄巧成拙，因为加装汽车尾翼是要根据车的外形及行驶速度，经过测试，调整所需的最佳角度，然后才能起到下压作用。因此，无论是加装尾翼还是大包围，对普通家用轿车来讲都没有实际用途，反而会增加油耗。

（6）加装挡雨板、遮阳板、大视野后视镜这类物品是不错的选择，既适用又省钱。比如，下雨的时候，关上车窗，车内显得有些闷，玻璃上还易起雾，而打开车窗，车内又会飘入细雨，很多车主都会遇到

这样的问题。那么，给爱车的车窗装上挡雨板就可以解决这些问题了。此外，还有一种后视镜挡雨板，只需粘在后视镜上方，就相当于给镜片加了个“屋檐”，这样下雨时就不会出现看不清后视镜的情况了。

夏季露天泊车，如果全车玻璃没有贴车膜，最好在车玻璃内放几块遮阳板，尤其是前后玻璃，它可以挡住直射的阳光，使用后你会发觉进入车内时那种炙热感大大降低，还可以有效地保护仪表台及内饰，避免暴晒褪色和老化。目前汽配市场卖的遮阳板种类较多，比较受欢迎的“随手换遮阳板”“停车防暴晒及时贴”，用起来很方便。还有一些靠静电吸附，可折叠式的遮阳板也不错。

汽配市场还有一种“大视野后视镜”，这种后视镜与普通后视镜相比，具有视野宽阔、影像清晰、防炫目等特点。比普通后视镜约增大2倍的视野范围，可以使驾车人轻松地辨视20 m以内的交通情况。尤其是在变道、转弯、倒车时，通过这种大视野后视镜，便可清楚地观察到左右两侧及后方更大范围的情况，为安全驾驶提供了有利条件。而且这种大视野镜片十分便宜，安装也很方便，只需将大视野镜片粘在原车后视镜上就可以了。

（7）对于改装汽车音响、灯光或加装其他电器产品，一定要去有资质的专业店，不要贪图便宜去不正规的小店。因为无论是加装还是改装都要涉及汽车电路，如果产品质量不过关，或者施工时存在问题，就很有可能给爱车带来伤害或留下隐患，日后甚至发生短路引起火灾，造成严重后果。

（8）许多中高档车，出厂时各种装饰配置都比较齐全，一般不需要再进行额外加装。而对于价位较低的经济型轿车，只需装上防盗系统、倒车雷达，装个座套，铺个脚垫，再贴上玻璃膜也就基本可以了。不要盲目追求高品位、高价位或华而不实的饰品，也不要只看重

观赏性，却忽略了其实用性和安全性。应多从实用性的角度考虑，并根据车内空间的大小，尽可能地选用一些能充分体现车主个性的小巧、美观、实用的饰物。但要注意在悬挂和放置装饰件的时候，不能影响安全驾车。另外，车主在给爱车做装饰的时候，还得注意一个重要问题，那就是饰品颜色尽量与汽车的内外颜色相协调。

怎样选择汽车座套

座套的选择很重要，因为它是汽车内饰的最显著部分，对整个汽车的装饰风格和效果起着决定性作用，而且座套与车内外颜色搭配一致，还能给人一种赏心悦目的感觉。目前在汽车装饰市场上，汽车座套有相当大的选择空间，各种材质、各种花色的座套琳琅满目，但是，不管选择哪种座套，只要牢记两大标准就可以了，一是舒适，二是美观。

1. 座套分专用座套和通用座套

（1）专用座套：顾名思义就是按车型量身定做的，生产座套的厂家在这款车出厂的时候已经把它的座椅结构和尺寸全量好了，你只要选出座套的材质、花色，并报告出车型就可以了。在这里特别指出，如果你的车已经换过座椅或原车座套，比如绒布换成了真皮的，就可能装不上专用座套了，因为和原车的尺寸不符了。

（2）通用座套：它的材质采用高弹性布料，有很大的收缩和扩张空间，这是通用座套的性能所决定的，因为要照顾到各种车型，不管什么车型，只要座椅尺寸相接近，都可用同一种座套。由于通用座套在设计时就要求它的活动空间比较大，以满足多种车型，所以套在什么车的座椅上都不是特别合适，尤其是当座套失去弹性时就显得更不美观。

2. 不同类型车选择不同座套

（1）公务车：纯色系类的座套很适合稳重的公

务车，现在还有些公务车采用纯棉刺绣的座套，既避免了单调又增加了车内装饰的档次。由于公务车主要以黑色车漆，浅色内饰为主，所以座套也应以米色、浅黄等颜色为主色调。

（2）私家车：一般家庭用车外形比较小，而且外观颜色一反公务车的严肃，无论是车身还是内饰都采用了丰富多彩的颜色。所以，在座套的选择上可以依据车的颜色和自己的个性，选择家居风格的温馨色彩。车主也可以选择比较前卫、耐脏或奔放的卡通座套，涤棉布料座套应该是越野车较好的选择。

3. 不同颜色的车选择不同的座套

汽车座套最好与车漆和内饰颜色相搭配。如果车内饰的颜色大部分是黑色为主，在选择座套时就要考虑深浅、明暗的搭配，若座套的颜色太深，就会使车内的驾乘人员产生压抑感，所以座套颜色最好选择较为明亮的色调。反之，车内饰颜色是浅色的，最好选择灰色或深浅相间的其他颜色，如图 4－13 所示。而贴了车膜的车，从外面基本上看不到车内，所以可选择的色调还是很多的。如果没有贴车膜，在选配座套时，就要综合考虑车漆和内饰的整体色彩搭配效果。

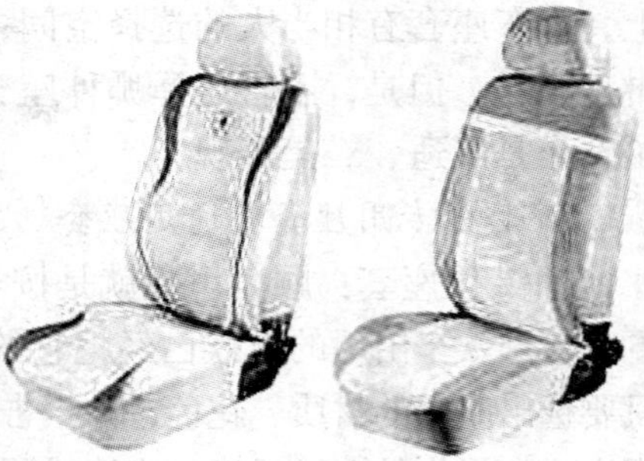

图 4－13　座套颜色应与内饰相搭配

另外，由于驾车人年龄和性别的不同，在选择座套颜色和图案上也有所不同。对于年轻人，可以选择色彩活泼富有运动气息的，这样才能体现出年轻人独有的心理特征；中年人可以选择颜色中性、图案和平、文化气息浓郁的座套；女性可以选择色彩艳丽、格调流行的座套；

男性可以选择色彩沉稳、厚重或具有运动感的座套。当然，每个人都可以根据自己的爱好选择，但务必考虑整体搭配效果。

怎样选择汽车坐垫

面对市场上让人眼花缭乱的各种各样的坐垫产品及销售人员滔滔不绝介绍的种种概念，让人不免无从选择。而实际上汽配市场销售的坐垫鱼龙混杂，以次充好，有些小厂生产的坐垫甲醛超标，填充“黑心棉”等。因此，在选购坐垫时一定要货比三家，找那些信誉好的商家或知名企业的产品。下面根据专家的指导，把选择方法及注意事项介绍给车主，相信你会从中受益。

（一）夏季应该选择那种凉垫

1. 亚麻凉垫

一般纯亚麻凉垫采用纯天然材料制作，亚麻纤维具有拉力强、耐摩擦、散热快、吸水散水快、柔软、不易燃烧等独特的优点。它的装饰性和舒适性都很强，所独具的果胶质斜孔具有良好的透气性，在常温下会使人的实感温度比其他纤维低3～4℃，在炎热的夏季，这一点显得弥足珍贵，如图4－14所示。

图4－14　亚麻凉垫

在选购亚麻凉垫过程中，首先要注意图案中线的接头，做工粗糙的垫子，接头从表面就能发现，精细的则不容易被发现，它们都藏在比较隐秘的背面。其次是看图案是否对称，是否有色差等。这些都是在挑选过程中需要重点关注的问题。另外，还可通过以下方法鉴别

亚麻凉垫的真假。

（1）手摸：亚麻无弹性，强度比棉线好，手感比棉线硬。此外，在热天摸亚麻凉垫，可以明显感觉到比其他纤维温度要低一些。

（2）眼看：亚麻凉垫有光泽，同棉制品比，亚麻垫要亮些。

（3）火烧：亚麻纱火烧无味，烧后落白灰。

（4）质量：亚麻凉垫手感很沉，同样的坐垫，质量大于棉线垫。亚麻凉垫因含麻量的多少，以及有手工编织与机器编织之分，所以在价格上差别很大，应向商家问清楚亚麻含量、手编还是机编。不要盲目选购价格低廉的产品，尽量选择知名厂家的品牌。

2. 冰丝凉垫

冰丝是一种针织服装常用面料，又称为人造丝。在几种主流纤维中，冰丝的含湿率最符合人体皮肤的生理要求，具有光滑凉爽、透气性好、抗静电、色彩绚丽等特点。冰丝具有棉的性能、丝的品质，其使用感觉同亚麻垫很相似，只是手感更加柔软，颜色也非常雅致，可供选择的款式也很多，在选购时要注意，冰丝凉垫的质量越大越好。

3. 维卡凉垫

维卡是高分子材料，利用纤维表面的细微空洞表层将湿气及汗水瞬间向外排出，使人觉得清爽凉快。它是种具有吸湿、透气、快速排干功能的纤维，由它编织成汽车凉垫具有柔软的手感、良好的布面光洁度、良好的悬垂性和较高的弹力等优良特性。

汽车凉垫有很多种，除了以上讲的这三种凉垫外，还有水牛皮凉垫、竹凉垫、玉石凉垫及随温度变化的冰垫等。有些玉石类的凉垫应谨慎选择，因为这类产品冷的时候冰凉，热的时候吸热，尤其是长时间停车暴晒后，很容易烫伤人。

（二）冬季应该选择哪种坐垫

1. 绒坐垫

普通绒垫属于化纤材料或混纺制品，这种坐垫色彩艳丽，花色品种较多，最大的优点是结实耐用，易于清洗，在洗涤上也没有特别的要求；其缺点是容易掉绒，而且起静电。绒坐垫档次较低，价格便宜，适合内部空间小的经济型轿车。

2. 仿毛坐垫

仿毛坐垫也属于化纤制品，性质与绒坐垫相同。由于人造毛弹性较差，容易掉毛，而且使用时间长了毛就会粘到一起，影响美观。人造毛垫的价格比较适中，适合中低档家用轿车使用，也是追求简单的年轻人和有小孩的家庭首选，如图 4－15 所示。

图 4－15　仿毛坐垫

3. 羊毛坐垫

纯羊毛坐垫由于取自上等的羊皮，将羊毛进行修剪、染色，然后再根据设计的图案进行剪裁、缝合而成，取材严格、制作工艺复杂，因此价格昂贵，成为高档汽车装饰用品中的贵族。纯羊毛坐垫不仅高贵、奢华，而且结实耐用，不易掉毛和倒毛，也很耐脏，但清洗比较麻烦，要求必须干洗。

羊毛垫又分为平绒、高低绒和长毛绒三种，这三种质地的坐垫从外观上很容易区别。

（1）平绒毛坐垫：平绒也就是平时所说的羊剪绒，其手感好，不易掉毛，大部分平绒坐垫上面都有温馨的图案，花色种类也多，适合中高档车使用。

（2）高低绒坐垫：中间是平绒，周边是长绒毛，比平绒坐垫华贵、沉稳、大方，又不失活泼。由于中间凹下去的平绒，看上去整个坐垫不那么臃肿，使得车内空间也不那么狭窄，所以高低绒坐垫也很适合那些车内空间较小，又追求豪华的车主使用。

(3) 长绒毛坐垫：最为豪华、稳重，宛如贵妇人的裘皮大衣。冬天最冷的时候，这种长长的绒毛，能给人以温暖如春的感觉，适合高档、豪华的轿车。

另外还有一种更高档的澳毛坐垫。所谓澳毛坐垫，采用澳大利亚羊毛皮制成，其手感极好，柔顺丝滑，而且不易变形和掉毛，坐一段时间后，用手拍拍、抖抖就能恢复原状。因此，澳毛制品被视为羊毛坐垫中的极品，如图4-16所示。

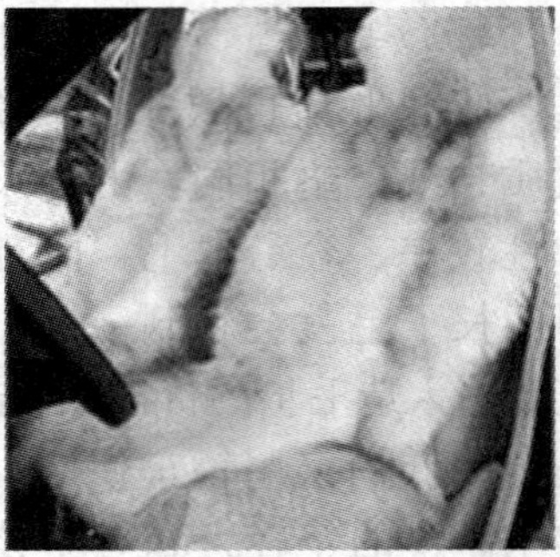

图4-16 澳毛坐垫

4. 挑选羊毛坐垫的方法

(1) 一是要看：仔细观察，优质羊毛垫的毛色光泽鲜亮、色彩生动、柔和；劣质品则色彩黯淡、容易掉色、串色；如果是不同颜色拼接而成的坐垫，应注意同一颜色是否有色差；选择剪绒坐垫时，要特别关注绒毛的平整度和密度。此外，优质羊毛坐垫的里布都是选用汽车坐垫专用防滑布料。

(2) 二是要摸：首先用手轻抚羊毛表面，优质羊毛坐垫手感细腻、柔滑；而劣质的手感粗糙、黏涩。这是因为优质羊毛坐垫选用上等羊羔皮为原料，其生长周期短，毛鳞片保存完好，皮毛纤维细腻，密度均匀，富有弹性。其次是用手分开羊毛查看是否存在皮毛裂缝，皮块拼接是否牢固，有无明显拼缝等。然后，用手轻轻拔毛，看是否出现掉毛。

(3) 三是要闻：将羊毛坐垫拿近闻一闻，优质羊毛坐垫采用进口糅剂和先进工艺加工，并在出厂前进行杀菌消毒，能防止螨虫、细菌滋生，且无任何异味；而劣质的羊毛由于油脂去除不净，会散发难闻的腥膻气味或化学气味。

（三）四季养生保健坐垫

这几年随着汽车的快速增长，汽车坐垫的发展也很快，从竹块、化纤、混纺坐垫到后来的冰丝、亚麻、人造毛、纯羊毛再到目前热销的四季养生保健坐垫，都是经过车主们一轮轮的大浪淘沙进化的结果。

之所以称之为四季坐垫，是因为这种坐垫在一年四季都可以使用。现在市场上不少高档四季养生保健坐垫，多选用舒适性、吸湿性和透气性都比较好的高档亚麻布料为材质，同时，来自天然中药材决明子、麦饭石、磁石及荞麦皮、竹炭等对人体健康有益的材料，使汽车坐垫也有了明目安神、清热醒脑、舒经活络、解除疲劳、促进血液循环和新陈代谢等保健功能。这种高档的汽车坐垫，除了选材考究外，在设计上更是大量结合人体工程学，依照人体坐姿曲线设计填充物的软硬变化，恰好可以刺激人体的穴位，起到保健按摩作用。而且高档四季垫经久耐用，不起包不变形，看上去立体感较强，如图 4－17 所示。

图 4－17　四季保健坐垫

另外，竹炭坐垫具有超强的吸附力，可大量吸收有害的气体，清除异味，对于新车、有异味的车或者吸烟的车主，应尽量选择竹炭坐垫，它可以有效除去新车气味和烟味。

怎样挑选玻璃膜

汽车玻璃贴膜，意义不仅在于隔热，阻隔紫外线，还可以在玻璃破碎时，形成一层保护

膜，防止破碎玻璃飞溅造成伤害，这也是车膜所具有的安全意义。那么对于大多数新车主来说，如何为爱车挑选一款合适的车膜，并不是一件容易的事。在选膜时你会发现各种膜的价格相差悬殊，有些膜多则几千元，而有的膜只有几百元，为什么会这样呢？车主们可以从以下几个方面了解和选择：

1. 车膜的种类

汽车玻璃膜可以分为三大类：一类是普通太阳膜，另一类是防爆膜，还有一类是防晒隔热膜。普通太阳膜属于第一代产品，俗称“茶纸”，其特点是避光性强，安装简单方便，缺点是不隔热，易褪色，易脱胶；防爆膜属第二代产品，是利用新型粘胶及较厚的膜提高防爆效果，并且有一定的隔热、防晒性，隔热率为20% ~60%，隔紫外线光为80%左右；防晒隔热膜属第三代产品，防晒是指能有效阻隔紫外线90%以上，隔热是指对红外光的有效阻隔，胶的黏性更强，从而达到既降低膜的厚度又提高了防爆性能的效果。

防晒隔热膜是在基膜上电镀金属，而一般太阳膜则在基膜上涂了一层颜色，还有些普通防爆膜则是铅粉镀膜，所以在反光材料上有很大区别。在使用过程中，铅粉镀膜易氧化、变黑，而金属镀膜能在很长时期内，颜色、性能保持相对稳定。

2. 车膜的特点

（1）颜色持久：专业车膜利用深层染色技术，将染料注入聚酯膜基中，令膜的色彩饱满柔和，持久耐用。而利用真空镀铝或磁控喷射技术生产的全金属化膜，颜色更是永恒不变。相比之下，劣质膜的染料仅仅存在于安装胶中，褪色、掉色现象非常明显。

（2）防划伤：专业车膜的最外侧都镀有一层坚硬的防划伤层，在正常使用时不会留下划痕。而劣质膜抗划伤性能很差，使用一段时间后会出现明显的划伤，甚至模糊一片。

（3）防紫外线：专业车膜能阻隔 99% 的紫外线并持续发挥作用，保护了车内人员不被紫外线晒伤，同时延长了车内饰褪色老化，而非专业膜的紫外线阻隔率还不到 50%。

（4）隔热率：专业车膜隔热率一般可达到 40% ~65%，降低了车内温度，减少了空调工作时间，节省了燃油。而非专业膜混淆概念，往往用“红外线阻隔率”的概念冒充“隔热率”来欺骗车主。如果有商家报出的隔热数值有 90% 以上，这是 100% 的虚假。

（5）清晰度：专业车膜在具备较多的隔热率的同时，还能保持高度的清晰、透明，贴在玻璃上不会引起模糊变形现象，更不会影响夜间行车，因此也不必在车窗观察后视镜部位挖出两块三角，留下难看的缺口。

（6）检测报告：专业前挡车膜应该经过公安部交通安全产品质量监督检测中心的严格测试，并出具检测报告证明，厂家公布的数据与国家标准相符。前挡风玻璃膜必须达到公安部门所规定的 70% 以上的透光率。

3. 新车应尽早贴膜

汽车玻璃贴膜，现在几乎是新车必须有的装饰，买了新车应尽早贴膜。但很多新车主认为天气不热，阳光也不厉害，没有必要急着贴膜。其实这是个误区，因为汽车在大街上行驶，不可避免地沾上灰尘，这些灰尘会积存在汽车玻璃上，时间越长灰尘越多，贴膜时清洗起来会很麻烦，尤其是玻璃边缘的灰尘很难清理干净，从而直接影响贴膜质量。因为贴膜最忌讳的就是灰尘，必须将玻璃彻底清洁干净，并且还得有一个非常洁净的环境。所以，既然早晚都要贴，不如早点贴效果更好。

4. 挑选车膜有讲究

目前市场上的车膜种类繁多、鱼龙混杂，车主在挑选时一定要选择适合自己的产品，尽量选择那些市场公认的大品牌，这样才有质量保证。车膜质量好坏

的标准主要是：隔热性能、防紫外线性能、透光率和安全性。优质车膜质感比较强，有弹性、透光率好，即使在晚上也很清晰，并且无异味；而劣质车膜大多发软、模糊，有一种难闻的味道。而且正规的大品牌产品除了有授权证书，膜的背面一般都有防伪标志，透光和色泽都很均匀，无波浪无色差，衬膜用的材料也是清晰、透明，卷膜的卷筒质地也很好，膜的长度一般为30 m。

在挑选时除了可以通过规范的隔热率等指标来了解车膜的优劣外，还可以用直接观察的方法来判断，即当场剪一小块车膜挡住聚光灯（不要试商家贴好了的车膜，因为该膜可能是其他品牌），用手去感受不同的膜其隔热效果；还有一种更简便的方法就是用牙轻咬一下膜，如果被咬处有透明点，则是劣质膜；还可以剪一小块，揭掉背膜并在地上摩擦，如出现掉色和划痕也是假膜，只要细心观察就能分辨出车膜质量优劣。此外，还要特别注意店方提供的样品与所贴的车膜是否一致，防止商家以次充好。

5. 前挡贴膜有必要

车膜的主要功能是隔热、防紫外线、防爆、防眩光，这些功能需要在全车贴膜的基础上方能发挥出大的功效，如图4－18所示。

图4－18　前挡贴膜好处多

以隔热为例，前挡是全车玻璃最大的一块，而且很多时候直接面对阳光，如果不贴前挡而只贴四门和后挡，车内的隔热效果只能达到60%左右。

再看防紫外线，驾车人是直接面对前挡，如果不贴前挡，等于我们驾车的时候也是直接被日光照射而没有任何防护。防爆效果，若发生意外事故，前挡直接面对驾乘人员的面部，其严重性可想而知。防眩光就更为突出了，一般在夜间驾驶，面对车灯照射会严重影响行车安全，如果张贴了前挡车膜，就会大大减弱强光的直接照射，确保安全驾驶。由于前挡车膜价格较高，有些车主就主动放弃给前挡贴膜，或者选择了价格便宜的膜，这是极不理智的选择。在此特别提醒车主，宁可前挡不贴膜，也不要贪图便宜选择低档膜。

6. 车膜与车身颜色要搭配

要让车膜起到好的装饰效果，还必须注意车膜的颜色与车型和车身颜色的搭配。车膜有多种颜色，在选择车膜的颜色时，要选择较浅的颜色，如灰色、绿色、棕色、天蓝色、自然色等，这些颜色看上去眼睛会很舒服，而且优质膜都是颜色又浅又隔热。不要主观以为颜色越深就越防晒，有色或者较深色膜的确能够在强烈的日照下感觉舒服一些，但是车膜颜色的深浅与隔热性能并没有太大关系。因为车膜之所以能隔热，主要来源于阻隔层，而不是颜色；车膜的颜色从贴后的效果来看，一般较浅的膜效果更好，如图 4－19 所示。

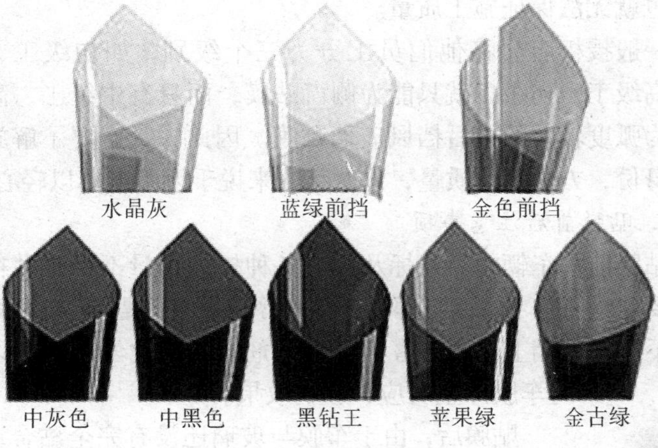

图 4－19　选车膜以隔热率为主

在选颜色的时候应注意，不能在阳光下看其深

浅，而要将它放在车窗玻璃上，并把车门窗关好。一般浅色的车最好选用色彩鲜艳的车膜，这类膜大多透明度较高，也不影响隔热效果。有一种纯透明的车膜有很强的隔热性能，特别适合贴前挡风玻璃，若全车玻璃都贴这种膜，透过全透明的车窗，整车看上去显得特别干净漂亮。但由于它的透明度较高，影响车内私密性，为此，后侧窗和后窗选择颜色较深的车膜比较适宜。为了不影响驾车人的视线，前侧窗最好用较浅色膜；若贴上深色膜，会影响夜晚观察后视镜，则需要开两个三角口，影响整体美观，而且前侧窗贴深色膜审车时也很难通过初检。

7. 想贴好膜，施工很重要

在专业人士眼里，车膜本身就是一个半成品，再好的产品如果没有后期施工的保障，其最终结果都将会大打折扣。因此，贴膜的时候一定要找具有授权资质的专业店，并且有专业的施工工具和专业的施工人员，还要有封闭和无尘贴膜车间，这一点至关重要。因为贴膜时最怕灰尘和风沙，普通车间很难做到无尘施工，也就无法保证施工质量。

一般授权店会将他们员工分为三个级别，如初级工、中级工、高级工，初级工就只能为侧窗贴膜，而只有中级工、高级工才能为弧度较大的前后挡风玻璃贴膜。因此，一定要了解施工人员的身份，方可确保质量，这对车主来说千万不能掉以轻心。

8. 贴膜前后注意事项

贴膜前，车辆的年检标及其他各种标志尽量不要张贴在前挡上；要先检查车窗玻璃升降是否正常，如有问题应先维修再贴膜；不要在玻璃上喷洒防雾剂、上光剂之类的化学喷剂，以防止与车膜产生反应，影响效果。

贴膜后，由于车膜与玻璃还没有完全黏合，贴膜后3天内（冬季7天内）不要升降车窗；一周内不能清洗车膜也不要开启后挡风玻璃除雾开关，因为车膜

胶层中的水分还没有完全干透的时候，可能会造成车膜翘起；不要用含有酒精、稀料等溶液清洗车模的表层，因含有刺激性的试剂会影响车膜内的有效功能成分。

如果出现气泡、翘边、甚至移位等问题时，必须在 24 h 内到施工点进行处理。由于天气及膜的材质不同，贴膜后干燥程度会有很大差异，一般快则 2 天，慢则 7 ~ 15 天，要根据具体情况，认真保护才能保证车膜的使用寿命，一般优质车膜的保质期为 5 年，长的可达 8 ~ 10 年。

第四节　如何买保险

怎样选择投保方式

在投保之前，车主了解各种投保方式的利弊十分重要。当下，投保车险有保险公司、保险中介和 4S 店等传统投保方式，也有近几年新兴的电话投保和网上投保车险等方式，同一家公司的产品，由于代理人的不同，折扣也不一样；不同的公司同一种车险产品，由于渠道的不同，差距也很大。不透明的费率折扣、混乱的市场渠道等让很多车主弄不明白。那么，在保险公司、汽车 4S 店、保险中介代理等几种主要投保方式中，到底采取哪种方式购买保险更实惠、更有保证呢?

1. 保险公司直接投保

(1) 利：车主亲自到保险公司投保，有保险公司的业务人员对每个保险险种、保险条款进行详细的介绍和讲解，并根据投保人的实际情况提出保险建议供参考，能选择到更适合自己的保险产品，使自己的利益得到更充分的保障。投保人直接到保险公司投保，由于降低营业成本，商业车险费率最多可以打到七折。投保人在保险

服务方面可以获得更多的信息和服务。最重要的一点就是可以避免被一些非法中介误导和欺骗。

（2）弊：投保之后，车主必须事事自己动手操办，尤其是出险后索赔时，对于很多不了解理赔程序的车主来说，在办理手续时会觉得相对比较麻烦。

2. 在4S店投保

（1）利：现在各品牌4S店都推出了一条龙的购车服务，车主在店内购车之后，即可在店里购买车辆保险。车主通过4S店购买车辆商业保险，日后如果出现意外需要保险公司出险、赔偿时，不仅可以通过拨打保险公司的出险电话，还可以通过4S店的保险顾问进行报险。除此之外，在4S店购买保险，车主可以享受“一对一”的直线服务。

（2）弊：相对而言，在4S店投保价格偏高。因为保险公司与4S店签有协议，在4S店内投保，车主可获得保险公司按照4S店维修所需费用进行相对较高的赔付金额，而不是根据一般汽车维修厂所计算出的“二三类”赔付标准。

3. 保险中介代理

（1）利：由于目前各保险中介竞争比较激烈，为争夺客户，他们给出的保险折扣也比较高，相对而言价格会比较低廉。同时，保险中介可以上门服务或代车主办理各种保险、理赔所需的各种手续，对于车主而言会比较实惠、便捷、省事。

（2）弊：保险代理人为促成车主购买保险，对车主进行的口头承诺很多，但之后在出险理赔时却无法兑现。由于车主很容易相信个人承诺，尤其是所谓的朋友、熟人介绍的，会直接向个人递交保费，一些保险中介个人拖欠和挪用车主的保费，使保费无法及时到达保险公司，车主在后期就难以正常享受保险公司理赔。此外，保险中介的“低价”背后也有很多“猫腻”，车主一定要擦亮眼睛，

仔细掂量。

4. 电话投保

(1) 利：用电话投保的保费，确实会比代理人投保优惠不少，一般可优惠约15%。这是由于保险公司减少了车主投保过程中的一些环节，因此保费得以优惠。

(2) 弊：选择电话投保车险的车主，大多对车险的各个险种都有一定的了解。如果对车险不熟悉，就很难在电话里向营销人员了解投保的具体情况。

5. 网上投保

(1) 利：宅在家里就可像网上购物一样，只要输入车主姓名、电话号码、电子邮箱、车牌号码、发动机和底盘号码、车辆价格等信息，保险公司网站就会跳出车辆投保车险的最低报价，同时网站还推荐一些套餐方案，让车主依据自己需要的险种投保。

(2) 弊：网上投保也存在一定的风险，车主要警惕钓鱼网站，同时还得确保网上交易的安全等。

新车如何购买保险

买了新车之后，除了要办理入户、上牌照以外，买保险也是一件非常重要的事。一些缺乏保险知识的车主往往会遇到这样的矛盾：出事了，有时保险金不够赔偿；没出事，交那么多保险钱又感觉挺冤。对于多数新车主来说如何选车险，投保哪些险种最实用，确实不是十分清楚，这需要认真地核算和选择，如图4－20所示。根据保险专家的

图4－20　投保要多比较

介绍，为你提供以下选择：

1. 选择保险公司

目前，国内办理汽车保险较大的公司有中国人保财险、太平洋保险和平安保险等，这些公司在全国范围内都设有分公司。特点是理赔的标准比较高，理赔过程也相对快一些，而且很多情况下能按照4S店的维修费用赔偿。因此，如果是新车或车价很高，而且对爱车维修质量有比较高的要求，应选择这些大型保险公司。但与小型保险公司相比，相同的车型和险种，保险费要比小公司高。例如，同样都是一辆15万元的新车，大公司一年的全险保险费可能比小公司高500～600元。小型保险公司的特点与大公司的正相反，一般来讲他们的赔付额度不如大保险公司，定点维修厂的水平也不如大公司，但保险费率通常会比较低，保险优惠折扣会比较大。

2. 选择有资质的销售商

新车上了牌照后，车主可以通过很多渠道买保险。最常见的，一是通过汽车销售商买保险，二是车主直接选择保险公司投保。现在很多汽车销售点都设有代办汽车牌照和保险的代办点，车主只要缴纳一定的代理费就可以通过他们来给新车买保险。选择汽车销售商代办保险虽然省事，但要注意两点：一是要看该汽车销售商是否有保险代办资质，如果没有，最好不要让他们代办，以免出现麻烦甚至上当受骗；二是要向代办员咨询清楚车辆保险都有哪些险种，自己要买哪些险种，保费是多少等。

3. 选择哪些险种更保险

车辆保险有主险和附加险，主险包括车辆损失险和第三者责任险。所谓车辆损失险，是负责由于自然灾害和意外事故造成的车辆本身的损失，车辆本身指汽车出厂时的配置，这是车险中最主要的险种，花钱不多，却能获得很大的保障。一般来说无论是进口车还是国产

车，如果年份不是太久，或驾驶技术不能对车辆安全提供较高的保障，一定要购买此险种。

第三者责任保险（交强险），这是一个强制性险种，车辆损失险可以自己决定买不买，而第三者责任险必须要买，主要负责赔偿由于交通事故给他人造成的伤亡或财产直接损失。需要注意的是，这里的他人在任何情况下，都不包括自己的家庭成员。作为主险的第三者责任险，也有一些附加险供选择，主要是车上人员责任险，主要负责由于交通意外造成的对本车人员的赔偿。买不买取决于自己的情况，如果车上经常是自己的家人，可以不买这个附加险，而是选择买一份更通用的意外保险和意外医疗保险；如果经常有非家庭成员乘坐，买一份倒也不多。

另外，有两个附加险，一个是盗抢险，另一个是不计免赔险。盗抢险可以保证一旦车辆被盗或被抢，车主的损失能够得到赔偿。如果车辆主要是上下班代步用，且住宅和公司单位都有专人看管的停车场，车辆被盗的可能性较低，可以考虑不买此险种。对于一些价值较高的中高级车或新车，如果经常要去一些公共场合或者当地治安状况不佳，还是购买盗抢险比较稳妥。现在保险公司的保险条款上都有一个免赔率，车主在事故中负全部责任的，保险公司免赔20%，主要责任的免赔15%，同等责任的免赔10%。次要责任的免赔5%. 为让自己承担的经济赔偿减少到最小，车主最好再花100多元钱买一个不计免赔险。这样，无论车主在事故中承担多大的责任，保险公司都会全部赔偿。

4. 保费并非越高越好

一些车主担心自己开车万一出了事故，要承担沉重的经济赔偿，在投保时会选择高额的保费。但车辆的出险率实际上是很低的，相当一部分车主还是花了“冤枉钱”。因此，车主不要盲目地超额投保，要根据自己车的实际价格来投保。新车买保险时，要根据新车的

实际价格 + 购置税 + 内装饰费用的总和，来确定该买哪个挡位的保险。以一辆 12 万元的新车为例，其要缴纳的税费假设为 1 万元，装饰用 1. 5 万元，那么，在选择投保档位时，要以 14. 5 万元为投保标准来投保。如果是旧车，建议车主到旧车市场或通过网络来咨询价格，并根据车的市场实际价值来买保险。

5. 看清条款限制规定

车险条款纷繁复杂，一般不容易看明白，车主投保时应主动询问保险的承保范围及保险责任免除的内容。同时，还要弄清一些限制性的保险问题，以免日后理赔时引起纠纷。投保人在领取保单时，应查看保单上“特别约定”一栏，有时保险代理人为了更大程度地吸引投保人投保，所报出的保费较低，实际上都私自进行了一些限制性约定，例如，限制车辆行驶区域、指定驾驶员和事故修理厂等。

对于修车问题，各家保险公司都会有这样的规定：车主到其指定的专修厂去修理。这要注意，这家保险公司指定的修理厂是不是有资质的专修厂。一些车主在索赔时经常会碰到这样的问题，车主在自己车的专修厂修好了车，然后拿着发票到保险公司索赔，结果与保险公司确定的车损和修车费用出入很大，这在索赔时就会出现纠纷。因此，在签订保险合同的时候，车主一定要看清自己的权利和义务，对于不懂的条款内容，应要求保险公司做出明确解释，并将解释内容形成文字作为合同附件，成为履行合同和解决纠纷的重要依据。

旧车如何续保

不少购车满一年的车主都面临着爱车如何续保的问题，由于并不太了解各个险种的具体内容，车主在险种的选择上也显得比较盲目。一些车主在续保时还会按照新车选择的险种购买，或者会询问一些有车

的朋友，看他们买什么险种，自己也跟着买，也有一些车主会按照保险代理人所推荐的险种购买。事实上车辆续保与首次投保不同，投保方式及投保险种的选择都是有讲究的。

1. 依据车况适当增减

“买全保”并不意味着在出了事故后，任何情况下都可以得到保险公司的全部赔付。因为没有真正意义上的“全保”，通常所说的“全保”包括交强险、车辆损失险、第三者责任险、车上人员责任险（每座）、玻璃单独破碎险、划痕险、全车盗抢险、不计免赔等。投保了全部险种的车险，也不可能保证发生任何事故时车主都不需要承担费用，不属于保险范围及保险责任免除的部分，还会由车主自己承担。其实，许多险种都对车龄等设定了一定的条件，车主续保时可依据用车情况的改变，调整投保险种。例如，车辆停放的环境较为安全的，可以不选择划痕险、盗抢险等；车辆主要是一个人使用的，可适当减少车上人员险；新车5年内发生自燃的概率很低，自燃险也可以省下；如果车辆经常跑长途等出险率高的车，则可以提高商业第三者责任险的保额。

2. 续保及时避免“空当期”

很多车主因为工作繁忙或大意而忘记续保，常以为不会那么巧在保险“空当期”发生事故。但凡事都有凑巧，一旦车主碰到事故损失就大了。一般投保商业险，除了按揭购车要求一次性投保两年或三年车险外，都是一年一投保的，而交强险则要求一年投保一次。为了降低车辆使用过程中的风险，保险到期前，车主应及时为爱车续保。

3. 出险次数影响续保

小事故怎么理赔？这个问题恐怕没有统一的答案。现如今，不少保险公司为了降低风险，会对上一年度出险赔付次数较高的车辆，提高其车险费率，有

的会在基准保费基础上上浮30%左右。如果上一年出现赔付次数达到一定数量的，保险公司还会拒保这些车辆；如果上一年车主车辆从未出险的，来年续保时可以享受一定的优惠。但不同的保险公司，对此的规定也不同。因此，车主在投保车险时，一定要询问清楚一年内出险的次数对来年续保的影响程度，车主可依据这一情况，判断遭遇小事故时是否该报案。此外，出现事故时，无论事故大小，车主都应向维修技师咨询大概的修理费用，有些看似不大的问题，但要花费不菲的维修费用。车主可根据维修技师给出的建议，判定是否报保险公司，不至于让自己“掏大钱”修车，换保险“小利益”。

4. 货比三家掌握主动权

续保时还要综合考虑保险公司的服务。很多通过中介公司购买车险的车主发现，在车险快到期时，很少有投保车险公司提示车险要到期了，反而会收到很多莫名其妙的保险代理人打来的保险推销电话，催促续保。与其如此“被骚扰”，不如自己掌握主动权。通过多种方式多了解一些保险公司和代理中介，货比三家，综合比较保险项目、保费及服务。在各种续保方式当中，推荐车主尝试电话车险办理续保，因电话续保不仅方便省时，保费也能多优惠15%。

5. 车险怎么买最划算

车辆投保时，该买哪些险种？保费该买哪一档位？怎样买才更实惠、更有保障？这要根据车主的驾龄和驾驶经验，以及车龄和车辆技术状况来选择最适合自己的保险品种。

（1）新手、老手如何选择：刚拿到驾照或买车不久的新手驾驶经验不足，难免会有一些磕磕碰碰的事情发生。因此，对于新车主，最好多买几个险种。除交强险外，应尽量多购买车辆损失险，以保障车辆发生事故时能够获得足够的赔偿。另外，购买第三者责任险，保额

在10万~20万元为佳。如果不是很有把握，50万元的保额也是可以的，因为交强险赔偿额度较低，对于较大的事故提供的赔付远远不够。有条件的话最好再买上不计免赔特约险。这个险种花钱不多，效果却很显著。一些小事故可能损失数百元而已，如果没有购买不计免赔险，扣除免赔金额后，得到的赔偿会很低。

相比新手，老手的驾驶经验丰富，规避风险的概率高。因此，老手在选购车险时，应该更注意保险的经济性和保障性，而不是险种的齐全性。推荐的最佳险种为：交强险（必保）+第三者责任险10万元+车辆损失险+不计免赔特约险。

（2）新车、旧车如何选择：新车上保险是理所当然要齐全一点，但也不能过于盲目，要根据自己的实际情况选择险种，比如，自燃险是附加的，新车没有必要购买，质保期内直接找4S店就行了。至于盗抢险，如果车辆的价值较高，而且晚上停车地点不够安全，最好购买这一险种。否则，不如买一把方向盘锁，或双向防盗器比买盗抢险更划算，更有效。

推荐新车购买最佳险种为：交强险（必保）+第三者责任险10万元+车损险+不计免赔险+盗抢险，根据情况，可考虑是否增购车身划痕险；推荐旧车购买最佳险种为：交强险（必保）+第三者责任险10万元或者20万元+车损险+自燃险。

第五章 用车与养车

第一节 新车使用要领

怎样正确使用新车

刚买了新车，你一定想过一把新车瘾，一家子开着新车跑长途，玩自驾游，或者是你可能也想过一把赛车瘾，玩玩漂移、飙飙车。更多的车主还在疑惑，从 0～100 km/h 提速需要多长时间，实际油耗又是多少，高速行驶车身是否稳定，刹车是否灵敏，磨合期该怎么度过等等。对于刚接触新车的车主而言，的确会存在许多的疑问。新车是否能够正确使用，直接关系到车的性能、油耗、使用成本和使用寿命。为了能让车主们尽快了解、熟悉和掌握新车的性能及使用和保养等方面的知识，下面进行详细讲解。

（一）要仔细阅读“用户手册”

在使用一款新车前要做的第一件事，就是要仔细阅读随车附送的“用户手册”，也称“使用说明书”，这是厂家特别为车主编制的车辆使用说明，是指导车主正确使用和保养车辆及其他相关责任说明读物。最了解汽车性能特点的是制造厂家，他们根据车辆本身的情况及众多用户的使用状况不断修正“用户手册”，确保车辆按“用户手册”行驶后不会出现重大故障或有损车辆使用寿命。“用户手册”会告诉车主怎样正确使用汽车、什么时候应该做什么保养、什么情况下可以享受厂家提供的保障、什么情况下厂家不负责保修等。

车主只要认真仔细阅读本手册，不但可以了解车辆的各种性能，充分发挥其作用，同时还能避免很多不必要的误操作，减少车辆故障，延长使用寿命。因此，车主在看“用户手册”时，要以其前后顺序逐条逐节进行阅读，而且最好是坐在车里，这样便于跟实物对照。一要先找到那些控制功能的开关、按键和旋钮等；二要掌握说明书中所介绍的使用方法。所以说只看书不行，还须在车里亲眼看看、亲自动手操作一下，才能知道它们该怎样开启、怎样调节、怎样关闭，这样就可以对操控装置的作用了解和掌握得更快些，也不容易遗漏一些重要内容，如图5－1所示。

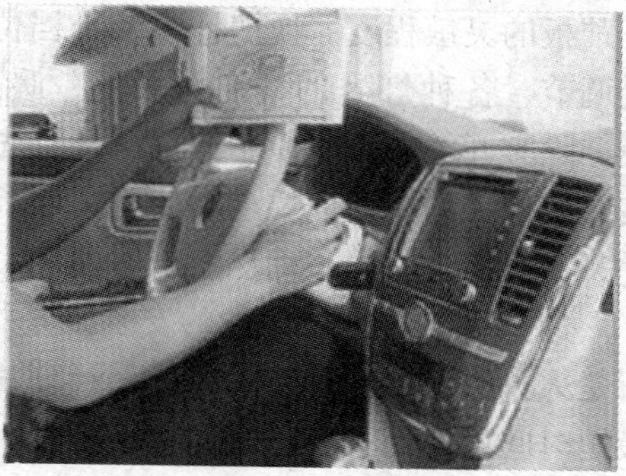

图5－1 看实物对照说明书

（二）要全面熟悉自己的新车

爱车买回家，就要以一名新的“家庭成员”来对待，尽快地了解它、熟悉它，使它尽快地成为一匹温顺的“坐骑”，为你的出行服务，为你的家庭效力。下面谈几点怎样了解和熟悉新车的重点。

（1）要了解设置有开关设备的部位及操作使用的方法：比如车门、点火开关、机舱盖、油箱盖、后备箱、机油尺、机油和冷却液的添加口等，它们的位置及开关在哪里，怎样打开与关闭。

（2）要认识各仪表指示：首先要知道仪表名称和作用，知道哪个是发动机转速表，哪个是里程表，哪个是燃油表，哪个是水温表等，同时懂得它们指在哪里属于正常状态，哪个灯亮起便有故障存在。现在

汽车的仪表盘上都设置有各种故障显示符号，一定要学会认读，并且明白各符号所表达的意思。在行驶过程中，某个符号一旦显示，便可判定故障所在，以便及时检修或复原。

(3) 要熟悉操作装置和开关的功能及操作方法：比如座椅、方向盘、后视镜等的调整，离合踏板自由行程和高低，油门及刹车踏板的灵敏程度，换挡杆在各个挡位上的位置，雨刷开关的快慢调节，各种灯光的开启与关闭，暖风和空调开关的调整与转换，除雾开关的正确使用等等。只有先了解和掌握上述这些操作装置和开关的用途、要求和使用方法，才能在实际行驶中得心应手，不会出现错误，确保安全驾驶。

(4) 要知道辅助设备的安装位置并掌握其使用方法：比如要清楚灭火器放置在什么地方，怎样使用，一旦出现火情，便可在最短时间内使用灭火器；知道千斤顶、备用胎、三角标及随车工具都安放在什么地方，并知道怎样正确使用千斤顶，怎样更换备用胎和怎样装回原位。掌握了更换轮胎的方法，在路上就不会为换轮胎而为难。

(三) 怎样磨合新车

汽车的寿命和性能，在某种程度上取决于汽车在早期的使用保养和维护，而早期的精心使用和保养，就是所谓的磨合。新车之所以需要个磨合期，是因为新车出厂时，零部件的加工精度不够和装配过程中存在误差，需要一定的行驶里程来自然磨合，就如同运动员在赛前的热身运动，目的是使机体各部件机能适应环境的能力得以调整和提升。因此，新车在使用初期能够有效地磨合，对汽车的性能发挥和延长使用寿命都将起到重要作用。

新车的磨合期一般分为三个阶段，即初期为 0 ~ 500 km；中期为 500 ~ 1000 km；后期为 1000 ~ 3000 km。在磨合期内除对车速限制外，还要注意不要让车承受较大载荷，不要激烈操作汽车，也就是说不要狠踩油

门急加速，也不要急刹车和猛打方向，要温柔对待。为提高新车磨合质量，应注意以下几个方面。

（1）起步先预热：电喷车启动时，应先将点火钥匙转到第二挡位置，等待几秒后再启动。这样做一是让电脑检测各系统是否存在故障，二是让汽油泵工作几秒，以便补充供油系统油压。启动发动机时不需要踩油门，启动后也不要加油，更不要急于起步，特别是在气温较低的季节冷车启动后，一定要让发动机怠速运转几分钟，至少要等高怠速降下来后再起步。这样可使发动机各个部位得到充分润滑，也让气缸内得到预热，对延长发动机使用寿命大有好处。但对电喷车来讲，也不宜长时间原地热车，因为发动机长时间怠速运转，不仅浪费燃油，还影响三元催化器的使用寿命，尾气污染也很严重。正确的做法是，根据天气温度适当预热，然后低挡起步，小油门低速行驶一段距离，待水温上升后，逐级升挡，缓踩油门，逐渐加速。

（2）及时换挡：手动挡车型换挡要及时、恰当，避免高挡位低速度和低挡位高速度，也不要长时间使用一个挡位，而且每个挡位都不要使车速达到规定的极限，各挡位的车速必须控制在最高速度的3/4范围内。起步后车速达到20 km/h左右时，就可换到2挡；当2挡的车速达到30 km/h左右时，就可换到3挡；当车速达到40 km/h左右时，就可换到4挡；达到50 km/h左右时，就可换到5挡。但在高速公路上行驶时，加挡时的车速应比平时要高出10 km/h以上，以便在较短时间内提高车速。自动挡车型虽然无须换挡，但自动变速器是根据油门的大小来决定换挡时机的。因此，操控油门时，脚下要温柔，缓慢踩油门踏板，逐渐加速，当车速达到上述手动挡换挡速度时，迅速轻抬一下油门，自动变速器就会自动升挡；如果不抬脚，一直踩着油门也会自动升挡，但要延长换挡时，增加油耗。对新手来讲，从新车磨合开始，就应该培养良

好的驾驶习惯，到达合适的速度就应及时换挡，这不仅可以减少油耗，还可减少机件磨损，提高磨合质量。

(3) 不要高速行驶：新车在磨合期内有速度规定，应按照磨合期的三个阶段控制好车速，即初期不得超过 80 km/h，中期不得超过 100 km/h，后期不得超过 120 km/h，尤其是最初的 500 km，一定要严格控制速度。但是，也不要因为磨合期的速度限制，就只在市区低速行驶，如果长时间低速行驶，不仅对汽车的磨合不利，而且容易造成油路不畅、电瓶亏电、发动机产生积炭等不良后果。因此，当进入磨合的后期时，在规定的速度范围内适当跑跑长途，在高速公路上继续磨合，行驶过程中要变换挡位和车速，但不要急加速和急减速。跑长途不仅对运动部件的有效磨合更有利，也能给电瓶充足电量，还能冲洗油路并清除喷油嘴及缸内积炭。在行驶中还要多注意观察发动机转速表和车速表，使发动机转速和车速都控制在中高速以下工作，一般来说磨合期的发动机转速应严格控制在 3000 r/min 以内。另外，新车刚使用的时候轮胎还没有达到最佳的附着性能，最初的 500 km 应以中等速度行驶，避免急刹车、急转弯，使轮胎得到良好的磨合，这样不但安全而且能够延长轮胎的使用寿命。

(4) 不要急刹车：因新车的刹车盘和刹车片表面比较粗糙，而且摩擦面积较少，受力点也较集中，在两者还没有经过一段时间磨合之前，急刹车时会造成刹车盘和刹车片损伤。同时，急刹车时还会增加对底盘和发动机的冲击负荷，所以在最初行驶的 300 km 内要尽量避免使用急刹车。如确有突发情况须紧急刹车时，在确保安全的前提下，可先踩下离合踏板，以减少对传动机件和发动机的冲击。

(5) 不要超负荷：一些车主有了爱车，喜欢呼朋唤友外出游玩，让朋友分享有车的快乐，新车坐满人。其实，一般乘坐 5 人的轿车，磨合期内乘坐最好

不超过 3 人。过多的载重，也会让新车负担过重，导致发动机、底盘负荷增大，输出功率过大，造成早期的过度磨损，从而缩短了汽车的寿命。因此，在磨合期间注意不要让新车承受较大载荷，就是说不要拉太多人或太重物品，一般不能超过额定载荷的 70%。另外，尽量选择较好的路面行驶，避免过大振动和冲击，以减少悬架和车身的负荷，也不要过早在山区公路行驶，以减轻发动机和刹车系统的负荷，更不要牵引其他车辆。

（6）要选好油品：新车在选择油品时，一定要严格按照使用说明书所要求的去选择，使用的汽油不能低于厂家规定的标号。要选择正规加油站加油，才能保证油品的标号和质量，以避免因油品质量问题给爱车带来的伤害。此外，新车不需要在油箱内添加油路清洁剂，但油箱的油量只剩下约 1/4 时就需要加油了，否则汽油泵露出油面，会冷却不良而加速磨损，甚至引起故障；新车也不需要在机油内添加任何添加剂和抗磨剂，因汽车出厂前厂家已经在机油里添加了磨合期所需要的添加剂。若额外再加，不仅是浪费，还会产生里程数已够而磨合不足的问题，甚至因添加剂成分不同起化学反应，反而影响润滑。

（7）检查和维护：新车出驶期间，由于机件表面未经磨合比较粗糙，摩擦阻力大，常常会出现机件磨损异常，故障多，油耗高，润滑油易变质，紧固件易松动等情况。因此，在此期间内行驶时，要注意观察仪表指示，留意运行中存在的各种异常响声和温度变化；经常检查各种油液有无渗漏现象，并查看机油质量和数量；检查各固定部件及螺栓是否松动，要及时发现问题并及时到指定服务站解决，不要自作主张，因非人为故障由销售方负责免费维修。

磨合期结束后，应及时将车开到厂家指定的服务站做磨合期维护保养。这次维护的目的，一方面是对车辆进行全面的检查、紧固、调整和润滑，使车辆达

到良好的行驶状态；另一方面也是生产厂家对车辆售后的身份认定。

（8）磨合期后的注意事项：车辆虽然已经通过磨合期，但车辆在磨合期后开始的3000～5000 km，是车辆由磨合期到使用期的过渡阶段。在此期间发动机仍不要以很高的转速或超负荷运转，也不要长时间高速行驶，更不要超载运行。尽量避开山区公路，不要经常在恶劣的路面上行驶。总之，新车无论是在磨合期还是过渡阶段，如果使用不当，其损害程度甚至可超过正常行驶时的10倍。因此，这一时期内是否能让爱车得到良好的磨合，决定日后爱车能否长期良好运行。

新车如何拉高速

（一）为什么要拉高速

（1）新车在磨合期时，一般都会小心驾驶，不会以很高的速度行驶。因此，发动机大多在中低转速区运转，这虽然可避免发动机受到伤害，但由于它的工作温度不是很高，使燃油在燃烧时的温度也不是特高，会造成不完全燃烧，时间一长，就会在燃烧室内生成较多积炭，以及产生油路不畅、喷油嘴堵塞、电瓶亏电等问题。

（2）新车经过磨合期后，机件之间运转基本协调，这时候跑一跑高速，让发动机保持高速运转一段时间，这对清洁油路和缸内积炭有着相当大的作用。原因是发动机高速运转时，供油量加大，燃油的流速也加快，有助于把油路中的污垢和杂质冲刷出去，达到清洗的效果；由于活塞的高速运动，气缸内温度更高，气流进出气门的流量和速度也更高，燃烧会更加充分，有利于清除燃烧室和气门的积炭。

（3）拉高速可以检验车辆的极限工作状况，扩大机件材料抗拉、抗压、抗撞、抗扭的承受范围。尤

其是在高温下工作，金属材料的强度可以得到大幅度提高，机件的整体性能可以得到进一步增强。所以说，适当拉拉高速不仅可以提高发动机的动力，还能改善发动机的性能，这就是磨合期过后为什么要拉高速的主要原因。

（二）如何拉高速

（1）为了使新车尽快进入最佳状态，可以跑跑高速公路，让车辆达到满负荷深度磨合。但次数不要过多，时间不要太长，否则会加大机械损耗，影响车辆寿命。

（2）如果真的想去拉拉高速，那就要选对时间，选好路线，并在做完首次维保后再去拉高速。因为首保做完，各种螺丝的扭力、各种液面的高度、各种机件总成的性能及出现的隐患都检测排查完毕，可以放心大胆地跑了。但一定要选择车流量相对较少的高速公路进行，最好请有经验的老司机陪同。

（3）应按照说明书上的车辆满载质量找齐人数，如果找不到人，可以往车内或后备箱装些重物，让车辆在满负荷下行驶。行驶中，要让车辆在各个挡位反复在高转速下运转上 10 ~ 20 s，尽量提高发动机转速，以较高的速度行驶。

（4）为了避免在高速公路因超速被罚，可以采用中速挡位，也就是说用 3 挡或 4 挡，让车速达到 100 km/h，发动机转速可达 4000 r/min 左右。但要注意中速挡拉高速的时间不要持续太长，应适当低速挡、高速挡交替使用，既达到拉高速的效果，又不会超速行驶。

（5）为了使车况更好，动力更足，不光是首保后要拉一次高速，而是每隔一段时间或一定里程都有必要拉次高速。经常在市区内低速行驶的车辆对车的性能发挥很不利，应找机会跑一跑高速，至少一个月或者 2000 km 就应该拉一次高速，这样不仅可以排出缸内积炭、畅通油道，还可以给电瓶补足电量，从而改善车辆的性能，如图

5-2 所示。

(6) 假如你没时间专门去拉高速，也没有机会跑长途，或者根本不敢开得那么快，可以将车停在安全地点拉紧手刹，手动挡车挂空挡，自动挡车挂 P 挡，然后将油门踩到底，并保持 10 s 左右松开油门，稍停顿后再踩下去，如此反复进行十几次，也能达到拉高速的目的。但原地“拉高速”，发动机在无负荷状态下空转所能达到的效果远不及高速行驶的效果好。

图 5-2　新车拉高速

(7) 至于拉高速时以多高速度为准，这要根据道路情况及自己的驾驶技术，在确保安全的前提下，可以慢慢尝试着来，没有明确的规定必须以多高的车速行驶，但一定要以安全为主，千万不可冒险。

(8) 在拉高速时，如果车辆出现不正常的情况，比如仪表指示出现异常或警示灯亮起；发动机或底盘出现异常响声等，应立即停止高速行驶，并及时到就近的维修站检测，以防止造成更大的机械损伤。

使用电喷汽车应注意哪些问题

(1) 电喷车要特别注意燃油系统的保养，定期清洗油路，及时更换汽油滤芯，以确保供油系统畅通，喷油器雾化良好；定期清洗节气门、更换空气滤芯、保养或更换火花塞等，使发动机保持高效节能和环保。

(2) 一定要使用清洁汽油，严禁加注低标号或含铅汽油。因为，含铅及有杂质的汽油经燃烧后，会

产生铅化物质和其他杂质，导致喷油器堵塞或喷油不畅等诸多问题。

（3）使用含铅和不洁汽油，还会造成三元催化器过早失效。因汽油燃烧后产生的杂质随着废气进入三元催化器内，被黏附在催化剂表面，影响废气中的有害物质与催化剂发生化学反应，使尾气排放超标。

（4）电喷车的汽油泵一般都安装在油箱内，靠浸在汽油中冷却。因此，在油箱的油量只剩下约 1/4 时，就需要添加汽油，否则油泵露出油面，使其散热不良，会加速油泵磨损，供油压力不足，从而引起发动机故障。

（5）打开点火开关后，不论发动机是否运转，都不能断开传感器和电脑导线连接插头，禁止随意拔下保险丝。因为任何一个线圈的自感作用都会产生很高的瞬间电压，使 ECU（电脑）或传感器损坏。

（6）电喷发动机的电瓶为负极搭铁，千万不能搞错；车身修理需要使用电焊时，切记应先拆下电瓶搭铁线，并拔掉 ECU 插头，以防止损坏电脑和电器元件。

（7）电喷发动机的 ECU 是非常精密的装置，要经常保持机舱干燥通风，因此不能用水冲洗发动机。由于许多电控单元分布在机舱的不同部位，这些电子元件最怕受潮及端子接口处进水，一旦机舱内进水受潮，很容易引起发动机出现各种故障。如果发动机太脏了，可用高压空气吹净或者用潮湿毛巾擦拭干净，切不可直接用高压水枪冲洗。

（8）为提高冷车的混合气浓度，电喷车已经采用自动控制喷油量调节混合气浓度，同时还自动提高怠速转速（冷车怠速）。因此，不需要启动前踩空油门“加浓”，也不用启动时踩油门和启动后轰油门。

（9）对于电喷车来讲，不要盲目自检自修。如

果出现故障，尤其是电控系统故障，不要自行动手检修，更不要用试火的方法检查，这样很容易导致电子元件损坏。一定要请专业维修人员，使用专用设备和工具进行检查维修，或者直接去4S店报修，如图5－3所示为新型电喷发动机。

图5－3　新型电喷发动机

怎样正确使用涡轮增压发动机

涡轮增压发动机与自然进气发动机相比，其最大优点是它可在不增加发动机排量的基础上，大幅度提高发动机的功率和扭矩，最大功率可以增加40%左右。但由于发动机的涡轮增压器是在高温、高压、高转速环境下工作，一般工作温度高达900～1000℃，在全负荷工作状态下其转速能达到每分钟18～20万r/min，可以说它的工作条件十分恶劣。为达到其使用要求，增压器使用的材料和精度要求都非常高，所以价格也相对比较昂贵，一般都在万元左右，如果使用不当，就会造成涡轮增压器过早损坏，一旦涡轮增压器出现异常响声或油封漏油就必须得更换。为了延长涡轮增压器的使用寿命，让发动机发挥更大功效，在驾驶装备了涡轮增压发动机的汽车时，需要特别注意以下事项。

（1）发动机启动之后，不要立即起步，更不要猛踩油门：因涡轮增压器是靠机油来润滑的，尤其是凉车启动时，机油流动性差，润滑不良，磨损会很大。应让发动机先怠速运转一会儿，特别是在冬季，至少怠速运转两分钟以上再起步慢行。这样做就可以在涡轮增压器高

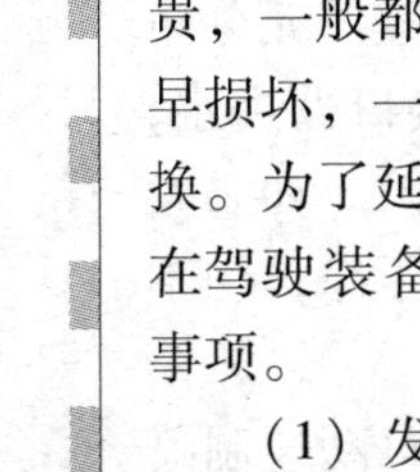

速运转之前，让机油充分润滑轴承，以避免润滑不良造成的过度磨损。

（2）发动机长时间高速运转后，不要立即熄火：因为发动机工作时，有一部分机油是供给涡轮增压器用于润滑和冷却的，如果涡轮高速运转时，发动机突然熄火，那么在惯性的作用下涡轮仍然会保持高速运转一段时间，而这段时间由于发动机已经停止了运转，机油泵也同时停止了工作，所以润滑油不能继续在涡轮轴承中流动和润滑，造成增压器散热不良产生局部高温，使转轴与轴套之间干磨，极易损坏轴承。

（3）一定要选择优质机油，并保持清洁：因为对于涡轮增压发动机来说，气缸的工作温度和工作压力更高，以及产生更大的撞击和挤压等，尤其是增压器所承受的转速和温度更高，所以对机油的品质及清洁保护性能要求非常高，使用的机油必须抗磨性好、耐高温等。除使用原厂规定的机油外，还可以选用合成机油或半合成机油等高品质机油，因高品质机油能在高温和高转速下保持稳定的黏度特性，提供强韧的厚油膜保护，保证对涡轮增压发动机的良好润滑。

（4）机油和机滤要定期更换，空气滤清器要保持清洁。与普通发动机相比，涡轮增压发动机对机油和空气清洁度的要求更高，若机油和空气中的杂质进入增压器，会加剧轴承和密封件磨损，甚至会造成增压器的过早报废。

（5）定期检查涡轮增压器工作时是否有不寻常的振动，或异常响声，密封环是否密封，空气散热器出气口内是否有机油，机油管是否有渗漏，或者机油消耗严重，出现加速无力等现象，若发现这些问题应及早处理。如果增压器的密封环漏气，那么废气会通过密封环进入发动机润滑系统，使机油过早变质，并使曲轴箱压力升高，从而造成机油的过度消耗；如果增压器的油封漏油，那么机油就会

随空气一起进入发动机气缸内，造成严重“燃机油”，必须更换涡轮增压器，如图5－4所示。

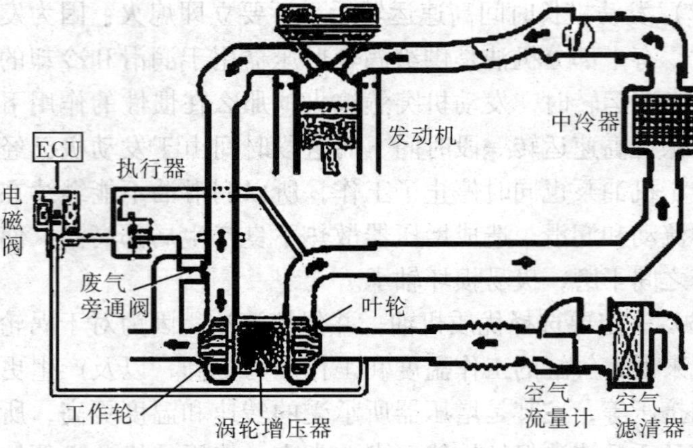

图5－4　涡轮增压发动机工作示意

特别提示：发动机熄火后，通往增压器的机油停止流动，增压器内部的热量就无法被机油带走。如果此时排气歧管的温度很高，其热量就会被吸收到增压器壳体上，将增压器内部的机油熬成焖炭，再次启动时会出现干磨，而且当这种积炭越积越多时就会阻塞进油口，导致轴承缺油而加速磨损，甚至发生“咬死”。因此，停车后不可立即熄火，尤其是当发动机高速、大负荷工作后不要马上熄火，一定要怠速运转一两分钟，以便使增压器的高温降下来。另外，涡轮增压发动机也不可长时间怠速运转，否则增压器也会因机油压力过低而导致润滑不良，一般怠速时间不应超过5 min。

怎样正确使用和保养汽车空调

（一）汽车空调的工作原理

发动机工作时，对于非独立式空调系统，压缩机是靠其轴端的电磁离合器通过皮带与发动机主轴相连的，由压缩机 A/C 开关控制电磁离合器的吸合与分开。平时压缩机皮带轮处于空转，当开启空调后，电磁离合器立即与皮带轮接合带动压缩机运转，并将高压高温的制冷剂蒸汽经高压管道输入冷凝器。在风扇的作用下，将冷凝器中的制冷剂大量热量散发到车外空气中，使其由过热蒸汽冷凝为高压中温的液体制冷剂，并在冷凝器出口达到一定的冷度。接着进入具有过滤、干燥作用的贮液干燥过滤器，经过节流装置后变为低压低温的湿蒸汽。然后再进入车内蒸发器吸收来自车内空气的热量，达到制冷目的。最后吸收了热量的制冷剂被压缩机吸入并压缩后排出，由此完成一个制冷循环，如图5－5所示。

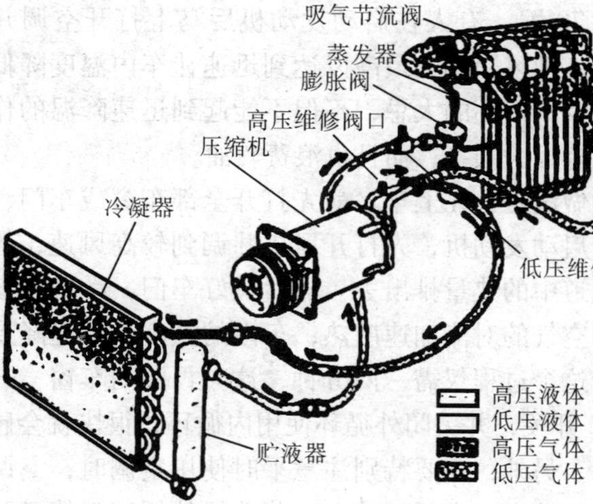

图5－5 空调系统工作示意

（二）汽车空调的正确使用

（1）每年初次启用空调时，应先对空调系统做一次检查，如通风的进气口是否有树叶或杂物遮盖；空调排水孔是否被杂物堵塞；橡胶管有无老化裂口，管路接头处若

有油渍说明此处渗漏；压缩机皮带是否良好，张紧力是否合适等。然后启动发动机，怠速运转打开空调 A/C 开关及风速开关一挡。仔细观察冷却风扇是否立即工作并进入高速运转，压缩机和风机有无异常响声，出风口冷风效果是否正常。如果出现异常情况，应立即关闭空调，以免损坏空调系统，并及时到专业店维修。

另外，当空调压缩机接通后，有时可察觉到发动机性能及动力的微小变化（小排量发动机比较明显），这是正常的，因为压缩机工作时会消耗发动机一小部分功率；空调系统工作时，可除去空气中的水分，停车后会看到机舱底部滴水，这也是正常的。

（2）夏天汽车在强烈的阳光下暴晒时间长了，车内的温度可能高达 60 ~ 70 ℃。有人在启动发动机后马上打开空调并且把温度调到最低，把风速调到最高以达到迅速让车内温度降低，其实这种做法是空调使用的大忌，不但不能起到迅速降温的作用，对空调系统还有很大损害，而且也浪费燃油。

正确的做法是：在上车之前先打开全部车窗或车门，把热气散出，然后启动发动机，先打开风机并调到较高风速，暂时开启外循环将风道中的热量排出去。然后关好车门，敞着车窗行驶一段路，利用空气的对流加速散热，车内的温度会迅速降到与外界温度相仿，这个过程仅需一两分钟，这时再关闭车窗，开启空调压缩机 A/C 开关，并关闭外循环使用内循环，很快就会感到空调冷风的效果。另外，还要特别注意平时使用空调时，空调内外循环开关一定要放在室内循环挡上，若选择外循环就等于开空调不关窗户，这时压缩机会不停地工作，即损失动力，又多消耗燃油。

（3）在使用空调时，对出风的方向选择也有讲究：有人不太在意调整吹风的方向，这不利于发挥空调的最佳效能，应根据冷空气下沉、热空气上升的原

理，将出风口转到稍向上吹，这样会使热交换更快，制冷效果更好；风向挡位应选择正对身体，不要选择向上吹，因为挡风玻璃的温度很高，会抵消一大部分制冷量；选取风速挡位时不要一直使用高挡位，当温度降下来后就应调低风速，一般选用 2 挡风速比较适宜。当车速低于 25 km/h 或怠速运转的时候，应将风速开关调到低速挡位，以避免发电机输出电量不足和制冷量不足。因为出风量过大反而冷气效果差，而且人也被吹得不舒服，风机的噪声也大，还影响风机的使用寿命。

（4）很多人为了贪图凉快，往往将空调的温度设定在很低的温度值上，这样不仅会使压缩机不停地工作，还会增大发动机负荷和油耗，而且车内外温差太大也会影响身体健康，时间长了还容易得“空调病”。正常情况下，车内温度与车外温度相差 6 ~ 8 ℃比较适宜，也可根据个人需要及外界气温设定适合自己的温度。最好不要低于 23 ℃，否则出了车后会极不适应环境温度，也会感觉很不舒服，如图 5 - 6 所示。

图 5 - 6　温度设定不要低于 23 ℃

（5）夏天在密封的车内使用空调，这样虽然是凉爽了，但随之也产生了空气污浊的问题，特别是那些新车，内饰材料的有害物质更让车内空气污染超标。现在的空调都有内外循环开关，采用外循环时，空气从车外进入，而内循环则是车内空气循环使用。因此，内循环相当于把室内冷空气再制冷，使空调效果更好，但如果长时间使用内循环会使车内的空气质量大大降低，有的风道内部还有真菌污垢，容易导致身体疲倦乏力，皮肤干燥，甚至缺氧，让人感觉头昏脑涨。为了改善车内的空气质量，应当使用一段时间内

循环，就开一会儿外循环，也可同时打开天窗利用行驶时气流在车顶形成的负压抽出污浊的空气，这样会更快地让车内更换新鲜空气，有利于身体健康。有的车型如果没有内外循环开关和天窗，可对角打开车窗也能达到快速换气的目的，而且，对车内温度影响也不大。

另外，在使用外循环时，要防止不清洁空气进入车内，如遇到尘土飞扬或闻到呛人的汽车尾气等异味时，应及时关闭外循环。

（6）夏天开车使用空调无可厚非，但是很多人开启空调后就没关过。对于没有低转速自控装置的空调系统，启动发动机时是要带着压缩机启动，使启动机负荷增大，启动困难；还有人习惯启动车后就马上开空调，这样做不仅制冷效果不好，还会增加发动机初始运转的阻力。

正确开关空调的方法是：后开先关。后开，是在正常情况下，待车起步后再开空调，以减小发动机的负荷；先关，是在到达目的地（停车）之前10 min左右先将温度调高2 ℃，待几分钟后关闭压缩A/C开关，让风机继续送风，因为蒸发器和风道里有残存的低温，使车内温度不会很快升高。一方面可以省油，同时也可以让车内温度缓慢上升，消除与外界的温差，使身体适应车外的温度；另一方面可吹干蒸发器表面和通风管道的水分，防止真菌繁殖和异味的产生。

（7）空调压缩机的转速是随发动机转速而变化，制冷量也随车速而变化，低速行驶或发动机怠速运转使用空调时，会出现制冷量不足，有些老旧车散热不好还会导致水温过高。因此，在低速行驶时尽量不使用空调，也不要为了提高空调制冷效果而使发动机以较高转速运转，这样做不仅很费油，而且对发动机和压缩机的使用寿命也有影响。

另外，发动机大负荷工作时，如连续上坡，应暂时关闭空调压缩机，否则会引起水箱温度过高，这不

仅影响空调制冷效果，也影响发动机功率。

（8）如果把车停在车库中，开着空调休息或睡觉，在封闭的空间内，汽车尾气中的一氧化碳很容易渗入车内，极易造成车内人员中毒，甚至死亡，这种死亡事件每年媒体都有不少报道。而在室外闭窗开空调休息，虽然危险性小一些，但如果此时空调是内循环，车内人员所呼出的二氧化碳加上汽车排出的尾气通过车身缝隙进入车内，时间长了也存在中毒危险。

（三）空调的维护保养

（1）汽车空调也需要维护保养，比如：压缩机皮带松不松、制冷剂够不够、冷冻油缺不缺、冷凝器脏不脏、空调滤芯换没换等，这些都直接关系到空调的制冷效果。对于车龄比较长制冷效果差的空调，可能还需要清洗冷凝器和蒸发器的表面。目前很多汽车快修店都有专门的空调保养服务，正确的保养不仅能保持空调系统良好的工作状态，而且还能提高空调的使用寿命。所以要高度重视空调的保养和呵护，如果你的空调制冷效果不好就该去检查一下，好好对待空调系统，它将回馈你一片清凉。

（2）先检查空调皮带的松紧情况，太松了容易打滑，太紧了会增加轴承负荷，可通过惰轮来调节皮带的松紧度。当空调系统开启后，注意观察压缩机的运转情况，看运转时有无剧烈振动，压缩机内部有无异常响声，电磁离合器吸合与脱离是否正常，以及压缩机油封处和各连接管接头处有无油渍，以判断是否存在制冷剂渗漏现象。

（3）为了保证整个空调系统正常工作，并有良好制冷效果，保持冷凝器表面的洁净是至关重要的。为此，要经常清洗冷凝器，防止油污、泥土及其他杂物附在冷凝器上。清洗冷凝器可以用高压水枪先从内向外冲洗，然后再从外向内冲洗，水压不可过大，以防散热片被冲倒。也可用软刷浇清水刷洗，但要小心不要把冷凝器散热片

碰倒，以免影响通风散热。最好在冷凝器前面安装纱窗，可有效防止昆虫和绒絮钻入散热片内。

(4) 由于蒸发器大部分是安装在仪表台下，拆装麻烦，不便清洗。因此，必须保持车内及空调滤芯清洁，每次保养车时都应将空调滤芯取出用高压空气吹干净，并每年至少更换 1 ~ 2 次，方可保持蒸发器清洁。当空气中尘土较多时应关闭外循环，以减少对空调滤芯的污染。

(5) 预防空调系统滋生真菌和产生异味，定期清洗风道和更换空调滤芯是保持车内空气清新的关键，最好每月清洗一次空调的通风系统。清洗空调其实很简单，首先，选择一瓶质量有保证的空调清洗剂，这对清洗效果非常重要，一定要看清楚清洗剂的酸碱度，一般来说 pH 值为 7 ~ 9 是比较好的。然后把空调滤芯取出来，车内出风口全部打开，风向先吹向身体，开启风机和外循环，风速用一挡，这时将清洗剂从滤芯进风口处喷入，当清洗剂从出风口出来后，将该出风口全关闭；风向转换向下吹，稍后再转换向上吹。在转换风向时，清洗剂应一直向风道内喷入，以保证清洗剂进入空调系统的各个通道，这个步骤要持续几分钟。最后再将风向转回向前吹，但出风口不要打开，关闭风机和外循环，清除滤芯上的尘土后装回原位（最好更换滤芯）。经过这样清洗，车内的空气质量会大为改善，如图 5－7所示。

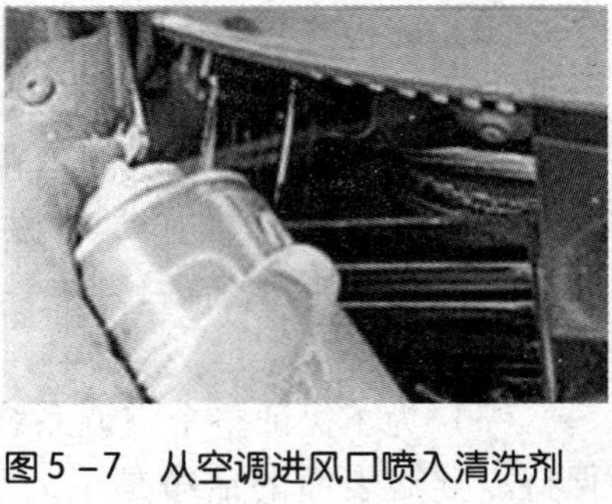

图 5－7　从空调进风口喷入清洗剂

另外，在空调使用过程中会吸进很多灰尘，定期用最大风量能将空调风道内表面的浮尘吹出来，这也是保持空调清洁的一种简单方法。

（6）在正常情况下制冷剂不会消耗，需要注意保养的主要是冷凝器的清洁及散热风扇的工作状况。如果空调出现制冷效果差，甚至不制冷的情况，大部分是由于制冷剂渗漏引起的，渗漏的原因可能是管路接头的密封圈老化，制冷剂压力过高等。在渗漏故障未排除之前，不要盲目地添加制冷剂，否则过段时间又会出现空调不凉的问题。在渗漏故障修复后或更换了制冷系统的主要部件时，都需要向系统中补充一定量的冷冻机油；充注制冷剂前必须先将系统内抽成真空，并确认无渗漏后方可充注。必须使用优质品牌及相同型号或符合要求的制冷剂和冷冻机油，否则可能导致压缩机工作异常，出现制冷不良、管路腐蚀、重要部件损坏等故障。

另外，在冬季或长时间不使用空调时，应每月让空调压缩机工作一两次，每次几分钟，使压缩机得到润滑，以保持空调系统的正常状态。

怎样正确使用和保养汽车轮胎

汽车的稳定性、行驶安全性、平顺性、越野性、经济性，以及汽车的牵引性能和制动性能，都与轮胎的性能有关。而汽车唯一能和地面接触的便是轮胎，它不但承载车身、人员和货物重量，还得承受路面的各种冲击等。因此说车的性能再好，如果轮胎出了故障也是寸步难行。但日常保养车时，很多人只关注发动机和车身外表，而忽略了轮胎的重要性，轮胎状况的好坏，不仅关系到汽车的安全行驶，还事关车上人员的生命安全。为此，每个驾车人都必须提高对轮胎重要性的认识和加强轮胎的正确使用和保养。下面对轮胎损坏的原因与轮胎的正确使用和保养等方面的内容进行详细介绍，希望车主能够从中受益。

（一）轮胎损坏的原因

轮胎的寿命，在很大程度上和轮胎使用条件、汽车的技术状况、驾车人的技术水平、轮胎的保养和修理是否及时有很大关系。据统计，有近一半的轮胎是由于使用不当而早期损坏的，不按胎压标准充气是轮胎早期损坏的最主要原因之一。轮胎过早损坏的原因通常表现在以下四个方面：

1. 胎压过高

轮胎在高气压下使用时，轮胎与路面的接触面积变小，而压强增大，使胎面中部磨损加快；胎压过高时，胎体的应力增大，使帘线层受到过度的伸张强度下降，弹性降低，容易被锐物扎伤，受到较大冲击时胎体还可能爆破。此外，胎压高还会降低轮胎的抓地能力，使刹车距离延长；影响舒适性并加剧底盘部件的磨损，如图 5－8 所示。

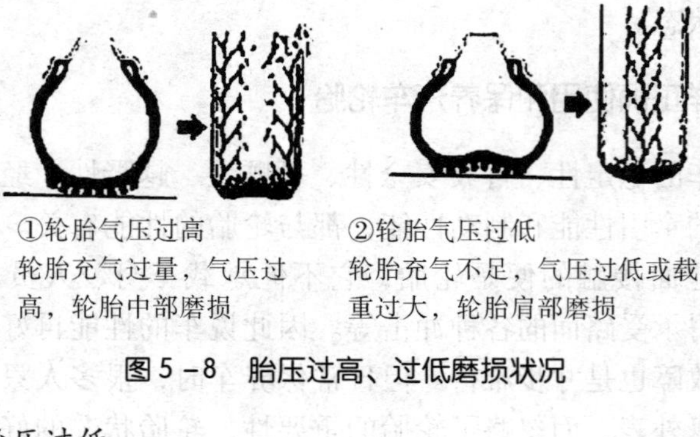

①轮胎气压过高
轮胎充气过量，气压过高，轮胎中部磨损

②轮胎气压过低
轮胎充气不足，气压过低或载重过大，轮胎肩部磨损

图 5－8　胎压过高、过低磨损状况

2. 胎压过低

胎压过低对轮胎的伤害更严重。这主要是由于胎侧变形增大，使胎体内的帘线层产生过大的交变应力，周期性的压缩变形会加速帘线的疲劳损坏，开始是胶线脱离，然后便很快地折断，使轮胎过早报废；轮胎以低气压滚动时，会加剧轮胎的生热温度，当胎温过高时还会导致胎体局部脱层，帘线间产生摩擦，在脱层的地方温度

更高，也更容易造成胎侧爆破；胎压低时，胎面的中部负荷变小，边缘负荷增大，使胎肩花纹严重磨损。胎压低不仅会加剧轮胎的磨损，还增大了滚动阻力，增加了燃油消耗。

3. 轮胎超载

超载时轮胎损坏的特点和在低气压下行驶时的损坏相近似，但是超载对轮胎的磨损和损坏更为严重。由于轮胎变形大，胎侧所承受应力过大，使轮胎材料的疲劳及其强度的降低更快，在胎侧最容易出现帘线层折断或爆破；当超载轮胎轧上石块时，常发生胎冠爆破。实践证明，超载20%，轮胎寿命将减少30%，滚动阻力将增加40%。超载不可避免地造成轮胎早期损坏或报废。

4. 底盘的故障

在行驶中，由于汽车底盘的某些机构技术状态不好，也是引起轮胎非正常磨损或损坏的一个重要原因。其中对轮胎损害最大的是前轮定位不准确，尤其是前束过大或过小都会使前轮出现连滚带滑的现象，造成胎面一侧花纹磨损严重，另一侧花纹起毛，即使偏离标准不多，也会导致胎面的偏磨。前轮定位出现差错，不但对轮胎造成损伤，而且还直接影响转向性能。另外，车架或悬架变形、后桥移位、转向拉杆球头或转向节松旷、车轮轴承间隙过大，刹车拖滞或抱死等，都会造成轮胎的非正常磨损。因此，定期保养车辆并做前轮定位，特别是转向和刹车系统，使其保持良好的技术状况，对减少轮胎磨损，延长使用寿命会起到很重要的作用。

除了上述车况原因外，缩短轮胎使用寿命的另外一个原因与驾车人有直接关系，如：急剧起步、急剧加速、急剧刹车、急剧转弯、超速行驶、原地打方向、不注意选择路面、轧碰障碍物、检查和修理不及时等。

（二）轮胎的使用和保养

据某些资料显示，轮胎消耗的费用约占运输成本

的10%，如果驾车人能够正确使用和定期保养轮胎，往往可以使轮胎的使用寿命延长30%，这不但可以大大降低运输成本和养车费用，还可以为国家节省大量资源。

1. 正确选择轮胎

（1）要想选对轮胎，首先得了解轮胎的用途、特点和类型。轮胎是按充气压力、轮胎结构和用途等主要特征进行分类。按充气压力大小可分为：高压胎、低压胎和超低压胎；按结构可分为：普通轮胎（B）、子午线轮胎（R）、有内胎轮胎和无内胎轮胎等；按用途可分为：乘用车轮胎、载重车轮胎、特种车和工程机械专用轮胎等；按胎面花纹可分为：纵向花纹、横向花纹、混合花纹和越野花纹等。一般乘用车轮胎又分舒适型、宁静型、运动型和越野型。

（2）现在汽车已广泛使用子午线轮胎，因子午线轮胎比普通斜交轮胎耐磨性高，滚动阻力也比普通轮胎小20%～30%，油耗可降低3%～8%；由于子午线轮胎抓地力强，抵抗侧偏离的阻力大，具有良好的稳定性，而且升温低、散热快、胎面也不容易被扎穿，如图5－9所示。

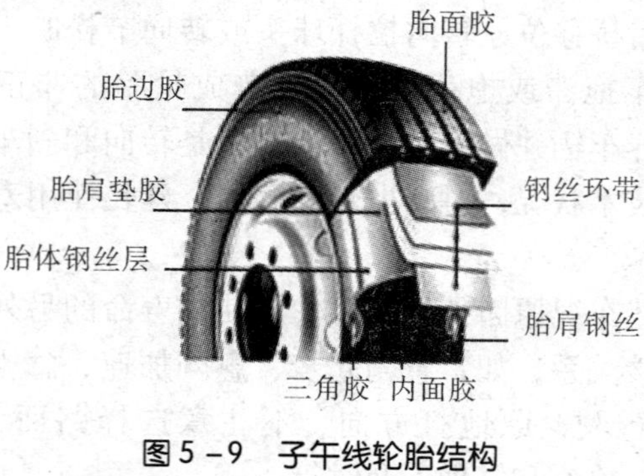

图5－9　子午线轮胎结构

另外，无内胎轮胎和有内胎轮胎相比其优点是：提高了行驶安全性，因这种无内胎轮胎被刺穿时漏气缓慢，有的几小时甚至几天都不需要换备用胎。而且散热良好，温度比有内胎轮胎低 5 ~10 ℃；结构简单、重量轻、修理拆装也简便。

（3）通过轮胎面侧的数字和字母便可知道该轮胎的类型、规格、层数、级别、最大负荷和相应气压、生产年限及品牌商标等。下面将轮胎上的主要标识简单介绍一下：图 5 – 10（a）所示，“185/60R14、82H”的含义是：185 代表轮胎宽度，单位为毫米；60 代表扁平比，即轮胎的高度等于宽度的 60%；R 代表子午线结构，即胎体帘线是按子午线方向排列的；14 代表轮胎内径，单位为英寸；82 代表载重指数，表示最大载重为 475 kg，（指数与载重成正比）；H 代表速度代号，表示最高速度为 210 km/h（字母越靠后级别越高）。轮胎标识中还有生产日期，一般由四位数组成，前两位数代表全年的周数，后两位数代表年份，如图 5 – 10（b）中的“0213”，表示该轮胎是在 2013 年第 02 周生产。

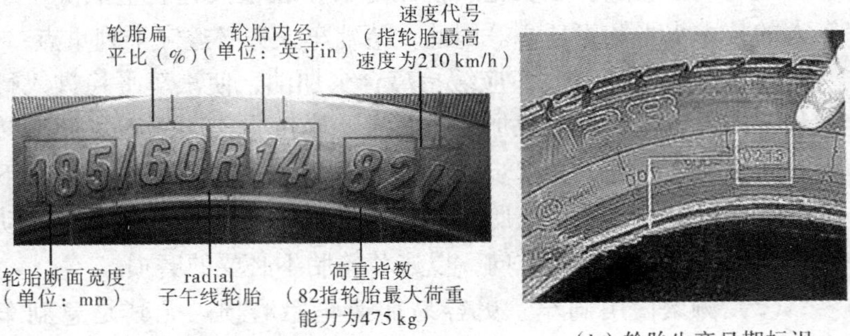

（a）轮胎主要数据标识　　（b）轮胎生产日期标识

图 5 –10　胎侧标识含义

（4）选用轮胎时，应注意识别轮胎标识，如尺寸、规格、载重、速度级别等，必须与原车所配轮胎相符合。因轮胎性能各异，同一轴上不能混用不同结构、不同规格、不同负荷级别的轮胎。子午胎和斜交

胎也不能装在双胎上，不能混用在转向轮上，否则会影响转向性能；若混用在驱动轮上，还会给车载电脑系统造成影响。而且两种轮胎的抓地力不同，刹车时容易引起跑偏。对不同用途的车辆，在不同车速和路况下行驶时，应选择不同花纹的轮胎。如经常在柏油路和水泥路面上高速行驶的车辆，最适合使用纵向花纹轮胎，因纵向花纹滚动阻力小于其他花纹胎，而且雨天排水性强，热天散热性好，如表5－1所示。

表5－1　轮胎的速度等级

速度符号	L	M	N	P	Q	R	S	T	U	H	V	W	Y						
速度（km/h）	120	130	140	150	160	170	180	190	200	210	240	270	300						
轮胎指数对应值																			
载重指数	85	86	87	88	89	90	91	92	93	94	95	96	97	98	99	100	101	102	103
负载/kg	515	530	545	560	580	600	615	630	650	670	690	710	730	750	775	800	825	850	875

2. 正确使用轮胎

正确使用轮胎，延长轮胎使用寿命，在很大程度上取决于驾车人的技术水平和责任心。因此，请驾车人务必遵守下列重点：

（1）起步不可过猛，应缓抬离合少加油，使汽车平稳进入行驶状态，因急剧起步和急加油时，轮胎会产生肉眼看不见的滑转而增加磨损。另外，在起步前或停车后原地转向，地面上会留下圆形的黑色痕迹，这是从胎面上磨掉的橡胶，因此在车轮未滚动之前，尽量不要原地打方向，以避免轮胎不必要的磨损。

（2）频繁使用刹车，更容易加速轮胎磨损。尤其是急刹车时，轮胎停止滚动而拖滑，这会造成胎面与路面剧烈摩擦，使轮胎急剧磨损。因此，驾车时应集中精力，及时发现情况，提前采取措施，多用预见性制动，少用刹车，更不要随意使用急刹车。急刹车除了胎面磨损外，在缓冲层和帘布层中还产生很大的剪切力，有时能引起胎面脱胶或胎体脱层。

（3）尽量避免猛打方向、急转弯。汽车在进入车位或掉头时，如果猛打方向急转弯，轮胎就会在地

上划出一道弧线，使轮胎外侧严重磨损。因此，在入位、掉头时，转向要轻打、车速要缓慢。通过弯道时，应根据弯道情况和转弯半径，适当转大弯，若是转半径较小的急弯，应在进入弯道前将车速降下来，以减小惯性力和离心力对轮胎边缘的剧烈磨损，并防止侧滑。

（4）驾车人在行车中除了注意观察道路情况外，还得留神路面上容易损伤轮胎的坚硬物体，如玻璃、石块和金属物，要尽量绕开。因轮胎与石块碾轧或碰撞后可能发生爆胎，即使当时没有损坏，也会产生损坏的“病灶”。如果无法躲避时，也不要急刹车，这样会增加轮胎的下压力，更容易造成轮胎损坏。

（5）汽车靠路边时，一定要小心轮胎侧面不能与路边石发生擦碰，因胎侧是整个轮胎中最脆弱的部位，一旦擦碰就可能直接导致胎侧损伤，这种损伤也许当时不明显，但给日后爆胎埋下了隐患。此外，轮胎受到较大碰撞或其他外力时，车轮定位可能被破坏，会出现车辆跑偏或高速行驶时方向盘发抖，以及轮胎磨损不均等。若有此现象要及时做四轮定位，以避免轮胎偏磨并确保车辆正常行驶。

（6）通过泥泞路段时，要注意选择比较坚实和不太滑的路线通过，以免轮胎打滑或下陷。一旦轮胎打滑，应立即停车，防止轮胎被凸起的锐物严重割伤。

（7）避免超速行驶，因高速行驶时轮胎与路面之间会产生瞬间滑动摩擦，加速了轮胎的磨损。特别是长时间高速行驶，由于胎体变形频率加快，胎体内部摩擦增大，而产生非常高的温度。随着胎温的上升，胎压也随之升高，这不仅加速轮胎的磨损，还能引起胎体脱层，甚至爆破。

（8）汽车上坡时，不要等到车的动力严重不足时才换挡，应及时减挡，保持发动机的充足动力，以减少轮胎的过大摩擦。尽量避免上坡起步，尤其是陡

坡，这不仅对轮胎造成严重磨损，同时对其他部件也会造成伤害；汽车下长而陡的坡时，应挂低速挡，靠发动机牵阻控制车速，尽量少用急刹车，这样不但能减少轮胎磨损，而且对安全行车也有保障。

（9）避免超载：因超载行驶会使轮胎材料的疲劳和其强度的降低更快，将大大缩短使用寿命。当轮胎的承载负荷过大，使轮胎变形增大时，不能用提高气压的方式来补偿，这会引起胎体帘线的应力过大，对轮胎的损害更为严重。另外，车上装载货物的分布务求均衡，否则会造成个别轮胎超负荷，容易发生一侧的双胎同时，爆破的后果。因此在实际装载过程中，一定要根据货物的重量平均分配，避免各个轮胎受力不均。

（10）夏天是轮胎易损的多发季节，因空气温度高，散热条件差，使轮胎经常出现超温和超压。过高的胎温会导致橡胶软化、强度下降，长时间高速行驶还有爆胎的危险。为防止轮胎损坏，天气炎热时应降低车速，最好在途中找有阴凉处多停歇几次，让轮胎自然降温，切勿放气降压或用冷水降温，这都会对轮胎造成伤害。夏季行车要增加对轮胎的检查次数，以便尽早发现问题。还应对停车地点加以选择，尽量使轮胎处于阴凉之处，因为阳光直接照射，会加速橡胶老化。

（11）冬季，轮胎在低温条件下的弹性和韧性都会降低，更容易受到损伤，要尽可能躲避路面上的石块、玻璃和金属物等。长时间停车后，起步时一定要缓慢，并以较低速度行驶一段距离，不可立即加速，否则会使轮胎受损。冰雪天使用防滑链时，不可过松或过紧，通过冰雪路段后应立即拆除，不能带着防滑链在坚硬路面上行驶，否则会造成轮胎严重损伤。

3. 正确保养轮胎

轮胎是汽车上最重要的部件之一，能够正确保养和细心呵护它，对延长轮胎的行驶里程、降低养车成本及安全行车都具有重要意义。正确保养轮胎应做到以下几点：

(1) 保持正确的胎压是减少轮胎磨损、消除隐患和延长使用寿命的重要措施。因此，日常保养轮胎时要重点检查胎压，即不能过压也不能欠压。无论什么季节，也无论轮胎新旧都要严格按照厂家规定的标准充气。用眼睛看或凭敲击轮胎的声响来确定胎压会有很大误差，尤其是偏平比较小的轮胎更难判断。对载重轮胎来说，可能误差达 1.5 kg/cm^2，而载重轮胎的允许偏差范围应为 ±0.3 kg/cm^2；小型车允许偏差为 ±0.2 kg/cm^2。欠压是轮胎的大敌，当轮胎气压低于标准气压 20%，油耗将增加 10%，轮胎的行驶里程将缩短 15%。因此，最好在车上备个胎压表，每月至少测量一次，但必须在轮胎冷却时测量才准确，如图 5－11 所示。

图 5－11 定期检测胎压

(2) 在没有胎压表的情况下，检查胎压的简便方法是：大型车，可用撬棍或小锤敲击胎冠，根据几个轮胎的响声进行对比，如响声过脆，则说明胎压过高，响声发闷则说明胎压过低；对于小型车，可站在车身侧面从车轮前方和后方分别观察前后轮胎接地处的胎侧，看胎侧隆起部位变形是否正常。也可正对轮胎外侧蹲下身来，看胎面与地面接触的面积大小，并用相同的方法与其他轮胎进行比较，以确定胎压是否正常。如果胎侧几乎没有变形或胎面接触地面很小则说明胎压过高；如果胎侧隆起过多，接地面积过大则说明胎压过低，正常胎压为 3～4 个花纹触地。当胎压非常低了还坚持行驶的话，会使轮胎严重扭曲变形，很快导致轮胎报废。

(3) 定期保养轮胎，对轮胎进行全面检查和调

换，如果车上的轮胎花纹都磨损比较严重，应全部换成新胎。如果条件不允许，那么至少更换两个前轮或者将成色好的轮胎装在前轮上，成色差或有伤的轮胎只能装后轮或做备用，因为前轮关系到车辆安全和转向的操控性能。旧轮胎搭配时，应选择花纹磨损程度相近的装在同一轴上，直径较大的轮胎应装在后轴右侧。在同一汽车上的轮胎，花纹搭配要合理，如同轴或双胎上的花纹要一致。在必须装配不同花纹的轮胎时，也不得在同一轴上混合装用普通花纹和越野花纹的轮胎，因为花纹不同其使用性能也大不相同。另外，轮胎也是有保质期的，一般出厂 5 年以上，无论轮胎新旧或花纹深浅，因橡胶已老化，最好不要再继续使用。

(4) 要经常检查轮胎磨损情况，如花纹磨损异常应及时去做四轮定位；橡胶老化开裂或花纹已磨损到极限，应更换新轮胎；细心查看轮胎是否有划破、扎伤或鼓包，特别是比较薄的胎侧，受伤后将成为安全隐患，如图 5－12 所示。如果发现有上述现象的轮胎，应及时修补或做备用胎，千万不能用在前轮上。检查轮胎时，不能只看外侧不管内侧，往往内侧更容易受到伤害。查看内侧时，将转向轮打到极限，可直接看到内侧胎壁。后轮可用手摸，凭触觉判断，如有异常，应将车轮拆下检查。

图 5－12　鼓包的轮胎要换掉

(5) 跑长途前，在保养车辆时别忽略了轮胎，否则，可能在路上会给你带来意想不到的麻烦。途中停车检查车况时，要重点检查胎压和胎温，尤其是夏季，发现轮胎异常应采取有效措施，防止胎温胎压过

高。对于胎内加了垫皮的轮胎，更要多加留意，这样的轮胎很容易漏气。还要检查胎面有无扎伤，并及时清理轮胎花纹沟槽内和双胎中间夹杂的异物，防止坚硬杂物越陷越深，导致轮胎漏气甚至爆破。

（6）行驶中听到轮胎发出有节奏的异响时，很可能是扎入异物，应立即停车查看。如果发现有铁钉等硬物刺入轮胎，不要急于拔出，先抹些口水观察一会儿，若不冒泡，说明还未扎透，可以拔掉。但取出铁钉后，还须再涂点口水看看是否漏气；如果在铁钉未拔出前就已经漏气的话，别拔出来，因无内胎轮胎，被扎穿后只是慢慢漏气，胎压能保持很长时间，一旦异物拔出后，胎内气体会很快漏光。

（7）行驶中若感到汽车乏力、操作异常、车身倾斜、抖动、异响、有橡胶气味时，应立即停车检查轮胎状况，很可能是轮胎严重缺气或破损。也可能是轮胎螺钉松动或轮胎有被擦磨现象，并查看双胎之间有无石块夹住，一经发现应立即消除，否则会对轮胎造成严重损伤。高速行驶时方向盘和车身抖动，就有可能是车轮该做动平衡了，车轮动平衡失准不但加速轮胎磨损，对转向和悬架都有影响，如图 5－13 所示。当轮胎受到较大撞击后，一定要停车检查胎面和胎侧是否有损伤，若出现了鼓包，表明胎体帘布层已断裂，随时有爆破的危险，应及时更换备胎。

图 5－13　轮胎动平衡

（8）汽车的前后车轮和左右车轮轮胎的磨损是不相同的，一般驱动轮磨损要比非驱动轮高出 20%～

30%，为了使各车轮轮胎均匀磨损，延长使用寿命，轮胎必须定期换位。正常情况下，轮胎每磨去 1 mm 胎面花纹需要行驶 8000～10000 km，因此每行驶 10000 km 就应进行一次轮胎换位，如果行驶条件较差，轮胎磨损较快，应提前换位。轮胎换位的方法有“交叉换位”“平行换位”和“循环换位”，可按本车“使用手册”要求换位。一般小型车多采用“交叉换位”法，大型车多采用“循环换位”法，也可根据具体情况来选择，但一经选定后，就要始终按所选方法进行换位，如图 5－14 所示。有的轮胎花纹是有方向性的，每次换位都必须按胎侧箭头方向前后轮互换，不得改变旋转方向，否则会影响轮胎的排水性能。如果前后轮气压要求不一样，换位后应重新调整胎压。轮胎换位时，通常需要做动平衡测试，以防在高速行驶中方向盘抖动或车身不稳。

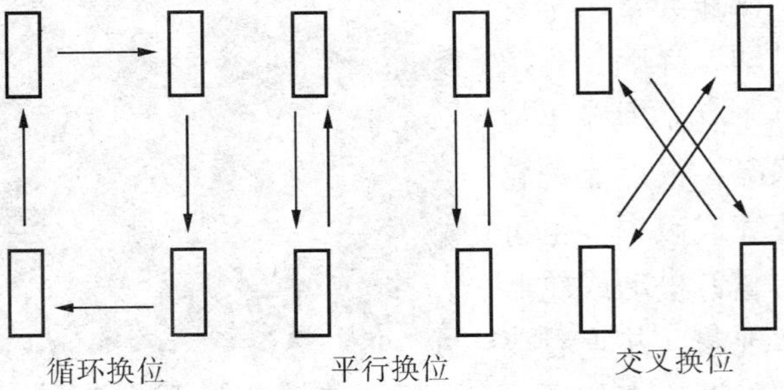

图 5－14　轮胎换位示意

怎样让安全气囊更安全

由于安全气囊系统存在一定的危险性，需要正确使用才能发挥其作用。对于配备安全气囊的车辆，在日常用车时需要注意以下事项。

（1）在调整驾驶坐姿时，驾车人应将座椅尽量向后移，一般前胸与方向盘中心距离不得小于 25 cm，这样才有足够空间使安全气囊在发生意外爆开后能充分发挥其保护作用，同时驾乘人员必须系好安全带。此外，12 岁以下的儿童应坐在后排，最好使用儿童座椅。绝对不能把儿童放在前座上，因气囊起爆时的巨大冲击力对于他们来说甚至可能有致命的危险，如图 5－15 所示。

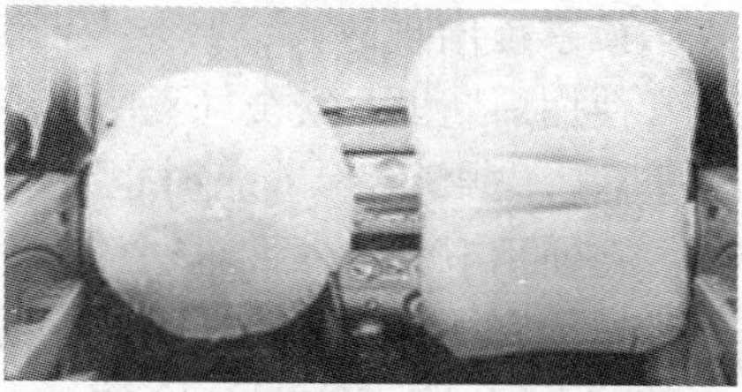

图 5－15　气囊爆开后的形状

（2）安全带与安全气囊是配套使用的，没有安全带，安全气囊的安全效果将大打折扣。因为汽车发生碰撞事故时，安全带会将人约束在座椅上，使驾乘人员的身体不碰撞到方向盘、仪表台和挡风玻璃上，避免发生二次碰撞；同时也可防止驾乘人员在车辆发生翻滚等危险情况下被抛离座位。据有关资料统计，单独使用安全气囊可使事故死亡率下降 18% 左右；单独使用安全带可使事故死亡率下降 42% 左右；而当安全气囊与安全带配合使用时，可使事故死亡率降低 47% 以上。由此可见，只有安全气囊与安全带一起正确使用才能发挥最大功效。

（3）安全气囊处于备用状态时，不要在前排气囊处摆放香水瓶、粘贴饰品等。因一旦气囊打开，这些物品会被气囊弹出，伤到驾乘人员。汽车应尽量避免高温和静电，不要让气囊和传感器处于高温和静电环境下，以免引发安全气囊错误打开；还要避免意外磕碰、振动气囊传感器，以防止气囊突然打开；不要擅自改变安全气囊系统及其周边布置、改动气囊系统线路、更改前保险杆和车辆前部结构；如果车辆安装有侧面气囊，而且气囊在座椅上，就不要给座椅装座套，以免影响气囊效果。

（4）安全气囊指示灯在车辆启动 6～8 s 后依然闪烁或长亮不熄，就表示安全气囊系统出现故障；车辆在行驶过程中，安全气囊指示灯闪烁 5 s 后长亮，也表示该系统出现故障，必须及时到4S店检查处理。一般车辆在正常使用周期里，安全气囊基本不会发生故障，但每行驶1~2万公里后，去4S店保养车时也要检查安全气囊传感器及其附属部件。在使用10年之后，安全气囊的质量和性能就难以保证了，必须进行彻底检查，有条件的话应更换新安全气囊。

随着人们对汽车被动安全的要求越来越高，汽车生产厂家除了在前排主、副驾安装了两个气囊外，有些轿车还在座椅侧面靠门一侧安装了侧气囊，目的是减缓侧面撞击造成的伤害。在一些高档豪华轿车中还出现帘幕式气囊、头部气囊和膝部保护气囊，有的车型甚至安装了高达30多个气囊，以进一步提高被动安全性能，如图5-16所示。

图5-16 高档车中的各种气囊

第二节 正确选用油品

怎样正确选用汽油

目前我国常见的车用汽油标号有90号、93号、97号、98号，车用汽油的标号是根据它们的辛烷值来规定的，汽油标号中的数字就是辛烷值，汽油标号越大辛烷值越高，抗爆性就越好。在选择汽油时，应

根据汽车使用说明书的要求来选用最适合爱车的汽油标号。如果选择的汽油标号过高会增加费用；如果选择标号过低会使发动机产生爆燃，影响动力性和经济性。压缩比高的发动机，长期使用低标号汽油，会给发动机带来不少故障，如燃烧室、喷油嘴和气门产生积炭，影响喷油效果和气门密封不严；汽油燃烧不完全，时间长了还会使氧传感器和三元催化器失效，严重时还会造成发动机损坏。因此，选择和使用车用汽油时要特别注意以下两个方面：

1. 按压缩比选用汽油标号

汽油发动机的压缩比是选用汽油标号的依据。在加油之前必须先阅读汽车的使用说明书，了解发动机的压缩比是多少，再确定该加多少号汽油。压缩比高的发动机，要选用高标号的汽油；压缩比低的发动机，应选用标号较低的汽油。一般压缩比在8.0以下的发动机，应选用90号汽油；压缩比在8.0~9.0之间，可选用93号汽油；压缩比在9.0~10之间，可选用97号汽油；压缩比在10以上应选用97或98号汽油。汽油标号只是标定汽油抗爆能力的参数，它与汽油质量高低和是否省油没有必然的联系，并不是汽油标号越高越好，应根据发动机压缩比的不同来选取不同标号的汽油。如果选用的汽油与压缩比不相符，就会产生一系列的严重后果。所以，一定要按照说明书上厂家要求的汽油标号用油，绝不能为了省钱而降低汽油标号，如图5-17所示。

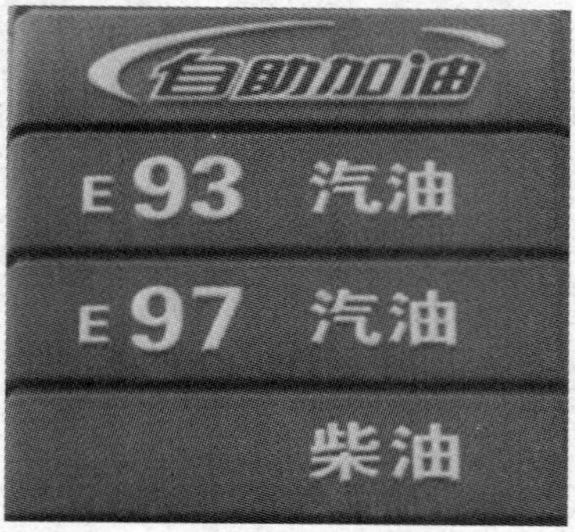

图5-17 按压缩比选用汽油标号

2. 根据使用条件选用汽油标号

如果在市区行驶或者车速经常低于 80 km/h，那么，就应该按照厂家规定的汽油标号来选择，而盲目选用高标号的汽油并没有明显好处而且费钱；如果长时间以 100 km/h 以上的车速行驶(如在高速公路)，为使发动机功效更好地发挥，可选用高一个标号的汽油，比如平常用 93 号，跑长途时改用 97 号。但不要错误地以为使用 97 号汽油比 93 号汽油要省油，其实恰恰相反，加注相同数量的 93 号汽油行驶的里程比 97 号汽油更远，而 97 号汽油只是可提高发动机性能，有利于发动机的使用寿命。

另外，在高原地区行驶时，由于大气压低，空气稀薄，汽油发动机工作时爆燃倾向减小，可以适当降低汽油标号。一般海拔每上升 100 m，汽油标号可降低约 0.1 个标号；经常大负荷、高转速下工作的发动机，应选用较高标号的汽油。

怎样正确选用柴油

柴油发动机工作时，是在活塞压缩到上止点后，喷油器将高压柴油以雾状喷入燃烧室与高温高压空气混合使其自行发火燃烧。柴油机的工作好坏，主要取决于柴油能否及时着火和完全燃烧。柴油的自燃发火性用十六烷表示，十六烷值应与柴油机的结构相适应，转速越高，燃料在气缸中燃烧的时间越短，一般只有 0.003 ~0.0065 s，这对十六烷值的要求也越高。为了保证柴油在发动机中正常燃烧，要求柴油必须具有良好的燃烧性能、适宜的低温流动性和黏度、较好的蒸发性和安定性，对机件不腐蚀。

1. 柴油及发动机的特点

柴油的自燃点低、黏度大、密度大，在运输和储存过程中不易挥发，使用安全；柴油发动机具有热效率高，耗油率低，燃料资源较汽油丰富，使用耐久可靠等特点。

2. 柴油的分类

柴油分为重柴油和轻柴油两种：重柴油用于低转速柴油机，轻柴油用于转速为1000 r/min以上的高转速柴油机。汽车上的柴油发动机普遍使用轻柴油，所以，一般加油站所销售的柴油均为轻柴油。

3. 柴油的标号

柴油的标号不同于汽油的标号，汽油的标号是用辛烷值的大小确定的，而柴油的标号是按凝点的高低来区分的。目前我国车用轻柴油按质量分为优质品、一级品和合格品三个等级，每个等级的轻柴油按凝点的不同分为10号、5号、0号、-10号、-20号、-35号和-50号共七个标号，其牌号是根据凝点标定的，如-10号轻柴油表示其凝点不高于气温-10 ℃，0号轻柴油的凝点不高于气温0 ℃。

4. 柴油的选用

选用车用柴油的主要依据是气温，应根据不同地区和季节，选用不同标号的柴油。气温低的地区，选用凝点低的柴油；气温较高的地区，选用凝点较高的柴油。在选用柴油时必须保证柴油的凝点低于当地最低气温3~5 ℃，以确保柴油在最低气温时不致凝固，但要注意凝点低的柴油价格也高，应合理选择。一般可按下列情况分别选用：

（1）10号轻柴油：适用于有预热设备的高速柴油机。

（2）5号轻柴油：适用于最低气温在8 ℃以上的地区。

（3）0号轻柴油：适用于最低气温在4 ℃以上的地区。

（4）-10号轻柴油：适用于最低气温在-5 ℃以上的地区。

（5）-20号轻柴油：适用于最低气温在-14 ℃以上的地区。

（6）-35号轻柴油：适用于最低气温在-29 ℃以上的地区。

（7）－50 号轻柴油：适用于最低气温在－44 ℃以上的地区。

怎样正确选用机油

机油是发动机润滑油的简称，分为汽机油和柴机油。发动机工作质量的好坏与寿命的长短，在很大程度上取决于机油数量的多少和质量的优劣，因为发动机做功时燃烧室温度高达 2500 ℃，同时还伴有高压、燃烧振动和零部件之间的互相摩擦，如果没有良好的机油保障，发动机将无法正常工作，甚至严重损坏。要想选择合适的机油，首先得了解机油的作用、成分和分类准则等基本知识。

（一）机油的作用

（1）润滑作用：机油能在运动部件之间形成一层油膜，从而使运动部件彼此之间轻松地滑动，减少摩擦阻力和动力消耗，并减小机件磨损。

（2）冷却作用：机油在发动机中流动时会将摩擦产生的热量带走，使运动机件不会因温度过高而烧损。

（3）清洁作用：机油中有清洁剂，它能溶解和清除机油中的黏结物；循环流动的机油还能将摩擦脱落的金属微粒带走，不会对机件造成磨损。

（4）密封作用：机油可填充零部件的间隙，在活塞环与气缸壁之间构成油膜，起到密封作用，保持气缸压力。

（5）保护作用：机油可以通过密封住水和酸性微粒物质而保护发动机防锈蚀；机油也可减缓零部件间的冲击振动，降低工作噪声。

（二）机油的成分

机油一般是由基础油和各种添加剂组成。添加剂有黏度系数改进剂、流点改进剂、抗氧化及抗腐蚀剂、清洁及分散剂、摩擦改进剂、防起泡剂等。机油

中掺入的各种添加剂的含量约为 10%，占整个机油价格的 25%，但它大大改善了机油的性能，是机油当中的重要成分。

添加剂在机油中的作用有：在寒冷天气中有更好的流动性、降低运动机件间的摩擦、防止金属件生锈、防止高温下起泡沫等。

（三）机油的分类

现在国内对机油也采用了美国 API 性能分类法和 SAE 黏度分类法。按用途主要分为汽机油、柴机油和二冲程汽机油三大类。机油因其基础油不同又分为矿物油、半合成油及全合成油。

（1）按机油的质量等级分类：现在通用的机油质量分级为 API 标准。API 是美国石油协会的缩写，它采用的是机油品质等级评定标准，将润滑油分成汽油机用和柴油机用两大类。汽机油用 S 表示，如 SE、SF、SG、SH、SJ、SL 等；柴机油用 C 表示，如 CC、CD、CE、CF、CG、CH 等。按字母排列顺序，越靠后的质量等级越高，机油中会有更多用来保护发动机的添加剂。另外，当 S 与 C 两个字母同时存在，则表示此机油为汽柴通用型，如 S 在前，则主要用于汽油机，反之则主要用于柴油机。

（2）按机油的黏度等级分类：现在通用的机油黏度分级为 SAE 标准。SAE 是美国汽车工程师协会的缩写，它采用的是黏度等级分类法。按照 SAE 的黏度标准把机油分为 0W、5W、10W、15W、20W、25W 六个低温黏度等级和 20、30、40、50 四个高温黏度等级。其中 W 表示为冬季用的机油，W 前面的数字代表机油低温流动能力的大小，数字越小流动能力越强，而不带 W 的数字表示在高温下的黏度大小，数字越大机油的黏度越大。

按机油黏度又分为单级油和多级油两类，现在常见的为多级油产品。单级油牌号标记为 5W、20W 等为冬季用油；20、40 等为夏季用油。多级油牌号标记为 10W/40、5W/30 等，其中 10W/40 表示既具有 SAE10W 的低温流动性，又具有 SAE40 的高温黏度。所以，一

般多级机油可以全年通用，能代替多种单级机油。

（四）基础油的分类

机油由基础油与添加剂调制而成，分为矿物油、半合成油、全合成油三种。基础油制造途径有两种，一是由原油经提炼和精制的天然矿物基础油，二是将化工原料经化学合成方法制成的合成基础油。以矿物基础油与添加剂调制而成的机油称为矿物机油，以合成基础油与添加剂调制而成的称为合成机油。根据合成基础油的调制比例，合成机油又分为全合成机油及半合成机油。

（五）矿物油与合成油的区别

矿物油的基础油是从原油中提炼而成的，全合成油是以100%合成基础油调制的机油；半合成机油是介于矿物油与全合成油之间，由矿物油及部分的合成油，依据各厂商不同的比例混合而成，油质高于矿物油低于全合成油。

合成油比一般的矿物油具有更高的黏度指数，同样的油类指标，合成油用较低的黏度就可达到，而矿物油就需用相对于全合成油较浓的黏度才能达到。由于合成机油的抗高温氧化、抗黏稠变化、抗磨损能力更强，随温度转变而产生的黏度变化很小，所以既能在低温环境中流动顺畅，又能在高温环境中保持适当的黏度，对发动机有更好的保护作用。

另外，合成机油提炼纯度高，在发动机持续高温运转下，不易氧化分解产生油泥和积炭，其劣化速度比矿物机油慢50%，使用时效也更长。一般使用矿物机油行驶5000 km就得换油，而全合成机油，其换油里程可延至10000～15000 km。

（六）多级机油与单级机油的区别

多级机油与单级机油的区别主要在于黏温特性不同。黏温特性的好坏在国际上通用黏度指数来表示，黏度指数值越大，表示油的黏温性能越好。多级机油黏度指数通常都在130以上，而单级机油一般为

75～100。

多级机油具有良好的黏度特性，既有利于高温条件下的润滑，又利于低温流动，具有良好的减磨和节能效果。经过试验，各种黏度级号的多级机油在汽车发动机上使用比单级机油要节省燃油1%～3%，而且多级机油属于全天候机油，一年四季均可使用。单级机油分为冬季油和夏季油，在一年中，进入夏季前必须更换夏季机油，进入冬季时须再更换冬季机油。虽然单级机油价格相对便宜，但换油周期短，润滑效果也不如多级机油。

（七）机油黏度对润滑的影响

汽油发动机工作温度范围很宽，冬季与夏季相差几十摄氏度，启动时的油温与大负荷运转时的最高油温相差更大。如果机油黏度过大，流动性和泵输送性差，将造成发动机启动困难，同时启动后机油送到润滑部位的时间过长，容易引起干摩擦，加速机件磨损；机油黏度过低，当油温升高时机油黏度变小，使机件摩擦面形成的油膜很薄，会增加摩擦和磨损。

（八）机油的选择

选择机油的最低标准，就是要按汽车使用说明书的要求来确定使用相应质量级别的机油。超过该级别的高级别机油可以替代低级别的机油，而低级别的机油不能替代高级别的机油。

1. 汽机油的正确选用

合理选用汽机油主要是根据发动机的热负荷和机械负荷，以及气候条件等选择不同质量等级和不同黏度等级的机油。

（1）根据发动机的压缩比及附加装置，选用汽机油的质量等级：发动机的热负荷和机械负荷越大，越要使用质量等级高的机油。如安装有涡轮增压的发动机，对机油的质量等级要求较高。

（2）根据发动机工作的环境温度选择汽机油的黏度等级：冬季寒冷地区应选用黏度小的汽机油，如

5W/20；夏季或全年气温较高的地区应选用黏度适当高一些的汽机油，如15W/40机油，一般车型可全年适用。

2. 柴机油的正确选用

合理选用柴机油主要是根据发动机的强化系数确定柴机油的质量等级。

（1）柴油机的热负荷和机械负荷由强化系数 K 表示，柴油机负荷越大，工作温度也越高，工作强度也越高，工作强度越剧烈，要求使用柴机油的质量等级越高。

（2）根据发动机工作的环境温度选择柴机油的黏度等级：柴机油黏度等级的选择与汽机油一样，要根据使用的环境温度来选择。

选用汽机油应注意哪些事项

汽车使用中除了需要燃油外，润滑油是必不可少的。机油是发动机最重要的工作油液，它不仅可以减少摩擦阻力，节约燃料消耗，而且可以延长汽车使用寿命。因此，正确选用汽车机油非常重要，在选择机油时应注意以下事项：

（1）机油市场鱼龙混杂，车主购买机油时应尽量选择知名品牌的机油，尽可能到大品牌的专营店去购买，并根据API标号来识别机油品质的高低，以及通过油品包装上生产厂家的地址、生产日期及批号是否完整、清晰来判别真伪。还要看清生产厂家的商标和条形码，检查是否有权威部门的认证，如ISO9002等质量标准认证，如图5－18所示。

（2）应优先选用多级油：多级油的特点在于其突出的高、低温性能，即低温启动时，机油能迅速流到发动机零件的摩擦部位提供润滑，减少发动机磨损；在高温时它又具有较高的黏度，从而使机油在摩擦表面保持足够的油膜，起到良好的润滑。因此，多级油冬夏都能使用，既可减少季节性换油，又可降低发动机摩擦阻力，减少燃

图 5－18 仔细查看机油的外包装

油消耗，节约能源。

（3）如果一直使用的是单级机油就不要轻易改用多级机油。因为一直都使用单级机油，发动机内便会产生许多油泥，这主要是一些单级机油中不含清洁剂。如果突然改用多级机油，这时机油内的清洁剂便会溶解发动机内所产生的污垢，这些污垢溶开后不仅污染机油影响润滑，还会堵塞机滤，甚至堵塞油道。

（4）全合成机油比一般的矿物机油具有更高的黏度指数，而且全合成机油随温度转变而产生的黏度变化很小。因此在高温及严寒情况下，更能维持适当的黏度，给发动机提供保护。全合成机油不一定适合所有车，这种机油在高温工作环境下渗透性极强，老旧车和低档车不宜使用。因老旧车的气缸磨损较大，而低档车则是制造过程中的精度低，气缸间隙本身就比较大，所以用全合成机油很可能造成渗漏，从而发生烧机油、积炭过多等现象。

（5）当汽车使用了几年或已经行驶了十几万公里，那么在选用机油的黏度等级时可适当提高一些。因为随着行驶里程的增加，机件磨损后间隙也随之增大，原来的机油黏度等级就不能满足其润滑需求，所以要使用足够黏稠的机油才能填补其更大的间隙，这就要选用黏度更大的机油。例如，一直使用 30 号机油，就应改用 40 号机油；一直使用标号为 SAE10W/30 的机油，那就应改用 15W/40 的机

油。

（6）汽机油与柴机油不可混用，因其添加的成分不同，但汽、柴通用机油则通用于汽油机和柴油机，如 SF/CD 级通用机油。普通机油与多级机油不可混用，因为这两种油品使用的基础油和添加剂不同，混合后会使机油变质；不同产地、不同牌号的机油不可混用；同一厂家的同一品牌，级别型号不同的机油也不能混用，因不同厂家生产的添加剂混在一起有可能引起化学反应，令机油部分或全部失效；相同牌号和级别的多级机油可以混用，但不能混合储存。

（7）如果是涡轮增压发动机，经济条件允许的话，应尽量选用全合成机油。因为使用高质量级别的机油，既可有效保护涡轮增压器，延长发动机使用寿命，又可降低燃油消耗，同时还能够延长换油周期，节省时间，节省机油，节省维修费用。

怎样把握发动机的换油周期

机油是汽车的“血液”，能对发动机起到润滑、清洁、冷却、密封和防锈蚀等作用。发动机运转时，内部的工作条件是非常严峻和苛刻的，在高温、高速及无规则的变化下、各机件摩擦产生的金属碎屑、从空气中侵入的灰尘、燃烧生成的酸性物质、部分废气窜入曲轴箱等，都会使机油变质，这会给发动机带来很大的伤害。所以汽车行驶一定的里程后，机油必须更换。但换油周期的正确把握，对延长发动机使用寿命和节约油料至关重要。换油周期过长，机油会老化、过脏，而且添加剂也会蒸发散失，对发动机的保护就会减弱；若换油周期过短，则造成不必要的浪费。因此，必须在正常合理的周期内更换机油。

影响换油周期的因素很多，主要取决于汽车的使用环境、条件和气温，以及机油的品质和发动机的精密程度。最好根据以下几种因素把握换油周期：

（1）正常情况下，应依据汽车厂家的使用说明书中规定的换油周期进行换油。一般大多数厂家都会要求车辆行驶5000 km或7500 km时更换一次机油，但由于实际使用环境和条件等因素不同就不能一概而论。换油时间和公里的长短，要根据汽车使用的具体情况合理进行调整。

（2）如果经常在市区行驶，由于车速低，行驶距离短和起步停车频繁，那么它的换油里程相比行驶在郊区要相对短一些。这是因为发动机的凝结水和未燃烧物容易进入机油中，而发动机的工作温度较低，不能很快将曲轴箱中的凝结水蒸发，使机油过早老化、变质。

（3）在炎热的夏季和寒冷的冬季使用汽车时，机油老化速度明显加快，那么它的换油里程就要缩短一些。

（4）如果经常行驶在交通条件恶劣、灰尘较多的地区，由于发动机负荷大，环境差，那么换油周期就要相对短一些。

（5）如果发动机长期在负荷较重的条件下工作，尤其是经常超载或满负荷使用的载货车辆，由于发动机经常在高速运转，机油脏得快、老化得也快，那么它的换油周期一定要缩短些。

（6）如果一辆老旧的汽车与新车相比，由于老旧车的发动机精密度大大降低，废气容易窜入曲轴箱，加速了机油老化、变质，所以换油周期就要相对短一些。即使是同一辆车在同一路况条件下，在不同的使用阶段，其换油里程也有差别。

（7）如果汽车经常在路况及环境都比较好的情况下使用，比如在高速公路上行驶，发动机工作平稳，运转均匀，磨损较轻，那么它的换油周期相对可以适当延长一些。

（8）如果使用高质量级别的机油，可以大大延长换油周期。如SL、SM级纯合成机油的更换间隔里程一般可达1.5万~2万公里，配合长效机油滤芯使用，换油周期是普通机油的3~4倍。所以，机油质

量级别不同，换油周期也不相同。

（9）如果汽车平时行驶的里程很少，半年都达不到厂家规定的换油里程，那么也应该每年更换 1～2 次机油。因机油长期与空气接触会自然老化，而且机油中的添加剂也会挥发，使机油失效。

怎样自己更换机油

其实换机油很简单，只需拧掉放油螺塞和滤芯，让机油流尽后，再拧紧放油螺塞，装上新的机油滤芯就完成了给发动机换油。自己动手换机油既省时又省钱，具体操作方法如下：

（1）先准备好更换机油所需的材料，例如：适宜的机油和滤芯、活动扳手、拆装滤芯的扳手、装废机油的盆具、旧毛巾和大饮料瓶。

（2）车辆停放在平坦的适当地方，拉紧手刹，打开机舱盖，如此时是凉车，应预热到正常温度，最好行驶一段路程，这样发动机升温会更快一些。热车换油能使曲轴箱中的污垢随旧机油流出，而且旧机油流出得更彻底。

（3）用千斤顶将车支起来，要支在放油螺塞的另一侧，使放油螺塞处于较低的位置，这样旧机油会放得更干净。注意，千斤顶一定要支牢固，并用木块儿或砖头将车轮前后顶紧。

（4）在发动机下面铺上纸板等垫物，身体躺在上面，用扳手拧松放油螺塞，然后用手拧到它快出来时，将接油盆准备好，此时手要顶住放油螺塞慢慢往外拧，当螺塞全部退出后，将接油盆对准油流位置，然后捏紧螺塞快速将手移向一侧。这样做机油就不会弄到手上，也不会流到地上。

（5）拧掉发动机加油孔盖，让旧机油流得更快些，然后用扳手将机油滤芯拧松，再用手将滤芯拧掉并翻转，避免机油流出，另一只手拿报纸或旧毛巾托着，防止机油弄脏其他部件。

（6）取出新滤芯，在密封圈上抹上机油，以润滑橡胶，然后用旧毛巾将滤芯底座上的机油擦净，将新滤芯装好并拧紧，但不能拧得过紧，否则可能会挤坏密封胶圈。

（7）待旧机油流尽后，用旧毛巾将放油孔周围及螺塞擦干净，用手将放油螺塞拧上，然后再用扳手拧紧。

（8）将大饮料瓶剪掉一半，瓶口插入加油孔，将新机油慢慢到入。如果一桶机油用不完，应先加大半桶，等待 1 min 后，观看机油尺，不够再逐渐添加，可多加几次，以防止加多，如图5－19所示。

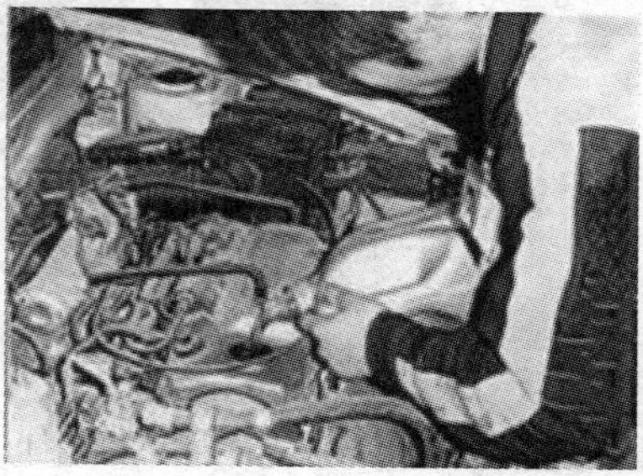

图 5－19　自己动手换机油

（9）拧紧加油孔盖，启动发动机怠速运转一会儿，再适当提高转速，然后查看滤芯和放油螺塞处是否有油漏出，最好用手指在滤芯密封口周围抹几下，看有没有新油渗出。

（10）熄灭发动机，待 5～10 min 使机油完全流回油底壳后，拔出机油尺，用纸巾将尺上的油迹擦干净，重新插到底，然后再次拔出查看机油多少。每次加入少量机油后，都要查看油尺，直到机油高度位于尺上规定的刻度，最多不得超过上刻线，最少不得低于中刻线，油迹在油尺中线与上线之间或偏上一点最佳，如图 5－20 所示。

（11）在等待机油回流的时间里，可将空气滤芯取出来查看一下，若过脏应更换，若不太脏可在地上磕一磕去除灰尘，最好用高压空气由内侧向外吹一吹，然后装回原位。

（12）每次更换机油或平时补充机油时，切记不要加得过多。因为机油过多会使曲轴旋转时的阻力增大，曲轴箱压力增高，使机油渗漏，而且机油容易进

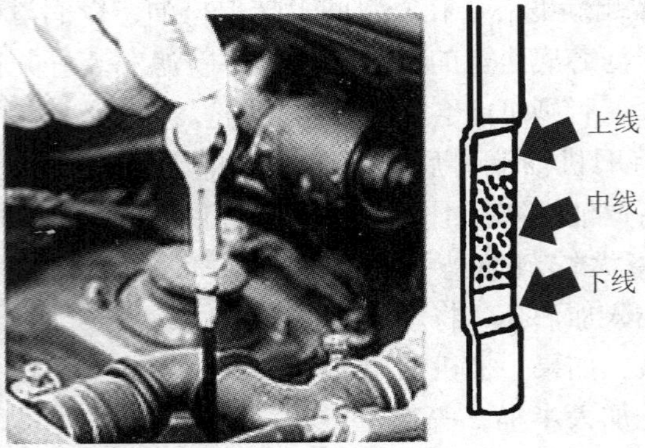

图 5－20　检查机油既不能多也不能少

入燃烧室。机油燃烧后会在缸内产生积炭，同时火花塞也容易积炭，喷油嘴也易堵塞，不但增加机油和燃油的消耗量，也使发动机的故障增多。机油过少，则会导致机油压力不足、润滑不良，加剧机件的磨损。

第三节　保养和修理

怎样保养汽车

汽车的“未老先衰”，其主要原因是，当汽车性能好的时候，车主并不细心地保养，车辆内部的一些小问题被忽视了，隐患积累多了，故障就出来了。因此，车主在用车过程中，对待爱车应该做到经常的检查和定期保养。保养是保持爱车良好状态的首要任务，从新车的磨合期养护、使用中的日常维护，到定期保养，只要做得及时到位，就可使爱车延年益寿，如图 5－21 所示。

汽车保养分定期保养和非定期保养两大类。在定

期保养中，除例行保养外，基本上分为：一级保养、二级保养和三级保养；在非定期保养中一般分为：磨合保养、换季保养和对长期停驶或封存汽车的保养。

图 5－21 爱车保养要及时

1. 例行保养

所谓例行保养，就是驾车人在出车前、行车中、收车后和利用停歇时间对车辆所进行的日常性维护。例如：出车前要检查各种油、液、雨刷、灯光、轮胎等；行驶中要随时注意各仪表和指示灯的反映，并且注意发动机和底盘有无异常响声和异常气味。同时还要注意车辆的工作状况，如油压、水温、充电等是否正常，车轮轴承、刹车盘或刹车毂及各总成温度是否正常，发现问题及时进行分析，并采取有效措施；收车后要检查各部件紧固情况，查看有无漏油、漏水、漏气、漏电现象，对出现的问题要早发现早解决，并及时补充各种油、液。

2. 定期保养

当汽车行驶到一定里程后，所做的保养叫作定期保养。定期保养是合理使用汽车的重要环节，它是根据汽车行驶里程的多少来确定进行哪个级别的保养，同时还要考虑到车型、使用条件及润滑油和配件质量的差异。对于一般车型，在正常使用的情况下，其保养周期一般 2000～3000 km 为一级保养；5000～7000 km 为二级保养；80000～100000 km 为三级保养。

3. 磨合保养

新车磨合是降低运动零件的初期磨损，改善表面质量，提高耐磨性的一个重要措施。经过磨合，将使

汽车各部运动机件表面得到充分配合，从而延长汽车的使用寿命和大修间隔里程，提高汽车使用的可靠性和经济性。因此，新车或大修车及装用大修发动机的汽车，都必须按照有关磨合期内的使用规定进行磨合。

在磨合期内，由于新加工的零件表面比较粗糙，磨损速度较快；各种连接件经过初期使用后，也容易松动。所以在磨合期里，应特别注意做好例行保养工作，经常检查和紧固各部件外露螺栓、螺母，注意各总成在运行中的声响和温度变化，及时进行调整或修理。在磨合期满后，应做一次磨合保养。

4. 换季保养

为了保证车辆冬、夏季合理使用和正常运行，必须采取相应的措施，以适应气候变化的工作条件。根据当地的气温条件，冬季应采取预热、保温、防冻、防滑等措施；夏季应采取降温、防爆、防气阻、防自燃等措施。因此，在进入冬、夏季之前，应结合二级保养进行一次季节性换季保养。

5. 停驶、封存汽车的保养

停驶或封存汽车的附加保养作业主要取决于封存时间的长短，一般封存前，汽车应按保养间隔里程做一次相应级别的保养。封存期间注意防尘、防锈、防腐。长期停驶的汽车每月应启动发动机一次，并运转10 min以上，同时要检查轮胎气压和各种油、液，去掉电瓶搭铁线。

汽车不宜长期存放，因为停驶时间久了，各种油、液容易氧化变质；电气元件容易受潮老化，尤其是电气开关触点容易氧化，使其接触不良，甚至失灵；电瓶放久了不但打不着车，可能会报废；橡胶和塑料等非金属制件容易老化；金属零件会发生锈蚀。总之，汽车应经常使用，不可长期停放。

保修期过后该去哪儿修车

图5－22 保修期过后修车难

在保修期内的维修保养肯定在4S店进行，问题是过了保修期后，车主是否还应到4S店维修保养呢？这一直是许多车主感到困惑的问题，如图5－22所示。的确，在4S店维修保养质量有保证，车主也放心。但由于4S店的维修费用太高，配件也很贵，所以多数车主等爱车过了保修期后，就不再去4S店维修保养了，而是选择了价格相对较低的一般汽修厂。为此，建议车主们根据具体情况及具体车型作具体分析和对待。

（1）如果是奔驰、宝马之类的高档车，不管维修费用多高多贵，最好还是到4S店做维修和保养。因为，现在汽车厂家都对新技术进行封锁，外面的修理厂很难掌握科技含量较高车型的维修技术。

（2）如果过了保修期，车主对自己的爱车比较了解，而且有信心或者有自己比较信任的修理厂，那么，像换机油、换刹车片之类的维护保养作业，则可以到一般修理厂进行。去4S店维护、保养，排队等候不说，有时可能工时费比配件费还要高出许多。

（3）如果车主还是个新手，或者对自己的爱车不太了解，对外面的维修店不熟悉，也没有可信赖的固定修理厂，那最好还是到4S店维修保养更让人放心些。

（4）如果爱车遇到了疑难杂症，或者机械系统、电控系统出现了较大问题，建议还是去4S店维修更好些。毕竟现在汽车结构复杂，新技术也较多，一些特别的修理技术还是被4S店垄断着。

(5) 去4S店也要货比三家，因为他们的收费标准差别较大。可分别去不同的4S店咨询，并让他们出报价，然后再进行选择，为了省钱即便多跑些路也值得。

怎样修理汽车

1. 汽车维修企业的资质与分类

汽车在使用过程中，由于内部机构的变化和受到外界各种运行条件的影响，汽车各机构和零件，都将逐渐产生不同程度的自然松动、磨损和机械损伤，使汽车技术状况变坏，性能降低，必须适时进行相应的保养和修理。由于现在的汽车修理厂家太多，技术水平和资质良莠不齐，如何选择，关系着汽车维修的质量优劣，决定着维修成本的高低，不可随意而为，如图5－23所示。下面将汽车修理方面的常识及如何选择修理厂等方面的经验介绍一下，希望对车主能够有所帮助。

图5－23　选择正规维修企业

按照一般的原则，汽车维修必须在具有资质的维修企业中进行，维修企业级别越高，则维修能力越强。

(1) 汽车维修级别的划分：按照国家有关规定，汽车维修分为汽车大修、总成大修、汽车小修、汽车维护和专项修理等5个级别。

1) 汽车大修：是指通过修理或更换任何零件的方法，恢复汽车的完好技术状况和完全（或接近完

全）恢复汽车使用寿命的恢复性修理。

2）总成大修：是指为恢复汽车总成完好技术状况、工作能力和使用寿命而进行的作业。

3）汽车小修：是指用更换或修理个别零件的方法，保证或恢复汽车工作能力的运行性修理。

4）汽车维护：是指为维持汽车完好技术状况或工作能力而进行的作业。

5）汽车的专项修理：是指对汽车单项或几项附属总成、附件、零部件、专用装备、电器仪表、轮胎、漆面、装饰等项中的一项或几项进行专业性的修理修配工艺加工、技术服务，以及对汽车技术状况检查、技术改造、改装等类型的作业。

(2) 汽车维修企业的分类：按照国家标准规定，汽车维修企业分为3个类别，其各个类别允许开展的维修业务区别较大。

1）一类汽车维修企业：允许从事汽车大修和总成修理生产企业。此类企业亦可从事汽车维护、小修和专项修理生产。

2）二类汽车维修企业：允许从事汽车小修、维护及符合相应条件的专业修理生产企业。

3）三类汽车维修企业：允许专门从事专项修理（或维护）生产的企业个体经营者。

2. 修理厂的选择

选择修理厂要细心，不能只看收费的高低，修理厂若收费过低，可能提供的服务较差，维修和配件质量也难保证。大型修理厂虽然收费高些，但能够提供全面的服务，技术水平和配件质量也有保障。因此在选择修理厂时，首先要看其检测和维修设备是否齐全，然后看维修人员是否熟练掌握和使用智能化的仪器设备来检测、诊断和维修汽车。缺少检测仪器和维修设备，不具备相应技术的维修人员，这样的修理厂是无法保证汽车维修质量的。只有选择具备条

件的维修企业，才能又快又好地维修车辆，并且减少误拆、误换的无效行为，如图5－24所示。

图5－24　为爱车找好“医院”很重要

3. 选择自己放心的定点修理厂

选择一个可靠的修理厂非常必要，主要从其资质、收费标准、信誉、修理工的操作技术、服务质量等方面进行选择。最好“货比三家”，发现其不够理想应换一家。当爱车过了质保期后，为节省维修费用，常规维护就不必再去专业4S店了，车主可选择一家信誉好的质优价廉的修理厂，定点维护和修理爱车。一般这种修理厂不但材料便宜，工时费也便宜许多，同样的保养项目，至少比4S店节省一半费用。固定一家放心的修理厂，既可让修理工熟悉你的爱车，快速维修，又可省心省钱。

4. 清楚需要维修的内容

车主应清楚爱车进厂修理的内容和过程，注意关键的环节，以监督维修质量和控制维修费用。送修前，车主还要查阅一下“用户维护手册”，对汽车工作油、液的型号和更换要求有所了解，以防修理工加注错误或遗漏，并查阅保养项目内容是否可结合进厂一并完成。

爱车进厂前应进行适当的准备，如备好有关证件和维修保养记录本；将车内的重要物品和可取走的非必备物品存放在家中。在将车送入修理厂时，车主应该问清楚爱车进行的作业项目和维修范围，并了解维修作业的工时量和收费标准，同时还须注意进厂后对发动机、底盘的检查，尽可能利用修理厂提供的免费检测服务。另外，车主最好自己建立一本维修保养记录，将每次维修保养和更换配件

的内容、作业情况及日期、公里数等记录下来，以便日后对爱车的维修和保养有据可查。

5. 跟随修车过程

汽车在维修中，车主最好伴随修理工作的全过程，并与修理工多交流，尽可能地说些内行话，让修理工知道你懂车。这样做一是防止修理工把小毛病说成大毛病，随意拆换、以次充好甚至偷换配件等行为的发生；二是可借维修之机了解车辆的具体状况，检查平时不便检查的部位，督促修理工进行必要的电脑检测，同时还能监督其维修操作是否正规、到位，并把维修后剩余的油、液等材料收好备用。另外，与修理厂的业务人员、技术人员和修理工接触时要尽量注意礼貌，千万不要歧视他们，互敬的关系往往会达到事半功倍效果，如图 5－25 所示。

图 5－25 车主应伴随修车过程

6. 要细看维修结算单

查看结算单上的维修项目，车主可以了解本次在修理厂接受了哪些维修或保养工作，有没有超出开始与接车人员所约定的维修项目范围，所更换的配件是否相符，工时费是否合理。如果车主有疑问要及时发问，避免花冤枉钱；查看结算的零配件明细单，了解本次维修项目中更换零配件的数量和价格，以及附加费比例，是否有超出维修项目更换的零配件。此外，结算单是车辆维修的原始记录，车主应妥善保管这份凭证，当车主与修理厂之间发生维修质量纠纷时，结算单可以作为车主手中最有力的证据。因此，结算单上的车型、车主、维修日期、修理厂信息及结算人员姓名都应明晰。

汽车修理骗局的防范

随着汽车越来越多地进入寻常百姓家，汽车维修业也在快速增长。但对于修车，大多数车主还是外行，这就让有些利欲熏心的修理厂家钻了空子，他们的欺骗手法五花八门，令车主防不胜防。为此，识别和防范汽车修理中的欺诈行为是车主保护爱车、降低费用的必修课。以下是汽车修理厂惯用的典型欺诈伎俩及应采取的防范对策。

1. 价格虚高

修理厂的欺诈行为中，价格虚高问题是最常见的。例如：维修工时重复叠加，虚报、瞒报、高报、谎报零部件的更换及价格等。虽然国家对维修项目的修理工时费有明确的规定，但是，对汽车维修工时费的收取项目是一个大概的范围，只要修理厂对这个范围内的项目收取工时费就不违规。实际上，修理厂在利用车主不懂修理的弱点和行业监管的空子牟利，如图 5－26 所示。

图 5－26　防范修车欺诈

防范对策：车主在接受汽车修理时，不要轻信修理厂的口头承诺，最好事先签订书面合同，明确双方的责任，并且要保存好票据。为了节省维修费用，选择定点修理厂修车，与修理厂建立良好的互信关系。车主还可以自己购买配件，让修理厂进行更换，仅支付维修工

时费，这样既可以保证配件质量又可以节省费用。

2. 弄虚作假

有一些不诚信的修理厂，为了牟取更大的利益，有意夸大车辆故障，小毛病说成大问题，有时候只需花几十元钱的小毛病，车主可能要花上千元才能“修好”。例如：修理工在检测或排除故障时做手脚，本来是某个零件有问题，却谎称整个部件都不能用了，或者说总成坏了，让车主更换一些不必要更换的部件。

防范对策：汽车各总成是由众多零部件组成的，发生故障时不可能所有零部件都损坏了，往往只做局部的更换或修理就能消除故障。因此，车主要审慎地对待维修中的换件，一些零部件能修复的应尽量修复，不能修复时再更换。修车前最好多找几家修理厂检测，或由熟悉修理的朋友陪同，这样就可以防范修理厂的弄虚作假。

3. 以次充好

在修车过程中，很多修理厂拿副厂件、次品、翻新件冒充原厂新件骗取利益。最常见的是用副厂配件冒充原厂件，用翻新件冒充新配件，更让人气愤的是拿假冒伪劣零件冒充原厂配件等行为，这种骗术在一些小型非正规的修理厂里早已是公开的秘密。因为有的副厂件和原厂件相比，价格相差1～5倍，若是“三无”假冒配件，差价甚至高达十几倍。例如：某车型涡轮增压器总成，汽配市场的副厂件价格为2500元左右，4S店原厂件售价为7800元；又如：更换机油最容易鱼目混珠，特别是进口品牌机油售价都很高，国产机油价格比较便宜，有些修理工就趁车主不懂机油级别，拿价格低廉的普通机油冒充高级别机油，甚至说成进口货。由于一般车主无法辨别其真假优劣，这就让利欲熏心的修理厂钻了空子。

防范对策：车主应多学习和掌握一些汽车维修方面的知识，了解修车当中的“猫腻”。对更换的配件

通过目测，确认汽车制造厂家的认证标志和编号，最好能够指定更换著名厂家的配件。对于常用的消耗配件，车主可以到信誉好的汽配商店选购；专用零配件可到汽车厂家授权的配件公司购买。另外，修车时车主最好伴随始终，确保维修作业过程在可监督的范围内。

4. 配件分类

（1）原厂件：是专为汽车生产厂配套装车用的零部件，原厂件只提供给 4S 店，而不向市场销售。在汽配市场买到的“原厂件”，肯定不是真货。

（2）副厂件：是专业零配件生产厂家经汽车厂家授权技术和标准所生产的配件，并且标有汽车厂家的认证标志和编号。副厂件虽然不是汽车厂家指定的装车配件，但其质量与原厂件基本相同，配件厂家可以通过自己的渠道销售此类配件。

（3）小厂件：是由小厂、小作坊和黑加工点生产的假冒伪劣零部件，这类配件无法保证质量，只能被不法商家和修理厂用来骗人牟利。

第四节　用车小窍门

怎样去除车内异味

在很多人的观念里，认为高档车的材质比较好，车内污染相对比较小，而经济型车因为成本的原因，用材相对比较差，所以车内污染的情况会比较严重。其实不然，它们之间的差别仅仅是一个相对的问题，在车内污染问题面前，谁都难以避免。中国装饰协会室内环境监测中心曾经对 200 辆汽车进行随机抽检，结果 90% 的汽车都存在车内空气质量问题，其中新车的空气质量最差。由于车内空气污染会引发

一系列的健康问题，所以，了解和掌握一些有关车内异味的来源、去出车内异味的方法及车内异味的预防非常重要。

（一）异味来源

（1）新车异味：汽车在生产过程中，使用的黏合剂、塑料、皮革、橡胶、辅料和装饰材料等，都会散发有害化学气体，尤其是在太阳下暴晒过后异味最为明显，而且这些有害成分挥发时间可持续一年以上。

（2）新车装饰污染：购买新车以后都要做一些装饰，如铺地胶、铺脚垫、贴车膜、装座套、放置一些饰品和香水等。殊不知，在美观车内的同时，这些物品还会增加污染。另外，有些车主认为在车内放置香水可以抵制车内异味，其实许多香水并非是天然提取物，而是化学合成品，其本身就有一定的污染。

（3）车内异味：车内受潮发霉的脚垫、地毯和座椅内部，以及残留在车内的食物残渣腐烂发霉和常在车内吸烟等，还有后厢内久置不用的鞋子、衣物和湿抹布等，都会产生难闻的气味和细菌。

（4）空调异味：由于空调内部是一个阴暗潮湿的地方，时间一长吸附在空调内部的灰尘等污染物就会发生霉变并滋生细菌，产生令人厌恶的怪味、臭味或馊味，这也是车内空气被污染的重要原因。

（二）去除异味

（1）去除新车异味：最有效的方法就是多开窗通风，这一点可以参考新房装修后的注意事项。一般情况下，尽量养成适度开窗进行通风的习惯，若高速行驶，可打开空调外循环和天窗，这样通风换气效果更好；泊车时打开一些车窗缝隙或天窗，保持车内空气的循环对流；开车前最好先打开车门、车窗，放出车内被污染的空气后，再进入车内，因为新车停放时间长了会释放出很多有害物质，尤其是在太阳下暴晒后，车内污染更为严重。此外，也可以买一些除

图 5－27　炭包除车内异味效果好

味的活性炭包，放在车内前后挡风玻璃下，可以经常晒到太阳，恢复活性，这样吸附车内释放出的有害气体的作用更大；还可以买些黑木炭或竹炭，用干净透气性好的小口袋装好，然后放到车厢内，最好多准备几袋，每天轮流使用。不论活性炭还是黑木炭都特别适合去除新车内的异味，如图5－27所示。

（2）去除车内异味：在选购汽车装饰物品时，一定要货比三家，尽量选购知名厂家的品牌产品。不要图便宜去购买那些小厂生产的“三无”或假冒产品，因这类物品往往甲醛含量严重超标。尤其是地胶，它是装饰中最大的一个污染源，在选择地胶时应当先考虑4S店提供的原厂地胶。另外，在选择汽车香水时，最好选用中性的或味道较淡的香水，不要用带酸性的香水，如柠檬味、菠萝味等，此类汽车香水多为酸性，若长期使用，其散发出来的酸性物质就会聚集在空调蒸发器上，容易发霉变质并产生异味。

（3）去除空调异味：最好选择在晴天，将车停在有阳光的地方，先把空调滤芯清洁干净，如图 5－28 所示。待发动机水温达到 80 ℃以上时，把空调设定为暖风最热挡位，打开外循环并将风量开至最大，然后将车门全都打开，让车在太阳下晒上十几分钟。在此期间要转换风向开关，让热风通过每个风道后从出风口排出，吹走风道内的水分和异味。此方法对消除空调异味效果明显，但须经常使用。另外，也可以买一瓶空调风道清洗剂，拆掉空调滤芯，开启空调外循环，风速用一挡，然后将清洗剂从进风口喷入，转换

图5－28　空调滤芯要干净

风向开关，以保证清洗剂进入空调系统的各个风道，从出风口排出。

（4）预防措施：从根本上去除车内异味的最有效方法，就是减少异味的产生源。车主平时要尽量保持车内的清洁，定期清理车内和后备箱，不要把不干净的鞋、衣物、抹布和潮湿物品等长期放在车内；尽量避免将鱼、虾、酒等一些带有腥味或有异味的物品带上车或长时间放置车内；座椅、杂物厢、烟灰缸等应经常清洁，在车内吸烟时要关闭空调并打开车窗。除了以上措施外，车主还可以根据自己的用车环境和车辆的使用情况，经常清洗车内坐垫、脚垫，保持地毯洁净干燥，定期进行车内清洁、消毒杀菌。

怎样正确洗车

现在的有车一族对自己的爱车可谓是关怀备至，为了让爱车变得漂漂亮亮，保持外表光鲜亮丽，几乎每天都要为爱车“淋浴”一次，这种做法看似爱车，其实是在伤车。洗车虽然不是什么技术活，但也很有讲究，如果是自己动手洗车，一定要注意以下几个方面，防止爱车在洗车过程中被伤害，如图5－29所示。

图5－29　自己动手洗车好处多

1. 洗车环境

洗车时尽量选择在无风的晴天有阴凉的地方。如果有风，风中可能会带有灰尘、污染物等，这样洗车的效果就很难得到保证，而晴天有利于残留水分的蒸发。最好选择场地较宽敞、有排水的地方。

2. 洗车时机

无论是到洗车店洗车还是自己动手洗车，都要在发动机温度降下来之后再进行清洗，因机舱盖过热时不宜洗车。尤其是夏季，汽车在烈日下金属板面和漆面受热都会膨胀，此时洗车，一热一冷会使漆面脆化、开裂。也不要在强烈的阳光下洗车，否则也会伤害车漆。

3. 洗车用品

清洗车辆，最好使用汽车专用清洗剂或碱性小的洗洁精，清洗剂的 pH 值接近 7 为最佳。不能用去污粉和洗衣粉等碱性高的洗涤用品，碱性强的清洗剂会加速漆面和橡胶老化，使车漆面逐渐失去光泽。同时，应该使用洗车专用毛巾或麂皮，以及轮胎专用清洗刷，切不可使用硬质的清洁工具和普通毛巾或粗布等，因为车用毛巾柔软、吸水性好，而且不会在车漆表面留下细绒毛。

4. 洗车方法

(1) 首先用分散的水流从上往下，冲洗掉车身上的尘土和泥沙，切勿用高压水流冲洗，如图 5－30 所示。因为车身上会粘有很多坚硬的沙粒，如果直接用高压水流冲洗，那就等于是让灰尘

图 5－30　用分散水流从上往下冲洗

颗粒在车漆表面做“摩擦运动”，而且水压过大也会损伤车漆，不过底盘部位则需要用高压水流冲洗。

（2）清水将车身冲洗一遍后，用软而清洁的海绵或毛巾，蘸上带有清洗剂的水从上而下地涂抹全车身，也可直接用清水擦洗。擦洗时应经常将海绵或毛巾在水中洗涤，以免少部分泥沙沾在海绵或毛巾上擦伤车漆。

（3）全车外表擦洗完后，用分散水流冲洗整个车身，如发现有没擦净的地方，应再擦洗，并冲洗干净。

（4）最后将毛巾洗净拧干，擦干净车漆表面和玻璃上的水迹，然后打开车门将门框擦干净，最后用刷子将轮胎刷净，并且用湿毛巾擦净轮圈和挡泥板等。在整个洗车过程中，这个环节最为重要，毛巾一定得干净，尤其是擦深颜色的车，毛巾要勤洗拧干，这样擦出来的车漆才会更加光亮。

（5）值得一提的是，如果洗车时气温较高或比较干燥，车身表面的水迹会蒸发很快，用海绵擦拭后留在车身上的脏水要是干了就不容易被清水冲洗掉。因此，如果是一人洗车，最好将车从中间分成两部分，先将一侧擦洗后，立即用清水冲洗掉脏水，然后再擦洗另一侧，最后再用毛巾将全车水迹擦干净。

图 5－31　早晨热车时掸去灰尘

另外，洗车不宜过频，因为频繁洗车，不仅会加速车漆磨损和氧化，还会造成接缝里边积水的部位锈蚀。所以，车不是很脏只是表面有灰尘，可用车掸子掸去灰尘，如图 5－31 所示。若觉得还不太干净，可再用湿毛巾擦一两遍，车漆就光亮了，这既省时又省钱。如果雨后或车身特别脏时，那就得洗车了。当发现车上落有鸟粪时，要及时擦洗干净，以防止腐蚀车漆。

怎样给爱车打蜡

汽车长期暴露在空气中，经风吹、日晒和雨淋，车漆会老化、褪色失去光泽，这个时候，要想让爱车焕然一新，打蜡是个不错的选择。最好自己买一些好的护理用品，亲手给爱车进行美容作业，既可锻炼身体，还能培养自己与爱车的感情，又可以节省开支，绝对是一举多得的事情。

洗车打蜡是车主保养爱车的常规做法，但不少车主对此认识很片面，要么频繁打蜡，要么干脆不打；还有些车主认为，车蜡越贵越好，这些做法都是不恰当的。那么应该怎样为爱车打蜡呢？其实，洗车打蜡并不复杂，也不需要太多技术，但要讲科学，并且了解一些专业知识。

（一）车蜡的种类

市场上的车蜡琳琅满目，往往会让车主无所适从。其实，无论是什么品牌的车蜡，不外乎液体类、固体类和砂蜡，也有国产和进口之分。每种蜡又分许多档次，价格也相差悬殊，可根据自己的经济能力及爱车的档次来选择，如图 5－32 所示。

图 5－32　选择适宜的车蜡

（二）车蜡的选择

由于各种车蜡的性能不同，其作用与效果也不一样，所以应根据车蜡的作用特点、汽车的新旧程度、车漆颜色及行驶环境等因素综合考虑。一般选择车蜡时，如果是在日照充足的地区和季节，应考虑使用防紫外线车蜡；而多雨雪的地区则选择防水蜡；车漆老化无光泽或有细小划痕，需要进行研磨抛光时，可选用超细砂蜡。固体类车蜡比液体类耐用，光亮保持时间也长；液体蜡易操作，但光亮度保持时间短。现在还有一种喷涂的蜡，使用起来更方便，直接喷在车漆上，然后擦拭干净就可以了。

（三）打蜡方法

（1）打蜡前：首先按照正确的洗车程序彻底洗净车身，不能有污物残留，保证车身干爽，不能有残余水分。

（2）打蜡：方法有两种，一种是直线方式涂抹，另一种是画圆圈式涂抹。一般采用直线横竖交替方式打蜡的效果最好，但不论选用哪种方式，都须用海绵块在车漆表面均匀涂蜡。

（3）如果使用固体蜡，应用打蜡专用的海绵块抹上适当的蜡；如用液体蜡，应往海绵上倒上一条蜡，不要将蜡液直接倒在漆面上抹，如图 5－33 所示。

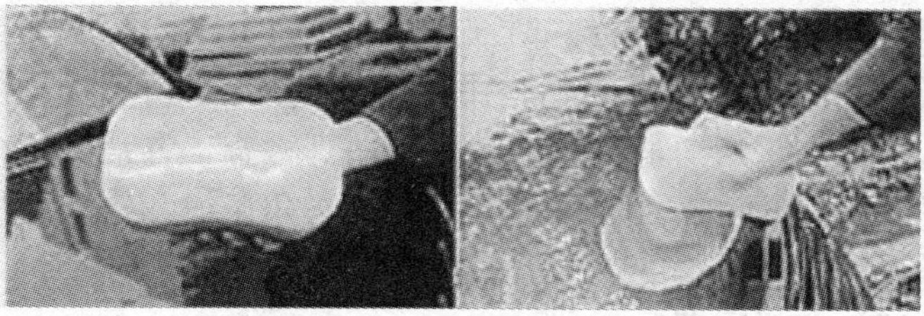

图 5－33　蜡膜尽量涂抹得薄而均匀

（4）打蜡应遵循先上后下原则，最好先从后厢盖开始，然后是车顶、机舱盖，这三个重要部位涂抹完后，再围着车身侧面和前后涂抹一圈。最后仔细察看一遍，如有漏涂应及时补上。

（5）如果使用的是快干蜡，可将车身分成几块逐步进行，也可按着车身板块一片一片地进行，涂完

一片后，马上用新毛巾抛光，切不可等全车涂完再一次抛光。因为这样操作可能会使漆面的颜色出现深浅不一，而且蜡干后，时间长了还不易擦掉。

（6）打蜡时，应用拇指和中指以下三个手指夹住海绵块，以手掌和食指按压往海绵块，转动手腕以画直线方式在车漆上蔓延涂抹，边涂边抹开，面积不要太大，力度要均匀、流畅，蜡膜尽量涂抹得薄而均匀。在一个板块上要一次连续涂完，不要涂涂停停，而且每次涂抹蜡膜的边缘都应重叠一些，以防止漏涂。

（7）应尽量避免将蜡涂抹到没有漆膜的部位上，如塑料、橡胶、玻璃等。尤其是一些磨砂面的塑料部件，如不小心涂抹上了，应立即用干净毛巾擦净，否则干后很难擦掉，影响美观。

（8）让涂在车身上的蜡膜自然晾干，而不是晒干，否则抛光效果会很差。由于车蜡成分不同及打蜡时的气温不同，蜡膜的干燥时间也不一样。一般蜡膜的干燥时间需要 10～20 min，可用手指感觉一下车蜡的干燥程度，以刚刚发白而不粘手为准。若蜡膜干燥时间太短，影响抛光；时间太长，蜡膜变硬又不易擦掉。

（9）在确认蜡膜干燥后，用柔软干净的毛巾沿直线反复擦净蜡膜，即抛光。全车抛光结束后，要认真检查，看是否还有没抛到的部位，并且彻底清除门边、车灯、边角条缝和橡胶制品等处的残留蜡垢，这样才能起到完美的打蜡效果。

（四）打蜡周期

由于用车条件、停放场地不同，打蜡的间隔时间也应有所不同。一般有车库停放，洗车频率低的车辆，每 3～4 个月打一次蜡；露天停放的车辆，或雨水较多的季节，最好每 2 个月打一次蜡。当然，这并非是硬性规定，一般用手触摸车漆感觉不光滑，或者看上去已无光泽，这时就应该给爱车打蜡了。但打蜡也不可过于频繁，否则也会伤及车漆。

另外，新车不要急于打蜡，因为新车本身的漆面上已有一层保护蜡，过早打蜡反而会把新车表面的原装蜡膜除掉，造成不必要的浪费。正常情况下，新车购回 5 个月内不需要打蜡。此外，新车往往刚出厂没几天，而烤漆要滞后一段时间才能真正牢固、坚硬，所以别急着打蜡，以免损伤漆膜。

打蜡时注意事项如下：

（1）给爱车打蜡时，为防止漆面被划伤，应取下手表、手链、戒指等硬物。

（2）打蜡时的环境和条件直接关系到打蜡效果，所以，应尽量选择在车库内或无风沙的阴凉处。若在阳光照射下打蜡，会因车身表面温度升高，车蜡溶剂挥发过快，不易涂抹均匀，并留下较难擦去的蜡痕，还会影响蜡膜在漆面上的附着力，使漆面色泽深浅不一致。因此，当车表温度较高时，应等待晾凉后再打蜡。如果因发动机温度使机舱盖过热，应先打开加快散热。

（3）打过蜡后未抛光的车辆一定不要开上路。因为车蜡在车身上时间过长，不但会增加抛光难度，还会影响打蜡质量。而且，行驶过程中会有尘土和沙粒黏附在车身上，等再抛光时就会对车身漆面造成损伤。

要想保持车漆色彩亮丽，打蜡是不可缺少的。打蜡虽然是个力气活，但必须要细心，还要了解一些打蜡的常识。如果从没给爱车打过蜡，可先将车开到汽车美容店打一次蜡，看看专业人员是怎样操作的，并请教些看不明白的问题，等下次打蜡自己就可以亲手尝试了。

怎样修补车身划痕

车漆就像是爱车的衣服一样，光鲜无比的车漆能更加彰显出靓车的气魄与神韵。然而，车身上莫名其妙地多出几道划痕，保险杠不知何时又蹭掉了一片车

漆，相信很多车主都曾有过这样的遭遇。对于这些划痕，不少车主觉得重新喷漆不仅麻烦而且太费钱，但是对此置之不理又觉得有些碍眼，影响观瞻。那么，以下三种方法可以有效处理车身划痕，车主们可以试一试。

（一）轻度划痕

如果发现车身有划痕，先查看划伤的程度。如钥匙之类的硬物轻轻划过车身，在车漆上留下一道明显的划痕，但是手摸上去感觉不出来，这说明划痕非常浅，只是损伤了车漆表面的透明层。对于此类划痕的处理方法很简单，把少量细砂蜡或划痕蜡涂在划痕处或干净的毛巾上，沿着划痕反复用力擦拭，然后用柔软毛巾擦净蜡垢，看划痕是否去除，如还能看见，可再涂些沙蜡继续擦拭，直到划痕彻底消除。然后擦净蜡垢，用上光蜡抛光。以上方法对轻度划痕可完全去除，对中度划痕可以减轻划痕印迹，如图 5－34 所示。

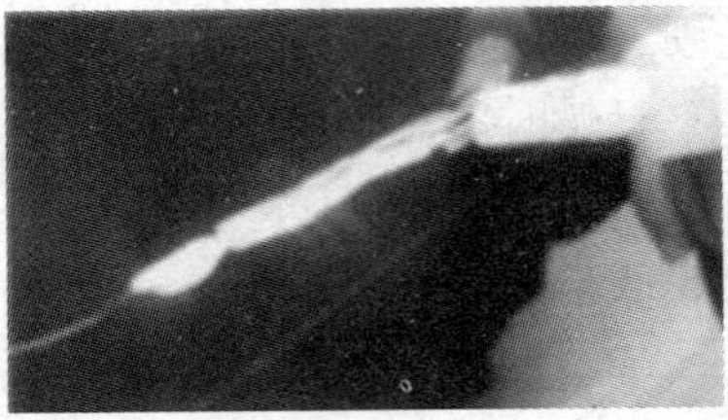

图 5－34　自己处理轻度划痕

（二）中度划痕

较重一些的划痕，则直接损伤到底漆层，可明显摸到划痕凹下。对于这类划痕，最省钱的方法是使用补漆笔。这是一个绝佳的汽车划痕修补工具，只需对照车漆颜色选择合适的型号，在细小的划痕或油漆剥落处，用补漆笔修补即可掩盖及填平划痕，且具有防止生锈的功能。这种笔基本上涵盖各种不同颜色的车漆，补漆后颜色的相似度也较高，使用也很简单，而且价格也便宜，如图 5－35 所示。补漆笔有两个笔头，一头如圆珠笔般粗细，可以修补较细的划痕；一头像毛笔尖，可以修补较大漆面。具体操作方法如下：先将划痕处用毛巾擦干净，根据伤痕的大小粗细来选择笔头，先在不

显眼处试一下，看颜色是否一致或接近，然后小心翼翼地点上去，或画或涂都可以，但一定要仔细，尽量不要把补漆弄到伤痕以外。若伤痕较深，一次补不平，应等漆干了以后再补一次或两次，最好让补漆略高出原漆面，如图 5－36 所示。

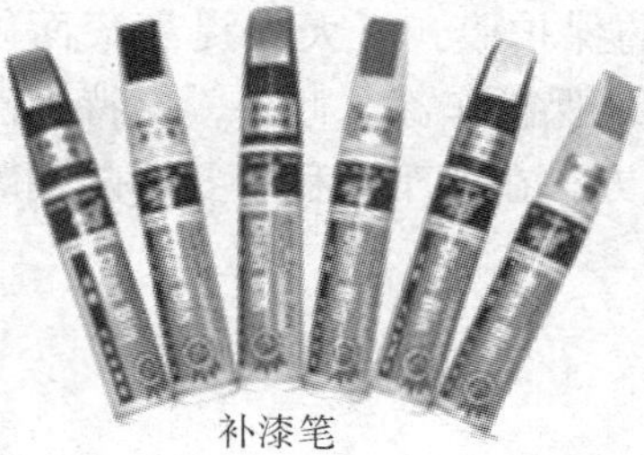

图 5－35　补漆笔修划痕省时省钱

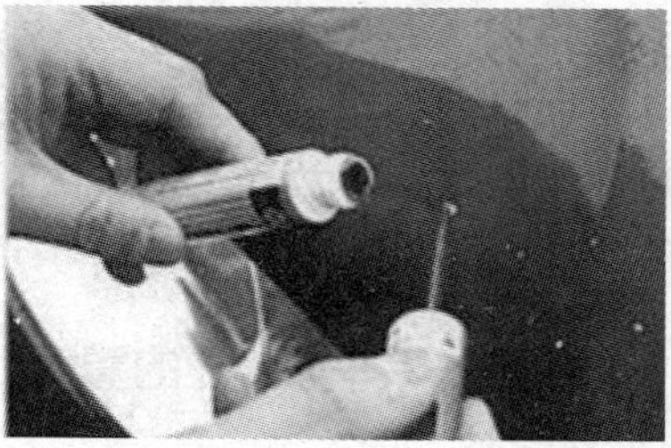

图 5－36　用补漆笔逐渐填平划痕

补漆后漆面可能会出现不平整，这要等几天补漆完全干燥后，用最细的一种车漆美容砂纸蘸上水轻轻打磨，把高低不平的补漆打磨平整，最后用细砂蜡擦拭一遍，再用上光蜡抛光。

（三）深度划痕

深度划痕是更重的划痕，已经露出了车身金属板，而且面积较大，则必须及时对受伤的部位进行修补；否则，哪怕是一个很小的破损，钢板也会开始生锈，到那时即使补漆也很难防锈了。不过还得看受伤的是哪些部位，一般来说，保险杠、后视镜和有些车型的车门下护板和下杠等，这些部位多是工程塑料，不会生锈，除了影响美观倒也没有大的问题。

对于深度划伤，如果面积不是很大，也可采用修复中度划痕的方法来修复。若用补漆笔无法修复必须喷漆的话，那么，对喷漆作业的环境要求很高，必须具备烤漆房和专业设备。因为喷漆最怕有灰尘和杂质，若有头屑、纤维等细小的杂质落在车漆上，就会形成斑点或鼓包。因此，车主最好将车送到专业维修店进行补漆修复，这

样才有品质保证，日后也不会出现色差。

特别提示：事实上，应对车身划痕最好的办法就是预防，在车漆崭新的时候就对它加以保护。比如在清洁后的车身表面涂上一层镜面釉，然后车身上用抛光机或手工操作，将镜面釉通过振动挤压进入车漆内部，形成网状的保护膜，可大大提高漆面硬度，而且耐高温抗紫外线，能更好地保护车漆。此外，要特别注意不要将车辆停放在影响他人的地方，在驾车过程中要严防剐蹭事故的发生。

怎样去除车玻璃上的雾气

在冬季或下雨天，尤其是下大雨时，车内玻璃上就会产生雾气，有时严重影响视线。雾气产生的原因很简单，由于车外温度比车内低，加上所有车窗都关闭，车内的潮湿空气及车上人员呼吸产生的湿润热气，遇到冷玻璃时就会凝结成水汽，在车窗内侧形成一层雾。雾气会遮挡司乘人员视线，用毛巾在玻璃上不停抹擦不仅麻烦，而且影响安全。下面介绍几个比较有效的除雾方法：

（1）最有效也最快捷的除雾方法，是用冷气吹前挡风玻璃，即直接按下除雾开关。若没有除雾开关，可按下A/C开关启动空调并调低温度，调大风量，将风向开关转到吹挡风玻璃，这样挡风玻璃上的雾一小会儿就散去了，如图5－37所示。

上述方法虽然效果好，但要增加发动机负担和油耗。而且时间一长，会使车内人员感觉到寒冷。为此，当玻璃上的雾散尽后，就应将空调暂时关闭，等再有雾气出现时再开启空调，如此反复。

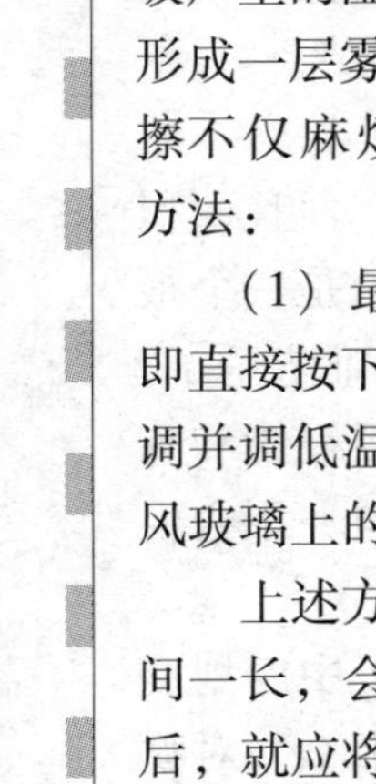

（2）冬季或天气不热时，直接用热吹风。开启暖风，吹向挡风玻璃，调大风量，利用发动机的热量来将玻璃上的雾气吹干。这种方法虽然不会增加能

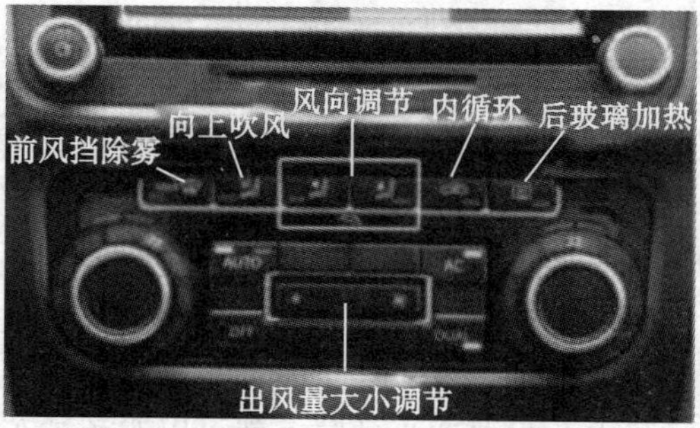

图 5 -37 除雾最快的方法，按下除雾开关

耗，但起效相对较慢，而且行驶中刚打开热风时，挡风玻璃上的雾气反而加重，要等一段时间后玻璃才会渐渐清晰。因此，采用热风除雾方法时，一定要在玻璃起雾前使用，一开始可用较高的温度和大风量先吹一会儿，等雾气消失后再逐渐调至适宜的温度和风量。另外，如果天气不冷不热，也可以将天窗后端打开，同时开启外循环，利用快速通风换气的方法除雾也很有效。

（3）用洗洁精防玻璃起雾，即洗洁精和纯净水按 1:6 勾兑，然后用海绵或不掉毛的干净毛巾，将溶液均匀涂抹在车内侧玻璃上，等几分钟后用干毛巾擦干净，不要留痕迹。一般情况下，有效期约 20 天，失效后可将玻璃用湿毛巾擦净，然后再用上述方法涂一遍。用这种方法能除雾，是因为洗洁精中有表面活性剂，它可改变水的表面张力，使雾气迅速凝结成大水滴，从而起到防雾作用。不过，这个方法属于预防措施，必须事先处理。

除了以上方法外，还可以使用除雾剂，这类产品在汽配城或大型超市均有销售。每次使用时，在车窗玻璃内侧均匀喷洒一遍，使玻璃上形成一层保护膜，然后再用干毛巾擦净可有效防止雾气产生。

怎样预防汽车静电

“啪”的一声，接触到车身的手被静电打得又麻又疼，这是秋冬季节开车经常会遇到的情况。由于秋冬季节空气比较干燥，汽车长时间与空气接触后，很容易产生静电。有时手刚触到车身金属，就会被静电击一下，对于这种现象，有些车主甚至怀疑是不是爱车“漏电”了。其实，遇到这种情况不用担心，这是天气干燥所引起的静电，只要适当预防，就可以避免被车电击。

（一）静电产生的原因

汽车静电反应和产生主要原因有两方面：一是人体在接触汽车之前本身就带电了，当与汽车金属部位接触时自然就会放电，而且根据个人体质的不同，带电量也不一样，有的人体质特殊，易储存摩擦产生的静电，跟任何金属物接触都要放电；二是汽车在行驶中车身表面与空气相互摩擦也会产生电，人一碰车就会发生放电现象。另外，停放较久的车辆，车身金属表面积累不少尘埃，相互摩擦也会产生电。

（二）静电对人体的危害

在干燥的天气里，活动中的行人、行驶中的汽车都避免不了摩擦，产生静电现象也就显得十分平常了。虽然人体和汽车所带的电量有限，其电压不足以给人和车造成多严重的后果，但即使是很微小的电流，也会让人觉得不舒服，严重的时候，静电会引起头痛、失眠和烦躁不安等症状，甚至能引起各种心血管疾病，如心律失常、心跳过速、早搏或房颤等。

（三）预防静电的方法

1. 消除人体静电

（1）开车前消除人体静电：在出门开车前先洗手，或者先把手放在墙上抹一下消除静电。条件所限的时候，也可以双手在车上拍一下，双手附上汽车可

扩大接触面，减弱放电时带来的不适，放完电后再开车门。

（2）多喝水是从自身内部防止静电产生的较好方法：多饮水可以增加皮肤表层湿度，静电在潮湿的状态下是不会自行发生的。除了喝水，还应经常涂抹护手霜，不仅可以保持肌肤滋润，还能防静电，一举两得。

（3）少穿化纤服装：因为化纤制品很容易产生静电，特别是在干燥的秋冬季节，更容易带上静电。通常人体在带有静电时并无异常感觉，只有在人体接触车门等金属类导电物体时，静电才会产生放电作用，使人感受到被电击。

2. 消除汽车静电

（1）在开车前，先拿别的钥匙类金属物接触汽车金属部分进行放电，这种方法既方便又有效。不过千万不要用车钥匙，因为车钥匙内部带有防盗芯片，利用车钥匙放电，时间长了会损坏芯片，使车钥匙失去防盗功能，最好使用随身携带的其他钥匙或导电金属（钥匙扣）来放电，如图 5－38 所示。

图 5－38 用钥匙扣放电

（2）勤洗车、打蜡也是防静电的有效方法，但一定要选择防静电专用车蜡；还有一种防静电的喷雾剂，使用起来也很方便，只要均匀地喷涂于车身上，再用毛巾涂抹均匀就行。经过这样处理的爱车，就不会再对车主“来电”了。但不论是打蜡还是喷雾，都有一定的时间效性，需要定期操作处理。

（3）车内要尽量不用化纤类的物品，如座套、脚垫和把套等，以防止下车开门时遭遇静电“袭击”。此外，在汽车仪表台上放一块湿毛巾，或经常

用喷雾器在车内喷洒点水，这样能起到增加车内湿度，减少产生静电。

除了以上防静电方法外，还可以使用静电放电器。市场上静电放电器有两种，一种是空气静电放电器，粘在车的后部，形似无线；另一种是搭链式放电器，它在车尾下部末端与地面接触，这两种静电放电器的效果都不错。

怎样应对“碰瓷”

近几年经常有媒体报道一些碰瓷事件，虽然车主所遭遇的碰瓷各自不同，但大多数车主都不明不白掏了冤枉钱。为什么碰瓷者能屡屡得逞，其主要原因是很多新手由于驾车时间不长，路面经验不多，遇到碰瓷情况容易惊慌失措，不知该怎么办。另一个原因是碰瓷者利用车主违规时，乘机制造“车祸”，由于车主有违规行为，最后只能乖乖被敲诈。

由于“机动车与非机动车或行人发生碰撞机动车负全责”硬性规定的出台，让众多车主意识到碰瓷的事可能以后会更多了。那么，车主遭遇碰瓷该怎么办？又该如何应对碰瓷者？碰瓷能不能避免？针对这些问题，作者查阅了很多相关资料，总结出了以下情况。

先介绍一下“碰瓷”一词的来由：清代末年，有一伙人为诈人钱财，专门抱着瓷器去路边找车碰撞，瓷器当然是不值钱的瓷器，车也不是现在的汽车而是马车。与车发生碰撞后，这伙人就故意把假瓷器摔坏，再要求车主按真瓷器的价格赔偿。“碰瓷”说法由此而来。

（一）碰瓷者容易得手的原因

（1）车主怕对方人多势众：碰瓷的人往往都是一个团伙，分工明确，有人充当好心人帮腔，有人充当“伤者”的亲戚或朋友，对车主不停威胁。屈服

于对方人多势众，很多车主都会选择用钱了事。

（2）怕麻烦，给钱省事：现代人都很忙，没有那么多时间来处理交通事故，加之在举证方面也存在一定的困难和麻烦，碰瓷者就是利用了车主怕麻烦的心理进行敲诈。所以，当车主遇到这类情况，虽然非常不满，但为了避免麻烦或为了赶时间，大多数车主会自认倒霉，给几百元钱省事。

（3）车主违规在先，自知理亏：如果对方选择车主违规的时候碰瓷，那么，车主一般也不想找交警来处理。因为交警到场除了罚款、扣分还可能拖车，所以很多车主都不会“自找麻烦”，虽然知道对方是碰瓷，也情愿私了。

（二）遭遇碰瓷如何应对

1. 识别碰瓷

碰瓷有单枪匹马的，也有几个人联手作案的，但他们的碰瓷目的是相同的。行人或非机动车制造的碰瓷，一般会在你违规或车速很慢的时候下手，碰撞部位大多在车的侧面，这样可以最大限度地保护他们自己的安全。往往在车主还不明白怎么回事时，碰瓷者已经倒地或推倒自行车，同伙也迅速围上来声援。如果是用车辆碰瓷，他们一般会先开车跟在你后面观察一阵，然后在你变道或有违规行为时，突然加速冲上去，迫使你与其相撞。碰瓷者往往开的都是高档车，但车况很差，会有多处碰撞后钣金喷漆的痕迹。还有些明明是轻微相碰，应该只是小剐蹭，结果却是零部件严重变形或损坏。而且，事故发生后，这些人通常会向你提出不报警私了的要求，如图 5－39 所示。

图 5－39　遭遇碰瓷先报警不私了

2. 坚持报警

一旦遇到了涉嫌碰瓷的交通事故，一定不要慌张，更不能轻易私了，赔钱走人，让碰瓷者得逞。首先要及时报警，让交警来处理，这样才不会花冤枉钱。碰瓷者利用的就是车主怕麻烦的心理，认为车主不会报警，尤其是车主有违规行为时，他们会更大胆地“索赔”。很多情况下，车主只要坚持报警，碰瓷者都会心虚胆怯，怕被警察识破，自动放弃“索赔”悄悄溜之大吉。

3. 拒绝当场给钱

遭遇碰瓷时，无论是碰瓷者受伤还是车辆受损，只要对方当场提出赔偿要求，千万不要在现场轻易给其赔偿，一定要在第一时间拨打“110”报警，同时向保险公司报案。等警察勘察现场后，可根据情况，如需要车主送对方去医院检查或给对方修车的话，所产生的费用都由保险公司承担。另外，在遇到这类事件时，当发现对方有明显的故意碰瓷、诈骗行为，应当保持镇定，不要被对方的野蛮态度吓倒，要主动给对方设置一些“障碍”，比如说身上没钱，避免当场给钱。

4. 不要被对方气势吓住

许多碰瓷者都喜欢挑一个人驾车的女性或看上去身材弱小的男性车主下手，他们一般都会耍无赖，态度蛮横，以气势压人。但碰瓷者大都“欺软怕硬”，遇到老实人或胆小怕事的主，他们容易得手；如果碰到一些较真儿的车主，他们就捞取不到好处。因此，遇到这种情况，车主不要胆怯，更不要被碰瓷者的架势吓住。自己要仔细查看事故现场，确认自己是否有责任，如果认为事故并非自己造成，就要据理力争。同时要设法找到目击证人，记下联系电话，并对现场情况拍照，以便日后维护自己的权益。

如果在偏僻路段或夜间遇上碰瓷事故时，一定不要与对方发生语言冲突，避免激化矛盾，更不要轻易

下车与其理论。最好的做法就是在车内锁上车门，仅把车窗打开一条缝，通过缝隙与碰瓷者对话，同时用手机报警，一般碰瓷者看到车主报警后，都会心虚胆怯，自动放弃违法行为。

5. 不要接受“好心人”调解

碰瓷者往往都是团伙作案，且分工明确。有碰瓷的，有混在围观人群中假装调解的，还有负责放哨的。当碰瓷者与车主僵持不下时，就会出现“好心人”上前充当调解员。尤其是行人或非机动制造的碰瓷，一旦发生，基于弱势群体备受保护的社会认识，加上车主又害怕受到行政处罚，在“好心人”的说和下，而愿意出钱私了。在此要提醒车主们，如果遭遇碰瓷，不管自己是否有责任，在警察到来之前，要坚持立场，保护好现场，不要听围观者的忽悠，更不要接受“好心人”的劝解。

6. 向保险公司索赔

如果确属碰瓷，“伤者”一般不会检查出很严重的伤情，但对方多会提出赔付误工费的要求，这时就需要他提供有效的医院证明，伤情检查结果及用人单位出具的误工证明、收入证明，这样保险公司才会对车主所赔付的医疗费和误工费进行理赔。需要注意的是，付给误工费时须按警方的正常程序进行，同时也别忘了索要对方的工资条，以备向保险公司索赔时使用。

最后要特别提醒车主，在路上遇到个别车辆时快时慢，或者频繁变道，或者突然急刹车等，看到这些不正常的怪异车辆，车主就得小心，他们有可能是出来“碰瓷”的。尤其是遇上无牌的高档轿车时，不要随意变道和超车，以防遇上“碰瓷”。在驾车进入外地陌生路段时，一定要仔细观察路牌，以方便发生碰瓷后能及时准确报警。在倒车、转弯或交通复杂路段，一定要精力集中，注意观察路边行人和非机动车。当然，绝大部分“碰瓷”者都会选择车主违规的时候进行碰瓷，在这种情况下，车主会因为自己违规而不

希望交警处理，那么碰瓷者就能很快敲诈到几百元的“医药费”，因此，避免碰瓷骗局的最好方法就是自觉遵守交通法规，不违规驾驶。

怎样防范汽车被盗

现在汽车的防盗系统已经做得很完善了，一般车钥匙中都含有与发动机电脑相关联的防盗密码，而且各种巧妙玄机以让盗车贼望而却步。那么，为什么像宝马、奔驰、奥迪这样的高档车盗贼也能轻易地屡屡得手呢？正所谓“道高一尺，魔高一丈”。虽然偷车的花样越来越多，手法也更加高明，但是，只要车主加强防范意识，处处小心谨慎，不给盗贼留下可乘之机，就可以有效地防止车辆及财物被盗。

下面将汽车被盗案件的特点及防范措施介绍给车主，希望车主能够从中受益。

1. 汽车被盗案件的规律和特点

从盗抢汽车及车内财物案发的情况看，盗窃汽车案件大多发生在深夜或凌晨，双休日尤为突出。案发时间主要集中在深夜 11 时至凌晨 2 时；作案地点多选在城市街道路边或无人看管的停放车辆；窃贼自制多把汽车钥匙或万能钥匙对逐个车辆试开；用 T 形扳手或其他工具将车门锁或车窗玻璃破坏；用解码器或电子干扰器等高科技手段进行盗窃；利用修车、洗车、代客泊车的机会，将车钥匙压成模型配制钥匙，将防盗钥匙芯片解码复制等。

另外，有些窃贼采用“调虎离山”的伎俩，先吸引车主注意力，然后趁车主不注意时偷走车内物品，甚至直接抢走车辆。例如：提前在车尾拴上东西，当车主开车走时，这些东西就会发出声音，吸引车主下车查看，这时躲在旁边的窃贼就迅速下手；也有些窃贼在挡风玻璃、右侧后视镜上放张报纸或涂些脏东西等，然后等待车主上车

后发现有异物，下车清理异物的时候实施盗窃；还有一种就是团伙作案，他们往往是故意或假装被车子撞了，此时车主发现“撞”人之后心里都非常紧张，一定会急忙下车查看情况，疏忽防范，团伙中的另一个人就会趁机盗窃车内财物或抢车。

2. 车主的自我防范意识不强

盗贼能轻易得手，与车主自我防范意识不够有很大关系。有些车主将车随意停放，甚至离开车时忘记锁车门或关车窗；有的车主认为短时间停车，离车的距离不太远，时间也不长，用不着关窗、锁门。而事实上，因车主的一时大意，给盗贼留下了可乘之机。由于汽车的防盗设施薄弱，或者没有报警器，也是盗贼容易得手的一个原因。另外，有些车主随意把驾驶证、行车证、身份证、缴费证等重要证件长期放在车内，一旦车辆被盗，盗贼利用这些合法证件一来便于销赃，二来警方追查中容易蒙混过关。

装有电子防盗器的车不仅可防盗，而且可遥控开锁车门，非常方便实用。但是很多车主在锁车时，习惯下车走出几步后再用遥控器锁车。这个“习惯”给盗贼提供了盗窃“空间”。在一些大型停车场，盗贼利用车主习惯用汽车遥控器锁车的特点，在车辆附近通过解码器窃取车辆密码信号，然后将车门打开；也有些盗贼利用电子干扰器拦截或干扰遥控器发出的锁车信号，车主自以为车已锁好，而实际上并没有锁上。等车主离开后，盗贼就可以非常顺利地实施盗窃。

3. 汽车防盗的有效措施

（1）绝不乱停乱放：不要为了省个看车费而把车停放在路边、背街小巷和无人看管的地方。如果附近没有专人看管的停车场，应尽可能将车停放在地势开阔明亮、行人较多的场地，最好选择有监控摄像头的地方。

（2）盗贼一般都会利用车主认为短时间离开车不会出问题的想法来实施盗窃。因此，无论在哪种情

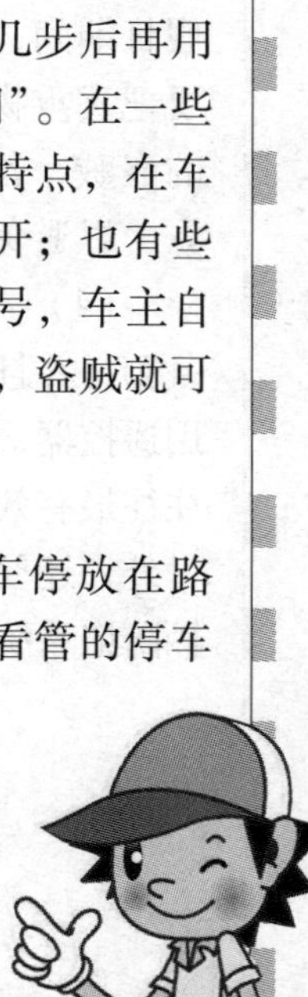

况下，车主下车或要离开车时，一定要锁住车门、关上车窗，上车后也要养成先锁车门的好习惯。当行驶到偏僻的地段或是晚上停车的时候，如果有人拦车问路，千万不要把车窗完全打开，以免有些心怀不轨的人趁机强行打开车门抢夺车内财物或车辆，如图 5－40 所示。

图 5－40　严防盗贼

(3) 很多车主认为自己买了“盗抢险”，就可以放心无忧了，这样的想法是错误的。所谓盗抢险，承保的仅是车辆本身，而放在车内的物品丢失，保险公司是不会理赔的。因此，无论是车内还是后备箱里，都不要放包、现金、电脑等贵重物品，尤其是节假日期间，汽车后备厢更是盗贼关注的部位，车主离开车时一定要把贵重物品随身带走。留在车座上的包和衣物更容易吸引路过的盗贼，若不便随身带走，也应放在后排座位下面或不显眼的地方，以避免盗贼铤而走险。

(4) 每次通过遥控器锁车门后，应该再用手拉一下车门和后备箱，并且注意周围是否有可疑人员，最好还是用钥匙锁车门，不用遥控器，以防止盗贼使用解码器或干扰器，这虽然比较原始，但往往最有效。也可先打开车门，然后按下中控门锁，再关上车门。另外，还要经常检测防盗喇叭是否鸣响，示警灯是否闪烁，发现车辆防盗系统有异常，应及时去维修站检修。

(5) 不要把车钥匙交给不是很熟悉的人，在修车、洗车、代客泊车的时候，要提高警惕，以防不法之徒乘机复制车钥匙。一般车钥匙都有备用的，切记别把备用钥匙放在车里，包括车辆证件。要小心谨慎地保管车钥匙，千万不要丢失，一旦车钥匙丢失最好不要配钥匙或仅用备用钥匙，应该及时更换全套锁和钥匙，以防不测。

（6）爱车防盗最直接、有效的方式就是多项措施并举，如加装防盗锁、电子报警器等。安装了必要的防盗装置，势必增加盗车的难度和时间。安装车辆防盗装置千万不要贪图便宜，一定要选择正规厂家生产的科技含量高的防盗产品。

轿车上哪个座位最重要

在乘坐轿车时，很多人都习惯坐在前排副驾驶位上，认为坐在这儿不但视线好，还便于和驾车人交谈。但对于公务接待、社交应酬等社交活动来讲，汽车上的四个座位应该怎么坐？哪个座位最尊贵，哪个座位最安全都是很有讲究的。

（一）最重要的座位

对于轿车而言，最尊贵的客人应该坐在哪个位置最合适，这是有明确礼仪规定的。如果是公务接待并有专人驾车，那么，座位的重要性排序是：第一主位为右后座（副驾后面座位），第二主位为左后座（主驾后面座位），再到右前座（副驾位），如图5－41（a）所示。公务接待时，副驾位被称为“随员座”，一般是秘书、翻译的位置。

如果是主人自己驾车，那么副驾驶座位就是最礼貌的位置，如图5－41（b）所示。当你坐在这个位置上才能体现出客人对主人尊重，并且表示平起平坐，亲密有善，而安全和尊贵就变得相对次要了。否则，如果你坐到后排座上就等于坐出租车，或相当于把主人当专职司机了，这样不太礼貌。

除了轿车，其他车辆的排序会有所不同，比如商务车或类似于商务车的MPV，其驾驶座位后排为尊，离推拉门越近的位置越尊贵，因为这个位置上下车最方便；而对于越野车来讲，上座一般是副驾驶位

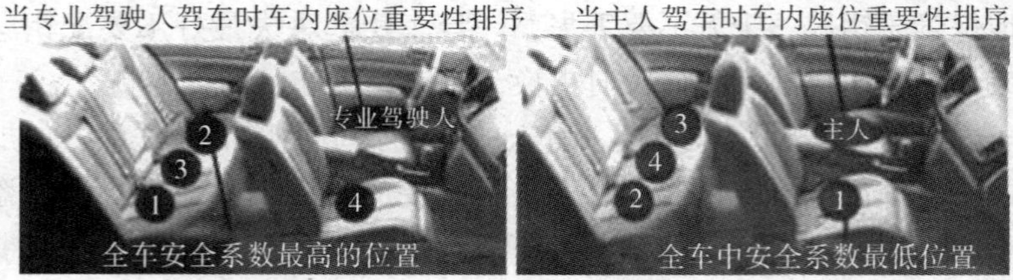

（a）　　（b）

图 5－41　座位重要性与安全排序

置，因为后排比较颠簸、舒适性差，不如前排舒服。

（二）最安全的座位

美国交通管理部门曾资助一个专家小组，对小汽车座位的安全问题进行了专门研究。通过近 10 年的事故调查分析和实车检测后得出结论：如果将 5 座小汽车驾驶座位的危险系数设为 100，则副驾驶座位的危险系数是 101，而驾驶员后排座位的危险系数是 73.4，后排另一侧座位的危险系数为 74.2，后排中间座位的危险系数为 62.2。

也就是说，轿车内的安全性由大到小可排列为：①后排中间座位。②后排左侧座位。③后排右侧座位。④驾驶座位。⑤副驾驶座位。由此可见，坐在后排中间座位是最安全的，由于乘坐后排中间座位舒适性较差，那么司机后方的座位也是安全的。因为驾车人在遇到突发危险时会瞬间本能地躲避，所以他后边的座位相对而言就是最安全的。

第六章　开车与省油

第一节　省油方法

汽车省油途径有哪些

汽车节省燃油是降低用车成本、提高经济效益的重要措施。汽车省油的途径是多方面的，主要由汽车结构和技术性能来决定，同时在很大程度上与驾车人的使用方法、使用条件、保养维护质量等也有直接关系。要想让你的“马儿”跑得好，又能少“吃草”，有三个关键要素，车主必须了解和掌握。

（一）选择省油的车

选一款既适用又经济的车是省油的前提，即汽车的燃油经济性要好，也就是车本身要省油，这对车主日后开车省油是非常重要的。一辆车是否省油，从汽车的设计、制造方面来讲，车主是无能为力的，但是作为购车者来说，在选车时，首先就应该考虑该车是否省油。比较好的选择方法是：要多比较在相同排量、相同类型的汽车中，每辆车的百公里油耗是多少、综合油耗又是多少。但一般厂家标定的油耗大多是 90 km/h 匀速下行驶的百公里油耗，实际使用情况是不可能达到的。因此要想充分了解该车的实际油耗，最好通过多咨询这款车的使用者，才能得到该车的真实油耗情况。

影响汽车本身油耗高低的原因有很多，比如发动机的性能、汽车外形设计、各总成及整车设计的合理

性、汽车的配置情况等。不同类型、排量与级别的汽车油耗是不相同的，即使是相同排量、相同级别的车，油耗差异也是较大的。同样是5座轿车，排量、扭矩和最高车速相差无几，但它们的百公里油耗是不一样的。一般来说，发动机排量越小或技术含量越高，则油耗会越低，而在相同排量的车型中，发动机的输出功率越大越省油。

事实上，汽车的配置及类型不同，它们的油耗也大不相同。比如，相同车型配置自动变速器就比手动变速器费油；缸内直喷发动机就比普通电喷发动机省油；柴油发动机比汽油发动机省油30%～40%；排量大、自重大，豪华气派、辅助功能多的汽车都相对费油；具有越野功能的汽车比普通汽车费油；大花纹轮胎比小花纹轮胎费油；车身迎风面积大造成风阻大的比车身风阻小的费油；旧车比新车费油。

（二）提高驾驶技术

驾车人的驾驶操作水平对汽车油耗有着重要影响，正确的驾驶操作可以大幅度地降低油耗。据测试，由于驾驶技术水平的不同，油耗相差7%～15%，驾驶同一类型的汽车，有经验的老手与新手相比，油耗相差竟达20%～40%。即使是同一个驾车人开同一辆车，只要在原来驾驶操作的基础上，稍加改进自己不合理的操作，就能取得约10%的节油效果。因此，提高驾驶技术，改进操作方法，是最基本的切实可行的节油途径。

节油驾驶操作一般可分为13个环节：发动机启动、发动机升温、汽车起步、换挡变速、汽车加速、汽车减速、车速选择与控制、行车温度控制、汽车滑行、路道选择、汽车转向、汽车制动、停车熄火。在这13个环节中，对油耗影响最大的操作有：发动机启动升温、汽车起步加速、换挡变速、油门运用、车速控制、行车温度、汽车滑行等方面。

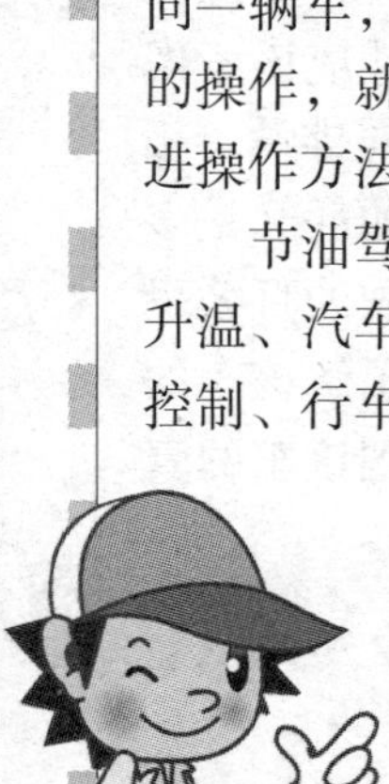

汽车节油驾驶是整个汽车驾驶操作技能的主要组成，如果驾车人在行车全过程中，能够熟练地掌握和运用各项操作技能驾驶汽车，一般可节油2%～12%（原来操作技能较好的驾车人可节油2%～4%）。因此，掌握基本的驾驶操作规范，改掉不符合规范的费油操作习惯，并根据具体车况、路况，灵活运用各种节油操作技能，就会收到良好的节油效果。良好的驾驶习惯不仅利于省油，还可提高安全性和延长汽车使用寿命等。

（三）加强车辆维护

汽车能否节油，除了与驾车人的驾驶习惯有关外，汽车本身技术状况的好坏也是节油的关键，而技术状况的好坏与车辆的维修保养有着直接的关系。一辆汽车如果维护和使用得当，一般可省油15%～20%，因此经常保持汽车良好的技术状况，是节省燃油的前提条件和物质保证。虽然车主对车辆十分爱护，有的人甚至到了天天擦、天天洗的程度，但由于车主对汽车维修保养方面知识的缺乏，许多人对车辆的爱护只限于保护外部的清洁上，而其他方面却常常被忽视。这就要求每一个驾车人都多了解和掌握必要的汽车维护和故障诊断知识，按规定和要求做好各项维护保养作业，才能保证你的爱车真正省油又安全，如图6－1所示。

图6－1　爱车要勤检查勤保养

汽车技术状况对车辆的使用性能及节省燃油具有重要的影响。随着汽车行驶里程的增加，其技术状况会不断发生变化，各个机构和零件必然会逐渐产生不同程度的松动、磨损和机械损伤。即使在正常的使

用条件下，有些零件也会疲劳甚至损坏。如果不及时进行维护，车辆就会出现动力性能下降、燃料消耗量增加、排气污染加重、安全可靠性降低等问题。尤其是当轮胎气压不足时，车轮滚动阻力增大，使油耗增加，为了减小滚动阻力，可适当提高轮胎气压，一般不超过规定气压的10%～15%。总之，做好日常检查和定期保养，使车辆一直保持良好的技术状况，不仅可以延长汽车的使用寿命，而且还能有效地节省燃油、降低排气污染物、减少机件和轮胎的磨损及润滑油的消耗。

怎样开车更省油

汽车驾驶操作技术与燃油消耗有着密切关系，如果驾车人能够采用正确的驾驶操作方法，熟练掌握省油技巧，利用合理的省油措施，就一定会取得可观的省油效果。具体方法可归纳为：启动预热、柔和起步、及时换挡、匀速行驶、以滑代刹等。

（一）正确启动省油法

发动机启动时对油耗的影响很大，水温正常可以省油，水温过低则费油。特别是在水温很低时，不仅费油而且会使发动机磨损加剧，寿命缩短。有关资料显示，在气温5℃时，汽车每启动一次的耗油量可以行驶3～5 km，对发动机的磨损相当于行驶50～150 km的磨损量。经常短距离行驶的汽车，在发动机的整个寿命中，启动所引起的气缸磨损约占总磨损量的70%。

为了减少发动机启动带来的机械磨损和燃油浪费，在启动前应做好一切准备工作，然后拉紧手刹、踩下离合、挂入空挡（自动变速器挂P挡或N挡）、踩下油门1/3。注意：电喷发动机启动时，不管冷车还是热车都不需要踩油门。尽量实现启动发动机一次成功，同时应尽量缩短启动次数和启动时间，要知道多启动一次，就会浪费不少燃油。如果三次仍不能启动，就要查找原因，切不可连续不停

地启动，一般每次启动时间不得超过 5 s，间隔时间不得少于 10 s。启动时间过长不仅有损电动机和电瓶，而且会使大量未燃烧的燃油进入气缸白白浪费掉，还会冲刷缸壁油膜，加剧气缸磨损。

（二）适当预热省油法

对于冷车，特别是在气温较低的季节，发动机启动后，不预热就起步或长时间热车都是错误的。因为发动机温度低，使进入气缸中的燃油雾化不良，不能充分燃烧，而且润滑油在低温时黏度很大，对机件运转形成较大阻力，同时也不易形成油膜，机件间的磨损较大。所以，低温启动发动机后，不经过热车就直接起步，不仅增加油耗，对气缸的磨损也非常大。发动机冷启动后，适当预热再起步很有必要，但是热车的时间一定要把握好，如果严格按要求和规范去操作的话，发动机启动后，要等待水温达到 40 ℃以上才可起步行驶。但这样做不仅费时、费油，而且尾气排放还污染空气。

现在汽车不需要过度预热，一般气温不是很低的情况下，冷车启动后，预热时间在 1 min 左右就可以起步了。即使在冬季，热车时间也不要超过 2 min，因为汽车在行驶中，发动机负荷增大，升温会更快一些。通过慢行热车还可以让润滑油充分到达发动机各运转部位，变速器、差速器等也会在慢行中得到充分润滑。另外还得注意，不要为了升温更快或防止熄火而大脚轰油门，因空踩油门一次将浪费燃油 6 mL 以上。

（三）平稳起步省油法

汽车起步也是节油的重要环节。因为汽车起步是汽车由不动到动的必经过程，在这个过程中必须有足够的牵引力才能推动汽车前进，这时发动机就需要更多的燃油来输出较大的功率，以克服自身重力和静止时的惯性力。

正确起步的要点就是个“稳”字，也就是要做到平稳起步、缓慢加速，养成这样的驾驶习惯就能节

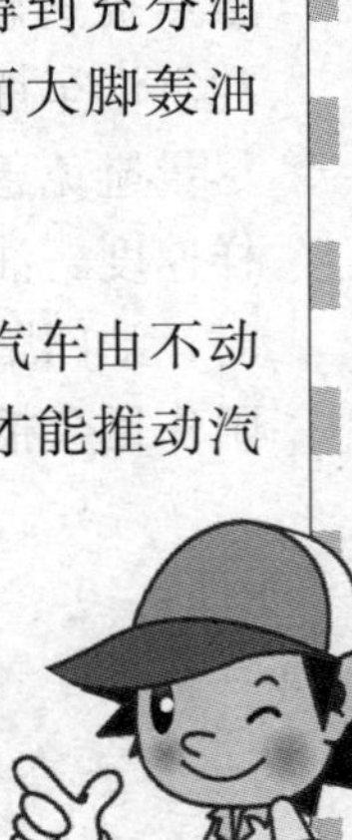

省很多燃油，还能延长离合器的使用寿命。但有些车主开车起步时，就像离弦之箭，看起来很潇洒，很有个性，可结果却是既伤车又费油。实验证明，普通家用轿车采用冲击式快速起步方式，要比平稳式缓慢加速增加油耗20%以上，急起步一次多浪费燃油15mL。因此，驾车人必须根据地形和汽车的负荷情况，正确选择挡位，很好地运用离合与油门的密切配合，使汽车平稳起步，无冲击、抖动、熄火等现象。若是冷车起步后，仍然用小油门低速行驶一小段路程，然后再逐渐提速、升挡。

（四）缓慢加速省油法

汽车由低挡起步，然后缓缓踩下油门踏板，逐渐提高车速，这是最省油的加速方法，如图6－2所示。为此，加速时要控制好油门大小，如轻轻踩下油门踏板，虽然提速较慢，但省油；猛踩油门踏板，虽然提速较快，但很费油。汽车加速时，油门踏板要轻踏，减速时，油门踏板要缓抬，尽量避免急加速和急减速。因为急加速与缓加速相比，要达到同样速度，油耗会相差12 mL左右，轮胎磨损会增加70倍；而减速时，油门踏板松抬得过猛，会使发动机转速突然降低，产生的牵阻作用会抵消一部分行驶惯性。

图6－2　缓慢加速最省油

实验证明，小型汽车从起步加速到40 km/h，采用急加速所需时间大约为10 s，采用缓加速所需时间大约为15 s，参见表6－1所示。虽然急加速节省5 s时间，但油耗要增加2倍多。由此可见，采用缓加速

虽比急加速慢了几秒，但燃油却能节省几毫升到十几毫升，如果每天起步加速无数次，都能缓慢加速行驶，那么每月节省的燃油就会相当可观。

表6－1 急加速与缓加速各挡位的车速

加速方法	各挡位的车速
急加速	①20 km/h→②30 km/h→③50 km/h→④80 km/h→
缓加速	①10 km/h→②20 km/h→③30 km/h→④40 km/h→

（五）及时换挡省油法

汽车在行驶过程中，由于道路和地形情况的变化，以及行驶速度的需要，换挡变速是频繁的。只有根据车速要求，合理地选用挡位，才能保持汽车平顺行驶，减少机件磨损并节省燃油。对开车人来讲，换挡是个平常、简单的动作，但在驾驶操作中，换挡操作是衡量一个驾车人技术水平的一项重要标志，操作的好坏对油耗影响很大。因此，驾车人在换挡操作时必须做到换挡及时、动作迅速、挡位准确、手脚轻快、干净利索。这样可缩短加速和换挡过程中的时间，以减少汽车的动能损失，从而节省燃油。

汽车使用不同的挡位行驶，油耗是不一样的，应根据不同情况合理使用挡位，让挡位和速度相匹配，做到低挡不高速，高挡不缓行。因为低挡高速很费油，而高挡中速则省油。如以三挡高速行驶，会比四挡正常行驶多耗油10%以上；若用二挡代替三挡行驶，油耗会增加得更多。所以，在道路和交通条件良好情况下，汽车起步后，应及时逐级加挡，尽快换入高速挡行驶，这不仅可较快提高车速，而且节油效果显著。

1. 加挡要求

加挡前，正确掌握发动机转速和声音的变化，是完善运用快速换挡操作技巧的关键。当发动机的转速

从低速升高的瞬间，提前换入高一级挡位，就不会产生持续高转速慢行的现象，若发动机转速声音上升后很长时间才加挡，就会浪费很多燃油。在加速升挡过程中应注意不要将油门踩得过深，一般控制在全行程的60%左右比较省油。

汽车在平坦路段或丘陵地带，低挡起步后应尽快换入高挡行驶，避免在中间过渡挡位停留时间过长，更不要长时间使用低、中速挡，挡位越高，冲车距离越长，但冲车时，要注意发动机不应有刺耳的轰鸣声，因为这样很费油，参见表6－2所示。不要在高速挡位上勉强行驶，如油门踏板已踩到底，而发动机转速不能相应增加，应稍抬油门或换入低一级挡位后重新加速；汽车在坡道行驶能用相邻较高一挡时，应及时换较高的挡位，但换入高一挡位后行驶距离很短或车速难以升起，则应及时减挡，用相邻较低一级的挡位行驶。

表6－2　各挡位的车速、加速冲车距离

速度标准	①达到10～20 km/h→②达到15～30 km/h→③达到25～40 km/h→④
加速冲车距离	①起步加速→②起步加速距离的1倍→③起步加速距离的2倍→④

2. 减挡要求

汽车在上坡时，应根据发动机工况及时减挡，使汽车保持充分的爬坡能力。如果减挡过早，就不能充分利用汽车惯性来行驶，而减挡过迟又会使汽车惯性消失太多，从而导致油耗增加。因此，驾车人在减挡操作时，必须做到及时迅速，不能“拖泥带水”。这样可缩短减挡时间，减少汽车行驶惯性的损失，尤其是在山区或坡道上行驶，减挡动作越快时间越短，节油效果越好。

当汽车在行驶中速度逐渐下降，发动机声音变沉

闷，而挡位还停留在高速挡位上，这种情况继续下去就会出现发动机、车身开始抖动，甚至随时有可能出现熄火、停车现象，或减挡后发动机动力仍然不足，这就是减挡过晚的最明显特征。此时有些驾车人会采用加大油门的方式，而加大油门则必定增加供油量，所以对这种情况最有效的解决方式就是减挡。为了减少机件磨损和省油，从高速挡换入低速挡时，不要等到汽车前进的惯性力消失将尽才换入低挡，这等于汽车重新起步和加速，相当费油。

汽车及时换挡除了选用合适的挡位外，关键是掌握好换挡时机，这对节油很重要。每款车都有其最佳的换挡时机，在摸透了汽车经济车速与发动机转速后，尽量保持合适的换挡时机和适当的经济车速，便可以达到理想的省油效果。

（六）中速行驶省油法

中速行驶，说的就是经济车速，它是兼顾了汽车省油、安全与运输效率等综合经济效益的最佳车速。控制汽车行驶速度除了确保安全，也是为了节省燃油，所以合理地选择安全和省油的车速是驾车人节油驾驶操作中最为重要的环节。行车中驾车人在保证安全的前提下，应力求保持汽车的中速平稳运行，可以使燃油得到充分利用，而频繁改变车速或高速行驶都会导致油耗增加，其耗油量比中速平稳行驶增加 20%。据实验分析，大脚油门的开车方式只会缩短 4% 的开车时间，但油耗却增加 32%。中速平稳驾驶不仅可以省油，而且有利于安全行车，还能大大延长汽车使用寿命。

汽车在不同的速度下，其燃油的平均消耗是不同的。当车速太低时，发动机的负荷率也较低，此时燃油所产生的能量都浪费在汽车内部的损耗或散热上了；当车速太高时，空气阻力随车速的平方增加，如车速 100 km/h 时的空气阻力是 60 km/h 时的 4 倍以上。当车速达到一定值时，其空气阻力会变得异常大，此时燃油所做的功主

要用来克服空气阻力。实验表明，汽车只有在经济车速范围内行驶，耗油才会最低。

任何一款车都有它的经济时速，用这个速度行驶最省油，低于或高于这个速度油耗都会上升，再超过一定的速度后油耗就会大幅上升。汽车在每个挡位行驶时，都有一个对应的油耗最低车速，这个车速就是各挡位的经济车速。一般来说，小型汽车最高挡位的经济车速为 70 ~ 90 km/h，若超过这个车速，每增加 10 km/h 时速，油耗将增加 5%，随着车速的继续提高，油耗也将大幅上升。在车辆的随车手册上都标明有最低油耗速度，也称经济车速，虽然这只是在等速行驶时所获得的最低油耗标准，但日常开车时，在满足行车需要和保证安全的前提下，驾车人应尽可能按经济车速行驶，使发动机经常保持在最低油耗的转速范围内工作，就可以获得良好的省油效果。

行驶在城市道路上，往往达不到经济车速，而在高速路上，速度又大大高于经济车速，这就要求驾车人应尽可能保持中速行驶，以减少无谓的燃油消耗。当然，中速行驶并不是必须保持一个固定的车速，它由车况、道路条件和所挂挡位等决定，应根据具体情况灵活掌握。

（七）减速滑行省油法

汽车以一定速度行驶时，挂空挡或踩离合，切断发动机的动力传递，依靠汽车的惯性力或下坡时的动能作用继续行驶，称为滑行。对于老式汽车，采用化油器供油的发动机，滑行时发动机处于怠速运转或不运转（熄火滑行），只需消耗很少的燃油或不耗油。因此，传统的节油经验认为，滑行是重要的节油操作方法。汽车滑行的方法有多种，不同方法的节油效果也不同。下面介绍几种滑行操作方法：

1. 不脱挡滑行

不脱挡滑行，是指用高速挡将车速提高到一定

程度后（一般不超过经济车速）抬起油门，挡位不变，利用汽车的惯性继续向前行驶一段路，然后再逐渐加速。这种滑行方法比较简单，操作上也无要求，而且安全可靠。但由于发动机的牵阻作用，滑行距离较短，所以节油效果不明显。不过电喷车和自动挡车采用此方法滑行，既省油又省车。

2. 空挡滑行

空挡滑行，是指汽车在行驶中将挡挂入空挡滑行，发动机不熄火并在怠速下运转，当速度下降时，挂上所需的挡位继续行驶。用此方法滑行距离长，节油效果较好。早期化油器式发动机在空挡上滑行的确可以节省不少燃油，但现在汽车普遍采用电喷发动机，而电喷车放空挡滑行不仅不省油，反而会费油，若是自动挡车还可能损坏自动变速器，其原因在后面再详细讲解。

3. 加速滑行

加速滑行，是指汽车在平坦道路上，行车条件许可的情况下，挂高速挡加速行驶，当车速达到一定值后，迅速挂空挡，让汽车在惯性作用下行驶，待车速降低到一定程度后，再挂挡加速，采用加速行驶与空挡滑行交替进行具有明显的节油效果。

4. 减速滑行

减速滑行，是指汽车在行驶过程中，驾车人发现情况或准备停车之前需要减速时，提前松油门，挂空挡，让车自然减速，以滑行代刹车。由于减速滑行充分利用了汽车的惯性，减少了不必要的刹车所消耗的功率和燃油，因而节油效果显著。

5. 下坡滑行

下坡滑行，是指汽车下坡时，利用坡道的势能推动汽车前进。一般在坡度不太陡、长而宽直的坡道上，以及在丘陵起伏路段或陡坡接近坡尾处，均可采用空挡滑行。下坡空挡滑行虽然是最省油的方法，但一定要在确保安全的前提下才允许采用此方法。

实践证明，汽车采用滑行的省油效果显著，在行车中应充分利用滑行，尽量少用刹车，以滑代刹。正确运用滑行，不但可以省油，而且安全，还能减少机件磨损和延长轮胎的使用寿命。但是，滑行方法如果运用不当，不但不能省油，而且还将造成浪费；或者虽可省油，但影响行车安全，增加操作强度，降低平均车速和缩短机件寿命。

（八）少用刹车省油法

汽车在行驶过程中，驾车人对刹车的运用是否恰当，操作是否正确，不仅关系到行车安全，也是汽车节油和减少轮胎磨损的重要环节。行车中遇到情况，需要立即减速或停车时，必须使用刹车，以避免事故的发生，但有些驾车人在开车时不管情况轻重缓急，总喜欢一脚刹车踩下去，其实有很多情况是不必要刹车的，只需控制油门减速就可以了。因为刹车就意味着汽车的动能转化或消失，不必要的刹车就意味着燃油的浪费，所以，随意刹车必然导致油耗的增加。

汽车常用的刹车方式有预见性刹车和紧急刹车。预见性刹车就是在行驶中，驾车人对已经发现道路交通情况或驶近停车地点时，提前做好思想上和动作上的准备，有目的地采取减速或停车的措施，如提前松抬油门，利用发动机的牵阻作用减速，需要时轻踩刹车。这种预见性刹车消耗的动能较少，是最省油的减速方式。

然而，汽车在路上行驶，并非事事都能预料。当遇到突发危险情况，驾车人迅速踩下刹车，立即减速或停车，这就是紧急刹车。紧急刹车不仅增加耗油量，同时对机件和轮胎的磨损也非常严重。实验表明，汽车紧急刹车一次，所浪费的燃油可以行驶5 km以上，对轮胎的磨损相当于行驶300 km的磨损量。因此，不到万不得已，尽量不要使用急刹车，即使是一般强度的刹车，如果经常使用，也会显著增加油耗。例如，一脚刹车使车速由50 km/h降到了

30 km/h，再加速到 50 km/h，这样每进行一次要耗油 15～20 mL。为此，在驾驶汽车时，应根据前方路况有预见性地提前松油门，多用油门控制车速，尽量不用或少用刹车，并且保持足够的跟车距离和反应时间，这样既可以从容减速，不必频繁刹车，又可以达到安全、省油、省胎的目的。

（九）停车、倒车省油法

汽车停车次数越多，等于起步越多，当然耗油也就越多。因此，在驾驶中应集中精力，提前预见情况，尽量保持汽车行驶惯性，合理控制车速，利用车速处理情况，不该停的车不停，可停可不停的车不停，尽量减少停车次数。必须停车时，尽量选择便于起步和驶离的地点，以避免不必要的油耗。

汽车在倒车、掉头时，应事先选择好有利地形，尽量减少前进和倒车的次数，争取一次到位。据测试，汽车起步前进或后退一次移动 3.5 m，就要消耗燃油 50 mL。另外，起步、倒车、掉头时，方向盘尽量不要打到极限，更不要原地打死方向，这样不仅给前轮增加了很大阻力，也加剧了轮胎的磨损，从而要增加更多油耗。

开车想省油，首先要建立省油意识，意识决定行动，没有省油的理念，不可能有省油的行动。只有驾车人有了强烈的省油需求，才可能在驾驶过程中做出有利于省油的动作。然后，驾车人还得全面地领会和掌握各项省油操作要领和技巧，才能根据具体情况不失时机地灵活运用省油操作方法。同时，在日常的驾驶操作中还得做到点滴节油，长年累月将一点一滴的燃油节省起来，一定能够收到很好的省油效益。

开自动挡车如何省油

如今自动挡车型已受到越来越多购车者的喜爱，这和它的驾驶方便性是分不开的。不过相比自动挡车的普及程度，人们对自动挡车的驾驶认识就显得有点

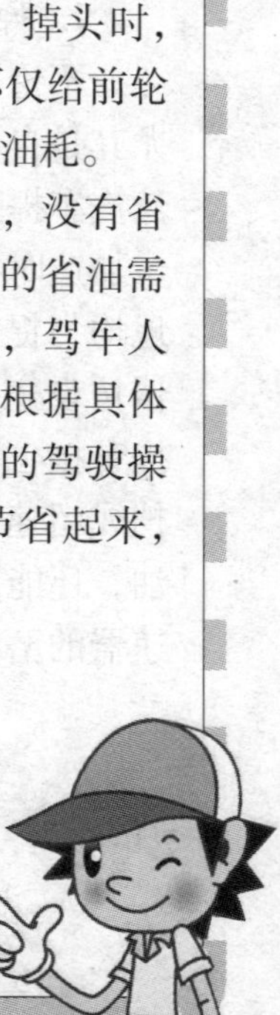

跟不上步伐了。多数人都认为自动挡车费油，从动力传递的理论上讲是有道理的。但随着自动挡变速器的技术进步，城市道路交通效率的降低，自动挡车“傻瓜”型操作的优势就会在新手和技术不佳的驾车人身上体现出来，因自动挡的电脑程序会弥补这类人员的技术不足，将汽车控制得接近高手的水平。

装有自动挡变速器的汽车，其换挡规律都是预先设定好的，操纵十分方便。但在使用中不可能完全满足实际路况的需要，这样就需要驾车人在使用中采用正确的操作方法加以弥补。现在自动挡车型都有可供驾车人手动操作的装置，如 M（手动模式）、OD（超速挡）、L（低速挡）、S（运动模式），还有 D1、D2、D3 等，这些挡位都必须由驾车人根据行驶需求，合理地加以运用。如果使用得当，就可以充分发挥出自动变速器的最佳效率和特点，达到省油目的。驾驶自动挡车的省油方法有以下几个方面。

1. 脚踩油门要温柔

不论是手动挡车型还是自动挡车型，踩油门时都要轻而缓。尤其是自动挡车，若猛踩油门，自动变速器会延迟升挡时间，虽然汽车提速快了些，但油耗却增加了不少。为了节省燃油，在起步加速时要尽量避免急加速，应当平稳、缓慢地加油，循序渐进地均匀提速，让自动变速器按设定的最佳升挡时机提升挡位，直到升到最高挡或超速挡，这样不仅省油，还能减少发动机和变速器的磨损。为了防止油门踩得过重，你可以想象在脚和油门之间有个鸡蛋，当你踩油门踏板时就会轻柔得多，如图 6 – 3 所示。

图 6 – 3　对待油门要温柔

2. 松油门提前升挡

自动变速器在结构上是能够实现提前升入高一级挡位的。从低挡自动升入高挡时，一定的节气门开度与车速之间有着确定不变的关系，当发动机节气门开度不变时，必须在汽车加速到一定的车速时才会自动升挡。为了省油，可使自动变速器提前升至高速挡，即用松油门使之提前升挡的操控法。

具体操作方法是：用 D 挡起步后，先将车速提高到 20 km/h 左右，然后松一下油门，这样变速器就能立即从 1 挡升到 2 挡，稍加停顿后，继续加速到 30 ~ 40 km/h 时，再迅速松一下油门，则变速器又会从 2 挡提前升到 3 挡，用这种提前升挡方法可以在较短的时间内，让自动变速器升至最高挡位。这种操控方式不仅升挡快、行驶距离短，而且发动机转速的增加相对较小，从而降低了发动机油耗、磨损和噪声。

3. 猛踩油门最费油

现在的自动挡车型，大多数变速器的电脑程序都有学习功能，如果经常猛踩油门行驶，自动变速程序就会记住车主的驾驶习惯，变速器的换挡点就会改变设计时所兼顾的动力性和节能性，自动调高升挡时发动机的转速。比如说，原来的设定是发动机达 2000 r/min 就升挡，而猛踩油门后要达 3000 r/min 以上才会升挡。这样发动机动力就会过剩，也就产生了浪费，而且猛踩油门燃油喷射突然增加，燃烧效率损失较大，当然很费油。

因此，自动挡车在起步加速和行驶过程中都不要猛踩油门急加速，这种粗暴地驾驶方式，只会使发动机的转速迅速增高发出刺耳的轰鸣声，但提速并不快，同时还加剧了发动机和变速器的磨损，并且导致燃油无谓的浪费。

4. 保持稳定的速度

自动挡车在行驶中，尽量保持速度平稳，中高速行驶经济性最好。如果车速恒定，自动变速中的锁止

离合器将使发动机和变速器形成刚性连接，消除液力传动的能量损耗；如果车速忽高忽低，这个锁止机构就不会产生作用，也就比较费油了。

另外，自动变速器还有一个省油的特点，那就是勤松油门。当加速的要求已得到满足之后，应立即松开油门，让发动机转速降下来后，再踩下油门，这样既可以保持原来车速，发动机转速也不会上升那么高。勤松油门还有一个好处，由于自动挡车发动机的牵阻作用较小，尤其是在高挡位上行驶时几乎没有制动作用，所以松开油门后，汽车照样可以滑行很长一段距离。

5. 别忽略其他挡位

随着自动挡车型的普及，驾驶自动挡车的人也越来越多，但许多人都简单地认为开自动挡车，就是前进挂 D 挡，倒车挂 R 挡，停车挂 P 挡，没有什么技术活，而且平时也仅会使用这三个挡位。其实，许多自动挡车在行驶时，除了使用 D 挡外，还有 D3、D2、D1 或 L、S、M 等挡位，如图 6－4 所示。如果在平坦道路上或坡度较小的丘陵地带，可以始终挂在 D 挡上行驶。因为在 D 挡上控制系统可根据车速和油门的大小，自动选择最佳挡位，在 4 个或 6 个前进挡之间自动升降。如果在山区公路上行驶，特别是上下长坡时仍然使用 D 挡，这样不仅费油也会对车辆造成伤害，还会带来一些安全隐患。

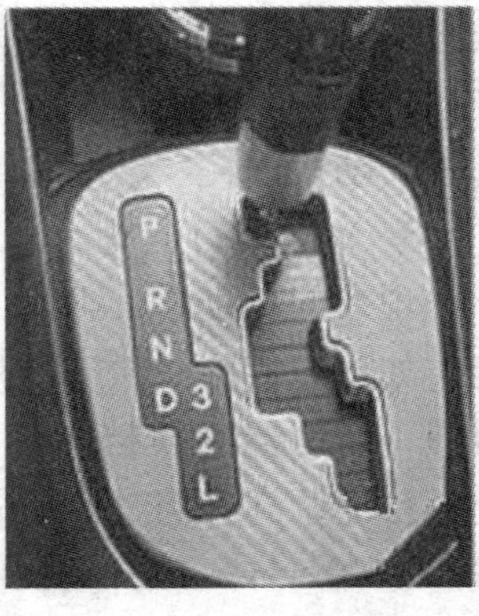

图 6－4　充分利用各挡位

例如，汽车上坡时，若在 D 挡上，当发动机动力不足车速下降时，变速器会自动降挡，当车速增至一定高度时，变速器又会自动升挡，这一过程将反复

进行，形成所谓“循环跳挡”现象。这将使变速器内部的离合器片频繁打滑、油温升高、摩擦片迅速磨损甚至烧蚀。因此，汽车上长坡时，一定要记住将换挡手柄换到 D3 或 D2 挡上，这样跑起来不但强劲有力，而且更加轻快，既省车又省油。

又如，汽车下坡时，由于自动变速器的 D 挡不具备发动机制动能力，它会随着下坡车速的增加而不断向高挡变换，使车速越来越快，必须不停地使用刹车来控制车速。这样一来，不仅会使刹车片和盘磨损严重，而且很容易造成刹车使用过度产生高热而失灵。因此，驾驶自动挡车下长坡路时，一定不要一路 D 挡开到底，应根据坡度的大小和长短，选择合适挡位。一般坡度使用 D2 或 D3 挡，因这两个挡位不会随车速的加快而升挡；较陡而长的大坡最好用 D1 或 L 挡，可获得最强的发动机制动效果，从而减少车轮制动器的磨损，防止刹车失灵，确保行车安全。但选用 D1 或 L 挡时，车速必须控制在 50 km/h 以下，否则容易损坏自动变速器。

另外，驾驶自动挡车在市区行驶时，由于城内车多道路也比较拥堵，车速往往上不去。如果车速无法超过 50 km/h，就应改用在 D 挡下面的一个挡位，也就是说在行驶速度较低的情况下，如 4 速自动变速器，应使用 D3 挡，这样不仅提速快，而且省油，还能减少发动机积炭的产生。在高速公路或跑环城快速路时，如果爱车有超速挡，一定要打开超速挡 OD 开关，因为用超速挡行驶最省油。如果是手自一体变速器，应用手动挡的最高挡位，以避免因加速或行驶阻力增大时，变速器自动降挡引起发动机转速突然升高，这样不仅有助于改善行驶舒适性，而且有助于获得更好的燃油经济性。

6. 短时停车挂 N 挡

在自动挡中，N 挡就相当于手动挡的空挡。由于手动挡车停车后必须挂空挡，否则，一直踩着离合踏

板容易损坏离合器分离轴承。然而，很多用惯手动挡的车主在驾驶自动挡车时，仍然习惯于在停车时挂 N 挡。其实，对于自动挡车来讲，频繁地在 D 挡与 N 挡之间切换反而会增加自动变速器的磨损。

N 挡的使用应根据停车时间的长短来确定。若是短时间停车，比如说在路口遇到短暂的红灯或走走停停的拥堵情况时，保持 D 挡踩住刹车就可以了，只要停车时间不超 30 s，就没必要挂 N 挡，但如果停车时间超过 30 s 就应该挂 N 挡。因为自动变速器只要挂在 D 挡上，汽车就会自动前移，若长时间踩着刹车，等于强行制止这种前移，这样会使变速器摩擦片打滑增加磨损，而且还会使油温升高，油液容易过早变质。如果停车超过 60 s，应挂入 P 挡，最好熄火等待。这样既可以减少油耗，又能避免油温升高，可有效地保护变速器。节油试验证明，发动机怠速空转 60 s 的油耗可以让汽车行驶 1 km，怠速运转 10 s，其燃油消耗几乎和重新启动一次相等。因此，在排队、等人、堵车等情况下，应尽量减少发动机无谓地空转，最好停车超过 1 min 就干脆熄火，这样既能节省燃油，又能减少尾气排放保护环境。

总之，一切省油都应以保护汽车为前提，尤其是驾驶自动挡车，更要注意保护好自动变速器，绝对不能空挡（N）滑行，否则变速器很容易因油压不足、润滑不良而被烧坏，一旦损坏，其维修费用相当昂贵。

空挡滑行省油还是费油

“空挡滑行”是在行驶中挂空挡，汽车靠惯性滑行一段距离，此时发动机仅保持怠速运转，这对于过去化油器式发动机来说利用空挡滑行的确能省不少油。但现在绝大部分新车都是采用电喷式发动机，在驾驶电喷车时，采用空挡滑行并不省油，有时更费油，若是自动

挡车，还可能严重损坏自动变速器。

1. 电喷车空挡滑行不省油

试验表明，手动挡电喷车空挡滑行不但不省油，有时反而还费油，而带挡滑行省油效果较好，这与电喷发动机的工作方式有关。电喷发动机的节气门传感器一般有三种工作状态，即怠速、部分负荷和最大负荷，发动机电脑可根据这三种负荷，也就是油门的位置或节气门开度判断喷油的多少。汽车行驶时，如果在带挡状态下，当驾车人抬起油门踏板后节气门立即回到怠速位置，但发动机转速不会立刻下降，而是有一个过程。因汽车在惯性作用下，驱动轮带着发动机转。此时行车电脑自动判断汽车处于减速状态，并按“减速断油”程序立即停止喷油；当发动机转速下降到接近怠速时，再恢复喷油。这就是电喷发动机的减速断油过程，也是带挡滑行省油的原因。

如果选择空挡滑行，抬起油门踏板后发动机转速会立即下降到怠速状态，为了维持怠速运转，电脑就会进入怠速模式，发动机依然喷油，这就是空挡滑行更费油的原因。但在车速较低的情况下，可以适当地利用惯性空挡滑行，如在市区道路上接近路口灯或到达目的地前的一段距离，采用空挡滑行还是比较省油的。

2. 自动挡车滑行不省油还毁变速器

因为自动变速器挂空挡（N 挡）滑行时，发动机处于怠速工作状态，变速器的油压只能满足各润滑部位在怠速工况下的润滑。而此时汽车行驶的速度高，变速器在驱动轮的推动下仍在高速运转，而发动机转速低，所驱动的油泵工作压力也低，使变速器油压不足，这就导致变速器处在高转速、低润滑的被动状态，很容易造成变速器机件发热、发生黏滞，甚至烧毁。

为此，不论是从省油角度还是从安全角度，不论是新手还是老手，对于自动挡车而言，千万不要空挡滑行，如图 6 – 5 所示。

图 6－5　自动挡车勿空挡滑行

综上所述，电喷车带挡滑行比空挡滑行更省油。因为空挡滑行时，发动机必须保持怠速运转，必然要消耗一定的燃油；带挡滑行时，由于发动机被驱动轮反拖使得转速下降缓慢，停止喷油时间较长，当然省油。一般电喷发动机被反拖时，车速在 40 km/h 以上时停止喷油。由于带挡滑行距离较短，而空挡滑行距离较长，因此，当车速在 40 km/h 以上时，应带挡滑行；当车速降到 40 km/h 以下时，应立即摘空挡滑行。把握好滑行时机，充分利用"减速断油"和空挡滑行的省油特点，这样在日常行驶中，就一定能够收到良好的省油效果。

用 97 号汽油比 93 号省油吗

在油价一而再，再而三上涨的情况下，很多车主开始思考对爱车到底该加多少标号的汽油更省钱。为了省钱有些车主开始琢磨，给爱车降低"口粮"标准，选择低标号汽油，而有些车主则认为改用高标号汽油会省油。事实上，这些想法都是错误的。汽车该"喝"什么油，完全取决于发动机的压缩比。所谓压缩比，就是发动机总容积与燃烧室容积之比。因此，自己的车用什么标号的汽油，不是车主随意就可更改的，它是由车辆本身决定的，发动机就像人体的心脏，加什么标号的油就和要输什么血型的血是一样的。对于汽车的用油问题，汽车使用说明书是车主确定爱车使用什么油最权威的标准。如果爱车的说明书规定使用 97 号汽油，那就只能用 97 号而不能用 93 号；如果说明书写的是"使用 93 号以上汽

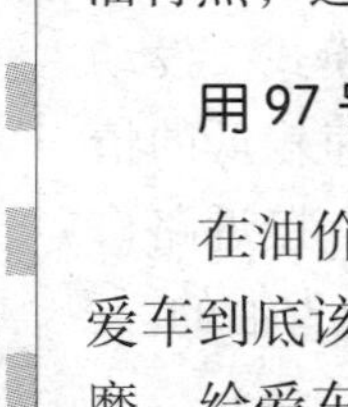

油”，这种情况下93号和97号都可使用。但经常在市区道路行驶，最好选择93号汽油，跑高速时用97号汽油，这是较为科学的用油方式。

假如，你的爱车规定使用97号汽油，而你为了省钱改用93号汽油的话，由于汽油标号降低，抗爆性不够，发动机在急加速及爬坡时会出现爆震，导致功率下降，油耗增加，甚至造成发动机损坏。试验证明，降标用油不但不省钱，相反会增加油耗3%左右，并且发动机的维修次数和费用也会上升。

当然，盲目追求高标号汽油也是不正确的。因汽油标号越高，其抗爆燃性能也越高。如果规定使用93号汽油，而硬要选择97号汽油，结果是其高抗爆性的优势无法发挥出来，而且会出现“滞燃”现象，即活塞压缩到了最顶端，混合气还达不到接近自燃点，导致燃油不能充分燃烧，增加缸内积炭，根本起不到省油的效果，还会造成燃油浪费和空气污染。所以，要想省油还是先看看爱车的使用说明书，超标用油，只会增加养车成本，是一种不必要的浪费。

这里简单介绍一下汽油标号的含义。目前市场销售的汽油，主要有90、93、97、98等标号，这些数字所标定的是汽油的辛烷值，也是标定汽油抗爆性能的参数。汽油标号只是代表汽油的抗爆性，是实际汽油抗爆性与标准汽油抗爆性的比值。标准汽油由异辛烷和正庚烷组成，异辛烷的抗爆性好，其辛烷值为100；正庚烷的抗爆性差，在汽油机上容易发生爆燃，其辛烷值为0。

如果汽油的标号为93，则表示该标号的汽油与含异辛烷93%、正庚烷7%的标准汽油具有相同的抗爆性。也就是说，93号汽油含有93%的异辛烷、7%的正庚烷；97号汽油含有97%的异辛烷、3%的正庚烷。因此，汽油标号的高低只是表示汽油的辛烷值大小，不能把标号与纯度和质量混为一谈。汽油标号与汽油是否清洁和是否

省油没有必然的联系，并不是汽油标号越高越好。

汽车加油有讲究

随着燃油价格的不断上涨，行车成本的迅速增加，使车主们不得不认真考虑节油问题。经常去加油站加油，虽然是件很平常的事，但不知车主们想过没有，应该什么时间去加油？该加多少油？都是有讲究的。下面介绍几个加油小常识：

1. 油箱油量不能太少

每次加油时要保证油表显示有一格油，不要等到油表灯亮了再加油。因为，绝大多数汽车的汽油泵都安装在油箱内，油泵连续工作时温度较高，浸在汽油中可以有效降温。而油表指示灯亮时油面已经低于油泵了，如果每次都等灯亮再去加油会大大缩短油泵使用寿命，甚至因散热不及时而烧毁油泵。比较科学的加油时机是，当油表显示还剩余 1/4 大格的油量时就该加油了。

2. 选好加油时间

在夏季去加油的时间最好选在早晨或夜间。因为汽油是以体积而不是以质量计费的，汽油的热胀冷缩变化较大，一般气温在 30 ℃时就会引起 40 L 汽油比常温下膨胀近 1 L 左右。炎热的夏季早晨或夜间气温较低，此时汽油密度高，体积较小，同体积的汽油可以有较大的质量，也不容易挥发。所以，在夏季坚持早晨或夜间去加油，可以节省不少钱。

3. 市区行驶只加半箱油

从减重的角度讲，减轻车重可以减少油耗。对车主来讲，除了清除后备箱多余用品之外，最好的减重办法就是少加一些油。

如果经常在市区行驶，就没有必要将油箱加得太满，一般达到油箱容量的 1/2 或 2/3 就足够用了。油箱太满会使多出的油外溢，不但白白浪费，有时还对车内空气造成污染，还可能使活性炭罐过早失效。因此，把握好加油量，不仅给爱车减掉一些载重量，还能减少汽油的挥发量，这对省油大有益处。

另外，还要给爱车减负，经常清理车内杂物，尤其是后备箱。对于不常用的物品，不要放在车上，尽量减轻车辆载重，因减重是最简单也是最有效地节油措施，如图 6-6 所示。

图 6-6　不常用的物品不要放在车上

4. 选择正规加油站

给爱车加油时，对加油站的选择也很重要。因某些加油站为了牟利，不仅缺斤短两，有时还会在汽油里加甲醇等化工产品，加了这样的汽油后，会影响发动机动力性能，甚至会引起故障。因此，应尽量选择正规的大型加油站，如到“中石油”“中石化”这类国有大型加油站加油，不仅可以保证计量准确，而且油的品质也有保障。最好加油后索要发票，以备出现问题后好进行索赔，如图 6-7 所示。

图 6-7　加油去国有大型加油站

另外，如果你正要进加油站，发现油槽上停着一辆油罐车正在卸油，而且又是自己要加的油标号，那就不要加了，应换一个加油站。这是因为油罐车卸油时，会将油罐底部的沉淀物激起，使燃油暂时不够清洁有杂质。这样的油加入油箱后，会造成汽油泵磨损、滤芯堵塞，从而产生供油系统不畅、缸内积炭、发动机工作不良等后果。

市区开车省油方法

在市区开车，最有效的省钱方法就是遵章守法，确保安全行驶，杜绝交通事故。除此之外，还有三个比较重要的省油方法。

1. 提前想好行车路线

汽车在行驶中遇到堵车或交通信号灯特别多的路段，汽车走走停停，就会使燃油的消耗量大幅度增加，因为汽车在起步过程中是非常耗油的，尤其是自动挡车。对于驾车人来说，掌握线路特点、了解道路情况、提前计划好行驶路线和出行时间，是一个有效的省油措施。

如果要开车出行或要办几件事，应预先做好计划，想好行车路线，头脑里要有张线路图，避免多跑冤枉路。在选择路线时，不仅要选两点间最近的距离，而且要选择行驶时间最短的路线，还要考虑到达目的地后停车是否方便，以免开车转来转去寻找停车位，在路上的时间越长，油耗也就越多。

开车上路后，最好及时收听交通广播，注意所经路线的交通信息，做到心中有数。尽可能避开容易堵车的路段，选择信号灯较少的路线。宁愿绕远走顺畅的路、信号灯少的路或比较畅通的快速路，也不要为了求近而走拥堵路。另外，若没有什么急事，应尽量错开上下班高峰时段出行，这样既可以节省在路上的时间，又可以达到省油的目的。

2. 不要频繁变换车道

经常见到有些车见空就钻，不停地变换车道，尤其是在交通不畅、等红灯、交换车道的情况下，相邻车道刚有点空当就将车突然加速挤过去，进去了又不得不踩刹车，待会这边车道有了空当，一脚油门又挤了回来，然后又是刹车。其实这样挤来挤去根本快不了多少，可油耗却要增加许多。因为在极短的距离内，做急加速、急减速

是最费油的，而且对汽车的伤害也不小，尤其是对轮胎和刹车磨损非常严重。

实验证明：汽车在转弯时比直行更费油，一般要多耗油25%，这是因为转弯时阻力增加，发动机输出功率要增大，必然要多消耗燃油。变道与转弯的情况比较类似，变道就要转动方向盘，使车轮偏移与道路形成倾角，增加了行驶阻力，经常变道使行驶路线弯弯曲曲，路程也变远了。再加上变道还需要频繁改变车速，不停地加速和不停地刹车，这不仅增加油耗，还容易引发交通事故。

3. 红绿灯前控制车速

交通信号灯的变化也对汽车油耗有一定影响，通过信号灯变化频繁的交叉路口越多，停车、起步的次数越多，汽车油耗也就越多。因为，汽车从静止起步后加速到正常车速耗油量比从低速加速到正常车速约增加20%。所以，驾车人应提前正确估计红绿灯的变化情况，有效控制好车速，尽可能让车行驶到交叉路口时正好赶上绿灯放行，不至于使汽车在路口多次停车、起步而增加油耗。

在市区开车时，除了保持足够的跟车距离外，还得向前多看50 m，最好有意识地训练自己可以看到更远的地方，这样视野会开阔一些，就可以很自然地注意到前方及周围的路况，有效地利用油门控制车速，减少刹车或停车次数，这不仅有利于省油，而且有利于保证行车安全。

自测油耗量方法

汽车的油耗指标有理想油耗和实际油耗，汽车“使用说明书”上标定的每百公里耗油量为理想油耗，它是在特定的条件下，等速行驶所取得的最低油耗标准。而车主开车在道路上行驶，所消耗的燃油为

实际油耗。在通常情况下，实际油耗比理想油耗要多出 10% ~ 30%。

对于油耗的测试，有专门的“油耗计”。其实，自己测量油耗的方法也非常简单，只要车主细心一点，做个记录就能够测量出实际油耗量了。具体方法如下：

（1）选择一个加油方便的大型加油站，将油箱加满至跳枪。然后观察公里表，并记下此时的总公里数，或者将小表数回零（这次加油的数量不用记）。

（2）待下次加油时，最好再到同一个加油站，用同一个加油机，仍然将油箱加满至跳枪，记下此时的总公里数，或记下小表公里数，同时记好此次加油的升数。

（3）如此记录几次之后，把这期间加油的升数加起来，然后除以在这期间行驶的公里数，再乘以 100 L/km，就得出在这段里程内汽车的实际每百公里油耗了。

例如：第一次加满时的公里数是 1 万公里，最后一次加满油的公里数是 1.2 万公里，12000 - 10000 = 2000 km，这期间共行驶 2000 km，加了 200 L 油，那么，200 L ÷ 2000 km × 100 L/km = 10 L/km，所测得的实际油耗为 10 L/100 km。

采用这种方法测量油耗，虽然不是很精确，但它能反映出日常行驶里程的平均油耗量，具有实际的参考价值，可为你的省油提供正确的依据。一般测量的里程越长，所测量的结果越精确。如果发现油耗突然增加，应尽早检查，找出原因，排除故障。

附 录

1. 什么是功率

功率是指发动机通过飞轮在单位时间内对外做功的能力。通常以每秒75 千克力 · 米的功为一个功率单位，即1 个马力单位为匹，也用千瓦计算，单位为千瓦（kW），一千瓦等于 13.6 匹马力。一般而言，发动机功率大的汽车最高速度也大，但发动机的功率不是一个固定的数值，它会随转速变化。而汽车说明书上标的功率数值是指发动机在某一转速下发出的功率，称为额定功率，这个转速也称为额定转速，额定功率等于或接近发动机的最大功率。

2. 什么是扭矩

扭矩是指发动机飞轮对外输出的扭矩，也称有效扭矩，单位为牛顿 · 米（N · m）。它是指燃料在气缸内燃烧发热，膨胀做功所产生的力，除了克服各部分摩擦阻力和驱动各辅助装置（水泵、油泵、发电机等）之外，最后在飞轮上可以供给外界使用的扭矩。

其实扭矩和功率一样，都是影响汽车发动机性能的重要参数。客观地说，一台发动机的扭矩决定着一辆车的加速性能，而它的功率则决定着这辆车能跑多快，发动机的扭矩越高，汽车运行的反应越好。以同类型发动机做比较，扭矩输出越大，承载量越大，加速性能越好，爬坡能力越强，尤其在轿车起步加速过程中，更显示出扭矩高者提升

速度快的优势。但是发动机的扭矩也不是一个固定的数值，它也随着转数的不同而变化。例如：一般轿车发动机的最大输出扭矩多在3000～4000 r/mim之间产生，要注意最大扭矩指标，数字越大越好。同时也要考虑最大扭矩输出时的转数值，转数值范围越大，扭矩变化越平缓，汽车对路面的适应性就越强，换挡次数越少。

3. 什么是排量

排量是指发动机所有气缸工作容积的总和，称为发动机工作容积，也叫作发动机的排量，用“升”（L）来表示。简单地讲，活塞在气缸内从上止点到下止点所扫过的空间，就是一个气缸的工作容积，把这个数值乘以气缸总数就得到了发动机的排量，如图7－1所示。这个排量就是人们常说的：我的车是1.6 L排量，你的车是2.0 L排量。

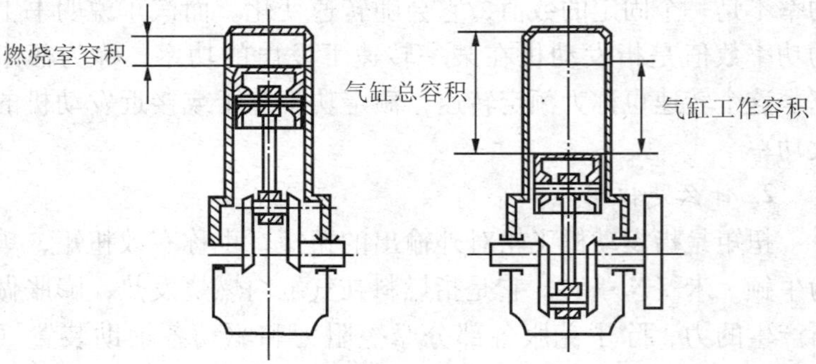

图7－1 各缸工作容积之和为发动机排量

4. 什么是怠速

怠速是发动机的一种工况，当脚离开油门踏板后，发动机能够保持在最低转速下平稳运转，这个转速称为怠速。怠速工况用于发动机启动过程、换挡过程、不熄火停车场合，怠速的工作状况直接关系到发动机的稳定性，也关系到汽车行驶的油耗和尾气的排放。

发动机怠速运转时，一般转速为800 r/min左右，但在冷车启动后能达到1000～1200 r/min。这是因为冷车时发动机运转阻力大，加上混合气燃烧不充分，所以需要提高转速，以确保发动机冷车时怠速平稳运转。

5. 什么是耗油量

耗油量是以汽车行驶100 km所消耗的燃油来表示，以“升”为计量单位。耗油量是评价汽车经济性的重要指标，若发动机对外做相同的功，所消耗的燃油越少，其经济性越好。一般油耗指标是汽车制造厂根据国家规定的试验标准，通过样车测试得出来的，包括等速100 km油耗和循环油耗。

所谓100 km油耗，是指汽车在平坦硬实的路面上，挂最高挡以某个车速等速行驶规定的路程，记录油耗量，往返一次取平均值，即可获得这个车速下汽车的100 km耗油量。所谓循环油耗，是在一段指定的典型路段内汽车以等速、加速和减速三种工况行驶，有些试验还要包括启动和怠速等工况的耗油量，然后折算成100 km耗油量。一些汽车技术性能表上将循环油耗标注为“城市油耗”或“综合油量”，而将等速100 km油耗标注为“匀速油耗”或“经济车速”，厂家以这个车速作为耗油量的参考车速，普通用户是很难做得到的。一般而言，“综合油耗”才能够比较客观地反映汽车的实际耗油量。

6. 什么是压缩比

压缩比是指气缸总容积与燃烧室容积之比，称为压缩比，如图7－2所示。那么什么是气缸总容积，什么又是燃烧室容积呢？其实就是活塞在下止点时，活塞顶部的整个空间容积称为气缸总容积，它等于气缸工作容积与燃烧室容积之和；活塞在上止点时，活塞顶部与气缸盖所构成的空间称为燃烧室，它的容积叫作燃烧室容积。

判断发动机性能高低的一项重要指标就是压缩

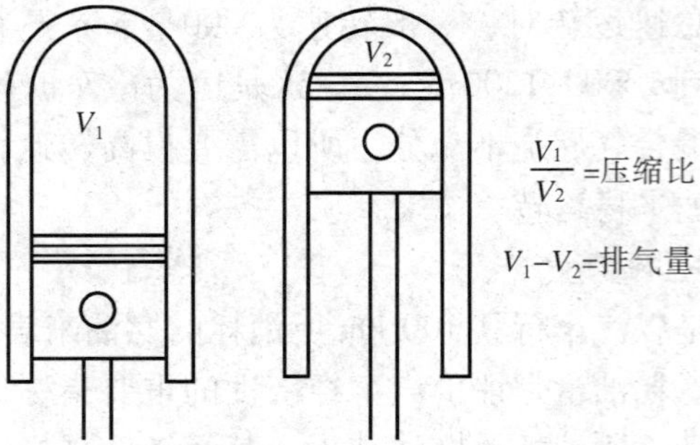

图7－2　压缩比示意

比，发动机的动力性和经济性基本上取决于压缩比。因为压缩比越大，在压缩终了时混合气的压力和温度越高，燃烧越充分，发动机的动力越强，经济性越好。但发动机需要有一个固定的压缩比，如果压缩比过大时，反而会出现爆燃和表面燃烧等不正常的燃烧现象，也会影响发动机的动力和油耗。汽油机是点燃式发动机，压缩比较低；柴油机是压燃式发动机，压缩比很高。一般汽油机的压缩比为（9～11)∶1；柴油机的压缩比为（16～24)∶1。

7. 什么是空燃比

空燃比是指汽油和空气混合的重量比，也称为可燃混合气的空燃比。在汽油发动机中，最理想的燃烧情形是使进入气缸里的混合气所含的汽油分子和空气内的氧分子能够恰好不多不少，完全配合烧尽。那么，可燃混合气能否迅速并完全燃烧，取决于混合气中的汽油与空气的重量比例（浓度）及汽油雾化蒸发并与空气均匀混合的程度。

可燃混合气的浓度直接影响发动机的功率和油耗。理论上使发动机得到最大功率和最低油耗率的混合气，应当是14.7∶1的空燃比。1 kg汽油和14.7 kg空气混合而成的气体，称为标准混合气；空气多于14.7 kg，为稀混合气；少于14.7 kg，为浓混合气。随着汽车行驶情况的变化，发动机的运转可分为启动、怠速、中等负荷、全负荷和加速五种工作情况，工况不同，对混合气浓度的要求也各不相同。

8. 什么是点火正时

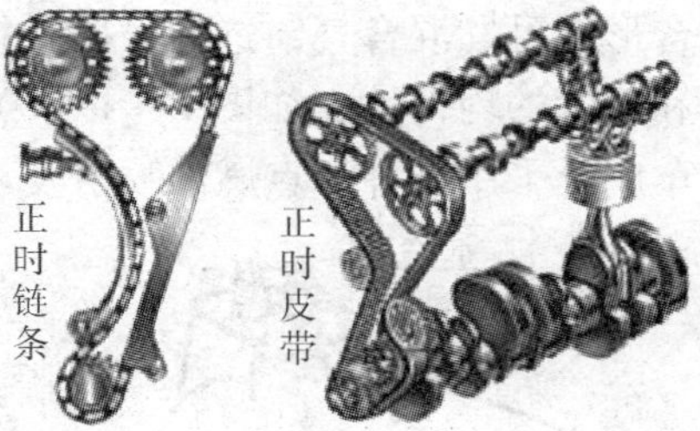

图7－3　曲轴和凸轮轴连接示意

在一台发动机上，曲轴连杆机构、配气机构、供油系、点火系这些重要部件的工作配合，都要以一个基本时间坐标为准绳，这个准绳就是所谓的正时。而这个正时的获取，依靠的就是正时皮带或正时链条，如图7－3所示。正时皮带或正时链条连接曲轴和凸轮轴，它们不仅起到给配气机构提供传动的作用，还能保证曲轴和凸轮轴之间精准到每个带牙（或链节）的位置同步关系，从而在活塞往复运动时，进、排气与点火之间建立精准的配合，这种配合关系就是所谓的点火正时。

对于高速运转的发动机而言，每一个工作循环（进气、压缩、做功、排气）都是在瞬息之间完成，这期间各部件的配合要准确到以毫秒计。以汽油发动机为例，当活塞到达哪个位置时，进气门开始打开让空气进入，什么时间喷油嘴开始喷油，什么时间可以点火做功，再过多久又要将排气门打开驱出废气，每个工作循环都必须精准配合，可以说是牵一发动全身。

9. 什么是单点喷射、多点喷射、缸内喷射

（1）单点燃油喷射系统（SPI）：是在进气管口（原来化油器处）安装一个或两个喷油器，向进气歧管中喷射燃油形成可燃混合气，如图7－4（a）所示。因各缸远近各异，这种燃油喷射系统对混合气的

精确度比较低，各个气缸混合气的均匀性也较差，因此这种喷射形式的发动机已基本淘汰。

（2）多点燃油喷射系统（MPI）：是在每一个气缸的进气门上方安装一个喷油器，喷油器喷出燃油后，在进气门附近与空气混合形成可燃混合气，这种喷射系统能较好地保证各缸混合气总量和浓度的均匀性，如图7－4（b）所示。由于性能优越，现在轿车广泛采用这种多点燃油喷射发动机。

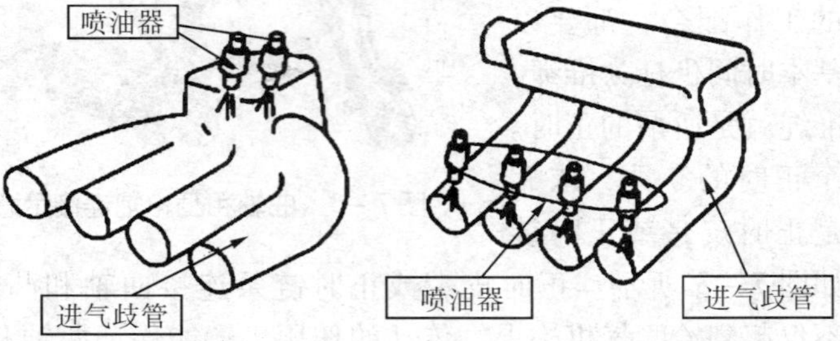

（a）单点喷射　　（b）多点喷射

图7－4　燃油喷射示意

（3）缸内喷射（GDI）：是将高压燃油直接喷到气缸内，这种喷射技术使用特殊的喷油器，使燃油雾状效果更好并可在缸内产生浓度渐变的分层混合气（从火花塞往外逐渐变稀）。因此，可以用超稀的混合气工作，油耗和排放也远低于普通电喷发动机。此外，这种喷射方式使混合气体积和温度降低，爆震燃烧的倾向减小，发动机的压缩比可以比进气道喷射时大大提高。由于喷油器直接安装在缸盖上，必须能够承受燃气产生的高温、高压，而且受发动机结构和技术的限制，目前采用较少。

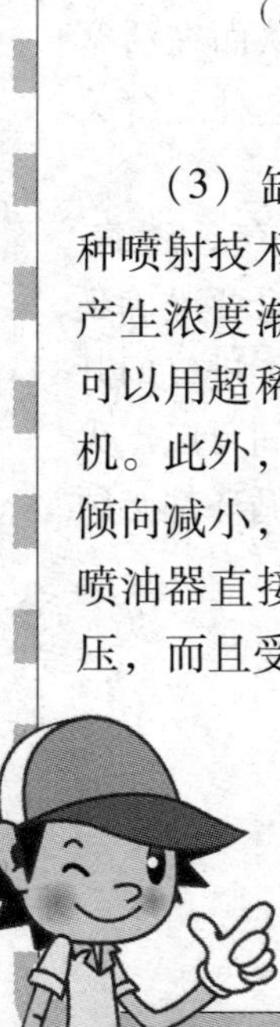

10. 什么是汽油直喷技术

汽油直喷就是将汽油直接喷射进燃烧室。直喷最主要的优势是在获得高功率输出的同时付出了较低的燃油消耗，主要依靠两大法宝：均匀燃烧和分层燃烧。在全负荷（大油门）时采取均匀燃烧，使你一脚油门就能感受到强烈的推背感；在走走停停的交通状况下，有些大排量发动机是靠几个气缸不工作来节油的。而直喷则是靠每个气缸都少喷油，进入燃烧室的空气中，一部分与燃油混合，来到火花塞附近，另一部分则围绕在这一部分混合气周围。火花塞先点燃附近的混合气，火焰迅速引燃周围的稀混合气，即为分层燃烧，如图 7－5 所示。

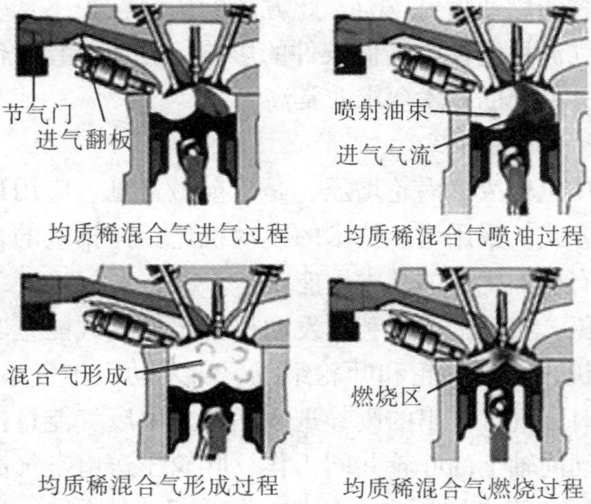

图 7－5　缸内直喷工作示意

直喷的燃烧方式有如下几种：

（1）涡流燃烧法：这种方法是将燃油从进气门侧面喷入燃烧室，由活塞顶部的凹腔带到火花塞附近。燃油在喷入凹腔这段距离里与空气混合形成混合气，为了充分与空气混合，需要比均质混合气更多的燃油喷射量。

（2）滚流燃烧法：滚流燃烧和涡流燃烧的基本原理是一样的，只是活塞凹腔的形成略有不同，空气进入燃烧室后的流动路径也不太一样，混合气形成的过

程有差别。由于滚流燃烧的气流并不像涡流燃烧那么复杂，所以滚流燃烧法显得更稳定。在实际运用当中，往往是涡流燃烧和滚流燃烧并用，具体的燃烧法则要看发动机的负荷情况。

（3）喷射导入燃烧法：这种方法从部件布置与上面两种有本质区别。喷油嘴安装在燃烧室上面的中央位置，燃油垂直向下喷射，油束不会因为重力原因发生偏转。火花塞位于进气门侧面，在燃油与空气混合的同时就被点燃了，但混合气形成的时间极短，需要更多的燃油喷射压力。此方法的优势在于不会受到活塞凹腔形状和气流稳定性或其他条件的影响，更加节省燃油，可是对喷油和点火系统的技术要求非常高。

11. 什么是涡轮增压

涡轮增压也称废气涡轮增压，是目前最常见、应用最普遍的发动机增压方式。采用增压技术的发动机比相同排量的自燃吸气式发动机具有更加优异的动力性能。

涡轮增压，实际上就是利用发动机排出的废气能量驱动的一种空气压缩机，它由涡轮和叶轮组成，与发动机排气系统相连。发动机运转时，气缸排出的废气进入涡轮，由废气能量推动涡轮旋转，并带动同轴上的叶轮共同工作，叶轮压送由空气滤清器管道送来的空气，使之增压进入气缸，如图 7－6 所示。当发动机转速增大，废气排出速度与涡轮转速也同步增快，叶轮就压缩更多的空气进入气缸。空气的压力和密度增大可以燃烧更多的燃料，相应增加了燃烧量，从而增大了发动机的输出功率。

涡轮增压器的最大优点是能在不加大发动机排量的情况下，就能较大幅度地提高发动机的功率及扭矩。从理论上讲，加装增压器后的发动机，其功率及扭矩比同排量的发动机要增大 20%～30%；涡轮增压器的缺点是工作滞后，由于叶轮的惯性作用，对油门瞬时变化反应迟缓。涡轮增压器在发动机转速较低，废气能量不足时无法有

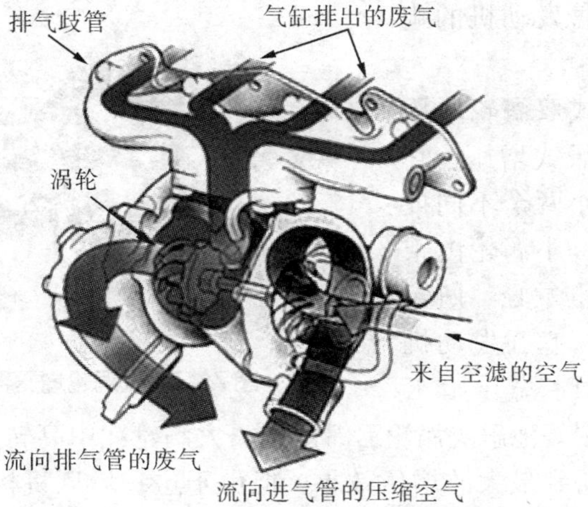

图 7－6　涡轮增压器工作示意

效工作，这直接导致汽车在低速行驶时发动机功率增加不明显。

最早的涡轮增压用于跑车或方程式赛车上，以提升排量受到限制的发动机功率。这一技术最大的特点在于“小排量”节油的同时，还能兼顾动力性。涡轮增压发动机已经在汽车业界风行了多年，随着低碳环保和节能减排政策的推行，带涡轮增压的发动机在近两年越来越受欢迎，尤其是小排量车。

12. 什么是双涡轮增压

双涡轮增压就是采用两个相互独立的涡轮增压系统。发动机在两个涡轮增压器的作用下，进气效率大幅提升，增压效果更加显著，如图 7－7 所示。

双涡轮增压有两种型式——并联式和串联式，它们的构造各有不同。并联式有两个独立对等的涡轮增压装置，发动机工作时，两套装置同时运转工作。这种涡轮增压器设计得更加紧凑，比单个的大尺寸涡轮增压装置更便于安装，它的涡轮也相对较小、较轻，从而可以减少涡轮

迟滞，改善发动机的响应。

串联式双涡轮增压也叫作两级式增压，它有一大一小两个不同尺寸的涡轮，小涡轮由于体积小、重量轻、回转惯性更好，它在发动机转速较低时就开始工作，可以很好地解决涡轮迟滞问题；大涡轮在中高转速才会发挥作用，以得到最大的增压效果。但由于这种增压机构相当复杂，造价也非常高，所以目前采用串联式双增压器的车型还比较少。

图7－7　双涡轮增压器

13. 什么是涡轮增压加机械增压

涡轮增压加机械增压，顾名思义，就是由一个涡轮增压器和一个机械增压器共同组成的双增压系统。由于涡轮迟滞原因直接导致汽车在低速行驶时发动机功率增加不明显，而且在发动机工况连续发生变化时涡轮增压器瞬间响应速度较慢，使汽车的加速性，尤其是低速加速性能较差。为有效解决这一难题，在技术含量高的发动机上，采用了涡轮增压加机械增压。这种发动机同时具备涡轮增压系统和机械增压系统的双重技术优势，并且使整合在一起的这两种不同型式的增压系统实现了优势互补。

发动机在较低转速下运行时，由机械增压器提供绝大部分的增压压力，待发动机转速上升到2000 r/min时，涡轮增压器的效果开始增强，当发动机转速达3000 r/min时，由涡轮增压器提供全部的增压压力，而此时的机械增压器已经停止工作，以免消耗发动机功率。由于双增压系统的结构变得更加复杂，不易与发动机匹配，对于发动机零部件的制造要求也较高，目前只在个别车型上实现了

应用。

机械增压器是由发动机曲轴经齿轮增速器驱动的一种增压装置，这种增压器在发动机转速较低的情况下运行时，增压明显好于涡轮增压。但由于驱动机械增压器要消耗发动机功率，因此耗油量比非机械增压发动机略高，如图 7－8 所示。

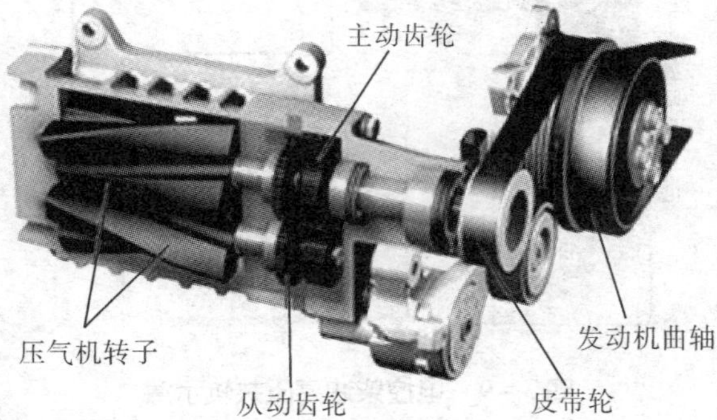

图 7－8　机械增压器

14. 什么是电控共轨式柴油机

汽油机电控技术的发展为柴油机电控技术的使用提供了宝贵经验，在柴油机原有供油基础上，取消了机械控制部分，如高压泵、调速器等。所谓电控共轨式柴油机，其实就是将传统喷油压力和喷射过程完全分开，用一种供油方式，即各缸喷油器共用一个高压油管，直接组成控制系统，使控制精度和响应度得到提高。对喷油量、喷油正时、喷油速率、喷油规律和喷油压力等进行时间和压力控制，让油管内压力大小和发动机转速彻底分离，实现恒定的独立运行，由此降低了发动机转速对喷油压力的影响，也避免了低速无力的特性，如图 7－9 所示。

油压泵并不直接控制喷油，而仅仅向共轨供油以维持所需的供轨压力，并连续调节共轨压力来控制喷油压力。通过高速电磁阀直接控制高压燃油的适时喷射，这不仅可实现供油量控制，还可实现供油正时的控制。

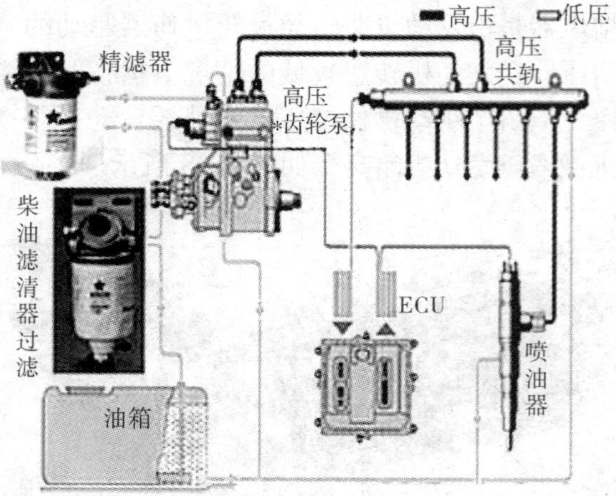

图7－9　电控柴油高压共轨示意

15. 什么是发动机制动

驾驶汽车时，如果在不刹车减速的情况下，将变速杆直接从高速挡挂到低速挡，抬离合时车子肯定要顿一下，然后车速会下降，这种现象就是发动机制动。造成顿挫和汽车减速的原因其实是来自于发动机，因为从高速挡换到低速挡，在车速不变的情况下，发动机所对应的转速肯定会升高，这并非通过踩油门来提高发动机转速的。也就是说，发动机转速的升高不是主动而是被动的，这个动力并不是来自于发动机本身，而是来自于传动机构。由于换挡后传动比发生改变，变速器输入轴的转速随之加快，如果说原来是发动机驱动变速器运转，现在就变成了变速器带着发动机旋转。为了克服发动机的回转惯性使其转速提高，整套驱动机构乃至整辆车都要消耗掉一定的能量，最后的结果就是车速出现一定程度的下降，如图7－10所示。

既然用这种方法能让汽车减速，那它就具有和刹

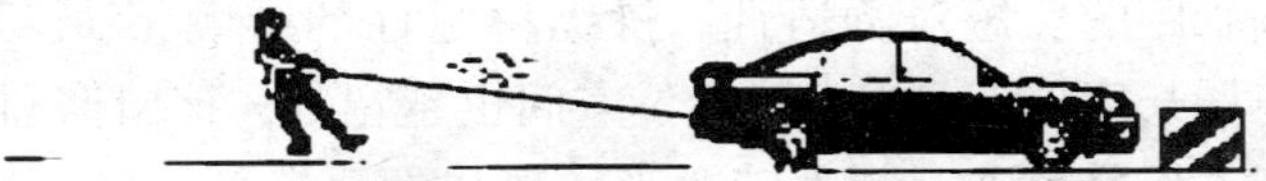

只有行车制动时

有发动机制动时

图 7－10　发动机制动示意

车一样的制动效果了，所谓的发动机制动就是由此而来。有经验的老师傅都知道，万一出现刹车失灵，用“别挡”（逐级降挡）或“抢挡”（越级降挡）的方法也可以将车速降下来，就是利用该原理。在山路驾驶时，用低速挡可以控制汽车下坡的速度，这也是同样的道理。

当然，发动机制动这种现象有时候也引起不方便，上面所说的顿挫感就会影响到降挡的舒适性，如果顿挫得厉害的话，还有可能对传动机构（主要是变速器）造成损伤。过去驾驶汽车时，如果变速器没有同步器的话，在降挡过程中必须轰一脚空油，目的就是要主动提高发动机转速，从而让它去匹配降挡后转得更快的变速器。现在很多智能化的自动变速器也有类似的设计，用手动模式降挡的时候发动机会主动提升转速，从而改善降挡的舒适性，对变速器本身也能起到更好的保护作用。

16. 什么是轴距

轴距是指汽车前轴中心线与后轴中心线之间的距离。三轴汽车是指前轴和中轴之间的距离与中、后轴之间的距离一半之和。一般汽车的长度、轴距与排量三者存在对应关系，如轿车级别越高轴距越大。轴距长可以提高汽车纵向行驶的稳定性，有利于行车安全。对轿车而言，轴距的长短对舒适性、操纵稳定性的影响很大。轴距越大，车厢长度越大，乘坐的座位空间也越宽敞，抗俯仰和横摆性能越强。但是，轴距越大转弯半径也越大，汽车的机动性越差。若轴距过小时，虽然纵向通过半径和转弯半径减小了，但有可能使前悬与后悬加长，使接近角和离去角变小，在不平的道路和上下坡时容易触地，如图 7－11 所示。

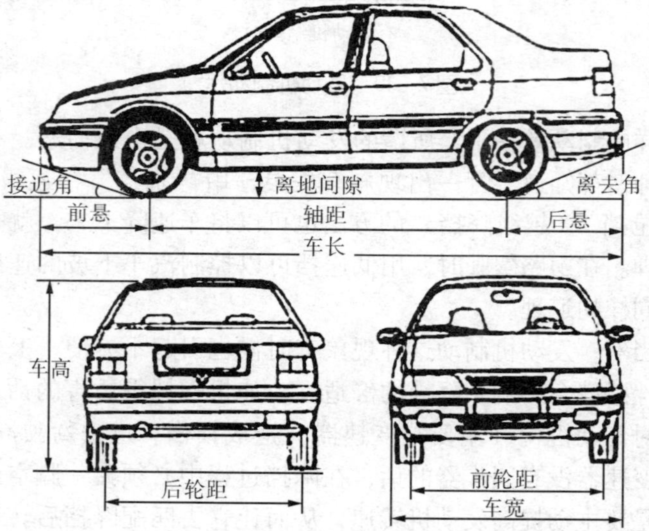

图 7－11　车身外部名称示意

17. 什么是轮距

轮距是指汽车同一车桥左右轮胎中心线之间的距离。如果是双胎，则为左边两轮之间中心线与右边两轮之间中心线的距离。一般汽车的长、宽和轮距等参数对其性能和造型会带来重大影响。汽车前、后轮的轮距可以不同，一般轮距越大，则汽车抗侧翻的能力越大，横向稳定性越好，对操纵平稳性越有利，也对车身造型和车厢的宽敞度有利。但行驶灵活性会下降，转弯半径增大，通过能力变

差。轮距受车宽影响，如轮距太接近车身宽度，车轮会向车身侧面甩泥，车身容易污垢。

18. 什么是最小离地间隙

最小离地间隙是指汽车满载时，除车轮以外的汽车最低点与路面之间的距离。最小离地间隙反映的是汽车底盘无碰撞，通过障碍物或凹凸不平地面的能力。离地间隙越小，则通过障碍物的能力越差。

为了提高汽车行驶稳定性，一般轿车底盘设计的都比较低，所以离地间隙较小；越野车离地间隙很大，以便越过较大的障碍物。汽车底盘的最低点有油底壳、变速箱、前桥、后桥、消声器等。

19. 什么是前悬、后悬、接近角和离去角

汽车最前端至前轴中心的距离称为汽车的前悬。汽车最后端至后轴中心的距离称为汽车的后悬。通过汽车最前端最低处所作的前轮切线与地面所成的交角称为汽车的接近角。通过汽车最后端最低处所作的后轮切线与地面所成的交角称为汽车的离去角。前悬、后悬越小，接近角、离去角越大，汽车的通过性越好。

20. 什么是最小转弯半径

最小转弯半径是指方向盘转到极限位置时，转向中心到汽车外侧转向轮轨迹间的最小距离。汽车转弯时前后轮的轨迹半径不同，因此会产生内轮差，轴距越长，内轮差越大，如图 7－12 所示。最小转弯半径越小，通过狭窄弯曲地带或绕开障碍物的能力越大，汽车的机动性越好。为了减小转弯半径，有的汽车前后车轮都参与转向，称为全轮转向汽车。

21. 什么是非独立悬架

非独立悬架有两种形式，一种是钢板弹簧式非独立悬架，多用于载重货车；另一种是螺旋弹簧或扭力弹簧式非独立悬架，多用于轿车的后悬架。非独立悬架的车轮安装在一根整体式车轴的两端，再用弹性

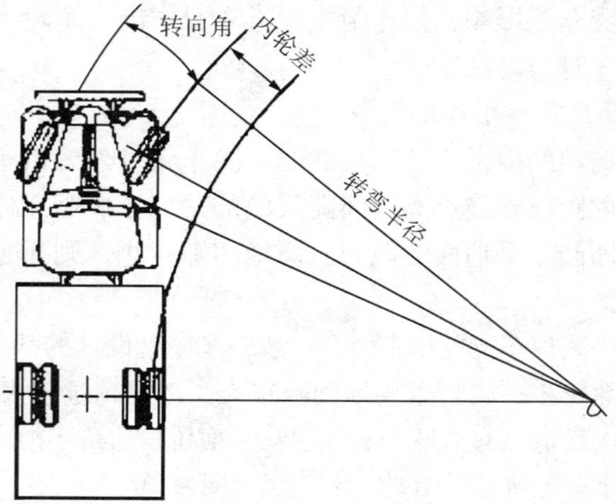

图7－12　最小转弯半径和内轮差示意

元件与车架相连，如图7－13所示。这种悬架当一边车轮跳时，车轴就会左右摇动，直接引起另一侧车轮的偏摆，如果是前轴，加上车轮旋转，就发生了环动作用，使车轮自动地左右摆动，使得车身的平稳性和舒适性变差，而且严重影响汽车的操控性，所以现代小型车使用这种悬架的已经非常少了。但由于载重汽车行驶速度较低，前轮左右摆动较小，上述现象不严重，因此前轮仍采用非独立悬架。

图7－13　非独立悬架

(1) 非独立悬架的优点：组成悬架的构件少、结构简单、易于维修、寿命长、适合重载；转弯时车身倾斜度小，车轮定位几乎不因其上下运动而改变，轮胎磨损较少。

（2）非独立悬架的缺点：左、右车轮的运动相互影响，容易产生同时跳动和摇摆现象。

22. 什么是半独立悬架

半独立悬架是一种专门为轿车后轮设计的悬架，尽管有不同的名称，但它们的形式基本都是一样的。以粗壮的上下摆动式拖臂实现车轮与车身的硬性连接，然后用液压减振器衰减振动，螺旋弹簧承载垂直载荷，刚性横梁则连接左右车轮，如图 7－14 所示。由于这种悬架左右纵摆臂被横梁连接，因此悬架结构依旧还保持着非独立悬架的特性，这也就使纵向拖臂所连接的车轮在动态运动中外倾角不会发生变化，因此会使前轮出现转向不足，所以半独立悬架只能用于后轮。

图 7－14　半独立悬架

（1）半独立悬架的优点：连接左右纵臂的横梁在连接处为可转动式，在一定程度允许左右车轮在限定范围的空间内自由跳动而不干扰到另一侧车轮。

（2）半独立悬架的缺点：无法为车身的精准操控提供良好的支持。

23. 什么是独立悬架

（1）独立悬架的种类：独立悬架的结构类型很多，一般按车轮的运动形式可分为四类：麦弗逊式、横臂式、纵臂式和多连杆式。

1）麦弗逊式独立悬架：是近年来在中级以下轿车使用很广泛的一种悬架。这种悬架将减振器和螺旋弹簧组合在一起，装在前轮上，螺旋弹簧提供支撑，侧向约束由下横拉杆负责，纵向约束来自纵向拉杆，车轮沿主销轴线摆动。这种形式的悬架构造简单，结构紧凑，车轮跳动时前轮定位参数变化较小，有良好的操纵稳定性，加上取消了上横臂，给发动机及转向系统的布置留出了空间，故多用于发动机前置、前轮驱动的轿车上，如图 7－15 所示。

图 7－15　麦弗逊式独立悬架

2）横臂式独立悬架：又分为单横臂式和双横臂式两种。由于单横臂式悬架影响汽车的操纵稳定性，故目前这种结构的悬架应用很少。而双横臂式悬架属于四连杆结构，转向节位于两连杆的中心，车轮在汽车横向平面内摆动，从而保证了它可沿直线运动，由于安装空间的限制，上下双横臂一般为不等长。这种悬架可以很好地承载侧向力和纵向力，保证汽车具有良好的行驶稳定性，目前不等长双横臂式悬架已广泛应用在轿车的前后悬架上，如图 7－16 所示。

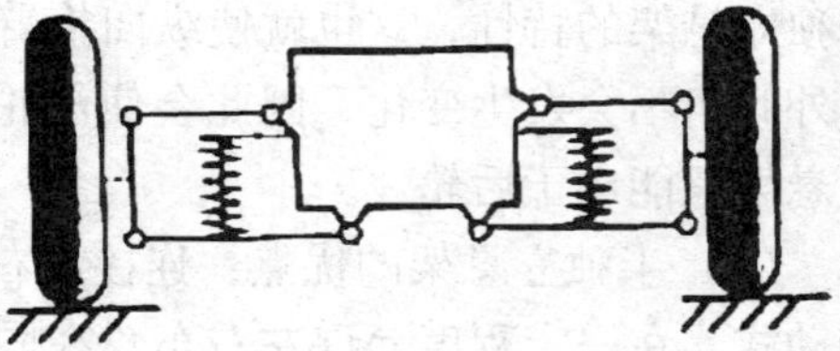

图 7－16　横臂式独立悬架

3）纵臂式独立悬架：又分为单纵臂式和双纵臂式两种。单纵臂式独立悬架，若用于汽车转向轮，当车轮上下跳动时，前轮外倾角和轮距不变，但主销后倾角

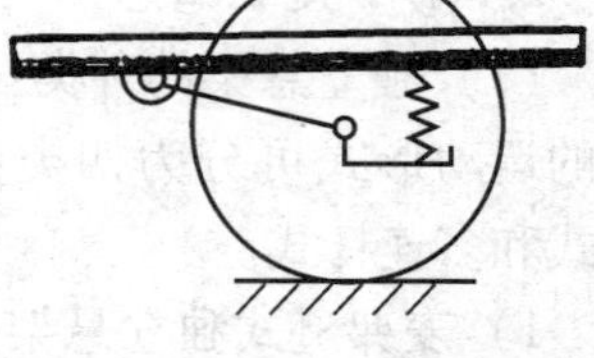

图 7－17　纵臂式独立悬架

会有很大变化。所以这种悬架一般不用于转向轮。双纵臂独立悬架的两个纵摆臂一般长度相等，形成平行四连杆机构。这样，当车轮上下跳动时，除车轮外倾角和轮距不变以外，主销后倾角也保持不变，车轮在汽车纵向平面内摆动，故这种形式的悬架适用于转向轮，如图 7－17 所示。

4）多连杆式独立悬架：它通过不同的连杆配置，使悬架在收缩时能自动调整外倾角、前束及使后轮获得一定的转角角度。其原理就是通过设计使得悬架在压缩时能主动调整车轮定位，而且这个设计的自由度非常大，能完全针对车型做匹配和调校。因此，多连杆悬架能使车轮绕着汽车纵轴在一定角度内摆动，这种悬架就是四连杆式或五连杆式悬架，能满足不同的行驶性能要求，最大限度地发挥车轮抓地力，从而提高整车的操控性。但由于结构复杂，成本也高，一般只在中高级别车型中选用，如图7－18 所示。

图 7－18　多连杆式独立悬架

（2）独立悬架的特性：独立悬架多采用螺旋弹簧和扭杆弹簧作为弹性元件，两侧的车轮各自独立地通过弹性悬架在车架或车身下面，其车桥都是断开式的。这样，当一侧车轮相对于车架或车身的位置发生变化时，对另一侧车轮几乎不产生影响，在不平路面上，独立悬架的车轮能单独的适应路面情况。其弹性部分（螺旋弹簧、扭杆弹簧）也比较柔软，当车轮轧到障碍物时保证车身倾斜很小。因此，目前在轿车、小型客车的前轮上多采用了独立悬架，为了提高乘坐的舒适性，有些较高级别的轿车后轮也采用了独立悬架，如图 7－19 所示。

（3）独立悬架的优点与缺点：其优点是在悬架弹性元件一定的变形范围内，两侧车轮可以单独变动，互不影响，可减小行驶时车架和车身的振动，而且可以防止转向轮的偏摆；由于独立悬架采用的是断开式车桥，发动机的位置便可以降低和前移，使汽车重心下降，提高了行驶稳定性。同时还能给予车轮较大的上下运动空间，因而可以将悬架设计得较小，以降低本身振动频率，从而改善汽车的行驶平顺性。

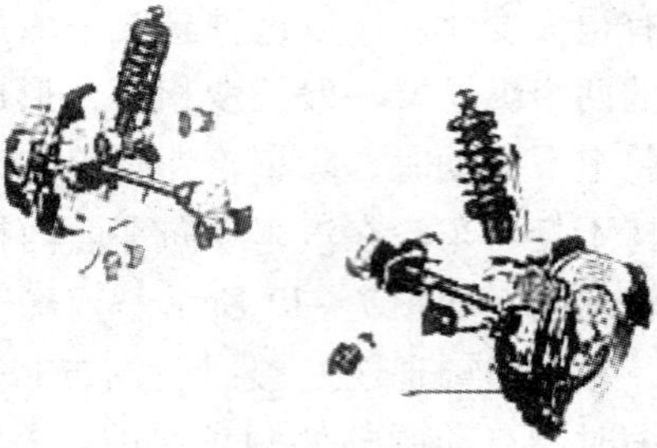

图 7－19　独立悬架

独立悬架的缺点：结构复杂、制造成本高、维修不便；在一般情况下车轮跳动时，车轮外倾角和轮距变化较大，使轮胎磨损较严重。

24. 什么是主动悬架和被动悬架

（1）主动悬架系统采用液压电子控制车身状态，包括车身的侧倾、俯仰、制动点头和加速时的后倾及车身高度。它能根据路面和行驶状况，自动调节悬架刚度和阻尼，控制汽车振动和状态，使行驶更加平稳。在高速公路行驶时，悬架系统能够降低整个车身高度，以减小转弯离心力和提高稳定性；车辆也可以被抬升一定高度，以提高离地间隙，增大通过能力。这种液压电子控制悬架，一般只装配在高档轿车上。

（2）被动悬架是传统的机械悬架，属于被动控制，即汽车的状态只能被动地取决于路面、行驶状况和汽车的弹性元件、减振器和导向装置等。

25. 什么是空气悬架

空气悬架是由电子控制空气的悬架系统，在这个系统中，是使用空气而不是使用液体来控制悬架系统。在每个车轮上都安装了空气弹簧（气囊），由电脑控制进入每个空气弹簧的空气量，整个系统由带继电器的空气压缩机和各种控制阀来操纵车辆的悬架系统。通过改变气囊里的气体容量和压力来实现软硬和车身高度的调节，即实现所谓的舒适、运动和普通模式。

这种空气悬架，目前在轿车，SUV 及大客车上运用也较多。它能化解路面的高频振动，对车身的平稳性控制得也很到位，舒适性较传统悬架提高不少，是车辆豪华程度的标志，如图 7－20 所示。

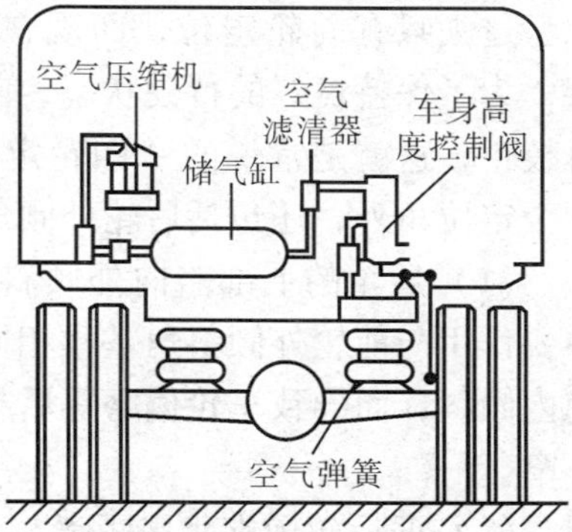

图 7－20　空气悬架结构

26. 什么是前轮定位

前轮和转向节主销应该有一定的相对位置，这种相对位置叫作前轮定位。它对汽车的操纵性、稳定性、转向轻便性和轮胎磨损等有很大的影响。前轮定位的内容包括主销后倾、主销前倾、前轮后倾和前轮前束四个定位角参数。

（1）主销安装在前轴，其上端略向后倾一个角度，叫作主销后倾角。主要作用是能保持汽车直线行驶的稳定性和转向后能帮助前轮自动回正。

（2）主销上端略向内倾斜一个角度，叫作主销内倾角。主要作用是防止前轮外倾角过大，使转向轻便，提高操控性，减少轮胎磨损。

（3）前轮上端略向外倾斜一个角度，叫作前轮外倾斜角。主要作用是保持胎面与路面的接触面积最大。在前轴变形和转向节及轴承磨损后间隙增大时，不致形成负外倾而使轴头外轴承和锁紧螺母受力过大。

（4）两前轮前端水平距离小于后端水平距离，叫作前轮前束。主要作用是当汽车向前行驶时，会产生使前轮向外滚开的趋势力，有了前束就可以消除这些力，并减小滚动阻力和避免轮胎严重磨损。

27. 什么是四轮定位

过去只有前轮定位，而现在许多轿车都采用了四轮独立悬架，为了保持良好的行驶状态，前轮和后轮有些参数需要定期进行校正，这就是常说的“四轮定位”。四轮定位除了前轮定位的四个定位角外，还包括后轮外倾角、前束和推力角。

（1）后轮的上部略向外倾斜一个角度，叫作后轮外倾斜角，主要作用与前轮外倾斜角基本相同。因汽车满载时会使车轮上部向内倾斜，而导致车轮偏磨等后果，所以事先将车轮略调成上宽下窄。

（2）两后轮前端水平距离与其后端水平距离差，叫作后轮前束。后轮前束与前轮前束的值相差不多，其作用也基本相同，如果后轮前束不正确，也会加速轮胎磨损。

（3）推力角是指后轮所走过的轨迹与汽车纵向中心线的夹角。推力角应该接近于零，否则汽车行驶时会摇头摆尾。另外当前后轮的纵向中心线不平行或前后桥与汽车的纵向中心线不垂直时，转向会向一侧跑偏；当车轮失去动平衡时（尤其前轮），在高速行驶中方向盘会抖动。

当发现轮胎磨损不正常、方向盘自动跑偏、发抖等现象时，都必须通过四轮定位或动平衡车轮来解决。专业的“四轮定位仪”中，电脑存储了大量车型的定位资料，检测时先测量出汽车现在的四轮定位参数，然后电脑自动与相应车型存储值对比，算出偏差值，维修人员按照定位仪的提示进行调整校正，就可以恢复原状了，如图 7 – 21 所示。

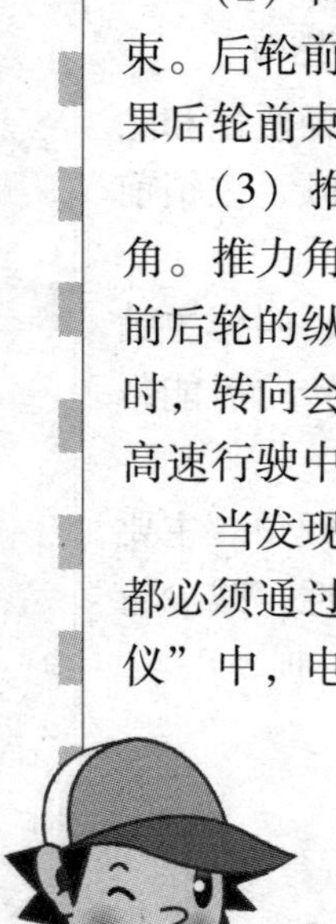

28. 什么是 DSG

图 7－21　方向跑偏轮胎偏磨必须做定位

DSG 是“直接换挡变速箱”的英文缩写，也被国人称为“双离合自动变速器”。DSG 双离合自动变速器最早起源于赛车运动，经过多年的研发和改进，巧妙地将手动变速器的灵活性、经济性与传统自动变速器的方便舒适结合在一起，使其成为先进的智能变速器。由于 DSG 变速器内部采用了双离合结构，从根本上解决了传统手动变速器换挡过程中离合器与传动齿轮分离而造成动力不能够连续输出的问题。双离合器的应用让汽车在换挡过程中不会产生动力中断，在换挡平顺方面又有了显著改善，进一步保证动力的连续传递，降低了换挡冲击带来的影响。

从工作原理上讲，DSG 变速器系统主要包括一个由两组离合器片集合而成的双离合器，一个离合器控制单数挡位齿轮，另外一个离合器控制双数挡位齿轮。也就是说，当变速器挂入 1 挡时，2 挡齿轮就已经完成啮合，等到换挡时机成熟，第二离合器就与发动机输出轴接合而换入 2 挡。与此同时，由第一离合器所控制的 3 挡齿轮组也完成啮合等待换挡指令。两组离合器控制两套变速机构交替工作，实现快速无间断换挡，如图 7－22 所示。

DSG 变速器并没有使用液力变矩器，这样飞轮和变速器输入轴的接触就很直接，而且更不会有变矩器所产生的动力损失。位于变速器顶部的电子液压控制系统负责控制双离合器，它控制下的换挡速度在 0.2 s 以内。灵敏的反应让汽车在加速过程中不会有顿挫的感觉，加速过程更加强劲、平顺。总之，双离合自动变速器的最大特点

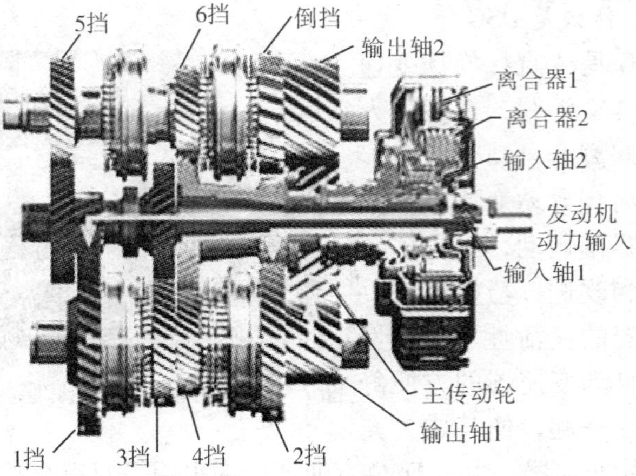

图 7－22　双离合自动变速器结构

就在于比别的变速器换挡更快，传递的扭矩更大而且效率更高。

29. 什么是 AT

AT 是“自动变速器”的英文缩写，俗称自动挡。自动挡就是自动变速器电脑根据各传感器传来的车况信号（以速度、负荷信号为主）进行相应的计算，然后对各控制阀进行自动控制，从而达到改变各机械行星齿轮的工作状态，使汽车时刻运行在最佳传动比之内。

现如今大多数轿车都装配了半自动变速器或全自动变速器或无级变速器。它省去了离合器，从起步、加挡到减挡全是自动化，使操作变得轻松、简单和容易。自动变速器选挡手柄通过连杆机构或钢索与液压控制组件的控制阀相连，为液压系统提供操作信号，而高档轿车已普遍采用全电控系统，它能更及时、精确地为电脑提供信号。自动变速器的挡位越多，换挡越平顺、越省油。

30. 什么是 EBD

EBD 是“电子制动力分配系统”的英文缩写，

是一种有效的主动安全系统。它在ABS系统的基础上，通过改进，增强ABS电脑软件控制，使EBD在刹车时能根据各车轮的运动状态，智能分配各个车轮制动力的大小，以提高制动效率和稳定性。即使ABS失效，EBD系统也能保证车辆不会出现侧滑或甩尾等。

汽车行驶时，在刹车过程中，四个车轮的工作环境千变万化，地面附着条件往往也不一样。由于ABS对各车轮的控制始终以附着力较小的一侧为基准调节点进行调节，以保证两侧车轮制动力的平衡，追求的是制动稳定性。但这样一来就会使附着力好的一侧车轮不能得到充分利用，从而使总制动力减弱，延长了刹车距离，而EBD系统填补了这一缺陷。EBD电脑可以在刹车的瞬间进行高速计算，并根据各车轮的状况，不断调整各个车轮的液压，使各个车轮受到的制动力与其附着力相匹配，更进一步提高了刹车稳定性，而且还有效缩短了刹车距离，保证了最大制动安全效果。在弯道刹车时，由于离心力的作用，使外侧的车轮受较大的车身自重及惯性负荷，这时EBD系统就会自动增大外侧车轮的制动力，防止制动力突破抓地力的极限而导致车辆发生“自旋”。

31. 什么是ESP

ESP实际上是一整套系统的总称，被称为“电子稳定程序”，它包含了ABS（制动防抱死系统）、EBD（电子制动力分配系统）及TCS（牵引力控制系统）等。ESP是驾驶安全领域革命性的进步，被安全专家誉为自安全带之后最具潜力的汽车安全技术。它通过判断车辆是否有侧滑危险，并及时做出反应来保护驾乘人员的安全。资料显示，ESP能够在危险情况下保持车辆稳定，从而避免最高80%的侧滑事故发生，如图7－23所示。

那么ESP是靠什么来进行安全保护的呢？当然是依靠各种传感器和制动系统来完成的。执行机构和发动机ECU实际上相当于人体的大脑，起到综合管

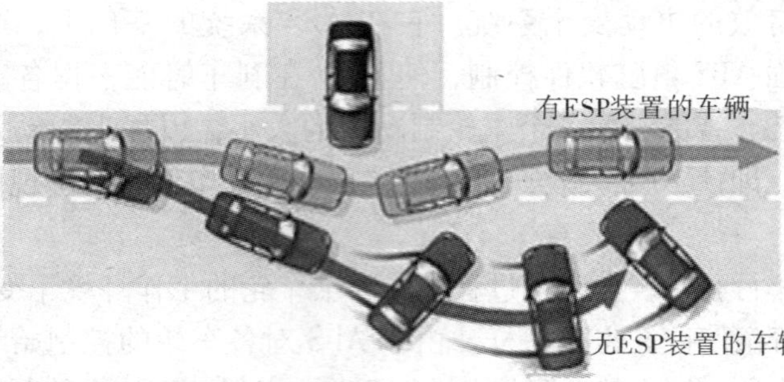

图 7－23　ESP 功效示意

理和总指挥的作用，而其余几个传感器就好比人体的末梢神经，随时将收集到的信息及时反馈给“大脑”。假设车辆以 80km/h 的车速进入弯道，此时电脑会根据方向盘转角传感器和轮速传感器反馈来的信号，确定驾车人当前的操作意图及汽车的行驶状态。在弯道中，根据横摆角速度传感器和纵向、横向加速度传感器的信号，计算并确定汽车是否会发生转向不足或者过度，并进行有效控制，从而确保车辆行驶的稳定性，如图 7－24所示。

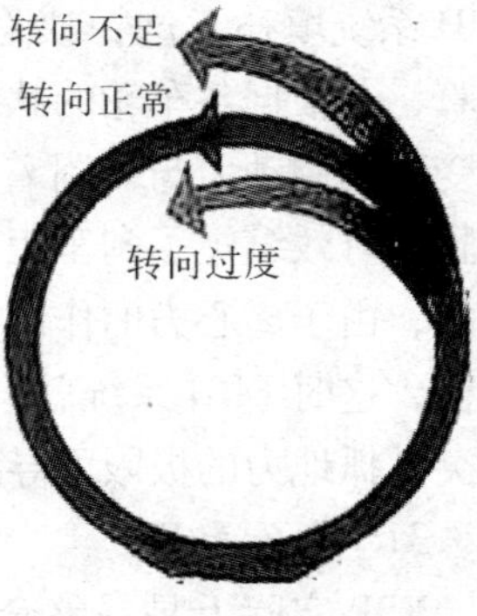

图 7－24　转向示意

无论是出现转向不足还是转向过度，要纠正的话都需要给车辆施加一个与失控方向相反的偏转力，这个偏转力由 ABS 系统来完成。比如要纠正转向不足可以给内侧后轮施加制动力；而纠正转向过度则给外侧前轮施加制动力，便可恢复正常状态。总的来讲，ESP 就是主动帮助驾车人纠正转向不足或转向过度，以防止过弯或侧滑时发生危险。

32. 什么是 TSI

TSI 实际代表的是双增压 + 分层燃烧 + 缸内直喷技术。所谓双增压，就是涡轮增压 + 机械增压；T 代表涡轮增压、S 代表分层燃烧、I 代表缸内直喷，如图 7－25 所示。

图 7－25　TSI 发动机

（1）涡轮增压：是利用发动机排放的废气驱动涡轮增压器工作，发动机转速越高，进气效率也越高，发出来的功率就越大。而且增压器本身基本不消耗发动机动力，但是发动机从怠速到 2000 转这个转速范围内，涡轮增压器并不能发挥其显著效果，不利于起步加速，涡轮的惯性使加速还有一个响应时间延时。

（2）机械增压：是利用发动机的动力带动一个罗兹压气机，通过发动机本身的动力来压缩空气。它与涡轮增压器在性能上最大的区别就是对压气机的转速没有限制，也就是说只要压气机在转，就可以压缩空气，即便发动机处于 1000 r/min 左右的低转速也能发挥其增压作用。但是通过发动机的动力输出来使增压器工作，会消耗部分发动机动力。

涡轮增压和机械增压都有着各自的先天缺陷，而这两种增压方式的优缺点又是相互互补的，设计师就是利用了这两种增压性能优缺点的互补性开发了 TSI 双增压系统，两个增压方式的结合确保了动力输出的平顺性，同时有效避免了以往涡轮增压发动机的迟滞现象。

（3）分层燃烧：分层燃烧技术是把燃烧室设计成特殊的形状，让入进燃烧室的混合气形成较强的涡流，使空气和汽油充分混合，并且使火花塞周围能有较浓的混合气，周边区域混合气较稀，这样利于在火花塞周围的混合气迅速燃烧，并带动较远处较稀混合气的燃烧，这也是分层燃烧的基本原理。

（4）缸内直喷：直喷式汽油发动机采用类似于柴油机的供油技术，喷油嘴直接安装于气缸内，通过一个活塞泵提供所需的100bar 以上的压力量，并将汽油供给位于气缸内的电磁喷射器。喷油嘴将喷射时间控制在千分之一秒内，将燃油在最恰当的时间直接喷入燃烧室，使燃油雾化更细致，与空气混合更充分，真正实现了精准地按比例控制喷油，从而实现节油的目的，如图 7－26 所示。

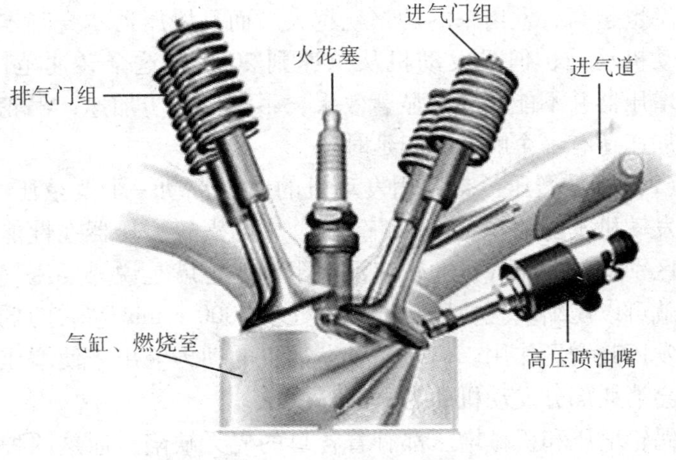

图 7－26　直喷是将燃油直接喷入燃烧室

另外，大众公司研发的 TSI 是双增压＋分层燃烧＋缸内直喷的发动机，而目前国内生产的 TSI 发动机则取消了机械增压和分层燃烧。其原因一是去掉机械增压主要出于使用成本考虑，一个机械增压器通常至少也得 1.5 万元，一般 5 万公里就需要更换一次的频率对国人来说显然是很难接受的；二是由于国内油品质量问题，分层燃烧

会造成产生过多氮氧化合物，而高含硫汽油却对三元催化剂有副作用，影响催化效果，从而导致排放超标。因此，燃油质量和排放标准是取消分层燃烧功能的最主要原因。

33. 什么是 VVT

VVT 是发动机“可变气门正时”的英文缩写，是当下热门的发动机技术之一。它通过对气门的控制和调节，有效增大进气量，提高了功率，近些年被越来越多地应用于轿车发动机上。

气门是由发动机的曲轴通过凸轮轴带动的，门气的配气正时取决于凸轮轴的转角。对于没有可变正时技术的普通发动机，进气门或排气门的开闭时间都是固定不变的，这种不变的气门正时很难兼顾到发动机在不同转速和工况时的工作需求，而 VVT 就能解决这一矛盾。简单地说，通过安装在凸轮轴上的控制执行系统，根据发动机相应的运转工况变化，对凸轮轴的相位进行相应的调节，控制进气门的打开与关闭来提高进气量，从而提高了燃烧效率，增加了发动机功率。

VVT 系统可连续调节气门正时，但不能调节气门的升程。它的工作原理是，当发动机由低速向高速转换时，通过电脑自动地将机油压向进气凸轮轴驱动齿轮内的小涡轮，这样，在压力的作用下，小涡轮就相对于齿轮壳旋转一定的角度，使凸轮轴在 60°的范围内向前或向后旋转，从而改变进气门开闭的时刻，达到连续调节气门正时的目的，如图 7－27 所示。

目前的可变气门正时系统调节方式有两种：一种是通过调节气门的开闭时间，从而达到调节进气量的效果；另一种是通过调整气门的升程改变单位时间的进气流量。可变气门正时和气门升程技术都是为了让发动机在各种负荷和转速下自动调整进气、排气提升动力表现。

VVT 发动机的优点：燃烧更充分，经济节油，降低排放污染，同时保证低转速的扭矩输出，在高转

速时延长进气门开启时间，有效增大进气量，保证高转速时发动机大功率的输出。但是由于多摇臂和凸轮组机构的介入，使得发动机的配气系统结构相对复杂，运转噪声较大，维修成本偏高。下面顺便介绍一下 D－VVT、C－VVT、D－CVVT。

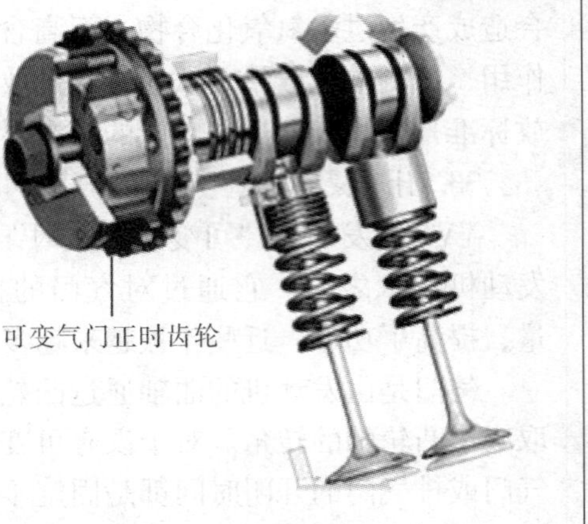

图 7－27　可变气门实物

（1）D－VVT：采用的是与 VVT 发动机类似的原理，利用一套相对简单的液压凸轮系统实现其功能。不同的是，VVT 的发动机只能对进气门进行调节，而 D－VVT 发动机可实现对进气门、排气门同时调节，具有低转数大扭矩，高转数高功率的优异特性，技术上比较先进。通俗点讲，就像人的呼吸，能够根据需要有节奏地控制“呼”和“吸”，当然比仅仅能控制“吸”拥有更高的性能。

（2）C－VVT：连续可变气门正时机构，是一种通过电子液压控制系统控制打开进气门的时间早晚，从而控制所需的气门重叠角的技术。这项技术根据发动机的工作状态，延迟或提前进气门的打开时间，它的特点是能够稳定燃烧状态，提高发动机工作效率，降低污染排放，提高燃油经济性。

（3）D－CVVT：是连续可变进气门、排气门正时机构，同时又可以调节气门的升程，分别连续控制发动机的进气系统和排气系统。此效果如同一个较小的涡轮增压器，能有效地提升发动机动力，与 CVVT 相比，由于进气量的加大，也使得汽油的燃烧更加完全、更省

油，同时实现低排放的目的。

34. 什么是混合动力

目前国内外众多汽车生产厂家都纷纷推出了标榜为混合动力的汽车产品。区分混合动力与传统燃料动力及电动汽车的最主要依据是动力来源是否单一。最常见的混合动力是以电机、电池为载体将电力引进到车上作为传统汽油或柴油发动机的动力补充，或者是以电力为主要动力，汽、柴油发动机作为辅助动力，如图 7－28 所示。

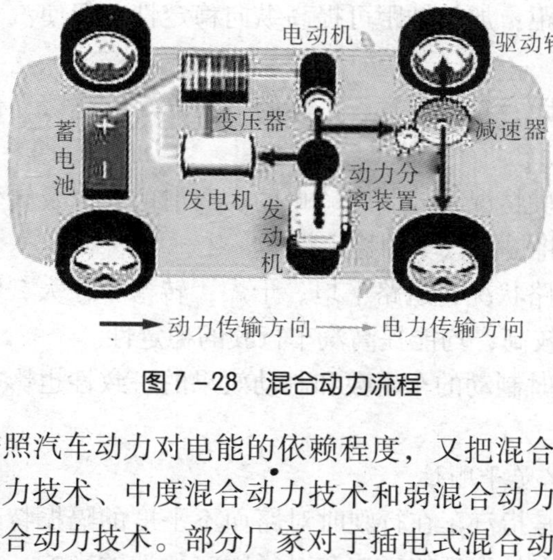

图 7－28 混合动力流程

一般按照汽车动力对电能的依赖程度，又把混合动力汽车分为强混合动力技术、中度混合动力技术和弱混合动力技术，以及可插电式混合动力技术。部分厂家对于插电式混合动力车型并不承认是混合动力，而称之为电动车。其实，混不混合，主要还是看节油效率和使用成本。因为同样是混合动力，省油的功效从 5%～30% 及以上不等。从用车经济性角度来说，许多所谓的混合动力车还不如部分高效柴油车，尤其是在高速行驶比重较大的情况。

35. 什么是稳定性

稳定性是指汽车在行驶中抵抗翻倾和侧向滑动的能力，以及汽车能按照驾车人给定的方向行驶和抵抗

外界干扰、保持稳定行驶的能力。汽车的稳定性可分为纵向稳定性和横向稳定性，汽车在上下坡时，抵抗前后翻倾的稳定性称为纵向稳定性；在道路有侧向斜度或转弯行驶时，抵抗侧向翻倾和侧滑的稳定性称为横向稳定性。

汽车的稳定性是汽车安全行驶的主要性能之一，而影响汽车稳定性的因素很多，主要有下列几种：

（1）重心的位置：降低汽车重心的位置可提高横向和纵向稳定性。

（2）轴距：加长轴距可提高纵向稳定性，但使汽车的转向性能变差。

（3）轮距：轮距越宽，汽车的横向稳定性越好，但通过能力受影响。

（4）行驶情况：控制在崎岖的、溜滑的，以及转弯道路上的行驶速度，将提高汽车的稳定性。

（5）道路状况：道路平坦、干燥，转弯半径大，纵坡小，以及弯道外侧较高，均能提高汽车行驶的稳定性。

（6）同时制动的车轮数和制动效果的一致性也影响汽车的稳定性。

36. 什么是平顺性

平顺性是指汽车在行驶时对路面不平度的隔振特性，是研究汽车振动对乘员生理的影响和对货物完整性的影响。由于平顺性主要是根据乘坐者的舒适程度来评价的，所以有时又称为乘坐舒适性。汽车行驶时，路面的不平度会使汽车产生振动，当这种振动达到一定程度时，将使乘员感到不舒适和疲劳，或使运载的货物损坏。另外，汽车的平顺性好坏还影响到汽车的操纵稳定性。影响行驶平顺性的因素主要有以下两个方面：

（1）结构方面：主要是悬架的刚度和弹性特性，

悬架阻力的影响，座位的布置和座椅的选择，轮胎的弹性等。

（2）使用方面：主要是道路状况，即路面引起的振动。行驶速度的不同，车身受到路面给予的振动频率也不同，车速越高，车身受到的路面冲击频率越高。

37. 什么是通过性

通过性（越野性）是指汽车在规定的载荷下能够以足够高的平均车速通过各种坏路、无路地带和克服各种障碍物的能力。通过性是汽车的主要性能之一，各种用途的汽车都有适应其用途的通过性能。轿车和公交车主要在城市行驶，对通过性的要求较低。在矿山、林区、工地上使用的汽车，通过性就显得十分重要。

汽车的通过性主要取决于它的几何参数和支承与牵引参数，因此汽车的几何参数在一定程度上表示了汽车可以通过高低不平地带和障碍物的能力。这些几何参数主要有最小离地间隙、接近角、离去角、纵向通过半径等。另外，最小转弯半径和车轮半径对汽车的通过能力也有很大的影响。

驾驶技术对通过性也有一定影响。如果通过沙地、雪地、泥泞地带、沼泽地带等难以通过的路段时，应提前换入低速挡，尽量避免在行驶中换挡、加速。因为在这样的地带上行驶，滚动阻力很大，而路面的附着系数又小，换挡、加速时车轮容易发生滑转，反而使汽车不能前进。此时应尽量保持直线行驶，让后轮顺着前轮压实的轮辙前行，以减少滚动阻力。

38. 什么是燃料经济性

燃料经济性是指汽车在一定使用条件下，以最小的燃料消耗量完成一定行驶里程数的能力。一般以行驶 100km 所消耗的燃油量作为汽车燃料经济性的指标，它是汽车的主要使用性能指标之一。汽车的燃料经济性随着汽车的结构和使用因素而变化，影响燃料经济性的因素有：

（1）有效载重量的大小：对汽车的燃料经济性

影响很大，减轻汽车自重和增大汽车的载重量或拖带挂车，均能改善汽车的燃料经济性。

(2) 道路条件：对燃料消耗量影响也很大，在平坦柏油路上与碎石土路上行驶的燃料消耗相差约40%；由于交通流量不同，城市道路与高速公路相差约30%以上。

(3) 汽车的技术状况，特别是燃油系统、点火系统和制动系统的技术状况对燃料经济性的影响最为显著。因此，及时对发动机和底盘进行保养和调整，保持各运动部件润滑正常，减少行驶系和传动系中的摩擦阻力，保证正确的前轮定位和正常的轮胎气压等，都是确保燃料经济性的必要措施。

(4) 驾驶和操作技术水平：正确的驾驶和操作，可以大大降低燃料消耗量。如缓踩油门，避免急加速、急刹车，采用中速行驶，换挡及时、准确，合理利用滑行等。

(5) 燃料和润滑油的质量：使用的汽油标号低于该车规定标准，将使燃油消耗增加15%～20%；润滑油质量差，不仅会增加燃料消耗，还会加速机件磨损。

39. 什么是驱动力

发动机运转时所产生的扭矩，经传动系传到驱动车轮上，车轮对地面产生一个圆周力，地面对车轮也产生一个与圆周力大小相等、方向相反的反作用力，这个力就是驱动汽车行驶的驱动力。

驱动力是驱动汽车前进的力，汽车在行驶中应能够克服所遇到的各种阻力，才能以一定速度行驶。发动机的扭矩和传动系的传动比越大，汽车的驱动力也越大。但驱动力受附着力的限制，它只能小于或等于附着力，因为大于附着力车轮就要滑转。

40. 什么是制动性

汽车的制动性能是汽车主要性能之一。汽车在行驶过程中，能迅速减速和强制停车，或在下坡时维持一定车速的能力，称为汽车的制动性。汽车只有具备

良好的制动性能，才能在保证安全行驶的条件下，充分发挥其他的各种使用性能。所以，汽车制动性又是评价安全性能的主要指标。

汽车制动性能的评价指标有以下三个方面：

（1）制动效能：是指汽车能迅速减速直至停车的能力。常用制动过程中的制动减速度、制动距离及制动力来评价。

（2）制动效能的恒定性：是指车轮制动器抵抗因长时间多次制动产生的热量使制动性能降低的能力。

（3）制动时的方向稳定性：是指制动时对汽车按驾车人给定方向行驶的能力，即抵抗发生制动跑偏、制动侧滑和失去转向的能力。

41. 什么叫附着力和附着系数

附着力是指汽车轮胎在路面上抵抗产生滑动的力，它是地面给车轮切向反作用力的极限值。附着力的数值决定于轮胎所受的法向载荷及轮胎和道路间的附着系数，而附着系数又决定于道路情况、轮胎结构和轮胎气压等因素。例如，在干燥柏油路或水泥路面上，轮胎的附着系数为0.70～0.80；而在冰雪路面上，轮胎的附着系数仅为0.10～0.20。

汽车和路面之间的附着力越大，就越能保证驱动力和制动时的地面制动力。因为驱动力虽取决于发动机的扭矩和传动系的传动比，地面制动虽取决于制动器的制动力，但它们却受到地面附着力的限制。

42. 什么是行驶阻力

汽车的行驶阻力包括滚动阻力、空气阻力、上坡阻力和加速阻力。其中，滚动阻力和空气阻力在任何条件下行驶都会产生，而上坡阻力和加速阻力是在汽车上坡和加速时才会产生。

（1）滚动阻力：是车轮在路面上滚动时，两者

之间的相互作用和相应变形而引起的能量损失的总称。这个阻力将直接影响汽车的燃油经济性和动力性，它与汽车质量、轮胎气压及路面状况有关。

（2）空气阻力：是汽车行驶时，空气施以汽车的阻力。空气具有一定的黏性，会与车身产生摩擦阻力；当汽车以较高的速度行驶时，车头会挤压前面的空气，并在车尾形成一定程度的真空，产生涡流。因此，空气阻力与汽车速度、迎风面积和车身的流线形状有很大关系，而与车重无关。

据测试，一辆以 100 km/h 速度行驶的汽车，发动机输出功率的 80% 将被用来克服空气阻力。衡量空气阻力的指标是风阻系数，相同的汽车正面面积和车速越小，其风阻越小，所受到的空气阻力越小。现在轿车空气阻力系数一般为 0.28 ~0.4。

（3）上坡阻力：是汽车上坡时，所需克服的汽车重力沿坡道的分力，它与道路坡度的大小和汽车本身质量有关。

（4）加速阻力：是汽车加速时为了克服惯性力所增加的阻力，它与加速度的大小有关，加速度越大阻力越大。

43. 什么是最小加速时间

最小加速时间是指汽车在最短的时间和最短的距离内，迅速增加行驶速度的能力。加速能力包括原地起步加速能力和超车加速能力，现多用原地起步加速性能表示，即汽车由静止状态起步后，以最大加速强度连续换挡至最高挡，行驶通过一定距离或加速到一定车速所需要的时间。通常有两种表示方式：车速从 0 加速行驶达 100 m 需要的时间；从静止加速到 100 km/h 所需要的时间，当然时间越短，说明加速性能越好。

超车加速性能指汽车以最高速挡或次高速挡由该挡最低稳定车速或预定车速（30 km/h、40 km/h）全力加速到最高速度所需要的时间，一般汽车厂家给出的最小加速时间往往是样车所能达到的最佳值，作

为用户来说，这个参数仅能作为参考。

44. 什么是最高车速

最高车速是指在无风条件下，在平坦和良好的柏油或水泥路面上，汽车所能达到的最大行驶速度。按我国的规定，以 1.6 km 长的试验路段的最后 500 m 作为最高车速的测试区，共往返 4 次，取平均值。

汽车的最高车速是一个综合指标，不仅与发动机有关，还与传动系统的设计、车身的形状、车轮的滚动阻力和车的自重等许多因素相关。出于安全考虑，对实际使用的最高车速都会做出限制，所以最高安全车速必须小于最高车速。而车速表上的最高速度并不能代表该车所能达到的真正最高车速值，产生这种现象的主要原因是设计时出于美观的目的，考虑到速度刻度分割比例协调和方便驾驶人读取等因素，才将最高速度在车速表的刻度中标得更高，大部分汽车在实际驾驶中的最高车速都无法达到这个数值。

45. 什么是安全气囊

安全气囊主要是为了防止汽车碰撞时，车内人员与车内部件间发生碰撞而造成伤害，它通常是作为安全带的辅助安全装置，二者共同作用的有效保护率高达 60% 以上。安全气囊的保护原理是：当汽车遭受一定碰撞力量以后，气囊系统就会引发类似微量炸药爆炸的化学反应，隐藏在车内的气囊就在瞬间充气弹出，在乘员的身体与车内部件碰撞之前能及时到位，起到铺垫作用。当人体压在气囊上时，气囊受压后便通过表面的气孔开始排气，从而减轻身体所受到的冲击力，最终达到保护乘员少受伤害的效果。

气囊是由带橡胶衬里的特种织物制成，平常折叠起来，在发生严重碰撞时爆出来形成一个较大尺寸的气袋，如图 7－29 所示。一般正面气囊藏在方向盘中央和副驾驶前的仪表台内，侧气囊藏在座椅外侧，侧气帘安装在车顶棚两侧，平常是看不到它们的，但外饰板上通

常都标注有“SRS”或者“air bag”。

图7－29　打开的安全气囊示意

安全气囊主要由传感器、微处理器、气体发生器和气囊等部件组成。传感器和微处理器用以判断撞车程度，传递及发送信号；气体发生器根据信号指示产生点火动作，点燃固态燃料并产生气体向气囊充气（充气时间0.43 s，充气速度可达320 L/s），使气囊瞬间膨胀，同时气囊设有安全阀，当充气过量或囊内压力超出一定值时会自动泄放部分气体，以避免将乘员挤压受伤。传感器只有在满足一定条件时才会打开气囊，气囊爆开所产生的气体多是氮气或一氧化碳。

46. 什么是安全带

普通安全带是依靠惯性锁止功能的卷轴机构来实现碰撞保护的。那什么叫惯性锁止呢？当你用手拉一下安全带就会明白，如果用力很快地拉它，会感觉到安全带突然被锁住拉不动，只有慢慢地拉，才能将安全带顺畅地拉出来。汽车发生正面碰撞时，人体在惯性作用下迅速前冲，卷轴就让安全带处于锁止状态，从而勒紧人体实施保护。

安全带被称为车内人员的“生命带”，当高速行驶的汽车发生碰撞或遇到意外实施紧急刹车时，所产生的冲击力可超过人体重量的数倍。如果没有系安全带，巨大的惯性会使车内人员与方向盘、仪表台、挡风玻璃、座椅靠背等物体发生碰撞，从而造成对驾乘人员的严重伤害，甚至将驾乘人员抛离座位或抛出车外，如图7－30所示。而安全带的作用就是在汽车发生事故时，将驾乘人员稳定在座位上，防止发生二次碰撞。同时，安全带还有缓冲作用，能吸收

大量的撞击能量，化解巨大的惯性力，减轻驾乘人员的伤害程度。但由于观念的滞后，很多人都抱着侥幸心理，认为在市内行驶速度不是太快，所以没有什么机会能用得着安全带。其实，当车辆仅以 40 km/h 的速度行驶发生碰撞时，身体前冲的力量就相当于从 4 层楼上扔下一袋 50 kg 重的物体，其冲力之大可想而知，安全带的作用在这个时候就显示出来了。

图 7－30　没有系安全带的后果

汽车事故调查资料显示，在发生正面撞车时，如果系了安全带，可使死亡率减少 57%，侧面撞车时死亡率可减少 44%，翻车时死亡率可减少 80%。因此，对于每位驾乘人员来说，无论行驶条件如何，都应该养成系安全带的好习惯。

47. 什么是预紧式安全带

预紧式安全带是和安全气囊一起由安全控制系统统一控制，当控制系统感知到安全气囊即将爆开时，首先是触发预紧式安全带的爆燃气体反应罐，反应罐引爆后通过活塞机构迅速拉紧安全带，从而实现预紧功能，如图 7－31 所示。当然，这种预紧式安全带和安全气囊一样，它的保护作用也是一次性的，引爆过后就要更换了。

说到预紧式安全带，顺便介绍一下拉力限制器。在碰撞事故发生时，安全带收紧后产生的巨大拉力（最大能达到 2 t）有可能对人体胸部造成勒伤。为了减少伤害，在碰撞过程中要对安全带的最大拉力做出限制，并且还需要适当放松安全带，从而让前排驾乘人员能够更深地没入安全气囊之中，这有利于降低对人体胸部的冲击负荷。因此，在预紧式安全带的预紧机构中，一般都还配有一个拉力

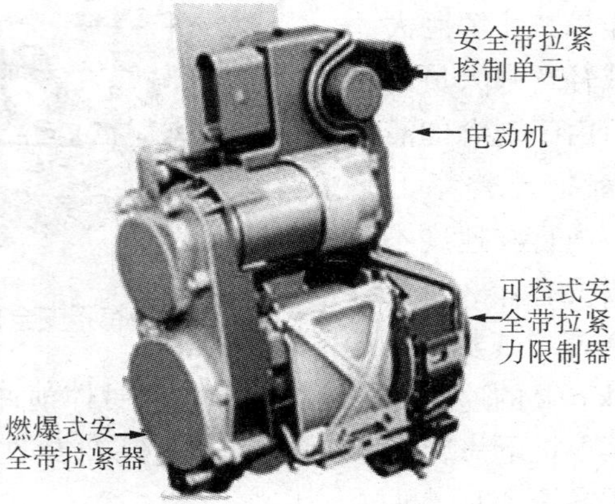

图 7－31　预紧式安全带结构

限制器，从而让安全带的保护功能更加完善。

要想知道车上的安全带是不是预紧式安全带，看看安全带上的标签就知道了。一般来说，预紧式安全带在标签上都印有“P”或者“PRE”的字样，它们是英文“预紧器”的缩写。

48. 什么是激光焊接技术

焊接的方式有多种，过去汽车的车身焊接都是用点焊、缝焊、电弧焊等方式。点焊是通过点焊电极的电流将零件的接触面熔化，然后在压力作用下将零件的接触表面熔结在一起，主要用于车身结构及车架的焊接；缝焊是用滚轮电极传递焊接电流和压力，通过滚轮与零件表面的相对移动进行连续的焊接，主要用于密封性焊接；电弧焊是将零件表面局部施以高温来熔化和连接零件，不需要施压的一种焊接方式，主要用于蒙皮的焊接。

激光焊接是 20 世纪汽车工业上启用的新技术，它采用偏光镜反射激光产生的光束，使其集中在聚焦装置中产生巨大能量的光束，其光束聚焦点的直径为 0.3 ~ 0.5 mm。局部光强很大，两部分零件在接近焦点后瞬间熔化，完成结合的物理变化，而且焊接牢固性大

大超越普通点焊。激光焊接的特点是：被焊接工件变形小，几乎没有间隙，焊接深度与宽度比较高，一般焊缝宽 1 mm，深为 5 mm，因此焊接极为牢固。在汽车制造中，激光焊接主要用于车身框架结构的焊接，一些用激光焊接的汽车顶壳是不用装饰条遮蔽焊接线的，如图 7－32 所示。采用激光焊接技术，既提高了工件表面的美观，又降低了板材使用量，由于零件焊接部位几乎没有变形，不需要焊后热处理，还提高了车身的刚度。

图 7－32　激光焊接实图

49. 什么是起步停车系统

起步停车就是在汽车停下来的时候自动关闭发动机，该走的时候再使发动机重新工作。这项技术的应用主要是解决城市道路行驶时频繁停车所产生的燃油浪费和尾气污染问题。

目前最多见的起步停车系统是在混合动力的车型上，但随着技术的进步，起步停车系统在常规发动机车型上也得到了应用。当按下 ECO（起步停车系统）按钮，仪表板上 ECO 灯亮起，发动机就会自动适应城市里起停的路况。停车后，如果踩住刹车踏板超过 3s，发动机就会自动熄火；当脚从刹车踏板上移开，发动机又会自动启动，如图 7－33 所示。

如果汽车一直走着，不管是快还是慢，这套系统都不会起作用，而在堵车时，它省油的优势才能体现出来，而且是越堵越省油。据资料显示，在综合路况下，起步停车系统可以节省燃油消耗约 4%，在城市中最高能达到 15%，尾气排放减少 10% 以上。在城市行驶过程中几乎有 35% 的时间是停驶状态，此时发动机还在怠速运转，显然是在做无用功，如果此时发动机停止运转，好处是显而易见的。

图 7－33　起步停车示意

起步停车系统的好处是在很小的投资下降低了油耗和排放。但美中不足的是该系统在坡道起步时，缺少辅助刹车系统，要防止溜车就需要拉手刹来辅助；在频繁地停车时，空调系统的断续工作会影响到舒适性；在车辆的起动平顺性上还显得有些粗暴。

50. 什么是自动泊车系统

自动泊车系统就是一种停车辅助系统，汽车可以在无人驾驶的情况下自动停入车位。停车辅助系统依靠装在车上的远程操控系统，也可在驾车人离开汽车后自动进行停车动作。安装在左右后视镜上的摄像机可以帮助汽车调整角度，准确入位，然后自动熄火并锁好车门，如图 7－34 所示。

停车辅助系统采用了 4 台摄像机和超声波传感器双系统，两台摄像安装在一左一右外后视镜上，负责测量停车位的距离。视频信号被传递到高性能计算机，这些信号经过计算机分析，然后将命令发送到转向系统和驱动系统。当驾车人开始操纵停车辅助系统时，辅助系统将依据先前计算机计算的结果控制车辆自动倒车进入停车位（该系统匹配了电动助力转向系统和电子停车制动系统）。

另外两台摄像机分别安装在车辆一前一后，同时超声波传感器监测运行，如果有必要的话将自动停止车辆。在停车入位的整个过程中，只需驾车人通过导

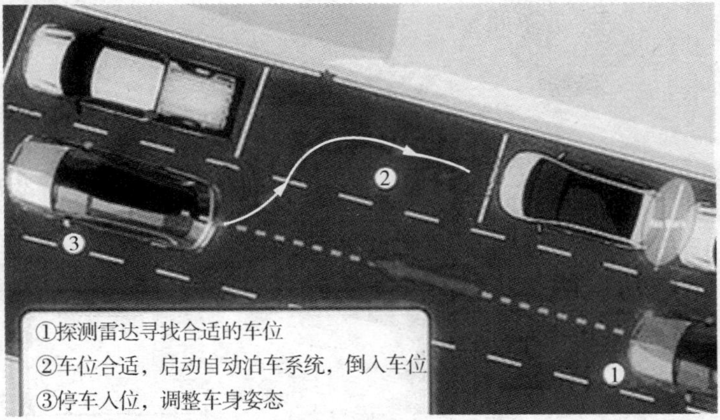

图 7－34　自动泊车过程

航系统的监视器选择一个可以容下车辆的停车位，把挡位挂在 P 挡上，然后下车，车辆就可以自动停入车位了。驾车人也可以待在车里，当车辆停好再下来。在使用自动停车的任何阶段，驾车人都可以介入操纵。